新编中等职业教育
旅游类专业 系列教材

中国旅游客源国

（第2版）

主　编　彭淑清

副主编　卢丽蓉　宫庆伟　赵　明

重庆大学出版社

内 容 提 要

本书主要介绍了世界地理及世界旅游的基本概况,分析了中国旅游客源市场的特征及发展,详细介绍了各主要客源国的地理、历史、经济、文化、民俗、主要旅游资源及旅游业现状。本书内容丰富、图文并茂、深浅适度,可作为中职学校旅游类专业的学生教材,亦可作为广大旅游爱好者的自学读物和旅游参考书。

图书在版编目(CIP)数据

中国旅游客源国/彭淑清主编. —2 版. —重庆:
重庆大学出版社,2014.8(2023.8 重印)
新编中等职业教育旅游类专业系列教材
ISBN 978-7-5624-8397-7

Ⅰ.①中… Ⅱ.①彭… Ⅲ.①旅游客源—中国—中等
专业学校—教材 Ⅳ.①F592.6

中国版本图书馆 CIP 数据核字(2014)第 152015 号

新编中等职业教育旅游类专业系列教材
中国旅游客源国
(第 2 版)

主 编 彭淑清
副主编 卢丽蓉 宫庆伟 赵 明
责任编辑:顾丽萍 版式设计:顾丽萍
责任校对:贾 梅 责任印制:张 策
*
重庆大学出版社出版发行
出版人:陈晓阳
社址:重庆市沙坪坝区大学城西路 21 号
邮编:401331
电话:(023) 88617190 88617185(中小学)
传真:(023) 88617186 88617166
网址:http://www.cqup.com.cn
邮箱:fxk@ cqup.com.cn(营销中心)
全国新华书店经销
重庆升光电力印务有限公司印刷
*
开本:720mm×960mm 1/16 印张:22.75 字数:396 千
2014 年 8 月第 2 版 2023 年 8 月第 5 次印刷
ISBN 978-7-5624-8397-7 定价:49.00 元

　　随着现代经济的发展,旅游业已成为全球经济中发展势头最强劲和规模最大的产业之一。在1996—2006年的10年时间里,全世界旅游业保持着良好的发展态势,国际旅游接待人数与国际旅游收入的年均增长率分别为4.6%,6.1%。2006年全球接待国际游客总数达到8.42亿人,同比增长4.5%。全球旅游业的发展达到了一个前所未有的高度。根据世界旅游组织预测,从现在起到2020年,全球国际旅游人数年增长率可望保持在4%的水平,旅游业发展前景将继续展现出良好发展态势。

　　在中国,旅游业已成为经济发展的支柱性产业之一。自1996年以来中国旅游业的增幅保持在10%左右,高于全球增幅3～5个百分点,在国民经济中占有一席之地。据预测,到2015年,中国旅游业增加值可达2万亿元,约占GDP的4.8%;旅游业约占服务业增加值的11%;旅游直接与间接就业总量将达1亿人左右。根据中国旅游业快速发展的态势,世界旅游组织预测中国将成为世界第一旅游大国的时间,已由2020年提前到2015年。

　　在全球旅游业快速发展的推动下,在中国旅游业强劲发展势头的带动下,在国家大力发展职业教育的号召下,旅游职业教育的提升与更新亦呼之欲出,尤其在中国旅游业迎来了行业发展的提升期之际,由拥有良好旅游资源的中西部地区的旅游职业学校共同推出的这套系列教材,无疑将对中国旅游职业教育的发展和旅游人才的培养产生深远的意义。

　　该套教材坚持以就业为导向、以人的全面发展为中心,既注重了内容的实用性和方法的可操作性,又对教学资源进行了立体化开发,使教与学更加灵活,体现了旅游业发展的实际要求,是一套理论与实际相结合的旅游专业教材,也是旅游工作者的重要参考书。

　　值此套教材出版之际,欣然为之作序。

2013年2月

第2版前言

近年来,随着我国改革开放的不断深入和扩大,旅游业发展迅猛,旅游者数量,尤其是国际游客数量大幅攀升,我国也有更多的旅游者踏出国门。为了更好地适应广大读者了解我国主要客源国的需要,作者根据旅游业发展变化的情况,对原书作了重要的补充和修改。主要修改的内容有:各国人口数量的变化,近几年经济发展的状况,旅游业经营发展的变化情况等。修订后,本书不仅内容更为充实、完善,而且对我国主要客源国的旅游发展方向更为明确、具体。

本书在修订再版过程中,得到湖北省旅游学校、云南旅游职业学院、四川省旅游学校、重庆大学出版社有关领导的热情支持和帮助,在此一并致以衷心的感谢。在编写过程中参考并引用了相关文献,在此对文献作者表示感谢!

编　者

2014 年 4 月

第1版前言

随着世界经济全球化及国际旅游业的发展,世界各国的距离正日益缩小,全球正演变为"地球村"。而中国经济的腾飞,吸引着越来越多的国际旅游者走进中国,也使越来越多的中国人走出国门,走进国际旅游者的行列。在这种形势下,能够放眼世界,学习并掌握各客源国的相关知识,对于旅游工作者是十分必要的。加强对世界地理知识的掌握,加强对入境旅游客源市场的分析,加强对中国旅游客源国的了解和认识,知己知彼,有的放矢地进行宣传促销,不断提高我国旅游产品的国际竞争力,对于保证我国入境旅游的持续、健康发展,有着重大的现实意义。为广大旅游从业者奉献一本这样的教材,是我们编写此书的初衷。

本书是旅游专业学生的必修课程。为满足培养应用型人才的需要,本教材的特点是以实用性知识为主,强调学生分析问题、解决问题能力的培养。教材在编写中力求深浅适度,通俗易懂,并配以大量图片,生动直观,可读性强。

全书主要包括8个部分。第1章:介绍了世界自然地理及人文地理的一般知识,为后面的学习打下基础;第2章:介绍了世界旅游区划及国际性旅游组织,让学生掌握世界六大旅游区及相关知识;第3章:分析了中国旅游客源市场的特征及发展趋势;第4章:介绍了东亚及太平洋地区;第5章:介绍了欧洲地区;第6章:介绍了美洲地区;第7章:介绍了南亚及中东地区。

本书由湖北省旅游学校彭淑清老师(高级讲师)担任主编,湖北省旅游学校卢丽蓉老师(高级讲师)、四川省旅游学校宫庆伟老师(讲师)、云南省旅游学校赵明老师(讲师)任副主编。编写分工为:彭淑清,第1章和第4章第1节;卢丽蓉,第6章和第4章第2节;宫庆伟,第4章第3,4,5节;赵明,第2章和第5章第1,2节;彭晓枫,第3章和第4章第6节;赵序,第7章;李红霞,第4章第7,8,9节;袁浩镛,第5章第3,4,5,6,7节。

本书在编写过程中得到了湖北省旅游学校、云南省旅游学校、四川省旅游学校、重庆大学出版社有关领导和老师及图书馆老师的大力支持,在此一并表示感谢! 在编写过程中参考并引用了相关文献,在此对文献作者表示感谢!

由于能力有限,书中难免有不当之处,恳请各位专家、读者批评指正。

编 者

2012 年 11 月 2 日

第1章 世界地理概况

【本章导读】

了解世界人文地理的一般概况,掌握各地理要素的形态、特点、分布等规律,是了解中国各旅游客源国人文状况的基础。本章主要介绍世界人口、人种、民族、语言、宗教等基础知识,为后面的学习打下基础。

【关键词】

世界人口　人种　民族　语言　宗教

【问题导入】

世界人口及分布有何规律?由哪几大人种组成?流传最广的宗教是哪几种?请同学们在本章的学习中找到这些问题的答案。

1.1 世界地理概况

1.1.1 世界人口

1)世界人口及其分布

根据美国人口调查局的估计,截至2013年1月全世界人口数量已达70.57亿,分布在除南极洲以外的六大洲。其中,亚洲最多,占世界人口一半以上,非洲其次,大洋洲最少。

世界人口分布呈不平衡状况,若按人口密度来计算:世界平均人口密度约

47 人/平方千米,有的高达 200~1 000 人/平方千米,有的不足 2 人/平方千米。

从地域来看,世界上有三大人口密集地带:人口最密集的地带是东亚东部、东南亚、南亚这一弧形地带,约占世界人口一半,人口密度大于 200 人/平方千米;第二大人口稠密地带是欧洲的西部、中部和东部(英国东南部、法国、荷兰、比利时、德国、波兰至俄罗斯的欧洲部分),人口密度 50~200 人/平方千米,共分布有 6 亿人以上;第三大人口密集地带是北美的大西洋沿岸和五大湖区,五大湖区至芝加哥、匹兹堡、底特律、多伦多、渥太华、蒙特利尔等构成横带,大西洋沿岸从波士顿、纽约、费城、华盛顿形成纵带,人口在 1 亿以上。这三大地带面积占世界陆地面积的 15%,人口却占世界总人口的 60% 以上。

从国家来看,据最新统计,人口超过 1 亿的国家有 11 个,如表 1.1 所示。

表 1.1　世界部分国家人口一览表

国　家	人口/亿
中　国	13.54(2012 年年底)
印　度	12.1(2011 年)
美　国	3.087(2010 年)
印度尼西亚	2.376(2010 年)
巴　西	2.01
巴基斯坦	1.97
孟加拉国	1.6
俄罗斯	1.43(2013 年 1 月)
尼日利亚	1.68(2011 年)
日　本	1.27(2013 年 10 月)
墨西哥	1.12(2010 年)

资料来源:中华人民共和国外交部网站

人口分布的现状是受到社会、自然、历史等多种条件共同影响的结果。

2)人口的增长

世界人口增长有如下特点:

(1)世界各地人口增长不平衡

发展中国家人口增长速度较快,要加以控制;发达国家人口增长速度缓慢,有些国家甚至出现负增长,需刺激人口增长。

（2）人口基数越来越大

目前世界人口年均增长率为1.2%，全球每年净增人口7 700万左右，即每天净增21万人。

（3）人口年龄结构轻

据目前世界人口测算：小于15岁占总人数的35%，大于65岁占总人数的6%。人口年龄构成轻，属年轻型的年龄结构。从发展方向看，年轻型人口比例偏大，正处于生育高峰，若不加以控制，人口发展的趋势不会减弱。

故人口问题是当今世界各国普遍关注的问题，人口科学也成为人们普遍关注的一门科学。

阅读材料

关注中国人口问题

据中国科学院国情分析研究小组估测，我国人口承载量最高应控制在16亿左右，绝不能超过17亿，目前中国农业在全球7%的耕地上养活了世界人口的20%，中国的播种面积只有美国的70%，但必须供养比美国多4倍的人口。

据研究，中国最合适人口数量为7亿左右，最大极限人口量为16亿，超过这个数量，就会出大问题。这就是说，16亿或17亿是中国的一条生命线。如今，我们距这条生命线只有3亿~4亿，时间只有20~30年，形势非常严峻。

1.1.2　人种

人种也称"种族"，是指在体质形态上有某些共同遗传特征的人群。现代人类学者根据肤色、发型、眼色、鼻型、身高等体表形态，把世界居民划分为四大人种：白色人种（欧罗巴人种）、黄色人种（蒙古人种）、黑色人种（尼格罗人种）、棕色人种，其主要特征、地区分布、占世界人口的比例如表1.2所示。

表1.2　世界四大人种一览表

类　型	占世界总人数百分比/%	主要特征	分布地区及举例
白色人种（欧罗巴人种）	54	皮肤白色，毛发多而软，发色多金色，隆鼻，碧眼，身材高大	欧洲、美洲、南亚。如俄罗斯人、乌克兰人、波兰人、德国人、法国人、英国人、美国人、印度人

续表

类 型	占世界总人数百分比/%	主要特征	分布地区及举例
黄色人种（蒙古人种）	37	黄色皮肤,毛发黑而直,颧骨较高,黑眼珠,身材较矮	亚洲、北美洲。如中国人、蒙古人、朝鲜人、日本人、泰国人、缅甸人、印第安人、因纽特人
黑色人种（尼格罗人种）	8.5	皮肤黑色,头发黑而卷曲,唇厚鼻宽	撒哈拉以南的非洲以及美洲、印度。如非洲黑人、印度黑人
棕色人种	0.5	皮肤棕黑或浅棕,黑发,眼色黑褐色	大洋洲,如澳大利亚土著人、波利尼西亚人、新西兰毛利人

此外,还有一些过渡型人种和混血人种,如美国黑人绝大多数有不同程度的白人血统,美洲原居民印第安人(属黄种人)与后来的欧洲移民(白种人)融合而成的印欧混血种人(西方称之为"美斯的索人"),已成为许多拉丁美洲国家的主体民族。

1.1.3 民族

1)概述

民族是人们在历史上形成的一个有共同语言、共同地域、共同经济生活以及表现于共同文化上的共同心理素质的稳定的共同体。

民族的划分是根据语言、宗教、社会制度、生活习惯、物质文化等社会因素划分的,同一民族,使用同系统的语言,有相同的宗教信仰、社会制度、生活习惯和物质文化。

不同的民族,因其历史发展过程的不同,而形成不同的语言、不同的宗教信仰、不同的饮食习惯、不同的服饰装束、不同的节日庆典、不同的物质文化等。正是异彩纷呈的民族文化,构成人文旅游资源的主体,无不对旅游者产生强烈的吸引力。

2)世界上的大民族

区分民族往往用语言这个指标,因为语言变化小,划分明确。据苏联科学院民族学研究所 1975 年的统计资料,全世界共有 2 000 多个大小不同的民族,大民族有几亿人,小的民族仅几百人。其中人口超过 1 亿的民族有 7 个。

①汉族:中国的主体民族,是世界上人口最多的民族,人口超过 10 亿,主要分布在中国东部。

②印度斯坦族:印度的主体民族,主要分布在印度北半部。

③美利坚族:即美国人,多为欧洲人的后裔。

④俄罗斯族:俄罗斯的主体民族。

⑤孟加拉族:南亚次大陆上的一个古老民族,分布在孟加拉国和印度。

⑥大和族:即日本人。

⑦巴西族:巴西人,19 世纪起,由葡萄牙人、意大利人、黑人和印第安人长期结合而成。

3)世界上特殊的民族

世界上还有 3 个特殊的民族:犹太人、吉卜赛人、印第安人。

(1)犹太人

犹太人古称希伯来人,是一个苦难而又伟大的民族,历史上曾长期被迫迁徙、流散,是被歧视、迫害、屠杀的对象,但民族精神永存,并最终建立起了犹太民族自己的家园——以色列国。犹太民族聪明、顽强、团结。犹太人尤善经商,在自然科学方面更是名人辈出,自诺贝尔奖设立以来,有一大批犹太人成为诺贝尔奖获得者。如相对论创始者爱因斯坦、量子力学开创者波尔和波恩、原子物理学开拓者费米等都是犹太人。

阅读材料

犹太人的历史

犹太人的祖先是生活在伊拉克南部即古代的美索不达米亚平原的一个游牧部落,属闪米特族,本来与其他部落无区别,因为这个部落的长子(亚伯拉罕)的渎神行为,连累整个部落被赶出国境。他们向西迁移,寻找一小块还未被人占领的土地以便能够搭起帐篷,这是犹太民族历史上的第一次大迁徙。经过艰苦跋涉,他们来到迦南(现巴勒斯坦)定居下来,当时迦南人称他们为希伯来人(意即渡河而来的百姓)。他们与迦南人一起创造了上古时代巴勒斯坦灿烂的经济和文化。亚伯拉罕有一子名雅各,力大无比,有一次他在梦中同天神"以色"角力获胜,真主赐予他以色列一名,故后统称以色列人。

后来迦南发生旱灾,以色列人便在雅各的带领下,穿越西奈沙漠,迁向埃及。埃及人曾以宽大的胸怀接纳了他们,但以色列人的宗教信仰与埃及人格格不入,最终使他们成为仇敌。以色列人再次面临灭绝的危险,这时一位犹太青年,成为犹太人的救星,他就是摩西。3 300 年前,他带领他的部落离开埃及,重返巴勒斯坦。流浪过程中,为保持以色列人行动的一致,摩西创立了"十诫",初步形成了犹太教的教规与礼仪。

约在公元前11世纪,建立了以色列王国。著名国王有大卫王、所罗门王。

公元前586年,东方的新巴比伦人强大起来,巴比伦王尼布甲尼撒率大军攻陷耶路撒冷,灭掉犹太王国,且把上万名犹太人作为俘虏押回巴比伦,史称"巴比伦之囚"。

到公元前2世纪至公元前1世纪,罗马帝国统治时期,犹太人不断地起义,也不断地被屠杀,死去了150万人,幸存者绝大部分被赶出家园,流散到世界各地,从而结束了这个民族在巴勒斯坦生存了1 300年的历史,开始了一个长达1 800多年的民族大流散的历史时期,其处境极为悲惨。尤其是在欧洲,他们是被歧视、迫害和屠杀的对象,如俄国沙皇、希特勒法西斯先后对犹太人进行疯狂大屠杀。第二次世界大战期间,仅希特勒法西斯就屠杀了600多万犹太人。灾难深重的犹太人,在痛苦与绝望中,存有一种"返乡"的渴望,渴望回到故土巴勒斯坦。特别是19世纪以后,法国和美国大革命激发了犹太人复国返乡的民族情绪。

1947年11月29日,联合国第二届大会上,在美、英两国的操纵下,不顾阿拉伯国家的反对,通过了"关于巴勒斯坦将来治理问题的决议"。这个分治计划,决定在巴勒斯坦建立两个独立国家:一个是面积1.15万平方千米的阿拉伯国家;另一个是面积1.49万平方千米的犹太国家。

1948年5月15日,以色列国正式成立,不久就被联合国纳为会员国,而联合国"分治计划"中规定要建立的阿拉伯国家,却始终没有建立起来。以色列国的建立,结束了犹太人流散和受迫害的苦难悲剧,可是同时却制造了一场旷日持久的惨烈的新悲剧,致使160多万巴勒斯坦的阿拉伯难民无家可归。阿以争端导致这里战火一直没有停息过。

(2)吉卜赛人

他们是以过游荡生活为特点的一个民族,最早居住在印度西北部,在公元10世纪前后开始外移,到处流浪。他们的足迹几乎遍布五大洲,部分已定居,约200万人。吉卜赛人性格豪放,擅长歌舞。由于现代化经济和大都市生活的发展,使吉卜赛人原来的生活方式受到越来越大的威胁。

(3)印第安人

印第安人是美洲最古老的民族。一般认为,印第安人的祖先是于2万年前,由亚洲经白令海峡迁入美洲,尔后遍布美洲大陆,成为美洲最古老的民族。历史上其人口曾达2 000万,主要从事采集、狩猎和灌溉农业。16世纪起遭受欧洲殖民者的入侵和屠杀,再加上现代文明的冲击,印第安人人数锐减。现主要分布在中南美洲。拉丁美洲各国的印第安人是形成所在国现代民族的重要组成部分。北美洲的印第安人多生活在保护区内。印第安人在历史上曾创造过高度发达的古代文明,至今留下了著名的玛雅文化和印加文化古迹。

1.1.4 语言

1)概述

世界上有很多种语言,通常的说法是有 2 000 多种语言,法国科学院规定为 2 796 种。根据语言词汇和基本语法相近似的程度,全世界的语言共分为八大语系:即印欧语系、闪含语系、乌拉尔—芬兰语系、阿尔泰语系、伊比利亚—高加索语系、汉藏语系、达罗毗荼语系、印尼语系。每一语系下分语族和语支,如印欧语系包括印度、日耳曼、斯拉夫、拉丁等语族,有 100 多种语言。

不同民族使用不同的语言,甚至同一民族的不同地区、不同年龄、不同职业、不同知识背景的人常常也有不同的习惯用语和语言禁忌,如日语中,4 与死同音,9 与苦同音,6 为强盗的标记,故不喜欢 4,6,9 等数字。了解语言及其在世界上分布的知识,对于理解我国旅游各客源地的一些文化现象是极有帮助的。

2)世界上使用广泛的语言

世界上使用最广泛的是联合国的 6 种正式语言和工作语言。

汉语:属汉藏语系汉泰语族,是世界上使用人数最多的语言,主要分布在中国和东南亚等地。

英语:属印欧语系日耳曼语族,是世界上使用人数范围较广的语言,是英国、美国、爱尔兰、澳大利亚、新西兰、加拿大、新加坡、巴基斯坦、尼日利亚、南非等国的国语和官方语言,是世界会议的通用语言。

俄语:属印欧语系斯拉夫语,是俄罗斯民族的语言,主要分布在波罗的海到萨哈林岛的广大地区。

法语:属印欧语系拉丁语族,是法国、比利时、瑞士、卢森堡及非洲一些国家的国语或官方语言。

西班牙语:属印欧语系拉丁语族,是西班牙、智利、阿根廷、墨西哥的国语或官方语言。

阿拉伯语:属闪含语系闪语族,是西亚和北非的阿拉伯国家的国语或官方语言。

1.2 世界宗教概述

1.2.1 世界宗教概述

1)宗教的产生与发展

什么是宗教？恩格斯指出："一切宗教都不过是支配人们日常生活的外部力量在人们头脑中的幻想的反映。在这种反映中，人间的力量采取了超人间的形式。"由此可见，宗教是一种社会意识形态，是客观世界在人脑中的一种虚幻甚至歪曲的反映，是一种唯心主义的世界观。

原始宗教大约产生于公元前 30000 年至公元前 10000 年的中石器时代的后期或更晚。由于当时社会生产力水平低下，人们对许多束缚自身的自然现象、社会现象以及生理上的做梦等现象既不能解释，更无法控制，便幻想出能够主宰一切的"神"并由此产生"万物有灵"的观念，幻想能通过祈祷、祭献或巫术来影响、感化神灵，以达到避祸赐福、消灾免难的目的。于是，一个个神被创造出来，一套套崇拜仪式被发明出来，原始宗教由此而产生。例如，原始社会晚期古埃及、希腊、罗马产生了拜物教，同一时期的中国则盛行巫术。随着社会生产力的不断发展，随着阶级和国家的出现，原始宗教逐步衰微，代之而起的是产生了反映阶级社会形态的系统宗教。由于不同地区的自然环境、社会历史、民族及政权形式的不一致，出现了不同形式的宗教。如佛教、基督教、伊斯兰教、道教、神道教、印度教、犹太教等。其中基督教、伊斯兰教、佛教称"世界三大宗教"。

宗教产生以后，逐渐向人类生活的各个方面拓展，包括哲学、科学、艺术、社会伦理道德以及社会政治制度等方面，最后导致了宗教文化的产生，宗教在世界许多国家和人民的政治、经济、文化生活中起着重大作用。

2)应当如何看待宗教

首先必须明确，虽然不同宗教中或多或少都有一些迷信的成分，但宗教不是迷信，同封建迷信和邪教有着本质的区别。作为一种世界观，同时作为一种社会文化现象，宗教的影响非常广泛，在一定历史时期，在某些方面起过积极的作用。如所有宗教都倡导信徒要行善积德，博爱平等，禁止淫思劣行，这是正确的道德修养观。道教主张"祸兮福所倚，福兮祸所伏"，包含有辩证的思想观，主张"熟读、善思、力行、博学",这是正确的认识论。同时宗教文化是世界文化宝库中重要的组成部分。宗教建筑多为各代建筑的典范,宗教艺术亦是世界艺术宝库的精华。随着旅游业的发展,宗教遗存则成为重要的旅游资源,那庄严的宗教殿堂,神圣的宗教活动,精湛的宗教艺术,以及神秘的宗教氛围,无不对游人充满了强烈的吸引力。如此等等,不一而足。因此,我们对宗教应采取科学的、辩证的态度,取其精华,弃其糟粕。

1.2.2 基督教

1)产生、发展及分布

基督教产生于公元 1 世纪,发源地是罗马帝国统治之下的巴勒斯坦。相传,基督教创始人耶稣,是上帝耶和华的独生子,一个名叫约瑟的木匠的未婚妻玛利亚因圣灵受孕,生耶稣于伯利恒。耶稣自 30 岁起,开始宣扬上帝的福音,招收 12 门徒,并施行许多神术,如使瞎子复明,跛子行走,死人复活,拿 2 条鱼、5 个面饼给 5 000 人吃饱等。他的传教吸引了许多民众,但遭到犹太祭司和罗马统治者的仇视。后因叛徒、其门徒之一的犹大出卖,被钉死在十字架上,故后人把十字架作为信仰基督教的标志。据传耶稣死后第 3 天复活,显现于诸门徒,复活后第 40 天升天。据称,将来会再降人间,审判死人和活人。因耶稣受难之日是星期五,受难之前最后的晚餐中一共有 13 人(见图 1.1),故此西方人忌讳 13 和星期五,视之为凶日,日常生活中尽量避开。

图 1.1 达·芬奇的名画《最后的晚餐》

阅读材料

《最后的晚餐》欣赏

《最后的晚餐》是意大利画家达·芬奇于1495—1497年费时3年为米兰圣玛利亚修道院的餐厅所作的壁画。这幅画着重刻画耶稣的门徒在听到主说"你们中间有一个人出卖了我"的时候所表露出来的不同的心理反应:12门徒中,有的显得非常愤怒,有的异常吃惊,有的充满疑惑,有的在苦苦思索,只有耶稣个人镇定自若,而出卖他的犹大,表情惊恐万状,一只手慌忙地按住钱袋,心虚地急忙扭动身子,惊恐地想远离耶稣,战栗而害怕地斜视着基督。正是他为了30块银币把耶稣出卖给犹太教总督彼拉多,耶稣最后被钉死在十字架上。相传画家在创作这幅画时极为慎重,有时站在画前沉思徘徊半天不能落笔。修道院的院长十分恼火,指责他是有意怠工,拖延时间。画家正愁找不到犹大头像的模特儿,觉得这个令人讨厌、粗暴无知的院长的头正合适,便用了它作为犹大的形象。我们在画中所看见的犹大,阴沉而丑陋,又显得特别粗鲁,与旁边的约翰和彼得形成鲜明的对比,令人望而生厌。

请同学们找一找,哪一位是令人生厌的犹大呢?

你知道为什么饭店不设13层13号吗?

如上所述,因基督教创始人耶稣的受难日是星期五,故西方人往往把星期五视为凶日,称之为"黑色星期五",不宜出远门。另耶稣受难前最后的晚餐中一共为13人,故13也被西方人视为不吉利的数字,日常生活中尽量避开。如世界上很多国家尤其是西方国家饭店往往不设13层13号,而用12B,14A之类数字来代替,或者将13层用做技术层。餐饮活动中,宴会上也不安排13人一桌。为尊重西方人的习惯,我国饭店亦是如此。此外,像电影院、医院等公用设施及其他高层建筑也尽量避开13这一数字,医院里不设13号病房,也没有13号病床,电影院也不设13排13号座位。

原始基督教产生之后,逐渐受到罗马帝国的认可,公元313年君士坦丁大帝发表"米兰敕令",宣布基督教为合法宗教。尤其是公元392年,狄奥多西一世定其为国教,基督教迅速发展。后经欧洲封建化过程及欧洲资本主义的殖民扩张,广泛传播到世界各地,且分裂为天主教、东正教、新教3个不同教派。到2000年,全世界基督教徒达20亿,主要集中在欧洲、美洲和大洋洲,为世界第一大宗教。

2)经典、标志、教义

基督教的主要经典《圣经》,包括《旧约圣经》和《新约圣经》。其中,《旧约圣经》源于犹太教。《新约圣经》曾被译成1 848种语言和方言,对世界文化产生了深远的影响。基督教教义有上帝创世说、原罪说、救赎说、天堂地狱说、驯服说等观点。基督教认为上帝创造了世界并主宰着世界,耶稣基督是上帝之子,被派到世上拯救人类。世人应忍耐、顺从、宽恕,如此则来世方可升入天国。

基督教的标志为十字架。

3)主要节日

基督教的主要节日有圣诞节、遇难节、复活节、降临节等。

圣诞节:时间为阳历 12 月 25 日,纪念基督教创始人耶稣诞生的节日,是基督教国家亲人团聚、合家欢庆的盛大节日,其隆重程度相当于中国人的春节。节日期间还有丰富多彩的活动如圣诞老人、圣诞树、圣诞箱、圣诞卡等。

遇难节:纪念耶稣在十字架上遇难的节日,时间是在复活节前的星期五,故西方人往往称"黑色星期五"。

复活节:纪念耶稣复活周年节日,时间是每年春分月圆后的第一个星期天。一般在 3 月 21 日至 4 月 25 日之间。

降临节:据说耶稣复活后第 40 天升天,第 50 天遣圣灵降临,于是他的门徒受圣灵开始传教。因此其时间是在复活节后的第 50 天。

4)基督教建筑

基督教建筑为教堂,是基督教举行礼拜和重要宗教仪式的场所。不同时代的教堂有不同的建筑风格。但总体说来,讲究立面效果,采用复杂而精致的结构,使用高耸而细尖的塔楼,直刺蓝天,在视觉上造成飞升的效果,仿佛带领教徒与天主相会。教堂内部空间巨大,流光溢彩,充满神秘的宗教色彩,教徒置身其中深感自己的渺小而不得不乞求上帝的保护。如法国巴黎圣母院(见图 1.2)、德国的科隆大教堂、梵蒂冈的圣彼得大教堂等皆为此种建筑的典范。

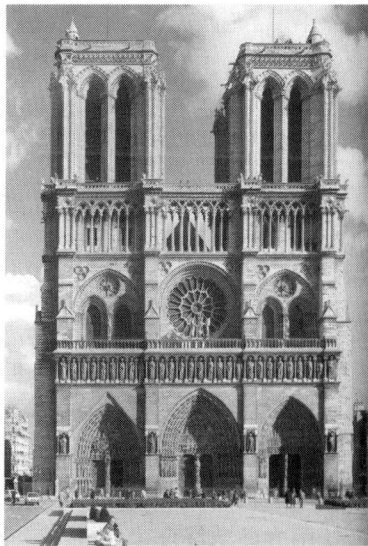

图 1.2　巴黎圣母院

1.2.3　伊斯兰教

1）产生、发展及分布

伊斯兰教产生于公元 7 世纪初的阿拉伯半岛,创始人为穆罕默德。相传穆罕默德于公元 570 年出生于麦加,年轻时忧虑于麦加人的社会风气,经常进入麦加附近的希拉山洞沉思,专心致志于思索神圣之道。至公元 610 年初步创立伊斯兰教,公元 622 年他迁往麦地那,建立政教合一的宗教公社。伊斯兰教起初提出反对高利贷、号召赈济、释放奴隶等宣传,吸引了下层人民的支持和信仰,并以"圣战"的方式征服阿拉伯的半岛,到公元 630 年统一了阿拉伯半岛,建立了政教合一的国家和社会。公元 632 年,穆罕默德逝世于麦地那。后通过战争、商业活动,传入北非、南亚、东南亚等地。到 2000 年,全世界穆斯林(伊斯兰教徒称呼,意为"归顺者")人数达 11.88 亿,主要分布于西亚、北非、南亚、东南亚等地,为世界第二大宗教。伊斯兰教有许多派别,其中最主要的有逊尼派和什叶派,逊尼派为多数派,人数约占穆斯林总数的 85%;什叶派属少数派,流行于伊朗、也门等国。

2）经典、标志、教义

伊斯兰教的经典《古兰经》(亦名《可兰经》),是伊斯兰教最根本的经典,包含着伊斯兰教的基本信仰、宗教制度、道德规范及思想学说等,是伊斯兰教国家立法的基础,是穆斯林的一部"永久宪法"。

伊斯兰教的标记为新月。

其基本教义是:信奉安拉是唯一的神,穆罕默德是安拉使者。具体包括两方面:在思想理论方面,坚持六大信仰:信安拉、信天使、信使者、信经典、信前定、信后世;在实践和行为方面,规定教徒必须做五功和善行。五功是指念清真言、做礼拜、守戒斋、纳天课、朝觐五项宗教义务。善行是指穆斯林必须遵循的道德规范。这两方面的结合构成基本教义。

3）主要节日

伊斯兰教主要节日有开斋节、古尔邦节、圣纪等。

开斋节:在我国新疆地区称肉孜节,顾名思义,即庆祝斋戒期满的节日,时间是在伊斯兰教历 10 月 1 日。斋月最后一天寻看新月,见到新月的第二天即行开斋,未见月牙,则顺延,但不得超过 3 天。

古尔邦节:在我国新疆地区称宰牲节,时间是伊斯兰教历的 12 月 10 日。穆斯林每年 12 月上旬都要到圣地麦加举行大朝,大朝结束之日举行古尔邦节。关于这一节日的来历,相传穆罕默德为了考验伊斯兰教先知易卜拉欣,令他杀死自己的儿子易司马仪作为献祭。第二天清早,易卜拉欣果真把他的儿子带到麦加附近的米那山谷,正准备举刀要砍的时候,安拉派天使送来了一只羊,代替他的儿子作为献祭,这只羊叫"替罪羊"。后人为了纪念易卜拉欣父子对真主安拉的忠心,便把这一天定为古尔邦节。节日期间,富有的穆斯林纷纷宰羊杀驼,分送穷人。

圣忌(圣纪):时间是伊斯兰教历 3 月 12 日,为纪念穆罕默德诞生和逝世的节日。

4)伊斯兰教建筑

伊斯兰教主要是建筑清真寺,也称礼拜寺,是穆斯林举行宗教仪式、传授宗教知识的寺院的通称。有礼拜殿、望月楼、邦克楼、浴室等特有建筑,典型的清真寺为阿拉伯式风格,多采用圆形拱顶,犹如苍天笼罩大地万物,结顶部收束为优美的尖塔,同样给人以飞升之感。寺内不设偶像,也不以动物形象作装饰,只是在建筑细部上多用阿拉伯文经文和花草加强装饰性,一般祭坛设于背向麦加的墙上,以使教徒向着麦加方向朝拜,这种规定有效地强化了圣地麦加在穆斯林心目中的地位。世界著名的清真寺有麦加大清真寺(见图 1.3)、麦地那的先知寺、开罗爱资哈尔清真寺、耶路撒冷的阿克萨清真寺等。

图 1.3　麦加大清真寺——穆斯林大朝的圣地

5)伊斯兰教主要习俗

伊斯兰教为世俗化宗教,宗教与世俗生活紧密相连,由此形成许多清规戒律和生活禁忌:

①穆斯林在饮食上有严格的禁食制度,总的原则:"洁净的为适宜,污浊的受禁止"。视猪为世间脏物之最,故忌食猪肉及有关食品。禁食自死动物、血液、外形丑陋之物,及未经诵经而宰杀的动物,禁止饮酒及饮含酒精的饮料,牛、羊、驼等必先经诵安拉之名宰杀后方可食用。

②进礼拜殿前必须作大、小净和脱鞋。所谓大净即从头到脚洗干净;小净则洗净脸和手等。如在沙漠,则可用沙洗脸和手。伊斯兰教忌讳赤身露体,进入清真寺,必须穿长衣长裤,否则不许进入。

③政教合一的伊斯兰国家,对女性的禁锢非常严格,妇女出门须披黑色长袍,罩上面纱,不许露出眼睛以外的身体的任何部位。且不允许妇女与丈夫、父兄以外的男性交往。

④伊斯兰教对侵犯私有财产者采取酷刑,如第一次偷盗砍右手,第二次砍左手;对抢劫者,或砍右手左脚,或砍左手右脚,直至斩首。

⑤敬茶、端饭、握手均用右手,忌左手。

阅读材料

2002 年世界小姐选美大赛风波

2002 年世界小姐选美大赛原定 12 月 7 日在尼日利亚首都阿布贾举行。此事却引发了当地一场严重的暴力冲突。在尼日利亚成为本届选美大赛举办国后,尼日利亚北部地区的穆斯林认为选美大赛本身就是一件不雅的事情,曾先后多次要求政府取消举办此次盛会。骚乱的直接起因是 11 月 16 日尼日利亚《今日报》刊登了一篇赞扬世界小姐选美大赛的文章。文章完全忽视了穆斯林的感受,甚至昏了头地说:"穆罕默德(先知)会怎么想?说句实话,他都有可能从这些佳丽中挑选一位,与她成婚的。"结果被指为亵渎先知而激怒了当地穆斯林。最终引发了 11 月 20 日卡杜纳的大规模暴力冲突。愤怒的穆斯林走上街头,高喊着"世界小姐是罪恶的"之类的口号,见人就杀,见房就烧,见车就砸。导致 250 多人死亡,400 多人受伤,11 000 多人被迫逃离家园。骚乱波及首都阿布贾,赛事最终不得不易师英国伦敦举行。这一届的世界小姐注定要戴上滴血的桂冠。

事实上本届比赛曲折颇多。在赛前就曾有多国参赛选手抵制参赛,原因是因一名尼日利亚妇女阿米娜·拉瓦尔·任美的石刑。这位妇女离婚后与新男友交往怀孕,结果被地方法院以其犯有通奸罪,判处残酷的石刑。参赛佳丽为抗议对阿米娜·拉瓦尔·任美的判决而罢赛。尼日利亚骚动的一个促因,是世界小姐大赛准备在决赛开幕的时候,以公开声明的形式表示对阿米娜·拉瓦尔·任美的声援。这也成为骚乱的导火索之一。

1.2.4　佛教

1)产生、传播及分布

佛教起源于公元前 6 世纪至公元前 5 世纪的古印度,创始人为乔达摩·悉达多,成佛后佛教徒尊称为"释迦牟尼"(意即"释迦族的圣人")、"佛"或"佛陀"(意即"觉悟者")。他是古印度迦毗罗卫国净饭王的太子,其母是摩耶夫人。相传他诞生于蓝毗尼花园(今尼泊尔境内)。释迦牟尼长大后深感人世间充满了生老病死等种种苦难,立志求解脱之法,于 29 岁出家修行,苦修 6 年仍一无所获。他发觉修苦行并非达到解脱之路,在 35 岁时弃苦行而至菩提伽耶,在一棵菩提树下打坐静思,悟求人生真谛、解脱痛苦之法,立誓"如不成佛,誓不起座",经七七四十九天,终于悟得"四谛""十二因缘",得道而成佛。得道后,在鹿野苑初转法轮,弘扬佛法。传教 45 年,至 80 岁涅槃于拘尸那迦。释迦牟尼出生地蓝毗尼花园、成道地菩提伽耶、初转法轮地鹿野苑、涅槃地拘尸那迦是举世闻名的佛祖四大圣迹。

佛教产生之后,在印度于公元前 3 世纪孔雀王朝阿育王时期非常兴盛,逐渐分裂成大乘佛教和小乘佛教两大派别,并由印度向外传播,共分 3 条路线:

一条从古印度向北传入中国,再由中国传入朝鲜、日本、越南等国,以大乘佛教为主,称北传路线;

一条从古印度向南传入斯里兰卡、缅甸、泰国、老挝、柬埔寨等国及中国云南傣族等少数民族地区,以小乘佛教为主,称南传路线;

另一条从印度及中国内地传入青藏高原,与当地原始宗教苯教结合,形成了藏传佛教。

佛教在世界上主要分布于东亚、东南亚地区。至 2000 年,全世界佛教徒人数达 3.59 亿,为世界第三大宗教。

2)经典、教义

佛教经典为《大藏经》,其内容包括经、律、论三部分。经藏是指释迦牟尼的言论集,律藏是指佛为弟子修行制定的清规戒律,论藏是佛门弟子对"经"的解说集。《大藏经》故又称《三藏经》。

佛教的基本教义有"四谛"(苦谛、集谛、灭谛、道谛)、"八正道"(正见、正思、正悟、正业、正命、正精进、正念、正定)、"十二因缘"(无明、行、识、名色、六处、触、受、爱、取、有、生、死)、"三法印"(诸行无常、诸法无我、涅槃寂静)、"生死轮回、因果报应"等。佛教认为世界虚幻不实,人生变化无常,充满苦难,而苦难的根源在于欲望,要脱离苦海,只有依经、律、论三藏,修戒、定、慧三学,以断绝欲望,消除烦恼,超脱生死轮回,修身成佛。

3)佛教的主要节日

佛教的主要节日有:浴佛节、涅槃节、盂兰盆节、佛成道节等。

浴佛节(佛诞节):纪念释迦牟尼诞生的节日,时间为阴历四月初八,是日,以香水沐浴佛像。

涅槃节:时间为阴历二月十五,纪念释迦牟尼逝世的节日。

盂兰盆节(鬼节、中元节):时间为阴历七月十五,佛教徒追祭祖先的节日。"盂兰盆"为梵文音译,意即"救倒悬"——救度亡灵倒悬之苦。相传释迦牟尼的十大弟子之一目连,用天眼看到他的母亲因生前诋毁佛道,死后堕入地狱饿鬼道中受着倒悬之苦,惨不忍睹。目连十分悲伤,请求释迦牟尼教给他解脱母亲厄难的方法。释迦牟尼说七月十五是僧尼安居结束之时,你可在盆里盛上百味食品,供养十方僧众。这样不仅你母亲可能解脱倒悬,也可以使你的七世双亲免去地狱之苦,享受快乐。目连按照释迦牟尼的指示去做了,果然他的母亲解了倒悬之苦,地狱中的七世双亲也不再受难。后来这一天成为佛教徒追祭祖先的节日。

佛成道节:时间为阴历十二月初八,纪念释迦牟尼得道成佛的节日。后每至这一天,老百姓要以"腊八粥"供佛。

4)佛教建筑

佛教主要建筑有寺庙、石窟、佛塔等,合称"佛教三大建筑"。佛教建筑属于东方建筑,追求布局艺术。中国的佛教建筑用一进进院落构成布局严谨的建筑群体,山门内布局有天王殿、大雄宝殿、七佛殿、菩萨殿、法堂、方丈室、罗汉堂、藏经阁等单体建筑。多建在高山峭壁,地势险要处,加之密林幽谷、云遮雾绕,使人产生飘然若仙的感觉。殿前往往要利用自然地形修筑高高的台阶,最好是108级,虔诚的教徒往往是一步一叩而上,自然会产生对神佛的敬畏之情,更何况在佛教教义中它寓意人生的108种烦恼,每登一级即意味着消除一种烦恼。有的还用天文、光学、声学现象造成某些奇观,如云南曹溪寺每60年一现的"曹溪印月"、峨眉山的"金顶宝光"、陕西太白山的"太白池光"等,给人以神佛显灵的神秘感觉。日本的唐招提寺、柬埔寨的吴哥石窟、泰国的玉佛寺、缅甸的仰光大金塔(见图1.4)、斯里兰卡的佛牙寺、印度尼西亚的婆罗浮屠佛塔以及中国的白马寺、敦煌石窟等都是世界著名的佛教建筑。

5)佛教的礼俗与禁忌

①佛教最基本的戒律是"五戒十善"。五戒,就是杀生戒、偷盗戒、邪淫戒、

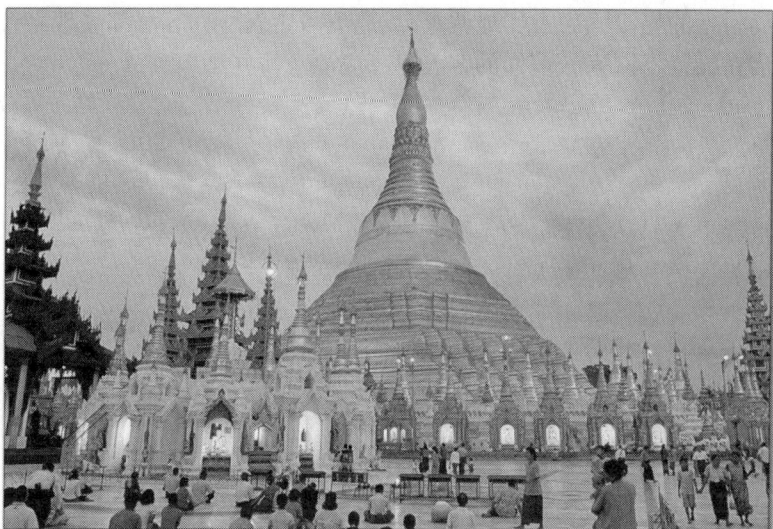

图1.4 缅甸仰光大金塔

妄语戒、饮酒戒。十善实际上是五戒的分化和细化,分为身、语、意三业的禁忌,其内容包括,身体行为的善(禁忌):不杀生、不偷盗、不邪淫;语言方面的善(禁忌):不妄语、不两舌、不恶口、不绮语;意识方面的善(禁忌):不贪欲、不嗔恚、不邪见。

②佛教对出家僧人的要求和禁忌更为严格,如中国汉族地区僧人戒律达250条之多,尼姑戒律则达348条,藏族地区喇嘛要遵守的戒律更是达450条之多。如饮食方面,最基本要求是忌吃"荤"和"腥","荤"是指有恶臭和异味的蔬菜,如大蒜、大葱、韭菜等。"腥"是指肉食,即是各种动物的肉,甚至蛋。此外,佛教还要求僧人不饮酒、不吸烟、不吃零食。

③佛教在个人生活方面的禁忌主要有:不结婚、不蓄私财等。

④对于在家的居士,佛教只要求在每月一定的日子里持斋,一般是阴历朔日、初八、十四、望日、二十三、二十九日。

⑤信仰小乘佛教的信徒,如泰国,每个男子都要在少年时期入寺过至少3个月的僧侣生活,国王也不例外。

教学实践

1.到附近的寺庙、教堂或清真寺参观游览,比较其建筑风格的差异,并欣赏建筑、绘画、雕塑等精湛的宗教艺术。

2.到附近的星级酒店去实地调查,或邀请酒店餐厅和客房部经理来校座谈,了解酒店在接待不同宗教信仰的客人时都应注意哪些细节?

本章自测

1.世界上人口超过 1 亿的是哪些国家?

2.世界居民分哪四大人种? 各分布在哪些地区?

3.世界三大宗教是指哪 3 种? 各分布在哪些地区?

4.基督教徒忌讳哪些数字? 为什么?

5.穆斯林教徒在饮食方面有哪些忌讳?

第 2 章
世界旅游综述

【本章导读】

世界各大洲、各地区及各国自然地理条件、经济发展水平和社会、文化背景等方面存在着较大的差异，必然导致各大洲、各地区及各国旅游业发展的不平衡。因此，将世界旅游地域在空间上划出若干既相对独立又彼此相互联系的旅游区域单元是十分必要的。

本章主要介绍世界旅游区划的划分和世界上主要的国际性旅游组织。

【关键词】

世界　旅游区划　国际性　旅游组织

【问题导入】

作为一名旅游工作者，对于世界旅游区划的划分和世界上主要国际性旅游组织的了解是必要的。请问全世界分为哪几大旅游区？世界上主要有哪些旅游组织？

2.1　世界旅游区划概念

世界旅游区划的对象是世界不同等级的旅游地域综合体。通过区划，人们可以了解世界不同等级的旅游地域综合体的基本情况、发展旅游业的利弊条件，认识各地区、各国资源开发利用途径和旅游业发展前景，并吸收旅游发达地区与国家在开发旅游业方面的成功经验，为本国有效地开发利用旅游资源、发展旅游业、进行总体规划与布局提供科学依据。

根据世界各地旅游业发展状况和全世界国际旅游的客源分布格局,将全世界划分为以下六大旅游区,即:欧洲旅游区、美洲旅游区、东亚和太平洋旅游区、非洲旅游区、中东旅游区和南亚旅游区。考虑到旅游业的发展,将来可增加南极洲旅游区。

2.1.1 欧洲旅游区

欧洲历来是世界上最大的旅游市场,经济发达,人民生活富裕,政府和社会提倡和鼓励旅游,普遍实行带薪假期制度,实行旅游津贴,出入境手续简便,机场免税购物等。欧洲无论出国旅游、国内旅游和国际旅游接待都是强项,规模大,而且稳定发展,是目前世界上最大的旅游需求市场,也是世界上最大的旅游供应市场。欧洲在第二次世界大战以后一直是世界旅游中心,而且在当今能称得上世界旅游强国的,除了美国,其他诸如英国、德国、法国、意大利、西班牙,均在欧洲。

值得一提的是1999年1月1日"欧元"(euro)正式面世。它是继1993年在欧共体成员之间实行商品、人员等自由流动以加速旅游市场区域性一体化的又一重大举措,欧元使欧洲成为一个内部畅通的旅游区。欧元的面世,最直接的受惠者是旅游者和旅游经营者,使欧共体长期形成的区域性经济一体化的优势锦上添花,消减了欧元区内的旅游障碍,有助于推动整个欧洲境内旅游自由贸易壁垒的消除,促进欧洲旅游的进一步繁荣。

2.1.2 美洲旅游区

美洲是世界第二大旅游市场,主要是北美和加勒比海地区,其中美国、加拿大和墨西哥的旅游业比较发达。而该地区的美国,长期以来无论是出国旅游人数,还是国际旅游接待和收入都居世界各国之首。但自2001年"9·11"恐怖事件以后,美国的旅游业尤其是国际旅游业方面受到重创,面临着严峻的挑战。

2.1.3 东亚和太平洋旅游区

东亚、太平洋地区是国际旅游迅速崛起的旅游区,也是世界第三大旅游市场,包括中国、日本、韩国、新加坡、泰国、澳大利亚等,是增长最快和最具活力的国家。

近40年来,东亚、太平洋地区国际旅游接待人数和旅游外汇收入的增长率均居世界各大旅游区之首。据统计,该区国际旅游接待人数和外汇收入分别占世界旅游市场总额的比例在1960年为1.0%和2.9%;而到2000年上升为16.01%和17.34%。可见,该区的增长幅度较大。虽然,由于1997年东南亚金融危机的爆发和蔓延,使该区在1998年的国际旅游接待人数和旅游收入出现了负增长,但从1970—1998年,该区国际旅游接待人数和国际旅游收入分别增长10.4%和9.5%,在六大旅游区中成绩还是最突出的。

东亚、太平洋地区中国际旅游业发展较快的主要是日本、中国台湾、新加坡、中国香港、泰国、印尼、马来西亚、韩国和澳大利亚等。1995年全球19个热门旅游目的地中亚洲占了5个,其中东盟的马来西亚、新加坡、泰国榜上有名。而中国的旅游业近10年来的迅速发展,不但形成了世界最大的国内旅游市场,而且接待入境过夜旅游者人数和旅游外汇收入都居东亚、太平洋地区首位,并成为该区的一个新兴的旅游客源国。

2.1.4 非洲旅游区

非洲旅游区的国际旅游业从20世纪80年代以后有了较快的发展。近几年来,由于非洲一些主要旅游接待国的货币大幅度贬值,低廉的价格增强了对欧美和日本旅游者的吸引力;同时,当地又利用自身独特的自然环境及旅游者的猎奇心理,开展奇特风光欣赏、野生动物探险、体验民族风情等专项旅游,吸引了世界各地旅游者。其中,突尼斯、摩洛哥的旅游业发展较快。而世界上最穷国家之一的坦桑尼亚,也凭借其丰富独特的旅游资源优势,加人开放和引进外资的力度,以求后来居上。

近几年来,随着政治局势趋于稳定,制约非洲旅游发展的主要障碍已由政治因素转为经济因素,因而,在发展旅游业的策略上突出3个重点:一是以更优惠的政策引进外资;二是全面引进外国先进的管理方式和机制;三是进行旅游资产重组,扩大合资规模,从而加快旅游业发展的速度。1998年在受区域性金融危机影响的情况下,其国际旅游接待人数和外汇收入比上一年分别增长6.4%和6.6%,成为世界上旅游业发展最快的地区。这正预示着非洲地区旅游业发展的黄金时代的到来。

2.1.5　中东旅游区

中东是连接欧、亚、非三洲的中间地带,对发展国际旅游本应是一种有利条件,但由于战乱频繁,旅游经济发展起伏较大,占世界旅游市场的份额较小。该地区的国际旅游接待总数占世界市场份额从 20 世纪 80 年代的 1.08% 增至 1990 年的 2.1%,1991 年受海湾战争的沉重打击,以致当年的国际旅游接待人数大幅度下降。从 1992 年开始恢复和发展,其中,埃及、以色列的旅游业发展较快。以色列民族性喜旅游,出境旅游人数占总人口的 44%。多数旅游者都受过高等教育,修学旅游成为时尚,奖励旅游和宗教旅行十分盛行。

自海湾战争结束后,由于中东和平进程的发展,以及许多国家放宽出境旅游的限制,在 1990—1995 年,中东地区以年均 8.5% 的增长率领先于世界各大旅游区。到 2000 年,中东地区的国际旅游接待人数和旅游外汇收入占世界市场份额已分别上升到 2.95% 和 2.04%。但中东毕竟是一个非常敏感的旅游市场,2003 年又受伊拉克战争的影响,其国际旅游业的发展不但缓慢,而且还忽高忽低不稳定。

2.1.6　南亚旅游区

南亚旅游区主要指印度、巴基斯坦、孟加拉国等国家,旅游业的发展比较落后但比较稳定。印度旅游业是南亚旅游区的支柱。1982 年,印度政府首次发布了国家的"旅游政策",明确旅游业发展目标,放宽了入出境的限制,成为一个具有较大发展潜力的国际旅游目的地。1998 年,印度接待国际旅游者 236 万人次,旅游外汇收入 31.3 亿美元。现在,发展国际旅游接待成为印度第二大外汇收入来源。可以预见,未来南亚地区的国际旅游业会有较大的发展。

2.2　国际性旅游组织

国际性的旅游组织很多,本节选取了主要的 6 个旅游组织进行介绍,即:世界旅游组织、太平洋亚洲旅行协会、国际航空运输协会、国际民用航空组织、世界旅行社协会联合会和国际旅馆协会。

2.2.1　世界旅游组织

世界旅游组织(WTO)是旅游界最主要的国际组织。其宗旨是促进和发展旅游,推动经济发展,促进世界和平,增进国际理解。为此,世界旅游组织旨在制定相应的政策和规定,以使旅游业在各政府及国际贸易中发挥应有的作用。

世界旅游组织是政府间的机构,成立于1975年,总部设在西班牙首都马德里。其前身为1947年成立的官方旅行组织国际联盟(UIOOT)。国际社会和联合国委托世界旅游组织进行国内和国际旅游的宣传和发展工作。

世界旅游组织现有正式成员109个,联系成员4个。他们制定与旅游有关的政策,并根据共同的利益参与制定世界旅游组织的章程。世界旅游组织是政府间唯一接纳旅游经营者的组织,有附属成员170多个。这些附属成员广泛代表了直接从事旅游业的企业和协会,以及与旅游业有关的航空公司、饭店、旅游经销商和教育研究机构。附属成员参加世界旅游组织,对制定旅游政策和规划旅游项目有积极的作用,并推动各国政府对旅游业相关的战略问题作出决策。因此,世界旅游组织的有关活动项目已成为联系官办和私营两者之间非常重要的桥梁。

为巩固世界上最强的事业之一——旅游业,世界旅游组织为各国政府和旅游界提供了一个制定必要的政策和规定不可或缺的场所。

2.2.2　太平洋亚洲旅行协会

太平洋亚洲旅行协会(PATA)原名太平洋地区旅行协会,1952年1月成立于夏威夷檀香山,协会总部设在美国旧金山。

太平洋亚洲旅行协会是个具有广泛代表性和影响力的民间国际旅游组织,在整个亚太地区以至世界的旅游开发、宣传、培训与合作等多方面发挥着重要作用。协会的宗旨是促进进入亚太地区及亚太地区内部旅游和旅游业的发展,因此受到亚太地区各国旅游业界的普遍重视。

该协会的章程规定,任何全部和部分位于西经110°至东经75°地理区域内所有纬度的任何国家、地区或政治区域均有权成为该协会会员。该协会成员广泛,不仅包括亚太地区,而且包括如欧洲各重要客源国在内的政府旅游部门和用空运、海运、陆运、旅行社、饭店、餐饮等与旅游有关的企业。目前,协会有37名正式官方会员,44名联系官方会员,60名航空公司会员以及2 100多名财团、企业等会员。此外,协会除在旧金山设有秘书处外,还分别在新加坡、悉尼、旧金山和摩纳哥设有亚洲、太平洋、美洲和欧洲分部办事机构。另外,遍布世界各地的79 个 PATA 分会还拥有 17 000 多名分会会员。

协会的管理机构为理事会(由 49 ~ 51 名成员组成),其职能是在两届年会之间开展协会的工作。协会下设 3 个委员会:管理委员会、企业委员会、咨询委员会。

2.2.3 国际航空运输协会

国际航空运输协会(IATA)是一个包括全世界各大航空公司的国际性组织,为世界航空运输企业自愿联合组织的非政府性的国际组织,于 1945 年 4 月在古巴哈瓦那成立。

该协会的宗旨是:促进安全、正规和经济的航空运输;促进航空商业,并研究与此有关问题;促进与联合国国际民用航空组织的合作。

该协会的主要任务是:提出客货运率、服务条款和安全标准等,并逐步使全球的空运业务制度趋于统一;处理和协调航空公司与旅行社之间的关系。确定票价是该协会最主要的任务之一。

凡国际民航组织成员国的任一经营定期航班的空运企业,经其政府许可都可成为该协会的会员。经营国际航班的航空运输企业为正式会员,只经营国内航班的航空运输企业为准会员。

该协会现有会员 188 家国际航空公司,1978 年 10 月中国航空协会成为该协会的正式会员。

协会总部设在加拿大的蒙特利尔。在蒙特利尔和瑞士的日内瓦设有总办事处。在纽约、巴黎、新加坡、曼谷、内罗毕、北京设有分支机构或办事处。在瑞士的日内瓦还设有清算所。协会的最高权力机构为全体会议,大会每年召开一次,另有 4 个常务委员会分管法律、业务、财务和技术。

该协会出版发行《国际航空运输协会评论季刊》和《年会备忘录》年刊。

2.2.4 国际民用航空组织

国际民用航空组织(ICAO)成立于 1947 年 4 月 4 日,同年 5 月,成为联合国的一个专门机构,总部设在加拿大的蒙特利尔。

该组织以 1944 年 12 月的《国际民用航空公约》(即《芝加哥公约》)为准绳,

确定其宗旨是:发展安全而有效的国际航空运输事业,使之用于和平目的;制定国际空中航行原则;促进各国民航事业的安全化、正规化和高效化;鼓励民航业的发展,满足世界人民对空中运输的要求;保证缔约国的权利充分受到尊重,使各缔约国享有经营国际航线的均等机会。

国际民用航空组织的最高权力机构是大会,每3年举行一次,决定政策。常设机构是理事会,由每次大会选举的30个国家组成,常设执行机构是秘书处,由秘书长负责日常事务。

该组织现有会员国152个。我国于1974年2月15日正式加入,在同年的大会上被选为理事。

该组织出版发行《国际民用航空组织公报》月刊和《国际民用航空组织备忘录》。

2.2.5　世界旅行社协会联合会

世界旅行社协会联合会(UFTAA)是最大的民间性国际旅游组织。其前身是1919年在巴黎成立的欧洲旅行社和1964年在纽约成立的美洲旅行社,1966年10月由这两个组织合并组成,并于1966年11月22日在罗马正式成立。总部设在比利时布鲁塞尔。

该会宗旨是:负责国际政府间或非政府间旅游团体的谈判事宜,并为旅游工业和旅行社的利益服务。

该会在20世纪70年代末共有76个国家参加,代表18 000多家旅行社,共计50多万职工,其中美国的旅行社最多,共14 804家。

该组织每年召开一次全体大会,交流经验、互通情报。

该会出版发行《世界旅行社协会联合会议使报》(月刊)。

2.2.6　国际旅馆协会

国际旅馆协会(IHA)是旅馆和饭店业的国际性组织,于1947年在法国巴黎成立,总部设在巴黎。

该协会宗旨是:联络各国旅馆协会,并研究国际旅馆业和国际旅游者交往的有关问题;促进会员间的交流和技术合作;协调旅馆业和有关行业的关系;维护本行业的利益。

该协会的会员分为正式会员和联系会员。正式会员是世界各国的全国性的旅馆协会或类似组织,联系会员是各国旅馆业的其他组织、旅馆院校、国际饭店集团、旅馆、饭店和个人。该协会现有正式会员80多个,联系会员4 000多个。

国际旅馆协会每两年举行一次会员大会,商讨旅游业发展中的重大问题,修改和制定有关政策和法规,选举下届主席、副主席和秘书长。国际旅馆协会设有9个委员会:财务委员会、法律委员会、经济政策研究委员会、出版发行委员会、宣传推销委员会、旅行社事务委员会、旅馆专业培训委员会、季节性旅馆和旅游胜地旅馆事务委员会、会员联系事务委员会。

该协会的主要任务是:通过与各国政府对话为促使各国政府实行有利于旅馆业发展的政策,并给予旅馆业的支持;参与联合国跨国公司委员会有关国际旅馆跨国企业方面的工作;通过制定和不断修改来完善有关经济法律文件,协调旅馆与其他行业的关系;进行调研、汇集和传播市场信息,提供咨询服务;为各会员提供培训旅馆从业人员的条件和机会。

该协会出版发行信息性双月刊《对话》《国际旅馆和餐馆》月刊和《国际旅馆评论》季刊以及《国际旅馆指南》《旅行杂志》和《旅游机构指南》(年刊)等。

课堂讨论

1. 试比较六大旅游区在经济发展水平、政府支持程度、旅游资源吸引力等方面的异同。

2. 在世界旅游中,世界旅游组织扮演了一个怎样重要的角色?

本章自测

1. 世界旅游区划是如何划分的?

2. 太平洋亚洲旅行协会的成员有哪些?

3. 国际航空运输协会是一个什么样的组织?

4. 国际民用航空组织的宗旨是什么?

5. 世界旅行社协会联合会的前身是什么?

6. 国际旅馆协会的主要任务是什么?

第 3 章
中国旅游客源市场

【本章导读】

改革开放 30 多年,中国的国际旅游业得到了迅速发展,已成为亚洲旅游大国和世界重要客源市场。为了进一步把握中国旅游海外客源市场的演变及趋势,本章回顾了中国旅游业的发展历程,介绍了中国海外客源市场的现状特点、市场特征及发展前景。

【关键词】

旅游业　客源国　入境旅游　出境旅游　客源构成

【问题导入】

中国有哪些主要的客源国? 中国旅游客源市场有何特征? 其发展趋势如何? 通过本章的学习你将找到这些问题的答案。

3.1　中国旅游业概况

3.1.1　中国旅游业的发展历程

1)新中国成立前的旅游业

虽然我国古代的旅行和旅游有着悠久的历史,但是作为经济性产业的旅游业,在中国是 20 世纪 20 年代才开始出现的。1923 年 8 月,当时主持上海商业储蓄银行的陈光甫先生,在该行中附设了"旅行部",其业务范围是代办国内外车票、轮船票和飞机票。1927年7月，他将附设在自家银行内的旅行部独立出来，正式成立了中国旅行社，该旅行社也是中国第一家旅行社。在新中国成立之前，由于经济落后，人民生活水平低，社会基础差，中国的近代旅游业发展十分缓慢。旅游作为一种产业，虽说业已形成，但是，它的规模小，水平低，对国民经济的作用十分有限。

2）新中国旅游业的发展历程

（1）外事接待阶段（新中国成立后至1978年）

20世纪五六十年代，中国国家旅游局设立在外交部下，当时完全是出于外交的需要，旅游接待活动的对象主要是友好国家的团体和友好人士，为其提供民间交往的便利方式。虽然早在1949年11月就成立了福建厦门中国旅行社和华侨服务社，但"文化大革命"前，中国国际旅游接待基本为"政治接待型"的模式，对国家经济的贡献微不足道。"文化大革命"期间，旅游处于停滞状态。

（2）起步阶段（1979—1985年）

十一届三中全会以后，我国旅游业处于起步阶段，实现了从"外事接待型"向经济创汇型转变，其特征是没有市场化，属于计划配额，求大于供，外事促内事。

1978年，入境旅游者只有180.9万人次，旅游外汇收入只有2.63亿美元，在全世界排名第41位，中国旅游业基本上是一张白纸。在这种背景下，邓小平同志从资源综合利用和经济产业高度提出要积极发展我国旅游业，当时还算了一笔账：一个旅行者一千美元，接待一千万个旅行者，就可以赚一百亿美元。在他的积极倡导下，在改革开放政策的推动下，尤其十一届三中全会关于"对外开放，对内搞活"的宣言，意味公民可以自由、自费出入，中国旅游业从20世纪70年代末开始崛起。

旅游服务是硬件水平与软件水平的结合，要发展旅游业，首先要把行、住、游、吃、购、娱这些基本环节抓好。在1978年时，我国的旅游供给是短缺的，其短缺的程度，还不是某种或某类旅游产品的短缺，而是全面的短缺，或者说，旅游产品供给的全面紧张。如饭店数量不足，人满为患；铁路设备老化，超载严重；公路基础差，路面不平；航班严重不正常，有时需要靠空军协助。短缺的旅游供给，从一开始就给我国旅游发展形成巨大的压力，但是，也形成了我国旅游发展的巨大动力和良好机遇。旅游饭店的兴建，旅游景点的开发，旅行社业务的拓展，旅游交通的改善，旅游人才的培训，旅游商品的制造……经过了5~7年的艰苦努力，旅游产业的雏形已经形成，旅游接待的人数大幅增加，旅游外汇收入成倍增长。从1980年到1986年，来华旅游入境人数增加3倍多，旅游外汇收入增加1.5倍。

（3）快速发展阶段（1986—2012 年）

1986 年以后,旅游业处于快速发展阶段,经历了从单一入境旅游到入境旅游、国内旅游两个市场和到入境旅游、国内旅游、出境旅游 3 个市场的发展过程,旅游逐渐加重其占国民经济总产值的比重,旅游已成为具有相当规模的经济产业。其特征是市场逐渐成熟,竞争逐步激烈。

20 世纪 80 年代中期以后,在国际入境旅游发展的同时,我国国内旅游开始起步发展。1988 年以前的 10 年中,旅游业一直是大幅度增长,入境旅游者数量的年平均增长率为 33%,创汇的年平均增长率为 24%。1989 年旅游业出现第一次滑坡,至 1992 年完全复苏。1992 年以后,入境旅游逐渐成熟,国内旅游逐渐升温,我国出现了国际入境旅游和国内旅游并行发展的新局面,如表 3.1 所示。1995 年 5 月 1 日我国实行五天工作制后,国内旅游开始迅速发展。1999 年"黄金周"的实施进一步对旅游经济起到了促进作用。进入 21 世纪以来,我国已经形成了世界上规模最大的国内旅游市场。至 2011 年,我国国内旅游总收入 1.93 万亿元,占 GDP 的 4.1%。

表 3.1　中国国内旅游业发展情况（2000—2011 年）

年　份	国内旅游人数/亿人次	国内旅游收入/亿元人民币
2000	7.44	3 176
2001	7.84	3 522
2002	8.78	3 878
2003	8.7	3 442
2004	11.02	4 711
2005	12.12	5 286
2006	13.94	6 230
2007	16.10	7 771
2008	17.12	8 749
2009	19.02	10 184
2010	21.03	12 580
2011	26.4	19 306

随着国民经济的发展和国力的增强,从 20 世纪 90 年代开始,我国的出境旅游开始起步,并得到高速发展,如表 3.2 所示。1997 年 3 月,经国务院批复,国家

旅游局、公安部联合发布了《中国公民自费出国旅游管理暂行办法》,标志着我国出境旅游市场的形成。2000年,我国出境旅游人数和接待外国人数均首次超过1 000万大关,分别达到1 047万人次和1 016万人次,而且可喜的是,在这一年,我国出境旅游人数首次超过了外国入境旅游人次数,标志着我国旅游业已经进入了新的历史阶段。2002年,我国出台了《中国公民出国旅游管理办法》,对出境旅游限制减少,手续也更加简便。这标志着中国出境旅游市场的发展进入到一个新的阶段。2003年,中国出境总人数达到2 022万人次,首次超过日本,成为亚洲出境人数最多的国家。自1989年我国正式开放中国公民因私出境旅游以来,截至2011年,我国已先后开放亚洲、欧洲、非洲、澳洲共146个国家和地区为我国公民出境旅游的目的地。至此,我国旅游业已走上了全面、健康、高速发展的道路。

表3.2　中国居民出境旅游情况

年　份	出境旅游人数/万人次	增长/%
2000	1 047	13.43
2001	1 213	15.9
2002	1 660	36.84
2003	2 022	21.8
2004	2 885	42.7
2005	3 103	7.5
2006	3 452	11.3
2007	4 095	18.6
2008	4 584	11.94
2009	4 766	4.0
2010	5 739	20.4
2011	7 025	22.42

阅读材料

中国公民出国游发展的大致历程

中国公民出国游是我国改革开放的产物,也是我国旅游业不断发展壮大的结果。中国公民出国旅游大致经历了3个阶段:

第一阶段:源于20世纪80年代的探亲旅游。

这种旅游形式是由海外亲友支付费用，并提供按期返回的担保，由特批的数家旅行社组团经营，旅游目的地限于港澳地区和东南亚四国，它开辟了我国公民出国旅游的渠道。

第二阶段：从1997年7月开始的自费出国旅游。

它与前一阶段的区别是人们无须再以"探亲"的名义出国旅游，在更广的范围满足了中国公民出国旅游的需求，是真正意义的出国旅游。从此，中国旅游业形成了包括入境、国内和出境在内的三大旅游市场。

第三阶段：以《中国公民出国旅游管理办法》为标志。

它在前一阶段的基础上，把出国旅游市场的管理提高到一个新水平。由于经营出国游的组团社大量增加，出国旅游的有关手续进一步简化，出国旅游更为方便。因此，它标志着我国出境游市场的管理跨入了一个新的历史阶段。

（来源：中国旅游报）

3.1.2　旅游业对国民经济的作用

旅游业对国民经济的作用主要表现在以下几个方面：

1）在经济发展中，旅游业是一个能够创汇增收、拉动内需的产业

发展入境旅游可以创汇，实现境外的社会财富向境内的转移。与出口创汇相比，旅游创汇还具有以下优点：一是属于"就地出口"，提高的是服务产品，不需要付出多少物质产品；二是"即时买卖，现汇收入"，资金周转快；三是换汇成本较低，一般为出口换汇成本的70%左右；四是"原料"消耗少，"生产能力"可持续使用；五是基本不受"贸易壁垒"的干扰。1996年之后，我国外汇储备大大增加，旅游创汇发挥了巨大的作用，如表3.3所示。

发展国内旅游可以拉动内需。2010年，中国居民国内旅游消费达到12 580亿元，占居民消费总支出的9.4%。在春节、"十一"两个黄金周，全国共接待国内游客3.79亿人次，实现旅游收入1 812亿元。

表3.3　中国旅游外汇收入及增长率

年　份	外汇收入/亿美元	增长/%
2000	162.24	14
2001	177.92	10.5
2002	203.85	14.6

续表

年　份	外汇收入/亿美元	增长/%
2003	174.06	-14.5
2004	257.39	47.8
2005	292.96	13.8
2006	339.49	15.9
2007	419.19	23.5
2008	408.43	-2.6
2009	396.75	-2.9
2010	458.14	15.5
2011	485	1.5

2）发展旅游业可带动其他关联产业的发展

首先,旅游业产业链较长,包括旅游食宿、交通、购物、邮电通信、旅游资源开发、旅游辅助建设、环境保护、景区文化宣传多个部分,是一个高度综合、高度开放而又极其丰富的社会经济大系统。据测算,旅游收入每增加1元,第三产业产值相应增加10.2元之多。旅游业发展对经济及相关产业发展具有极大的带动力,相关产业的发展促进整体经济实力的增强,整体经济实力的增强又再次正向作用于旅游业的发展。

其次,扩大了社会就业机会。旅游业涉及饮食、娱乐、商业、交通等高度劳动密集型的许多行业,因而旅游业每增加1个直接就业人数,就可增加有关联的间接就业人数5个以上。2011年,全国旅游直接从业人员超过1 350万人,与旅游相关的就业人数约8 000万人。

3）有利于调整产业结构

旅游业的发展,对区域经济结构的调整也有积极作用。由于旅游业要以旅游资源为依托,而旅游资源的地方性特色较为明显,这对改变区域经济结构趋同化方面有一定的作用。此外,旅游业的发展对改变我国东部经济发达,中部次之,西部落后的不平衡状态是有利的。近些年来,我国中、西部地区旅游业发展明显加快,旅游资源具有鲜明的特色和交通的不断便捷,前往中西部地区游客不断增多,特别是随着西部边界省、自治区对外开放的发展,如新疆、云南、广西等,旅游发展速度明显加快,这些都对改变我国东、中、西部经济发展不平衡起到积极的作用。

4）可以促进地方经济的发展

我国地大物博,旅游资源非常丰富。特别在我国经济相对不发达的西部地区,旅游资源广泛存在,其中不乏开发价值很高的资源:这些旅游资源可能是自然资源,可能是历史文化资源,也可能是民俗资源。帮助这些地区开发旅游,能够就地吸纳劳动力,就地把资源转化为产品,就地销售农、林、牧、渔业和手工业等生产的旅游商品,使当地人民致富受益,促进本地经济的发展。

5）促进国际经济合作的加深和世界经济的增长

旅游本身是一种开放行为,旅游业特别是国际旅游的发达程度,是衡量一个城市国际化、现代化的重要标志,良好的旅游环境就是良好的开放环境。通过发展旅游业可以直接扩大旅游商品和旅游服务的对外贸易,吸引游客和外商投资开发,重要的是通过发展旅游业,可以形成一种开放的意识和氛围,提高整个城市的开放程度。

3.2　中国旅游客源市场

3.2.1　中国旅游客源市场概述

1）历史回顾

（1）1949—1977 年的入境旅游

新中国成立初期,随着新中国形象在国际上的不断提高和国民经济的发展,以入境旅游为主体的国际旅游业开始孕育萌芽。1949 年 10 月 17 日,以接待海外华侨为主旨的厦门华侨服务社成立,这是新中国的第一家旅行社,为海外华侨架起了一座连接侨居地与新中国的桥梁。继之,泉州、深圳、汕头、拱北、广州等地也成立了华侨服务社。1957 年 4 月 24 日成立了中国华侨旅行服务总社,统一领导和协调全国华侨,港、澳地区同胞探亲旅游接待服务。

1954 年 4 月 15 日,国务院批准成立了中国国际旅行社总社,以及北京、上海、西安、桂林等 14 个分社,主要负责接待访华外宾的食、住、行、游等事务,入境旅游接待逐渐走上正轨。1958 年中国国际旅行社接待的自费旅游者达 6 649 人次,其中 80% 以上来自苏联和东欧国家。

1966年,"文化大革命"爆发,中国旅游业遭到重创。当年接待的入境旅游者从1965年的12 877人次降到303人次。在此期间,我国的国际旅游接待工作基本瘫痪。

20世纪70年代后,中美、中日关系逐步走向正常化,1971年接待了30名美国自费旅游者,实现了中美旅游交往零的突破。此后,随着中国在联合国合法席位的恢复,国际影响的日益扩大以及国家制定了一系列政策,来华旅游人数持续回升。1976年全国接待入境旅游者达到近5万人次。

从新中国成立初期到十一届三中全会的20多年间,我国的旅游工作主要是外事接待,国际旅游业的发展非常缓慢,在有些年份甚至停滞不前。中国的入境旅游业从旅游人数上看,微不足道;从旅游收入上亦没有进行相应的经济核算,即没有专门对国际旅游的外汇收入进行统计。

(2)1978年至今

十一届三中全会以后,在改革开放政策的推动下,中国入境旅游业迅猛发展。1978年,来华旅游入境人数180.9万人次,其中外国人23万人次;旅游创汇2.63亿美元,均创造了新中国成立以来的最高纪录,超过以往20多年旅游接待人数的总和。

20世纪80年代是国际旅游市场高速成长的时期。1983—1985年,来华旅游入境人数开始保持两位数的高速增长。1984年海外旅游者来华入境总人数达到1 285.22万人次,首次突破"千万"大关。

1989年春夏之交的政治风波,使我国国际旅游业受到严重影响,当年来华旅游入境人数比1988年下降22.7%,旅游外汇收入第一次出现负增长,为-17.2%。此后,我国国际旅游业迅速走出困境,1990年来华旅游入境人数2 746.2万人次,比上年增长12.1%;外汇收入22.18亿美元,比上年增长19.2%,入境旅游人数和旅游外汇收入基本恢复到历史最高水平,这表明我国国际旅游业已具备一定规模,比以前更加成熟了。

20世纪90年代以来,我国国际旅游业持续发展,期间,国际国内政治经济形势对我国国际旅游业产生了重要影响。1996年,旅游外汇收入第一次突破100亿美元大关。此后,随着香港、澳门的回归,港、澳同胞回祖国内地进行旅游商贸活动的人数也进一步增长。2010年,来华旅游入境人数为13 376.22万人次,其中港澳同胞为10 249.48万人次,如图3.1所示。为了扩大海外市场,中国国家旅游局自1992年以来确定了一系列旅游主题活动和宣传促销工作,既宣传了中国旅游业的产业形象,也宣传了中国改革开放的形象,促进了旅游接待水平和服务水平的提高,创造了巨大的经济效益和社会效益。

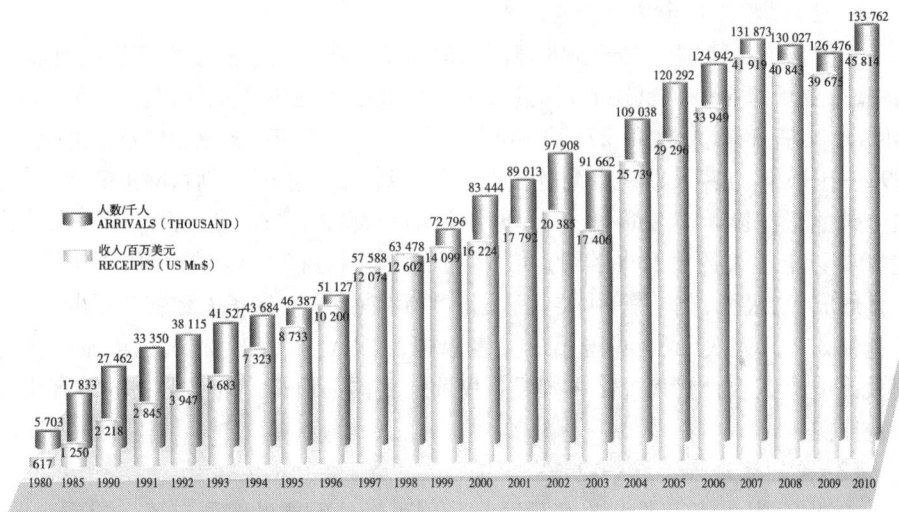

图 3.1　1980—2010 年入境旅游人数和国际旅游外汇收入
资料来源:《中国旅游统计年鉴》(2011)

2)客源市场发展特点

经过 30 余年的发展,我国逐步形成了具有中国特色、符合旅游业持续发展需要的海外客源市场组合。

(1)亚洲客源市场持续增长且基数大

亚洲各国是中国最主要的客源市场,1985—2010 年旅华入境人数占外国游客的百分比由 52.2% 增加到 62.0%。20 世纪 90 年代以来,亚洲各国来华旅游人数快速增长,除 1997 年、1998 年亚洲金融危机的冲击外,其增长速度都在 20% 以上,并且形成了日本、韩国、东南亚 5 国及蒙古国等重要客源国。

日本因为与中国隔海相望的位置、悠久的历史渊源和经济、文化交流传统,20 多年来一直是中国最大的客源国,2010 年旅华的日本人达 373.1 万人次。

韩国旅华入境市场在 20 世纪 90 年代中韩建交之后进入超常发展阶段。2005 年,韩国入境人数达 354.5 万人次,首次超过日本,成为我国第一大客源国。2010 年旅华的韩国人达 407.6 万人次。

东南亚的新、马、泰、菲、印尼 5 国作为中国的近邻,一直是我国传统上稳定的客源国,20 世纪 90 年代以来,随着经济的发展,旅华市场进入快速发展时期,2010 年 5 国来华入境游客达 428.6 万人次。

蒙古国是随着中蒙边境贸易的兴旺而逐渐发展起来的一个主要客源国,2010 年入境的人数达 79.4 万人次,其中绝大多数为边境旅游者。

(2)欧洲客源市场呈台阶状跃式增长

欧洲各国是我国仅次于亚洲客源国的重要客源市场。在欧洲游客的远程旅游中,东亚地区是一个重要的目的地,中国在其中的地位举足轻重。1985—1990年欧洲来华入境人数在27万—45万,1991—1992年,游客人数快速跃升,1992—1996年游客人数一直维持在132万~163万。1997年后,除1998年受亚洲金融危机的影响出现负增长,其他年份增长都在15%以上,所占入境人数比重20%以上。人数由1990年的44.63万人次增加到2010年的567.28万人次,并且形成了俄、德、英、法等主要客源国。特别是俄罗斯旅华人数快速增长,2010年达到237万人次,成为我国第三大客源国,尤以远东游客为多,边境旅游占有较大比重,且以购物为主,住在游船上仅前往我国沿海口岸观光购物的游客也占一定比例。

(3)美洲客源地持续平稳增长

美洲客源国,尤其是北美客源国是我国第三位重要的客源市场。数据表明,美国和加拿大是我国在美洲的两个重要客源国,20世纪90年代中期以来,它们占据了美洲市场份额的90%左右,来华旅游呈现平稳增长。特别是美国一直是我国十大稳定的客源国。随着中国在国际舞台上地位的不断提高,中美关系的改善,来华的美国游客持续上升。尽管"9·11"事件给美国国际旅游业以沉重打击,但到2002年其强烈反应已得到扭转,来华旅游人数开始出现恢复性上升,2010年旅华人数达299.54万人次,占入境旅游人数总数的11.5%。

(4)大洋洲和非洲客源地不断发展

对于中国海外客源市场而言,大洋洲和非洲属于发展中的客源地,人数还比较少。2010年,非洲来华旅游人数为46.36万人次,大洋洲为78.93万人次。非洲旅华入境游客的绝对数虽然很少,但却一直以较快的速度持续增长,2010年比2009年增长15.6%。澳大利亚是大洋洲最重要的中国海外客源国,来华旅游人数从1990年的5.02万人次增长到2010年的66.13万人次,位居11位。

3.2.2 中国旅游客源市场特征

1)地域结构特征

(1)港澳台同胞居主导地位

中国入境客源市场分两大部分,一部分是香港、澳门特别行政区的游客及台湾同胞和华侨,另一部分是外国人。30多年来,港澳台同胞和华侨一直是我国海外客源市场的主体,2008年之后,台湾市场增幅最大。2010年,来华旅游入境人数为 13 376.22 万人次,其中香港同胞 7 932.19 万人次,澳门同胞 2 317.29 万人次,台湾同胞 514.06 万人次。

（2）客源地分布广泛,少数重要客源国居主导地位

从地域分布上看,我国的海外客源市场广泛分布于亚、欧、美、大洋洲和非洲各地,在组成上表现出具有地域多样性的特征;但从客源产出量的角度看,少数重要的客源国提供了绝大部分的客源,居主导地位,其中韩国、日本、俄罗斯、美国、马来西亚、新加坡、菲律宾、蒙古国等国成为我国稳定的客源市场。2010 年我国主要客源国入境旅游人数和增长情况如表 3.4 所示。

表 3.4　2010 年我国前 20 位客源国入境旅游人数占旅华入境外国人总数的百分比

序　号	国　家	入境旅游人数/万人次	占总数比重/%	比 2009 年增长/%
1	韩国	407.64	15.6	27.5
2	日本	373.12	14.3	12.5
3	俄罗斯	237.03	11	36.0
4	美国	200.96	7.7	17.5
5	马来西亚	124.52	4.7	17.6
6	新加坡	100.37	3.8	12.8
7	越南	92.00	3.5	11.0
8	菲律宾	82.83	3.2	10.6
9	蒙古国	79.44	3.0	37.7
10	加拿大	68.53	2.6	24.5
11	澳大利亚	66.13	2.5	17.8
12	泰国	63.55	2.4	17.3
13	德国	60.86	2.3	17.4
14	英国	57.5	2.2	8.7
15	印度尼西亚	57.34	2.2	22.3
16	印度	54.93	2.1	22.4
17	法国	51.27	2.0	20.7
18	缅甸	49.34	1.9	−18.8
19	哈萨克斯坦	38.03	1.5	35.9
20	意大利	22.92	0.9	19.8

资料来源:《中国旅游统计年鉴》(2011)

(3)亚洲客源居核心位置,洲际市场发展强劲

根据来华旅游人数,中国海外客源市场分为亚洲市场、欧洲市场、大洋洲市场、美洲市场、非洲市场。从表 3.5 可以看出,近几年中国海外客源市场主体为亚洲市场,历年来所占比重基本上超过 50% ,特别是与我国接壤或隔海相望的邻国,如日本、韩国、俄罗斯、东南亚各国均为主要客源国。但近几年来其他洲市场份额上升也较快,2010 年欧洲、美洲、大洋洲和非洲客源均比 2009 年增长23.9% ,20.2% ,17.4% 和 15.6% 。

表 3.5　2005—2010 年各洲来华旅游者所占比重　　　　单位:%

年份 洲际	2005 年	2006 年	2007 年	2008 年	2009 年	2010 年
亚洲	61.7	61.2	61.5	59.8	62.8	62.0
欧洲	23.6	23.7	23.8	25.1	20.9	21.7
美洲	10.6	10.8	10.4	10.6	11.4	11.5
大洋洲	2.8	2.9	2.8	2.8	3.1	3.1
非洲及其他	1.2	1.3	1.5	1.6	1.8	1.8

资料来源:《中国旅游统计年鉴》(2011)

(4)客源地构成与世界主要客源产出国基本一致

从世界旅游市场的大背景来看,世界主要客源国市场依次为欧洲、美洲、亚太地区、中东及南亚地区、非洲;从主要客源国看,主要为德国、日本、美国、英国、法国、荷兰、加拿大、俄罗斯、意大利等。而对于中国海外旅游市场而言,德国、法国、美国、日本、俄罗斯、英国、加拿大等国家目前已经是我国主要的客源国,而且这几年增长迅速。与 2009 年相比,2010 年这些国家来华旅游人数均有大幅增长,其中,德国增长 17.4% 、法国增长 20.7% 、美国增长 17.5% 、俄罗斯增长36.0% 、英国增长 8.7% 、加拿大增长 24.5% 、澳大利亚增长 17.8% 。由此说明,我国客源地的构成与世界主要客源产出国的构成是基本一致的。显然,这种客源市场格局是符合世界旅游市场发展规律的,它将在相当长的时间内支持我国国际旅游业的持续发展。

(5)潜在客源地发展前景乐观

受经济发展、距离和国民旅游习惯等多种因素的影响,南亚、中东地区、南美、非洲国家来华旅游的人数很少,但是它们是我国潜在的客源地,这些地区近年来出国旅游市场发展较快,其迅速发展的势头已引起业内人士的关注。其中,我国近邻印度就是一个特别值得关注的潜在市场。12 亿人口的背景和中产阶

级的迅速崛起,使得印度的出国旅游需求迅猛增长。据预测,这种增长速度在今后 10~20 年内仍有加快的趋势,使得印度成为重要的客源产出国之一。印度来华旅游人数从 20 世纪 80 年代末的 1 万人次左右上升到 2010 年的 54.93 万人次,居来华入境旅游人数的第 16 位。

2)性别、年龄特征

从性别构成来看,来华的外国旅游者中以男性居多,且其比例较为稳定。从 2005—2010 年游客性别构成的百分比可以看出,来华的海外旅游者中,男性游客基本是女性游客数量的 2 倍,如表 3.6 所示。

表3.6　2005—2010 年境外游客性别构成比重　　　　　单位:%

年份 性别	2005 年	2006 年	2007 年	2008 年	2009 年	2010 年
男性	65.2	66.9	64.6	64.2	65.2	64.3
女性	34.8	33.1	35.4	35.8	34.8	35.7

资料来源:《中国旅游统计年鉴》(2005—2010)

从年龄构成来看,中青年是我国海外客源市场的主力军。从多年来境外游客年龄构成比重可以看出,25~44 岁的游客所占比重最大, 45~64 岁的游客次之。2010 年来华旅游者中,25~44 岁的游客占 44.8%,45~64 岁的占 36.9%,如图 3.2 所示。

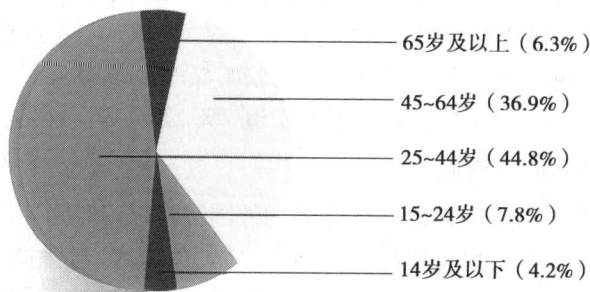

65岁及以上（6.3%）
45~64岁（36.9%）
25~44岁（44.8%）
15~24岁（7.8%）
14岁及以下（4.2%）

图3.2　2010 年入境外国游客人数构成(按年龄分)

3)旅游目的

我国境外游客的旅游目的主要以观光度假、会议和商务活动为主。2010 年来华旅游者中,观光休闲者占 47.4%,参加会议商务活动者占 23.7%,探亲访友者占 0.3%,服务员工占 9.4%,其他占 19.1%,如图 3.3 所示。

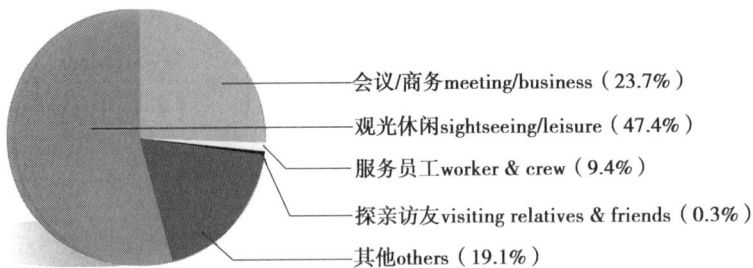

会议/商务meeting/business（23.7%）

观光休闲sightseeing/leisure（47.4%）

服务员工worker & crew（9.4%）

探亲访友visiting relatives & friends（0.3%）

其他others（19.1%）

图 3.3　2010 年入境外国游客人数构成（按目的分）

4）入境方式、入境时间

从入境方式看,飞机是外国游客所采用的最主要的交通工具,其次为徒步、汽车,以船舶和火车的方式入境也占有一定的比重,如图 3.4 所示。

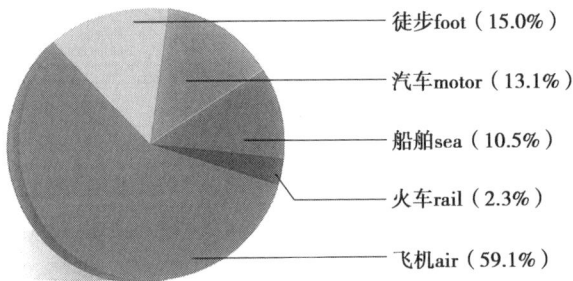

徒步foot（15.0%）

汽车motor（13.1%）

船舶sea（10.5%）

火车rail（2.3%）

飞机air（59.1%）

图 3.4　2010 年入境外国游客人数构成（按入境方式分）

从入境旅游月份来看,来华游客较多集中的 7—10 月份,是旅游旺季,特别是 10 月份形成高峰;而 1,2,12 月较少,是旅游淡季。2010 年,7—10 月来华外国游客达 945.89 万人次,占全年总流量的 36.2%,如图 3.5 所示。

5）在华停留时间与消费

与旅游业发达的国家相比,来华旅游的外国游客停留时间还比较短,人均消费也不高。2010 年入境游客抽样调查结果显示:外国人、台湾同胞停留时间较长,停留 8 天以上的分别占 18.4% 和 19.6%;香港同胞和澳门同胞在境内的停留时间较短,分别有 66.0% 和 72.5% 的旅游者停留 1 天至 3 天,旅游者停留 8 天以上的分别仅有 7.6% 和 6.3%。

2010 年入境过夜旅游者在华人均每天花费 184.01 美元,比上年增长 1.8%。其中,外国人 197.93 美元,增长 2.5%;香港同胞 141.05 美元,增长 2.4%;澳门同胞 109.99 美元,下降 2.2%;台湾同胞 185.20 美元,增长 0.8%。入境过夜旅游者的消费构成情况是:长途交通费占总花费的 31.6%,住宿费占

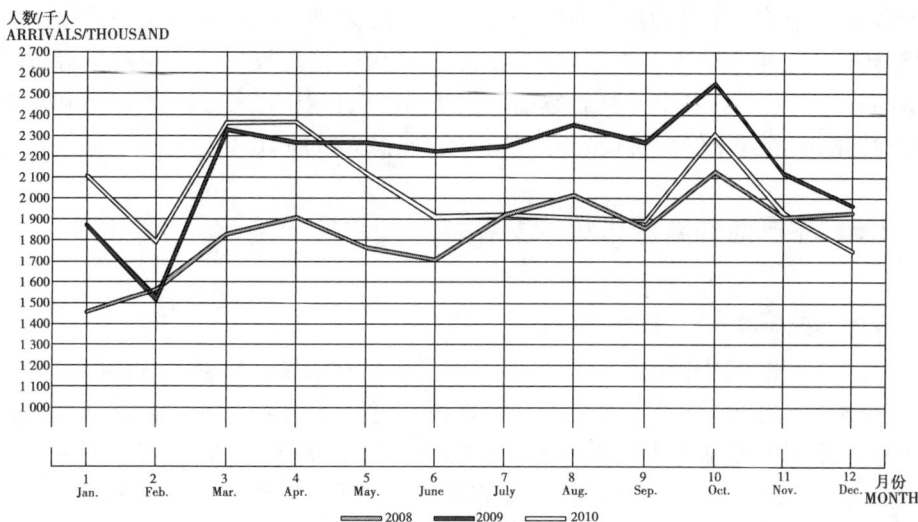

图 3.5　2008—2010 年各月入境外国游客人数

12.3%，餐饮费占8.4%，游览费占3.7%，娱乐费占6.0%，购物费占25.1%，市内交通费占2.1%，邮电通信费占2.0%，其他费用占8.8%。

6）入境旅游者的流向

（1）入境旅游者出境后的流向

2010年对入境游客抽样调查资料显示：①在入境外国游客中，到我国的"一国游游客"和以我国为最终旅游目的地的游客居于主要地位，83.9%的游客出境后返回各自的国家，较上年减少了0.4个百分点。其中，我国周边国家（日本、韩国、蒙古国、哈萨克斯坦和俄罗斯等）多数是只到我国旅游的"一国游游客"，比重都在九成左右；欧美、大洋洲、非洲等远程市场的入境游客，出境后的流向呈现出多样性，超过20%的游客离境后前往其他国家或地区。②在入境外国游客出境后，除了直接返回来源地外，还有16.1%的游客前往其他国家或地区，这部分游客中33.1%的游客前往港澳特别行政区，比上年降低了7.9个百分点。③港澳台、东南亚以及印度等市场的游客，出境后直接返回来自国家（地区）的比重占84.7%，其余15.3%的游客继续前往其他国家（地区）。

（2）入境旅游者在我国省（区、市）之间的流向

据2010年我国对入境旅游者所做的抽样调查显示：有将近1/2的旅华游客入境后不立即出境，还将前往我国其他地区游览。这些旅游者主要的流向有3个：第一，在所在的省（自治区、直辖市）内继续游览，这部分旅游者所占的比重占在境内继续游览人数的24.9%，比上年减少0.4个百分点；第二，前往北京、

上海旅游,在各省(自治区、直辖市)接待的入境旅游者中,选择这一流向的占43.3%,比上年增加3.2个百分点;第三,到中国经济比较发达和旅游资源较丰富的省(自治区、直辖市),如继续前往天津、辽宁、江苏、浙江、广东、四川和陕西等地区的旅游者比例相对较高,占在境内游览总人数的20.0%。

3.2.3 中国海外客源市场的发展趋势

1)入境旅游人数将持续增长

进入新世纪,中国国际旅游业面临着前所未有的发展机遇。从国际形势上看,中国加入了WTO,不仅有利于引进客源,而且有利于引入与国际接轨的运营机制,加快我国旅游企业的改革开放。2008年北京奥运会、2010年上海世博会的成功举办,对提升中国的国际旅游形象,吸引更多的客源起到很大的促进作用。我们有理由相信,未来一段时间里,中国的入境旅游人数会逐年有所增长。

2)传统市场继续保持稳定,薄弱市场部分将有所加强

到21世纪初叶,亚洲主体市场和西欧、北美传统市场的地位都将会保持下去,同时拉美、非洲、中东等薄弱部分将得到进一步的开拓。亚洲很多国家与我国有着历史、文化、地缘等方面的密切联系,特别是周边的东南亚、东北亚各国,于20世纪八九十年代相继成为我国主要的旅游海外客源市场后,入境人数多、增长幅度大一直是显著的优势,但同时也表现出增幅波动不稳的特点。但在度过了多次暂时性的困难之后,东南亚、东北亚仍将是决定着未来中国旅游海外客源市场规模的重要区域。

西欧与北美也仍将保持其现有的传统市场的地位。随着中国与欧盟关系的发展和国内旅游业的变革,这两个地区的来华客源仍将有可能继续增长。而且西欧、北美传统市场的覆盖面将会进一步扩展,欧洲各国、北美各地区和城市都将产生新的旅华客源。

非洲、拉美和中东作为我国海外客源市场的一部分,一直是薄弱环节。新世纪里,随着其越来越多地受到重视,其市场潜力和开发前景都十分广阔。

3)周边地区和发达国家仍将是我国最重要的客源国

日、美两国和我国周边地区仍将是我国最为重要的旅游海外客源国。自1986年以来,日本一直是名列前茅的我国海外客源国。在1997年亚洲金融危机的冲击下,来华游客人数仍保持着2.1%的增长。受恐怖袭击、SARS和禽流感等不利因素的影响,我国周边国家来华游客市场出现的短缺低迷是可以理解的,但从长远来看,开拓前景仍很乐观。与此同时,英、法、德、意、澳等传统客源国已经比较成熟,将会保持稳定并有一定的增长。

回顾历史,新中国的旅游业伴随着共和国成长的历程,取得了巨大的成就;展望未来,中国旅游业前景一片光明,中国必将跻身为世界旅游强国之列。

相关链接

2015 年中国将成为全球最大入境旅游接待国

国家旅游局局长邵琪伟 5 月 17 日在 2007 中国(青岛)奥运与旅游国际论坛上说,根据联合国世界旅游组织的最新预测,到 2015 年,中国将成为全球第一大入境旅游接待国和第四大出境旅游客源国。

根据这一预测,届时中国入境旅游人数可达 2 亿人次,国内旅游人数可达 26 亿人次以上,出境旅游人数可达 1 亿人次左右,游客市场总量可达 30 亿人次左右,中国居民人均出游可达 2 次,旅游业总收入可达 2 万亿元人民币左右。

邵琪伟说,奥运与旅游,历来相互结合、相互促进并相得益彰。中国国家旅游局正将奥运旅游作为新时期促进中国旅游业发展的重要契机,以"绿色奥运""科技奥运""人文奥运"为主题,以"奥前""奥中""奥后"为时段,举全国之力,集各方支持,以促进中国旅游业的快速发展,并服务于 2008 年北京奥运会。

目前,中国已成为世界上第四大入境旅游接待国、亚洲最大的出境旅游客源国,形成了世界上最大的国内旅游市场。2006 年,中国入境旅游人数达 1.25 亿人次,其中入境过夜旅游人数达 4 991 万人次;国内旅游人数达 13.9 亿人次,首次实现中国居民人均出游 1 次。

(来源:新华网)

本章自测

1. 简述中国旅游业的发展简史。
2. 简要分析旅游对经济的作用。
3. 中国旅游客源市场的发展特点是什么?
4. 简要分析中国旅游客源市场的特征。
5. 简要分析中国旅游客源市场的发展趋势。

第 **4** 章
东亚及太平洋地区

【本章导读】

东亚及太平洋地区在地域上包括东亚的中国、日本、韩国、朝鲜、蒙古国,东南亚的新加坡、马来西亚、泰国、印度尼西亚、菲律宾、文莱、越南,大洋洲的澳大利亚、新西兰、斐济等国家。本区地域辽阔,自然景观丰富,历史文化悠久,社会风情多彩。随着世界经济重心的东移,本区新兴工业国经济的发展,国际旅游业发展迅猛,目前无论是出境旅游还是入境旅游,年平均增长率达 7% ~ 11%,每年接待的国际旅游人数和国际旅游收入已分别占世界总额的 1/7 和 1/6,成为世界六大旅游区中增长最快的地区。

【关键词】

日本 韩国 新加坡 马来西亚 泰国 印度尼西亚 菲律宾 蒙古国 澳大利亚 地理概况 简史 经济 文化 民俗 旅游业

【问题导入】

本区中的日本、韩国、新加坡等国家地域狭小,资源贫乏,但经济发达,旅游业也极有特色,我们能从中吸取哪些成功的经验?

4.1　日　本

4.1.1　地理概况

1）自然地理

日本古称"倭""大和"，意为"山峡"或"多山之地"。公元 7 世纪孝德天皇通过大化革新，完成全境统一后正式称"日本国"，意即"东方日出处""日出之国"。

日本位于亚洲东部的太平洋上，是一个群岛国家，东濒太平洋，北临鄂霍次克海，西隔东海、黄海、朝鲜海峡、日本海与中国、朝鲜、韩国、俄罗斯相望。同中国是一衣带水的近邻，九州北部的长崎同上海市相距 851 920 米，南端的先岛群岛同我国台湾地区相隔仅 111 120 米左右。

日本领土面积 37.78 万平方千米，由北海道、本州、九州、四国 4 个大岛及 3 900 多个小岛组成。这些岛屿呈狭长弧形由东北向西南延伸，长达 3 000 多千米，习惯上称日本列岛。

从自然环境来看，日本的基本特征是崎岖多山，火山众多，地震频繁，温泉丰富，河湖众多，森林繁茂，矿产贫乏，近海鱼类丰富。山地丘陵占国土面积 76%，火山有 200 多座，占世界火山总数的 10%，其中活火山有 77 座，素称"火山之国"。著名的富士山海拔 3 776 米，为日本第一高峰、日本人心目中的"圣岳"，即是一座典型的圆锥形活火山。日本又是典型的地震之国，每年可感觉到的地震达 1 500 多次，平均每天约有 3 ~ 4 次。历史上有记录的大地震达 2 000 多次。与此相关的是温泉丰富，全国温泉达 2 万多处，是世界最大的温泉国。日本森林种类不多，但覆盖率却高达 67%，主要树种有杉树、松树、柏树、山毛榉树、毛竹等，南部多樱树，美丽的樱花是日本的国花，日本也因此被称为"樱花之国"。

日本属温带海洋性季风气候，冬无严寒，夏无酷暑，四季分明，南北温差较大，年降水量在 1 000 毫米以上，夏秋之交多台风。由于日本领土南北延伸较长，故各地气候差异很大。太平洋沿岸夏季多雨，年降水量可达 4 000 毫米，日本海、北海道冬季多雪，积雪期可达 150 ~ 200 天。由于本州中部山脉阻挡了部分季风，与亚洲大陆同纬度地方相比，日本具有冬季较为温暖，夏季较为凉爽的特点。

2) 人文地理

(1) 人口与民族

日本人口 1.26 亿(2013 年 8 月),居世界第十位。人口密度高达 338 人/平方千米,是世界上人口密度最大的国家之一。人口分布极不平衡,约 80% 的人口分布在各岛沿海及河谷地区,尤其是大中城市人口稠密,以东京、大阪、名古屋为中心的三大都市圈集中了全国一半的人口,人口城市化水平为 76%。2013年,日本人的平均寿命为:男 79.59 岁,女 86.35 岁,有世界第一长寿国的称号。

日本民族构成单一,以大和民族为主,仅有极少数的阿伊努人(又称虾夷族)分布在北海道地区,人数约 2 万多。

(2) 语言与宗教

日本民族语言为日本语,简称日语,是以东京语为基础而确定的标准语,全国通用。

日本是一个多宗教信仰的国家,有神道教、佛教、基督教等多种宗教。绝大多数居民信仰神道教和佛教。神道教起源于古代神话和历史,是日本固有的民族宗教,崇拜诸神,祭祀场所为神社,目前有教徒约 1.1 亿。佛教是在公元 6 世纪由中国经朝鲜传入日本,属大乘佛教,目前有教徒 9 000 多万。基督教是在 1514 年传入日本,目前有教徒 150 多万。如此累计的话,日本宗教信徒是其总人口的近两倍,这在国际上实属罕见。可见,不少日本人并不执着地信奉某一种宗教。事实上,日本人普遍信仰两种以上的宗教,许多人同时参加几种宗教的活动。在一般家庭里,佛坛与神龛并列,他们同时参加神社和寺院的祭祀活动。常见一个人出生时到教堂去做洗礼,结婚时按神道教仪式举行婚礼,而死后要按佛教仪式举行葬礼。

3) 国旗、国徽、国歌、国花、国鸟

国旗:日之丸旗(或称日章旗、太阳旗)。白色布底中央有一个象征太阳的红色圆轮,日本古时将此图案用于神社或船舶悬挂的旗帜上。1870 年 1 月 27 日日本天皇将其定为日本国旗。

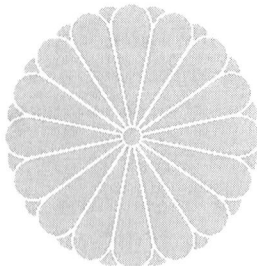

图 4.1　日本国徽

国徽:16 瓣金黄色菊花图案(见图 4.1)。原是皇家徽记,由 16 瓣匀称花瓣组成的金黄色菊花,据称图案源于佛教的法轮;质朴典雅,庄重大方,蕴蓄着东方传统文化精神。

国歌:《君之代》。歌词取自《古今和歌集》。

国花:樱花。日本的樱花种类繁多,每年春天由南往北依次递开,人们纷纷到樱花盛开之地游园赏花,饮酒跳舞,迎接春天的到来。日本人酷爱樱花,誉之为日本的国花。日本也被称做"樱花之国"。

国鸟:绿雉。绿雉是日本特有的鸟,雄鸟非常漂亮,且深受日本人的喜爱,1947 年由日本鸟类学会指定其为国鸟。

4.1.2　简史

1)古代社会(公元7 世纪前)

据考古证明,约 10 万年前,日本的土地与亚洲大陆相连,当时已有原始居民。

约 1 万年前,日本的土地与亚洲大陆分离,形成列岛,日本进入旧石器时代。

公元 1—2 世纪,进入奴隶制社会,出现了 100 多个小"国家"。3 世纪,日本西部形成了早期的奴隶制国家——邪马台国。3 世纪中叶以后,在本州中部以大和地方为中心兴起了另一个更发达的奴隶制国家——大和国。

2)封建社会与幕府政治(公元645—1868 年)

6 世纪末,日本派遣隋使和遣唐使及大批留学生和学问僧到中国,学习中国的文字、制度、佛教、儒学、工艺技术等文化。公元 645 年,孝德天皇仿中国唐朝的政治经济制度,进行了"大化改新",建立了以土地国有制为基础的、以天皇为绝对君主的中央集权制国家,日本进入封建社会。

封建社会可分两个阶段:

(1)天皇和权势贵族掌权时期(公元 645—1192 年)

天皇是最高统治者,而执行统治权的是由天皇任命的太政官、神祇官、国司、郡司等官吏,以天皇诏敕、律令的方式来实现。根据帝都的变迁,可分为 3 个历史时代,即飞鸟时代、奈良时代、平安时代。

(2)幕府政治时期(公元 1192—1868 年)

这一时期天皇的大权旁落,武士当政。势力强盛的武士领主集团,依靠武力凌驾于朝廷之外,对各地方领主所辖范围内的领地和领民实行统治,史称幕府政治。先后经历了镰仓时代、南北朝时代、室町时代、安土桃山时代、江户时代几个时期。

3)资本主义社会(1868 年以后)

1868 年 1 月,明治天皇发布"王政复古"诏书,推翻了德川幕府,并学习西方文化,实行政治、经济、文化等方面的一系列改革,史称"明治维新",形成了以天皇制为中心的中央集权的资本主义制度,日本进入了近代资本主义时期,社会经济和综合国力得到了迅速发展。

明治维新后,近代天皇先后经历了明治时代、大正时代、昭和时代、平成时代等几个不同的阶段。大正、昭和时代,天皇政权慢慢走向法西斯专政,推行帝国主义侵略政策和战争政策,发动一系列战争:1894—1905 年侵占中国领土台湾和澎湖列岛;1904—1905 年进行日俄战争;1910 年吞并朝鲜;1914 年参加了第一次世界大战;1931 年日本发动"九一八事变",占领了中国东北三省;1937 年挑起"七七卢沟桥事变",发动全面侵华战争;1941 年偷袭珍珠港,发动太平洋战争,妄图建立"大东亚共荣圈"。1945 年 8 月 6 日和 9 日,美国分别向广岛、长崎投掷原子弹。8 月 15 日,日本宣布无条件投降,第二次世界大战结束。8 月 28 日,美军进驻日本,日本成为美国的附庸国,直至 1952 年《旧金山和约》生效,日本才真正独立。在美国的监控下,1947 年 5 月,日本实施新的宪法,转变为议会内阁制国家,天皇仅为国家象征。

4.1.3 经济

日本是一个资源缺乏但经济高度发达的国家。

在第二次世界大战中,日本国民经济受到了毁灭性的打击。战争毁灭了一切:机器、厂房、劳力。战后,日本经历了极为艰难的时期,但到 1951 年时,日本的经济已恢复到了战前的水平。

20 世纪 60 年代后半期,政府推行了"国民收入倍增计划""经济高速增长政策""经济外交"等一系列新政策,不断扩大设备投资,大量引进欧美新技术,使日本经济迅速复苏,进入到高速发展时期,1971 年国民生产总值由 1960 年的430 亿美元增加到 2 184 亿美元,平均每年增长 11.3%,超过其他资本主义国家好几倍。其国民生产总值 1966 年超过法国,1967 年超过英国,1968 年超过联邦德国,一跃而成工业发达、科学技术领先的经济大国,其经济实力仅次于美国,居世界第二位。其人均国内生产总值 1997 年达 3.6 万美元,1998 年超过 4 万美元。

日本工业体系完整,工业结构为知识、技术密集型。从工业部门来看,其钢铁、造船、汽车、电子计算机、电器、原子能发电等产量均居世界前列。随着国民收入的增多,其消费水平急剧提高,商业、服务业迅速发展,日本的产业结构相应发生了变化,第一产业减少,第二、第三产业增长。资源能源匮乏,国内市场相对狭小,对外依赖严重,构成了日本工业生产最突出的特点。

阅读材料

日本的电子计算机行业

世界电子计算机需要量的80%由美国占有。可是在日本国内,日本产电子计算机在市场上却超过半数,这种情况是极为罕见的。1980年,从日本国内电子计算机的销售额看,富士通公司的销售额超过了美国的IBM公司,此事在美国曾引起轰动。

目前,价格低廉的办公用计算机已经普及到小医院和小商店,微型电脑也迅速普及,许多初中生和高中生都在热心研习。此外,从电子计算器、电动洗衣机一直到工业用机械手,都装备有微电脑。日本主要的电子计算机制造公司有富士通、日立制作所、日本电气公司、冲电气公司、三菱电机公司、东京芝浦电气公司等。

日本已进入到现代化农业时代,农产品以大米、豆类、小麦为主,早已实现了机械化、水利化、良种化生产。近年来,生态农业蓬勃兴起。日本近海有700多种鱼类,是世界著名大渔场之一,渔业十分发达,捕鱼量位居世界前茅。

日本是世界金融大国之一,财政金融发展迅速。日本是世界最大的国民资产国,1987年超过美国达43.7万亿美元;日本是最大的债权国,1985年日本海外资产余额1 289亿美元,超过英国的1 118亿美元;日本又是世界最大的资本供应国,1980—1986年对外投资1 060亿美元,大大超过美、英、德等国,1986—1989年对外投资达1 700亿美元;日本还拥有世界最强大的银行业,1989年世界十大银行中日本占8家。

日本海岸线曲折,海上交通发达,拥有1 000多个海港。横滨、神户、千叶、名古屋是日本的四大港口。日本铁路交通十分发达,铁路长27 400千米,电气化率高,具有高速、安全的特点,如东京到福冈的新干线,时速达每小时300千米。日本的四大岛之间均有海底隧道和大桥相通,青函隧道仅海底部分就达23.3千米,是世界上最长的海底隧道之一。日本的公路交通方便,公路长117万千米,最重要的公路是东京到京都的东海道,其次是连接北部、西部和东京之间的公路。日本的航空运输非常发达,首都东京为世界航空中心之一。

4.1.4　文化

1)教育

日本国土面积狭小,物产资源贫乏。但是,第二次世界大战以后能迅速地从一片废墟上重建成今日世界瞩目的技术大国和经济大国,其成功的秘诀归根结底是日本大力发展教育,开发人力资源,拥有一大批适应国民经济发展的各类人才。自明治维新以来,日本对教育一直十分重视,尤其是 1947 年日本教育基本法和学校教育法的通过,为日本的教育奠定了坚实的法律基础。今天日本的教育无论在数量上,还是质量上都已经达到了世界一流的水平。至 1995 年 11 月,日本已有 565 所大学,其中有 385 所设立了大学院。著名的有庆应义塾大学、早稻田大学、京都大学、东京大学等。如此众多的高等教育及严格的教学管理,吸引着来自世界各地的学生。

2)科学技术

作为世界第二大经济强国,日本经济腾飞的奥秘在于拥有先进的科学技术。这得益于日本战后的科学技术政策。

①日本政府在战后第一部《经济白皮书》中阐明了"以振兴科技为杠杆,以发展经济为宗旨"的科技政策。

②十分重视科学技术的引进和消化。战后日本直接从世界上最先进的美国引进各种先进技术,并对引进技术工艺采取"反求工程",即进行仿制、改进、创新,使之更加灵巧精细、完美无缺。

③擅长科学技术的转移与提高。擅长科学技术的转移与提高是日本提高科学技术水平的重要手段。日本的科学技术体系是三分欧洲、七分美国的新技术综合体。据统计,20 世纪世界重大发明 2/3 来自美国,1/3 来自欧洲,日本没有一项。但日本人善于在这些重大技术发明的基础上进行综合,结果在经济上取得比欧美快得多的发展速度。日本人不是发明家,但他们是天才的模仿家,日本经济的腾飞是站在巨人的肩膀上起步的。

3)文学艺术

(1)文学

日本文学的历史虽然比中国、印度要晚得多,但仍可进入世界古老文学的先烈。公元 8 世纪初,先后完成了《古事记》《日本书纪》和影响更大的《万叶集》,标志着日本文学的创立。

11 世纪著名女作家紫式部的长篇小说《源氏物语》是日本文学的代表。其篇幅近百万字,规模宏大,出场人物有 400 多个,时间跨度长达 70 年,是日本小说史上的里程碑。它不仅对日本文学的发展产生过深刻的影响,在世界文学史上也占有一定的地位。这部日本巨著广泛地运用了中国古典诗文,仅引用唐代白居易的诗句就达 90 余处。书中时常出现《战国策》《史记》《汉书》等中国古籍中的史实,具有浓郁的中国古典文学气氛。

除紫式部外,日本著名作家还有松尾芭蕉、大江健三郎、川端康成、芥川龙之介、三岛由纪夫、夏目漱石、森鸥外和松本清张等。1968 年川端康成以长篇小说《雪国》获得诺贝尔文学奖,是日本历史上第一个获得诺贝尔文学奖的作家。其代表作还有《古都》《千羽鹤》等。

日本独特的文学形式有和歌、俳句、川柳。

和歌也称歌、倭歌、大和歌,日本诗歌体之一,因与盛行于日本的汉诗相对而得名,即日本诗歌之意。第一部和歌总集《万叶集》诞生于 8 世纪下半叶。从 13 世纪后,和歌几乎都是短歌(即短诗),其特点依然是简洁、含蓄、淡雅。和歌的音数律和句式是"5·7·5·7·7",共 31 音。俳句则是近现代诗体之一,由"5·7·5"共 17 音组成。创作时须遵守季语、切字等规则。松尾芭蕉是古代著名俳句家,主要作品有《荒野纪行》《鹿岛纪行》等。川柳,也称狂句,杂俳之一,源于江户时期,以幽默、讽刺手法描绘当时的社会矛盾和世态人情,受到町人的欢迎。后因柄井川柳评点尤精,世称"川柳点",略称"川柳"。其与俳句同为"5·7·5"音数律的短诗,但无季题、切字等约束。

(2)戏剧

日本民族戏剧主要有歌舞伎、能乐、文乐,称"日本三大国剧"。

歌舞伎(见图 4.2),反映宫廷及武士生活的历史剧目,始于 16 世纪,在民间传统舞蹈的基础上形成的,是一种大众化的戏剧。其押韵的台词、优美的舞蹈、悦耳的音乐、豪华的服装,均表现出日本传统戏剧的特点。

图 4.2　歌舞伎

能乐(见图4.3),又称能剧,起源于14世纪的古典歌舞剧,是具有歌唱、演奏、舞蹈等多种表现形式的短剧。它从内容可分为表现神怪故事的梦幻能和表现人世生活的现代能两大类。尤其是梦幻能展现的是人鬼之间的对话,因其神秘为上流社会所钟爱,有人称其为"幽灵的艺术"。从角色分有主角一人,配角一人,副主角一人,副配角若干人。乐器有笛子、大鼓、小鼓等。能剧舞台的背景永远是画有一棵松树的板墙。

图4.3　能乐

文乐,也称"人偶净琉璃",形成于16世纪的一种木偶戏。初时是一种用琵琶和扇拍子伴奏(后用三味弦)的说唱艺术,由净琉璃(说唱)、三味弦(伴奏,取代琵琶和扇拍子)、人形(能操纵的木偶)三种表演艺术相结合。

(3)绘画

日本传统绘画主要有"大和绘"和"浮世绘"两种。

"大和绘"出现于平安、奈良时代,是富有日本民族风格的绘画,笔法朴素,色彩鲜艳,常用于室内装饰或做成画册。著名画家有东山魁夷、平山郁夫等。

"浮世绘"(见图4.4)出现于江户时代,为庶民的绘画及版画。题材广泛,涉及民间风俗、历史故事、风景特写、人物肖像等,具有鲜明的民族特色。著名画师有喜多川歌麿、葛饰北斋、安藤广重等。

(4)日本艺道

日本传统文化深受中国的影响,最有代表性的日本艺道有书道、花道和茶道。在日本,这些艺术和艺能被视为一种修身养性、培养情操的方式。

书道,即书法。用毛笔写汉字,是在6世纪随佛教、汉字由中国传入日本,日

图4.4　浮世绘人物画

本人称之为"书道",视其为修身养性的艺术。圣德太子抄录的"法华经义疏"是日本书道的代表作。日本书道史上的书法圣人有"三笔三迹"。空海、嵯峨天皇、橘逸势合称"三笔",小野道风、藤原佐理、藤原行成合称"三迹"。如今的日本,书道广为普及。日本政府明文规定:小学必须普及书道教育,中学教师必须精通书道。各种书道组织成员有1 000万人,其中,日本书道联盟有会员1.5万余人,都是具有相当造诣和影响的书法家。

茶道即品茶之道,是通过接待宾客、交友恳亲的特殊礼节,来表演沏茶、品茗的高尚技艺。饮茶之风,在奈良朝时便从中国传入日本,至15世纪由千利休创立茶道。举行茶道的时间分为朝茶(上午7时)、饭后(上午8时)、消昼(正午12时)、夜话(下午6时)四档。茶道一般在面积不大的"茶室"中举行。用具、点茶、冲沏、递接、加水、品茗等都有一定的程式,讲究典雅、礼仪,所用茶具精挑细选,尤其喜欢中国山东淄博的艺术陶瓷。品茶时更配以时令甜品,有时茶道后还要吃"怀石料理"。茶道分不同流派:里千家、表千家、武者小路千家等,影响最大的是里千家茶道,不仅在茶道界,在日本政界、财界、学术界也都有影响。

花道又称插花、生花,即把适当修剪的花草经过艺术加工后插入花瓶等器皿的方法和技术,是日本特有的一种传统艺术。它起源于佛教的供花,到12世纪,插花逐渐摆脱了原有宗教色彩,成为供人鉴赏的一种造型艺术。江户时代命名为花道,出现了专门从事花道的插花家,并逐渐形成了2 000～3 000个流派,如池坊派、草月流派、小原流派、未生流派等,其中最大的是池坊派。不管是哪一种流派,哪一种花型,都有一定的方式和规格,如花草的选择和搭配,花朵的大小、花茎的长短、枝的斜度、一蕾一叶都要经过精心设计,力求给人以新颖的美感,形成各不相同的风格。一般采用瓶插或盆插。

(5)日本传统体育

日本传统的体育艺术有柔道、空手道、相扑、围棋、棒球等。

柔道是日本传统的以健身养神为要旨的攻防武术。进行攻防较量的双方,不用武器,而是巧借对手的攻击力量来控制对手,将对手击倒、摔倒或压倒而取胜,达到所谓"四两拨千斤"的境界。在悠久的历史发展中,柔道产生了众多的流派,各派均有其宗师和高手。

空手道也是一种赤手空拳的武术。相传唐朝时期中国拳法传入冲绳,不携带武器的庶民以此作为防身术,暗地里切磋技艺,经过独特的历史环境演变而发展起来。

相扑是日本的"国技"。相扑亦称角力、角觝,源于中国,后传入日本,奈良时代以后兴盛,镰仓时代以后作为武技而在武士中盛行,17世纪末,开始出现营利性职业相扑。相扑比赛是在直径4.55米的圆形"土表"上进行,两位赤裸着身体只佩戴饰裙的力士进行摔跤,能徒手将对方打倒在地或推出土表之外者为胜。作为群众性体育活动,相扑在日本民间十分盛行,日本每年要举办六场相扑比赛,每次15天,三场在东京举行,其余则在大阪、福冈和名古屋。相扑选手都是经过严格训练的运动员,按水平分若干等级,能参加比赛的是横纲、大关、关胁、小结四级,横纲是相扑的最高级别。

围棋起源于中国,于公元735年传入日本。平安时代,围棋之风首先在贵族阶层兴盛起来,镰仓时代,围棋成了武士、僧侣相互交际的重要工具,并逐渐发展成为普通日本人喜爱的一种棋艺活动。

4.1.5　民俗

1)服饰

日本的传统服装是和服(见图4.5),它是在仿照中国唐代服装的基础上,按照日本人的传统习惯和审美观改造而成的。用一块整布通过直线剪裁和缝制而成,没有线条。其特点是:宽袍大袖阔腰带,背后扎个"小枕头",布裤、木屐、草鞋相配套。和服的种类很多,婚、宴、丧、礼、春、夏、秋、冬各不相同,按和服花纹和质地更有贵贱之分。男女和服差别尤其明显。男式和服的色彩比较单调,偏重黑色,腰带较细,款式较少,附属品简单,穿着方便。女式和服却较复杂,色彩缤纷艳丽,腰带很宽,而且种类、款式、附属品多种多样,穿法复杂、讲究。女性穿和服时,最里层是贴身衬裙,其次是贴身汗衫,再次是长衬衫,最后才是和服,然后系上细带,再系上"兜包",下面多赤足或穿布袜,出门时穿木屐或草鞋。种类较多,一般分为婚礼和服、成人式和服和礼服等。和服的花色、款式等的不同,还是区别婚姻和年龄的标志。如未婚女性穿宽长袖和服,配红领衬衣,梳"岛田"式发型;已婚女性穿紧短袖和服,配素色衬衣,梳圆形发髻。

图 4.5　日本和服

　　总体来说,和服由于价格昂贵,穿着麻烦,所以一般很少穿,只有在出席隆重仪式、宴会、结婚或过成人节时才穿。

　　2)饮食

　　日本人的饮食主要有日本传统的日本料理、从中国传入的中国料理和从欧洲传入的欧洲料理3种。料理是日本人对饭菜的统称。

　　日本料理的主食是米饭,副食有蔬菜和海产品。传统食物做工精细,清淡可口,味鲜带甜。烹调技法讲究"五色、五味、五法","五色"即白、黄、赤、青、黑;"五味"即酸、甜、苦、辣、咸;"五法"即生、煮、烤、烫、蒸。菜式多凉菜和生冷蔬菜。著名的有生鱼片、寿司、天妇罗、鸡素烧等。吃生鱼片时要蘸放芥末、紫苏叶和萝卜丝等的酱油,以消毒、去腥。寿司即饭团(见图4.6),是把米饭先用醋和盐调味,然后再拌上或卷上鱼片、青菜或海鲜等而制成的食品。"天妇罗"是日本料理中一种代表性的食品。做法是把鱼、虾、海鲜、蔬菜裹上面糊和鸡蛋,放在植物油里炸熟,色泽金黄,外酥内软,美味可口。鸡素烧即日式火锅,做法是在平底铁炒锅内放上油,将薄薄的牛肉片加入葱段、粉丝、白菜等一起炖制而成。

图 4.6　寿司

　　另外,日本人还爱吃酱汤、酱菜和酸梅。逢年过节或过生日时增添赤豆饭,以示吉利。吃饭时采取分食制。

　　对于中国菜,日本人喜爱北京菜、上海菜、广东菜、福建菜、淮扬菜和不太辣的川菜。中国酒中尤其喜欢绍兴酒和茅台酒。

3)民居

　　日本人的住房基本上有两种:一种是西式住宅,一种是和式住宅。城市以前者为多,农村以后者为多。和式住宅一般都是木制平房,瓦片屋顶,用隔扇和拉窗隔开房间。根据传统习惯,人们进入屋内必须脱鞋。屋内铺面上放有草席和坐垫,作为起居之用。和式住宅适应当地的自然条件,具有抗震、防风、防潮的功能。

4)礼貌、礼节

　　日本是著名的礼仪之邦,见面多行鞠躬礼。鞠躬礼分立礼和跪坐礼两种。立礼即站立鞠躬礼,分最敬礼(手掌垂至膝下,多用于拜神或在仪式上对长辈行礼)、敬礼(指尖垂至膝盖,多用于对长辈或尊者行礼)和普通礼(指尖在膝盖上方即可);跪坐礼即跪坐时鞠躬礼,也分最敬礼(头距地板的高度为 1～2 厘米)、敬礼(头距地板的高度为 15～20 厘米)、普通礼(头距地板的高度为 25～30 厘米)。

阅读材料

在公司里面对客户如何行鞠躬礼

　　躬身15°是一般性礼节,常用在公司里碰到客户时,表示"欢迎光临",此时的目光应看到客户的胸部;躬身30°是普通礼节,向别人表示感谢,目光要看到客户的腰部;躬身45°是最尊重礼节,眼睛要注视对方的脚部,一般用在道歉。

日本人见面常用的礼节语是"您好""拜托您了""打搅您了""对不起""请多关照"等。与人说话不要凝视对方。路上遇到熟人要讲话时，按"不给别人添麻烦"的原则，到路边或一旁低声说话。两人并排行走，自己主动走在靠车道一侧，以照顾对方安全。日本人习惯于准备一些见面礼品。拜访别人应避开清晨、晚上8点以后及吃饭时间。首次见面应自我介绍（或递名片）或为他人介绍。进日本人房间前要脱鞋、脱大衣、摘帽，进房间后依主人安排就座。

5）**禁忌**

日本人忌绿色和紫色，认为绿色为不祥的颜色，紫色是悲伤的色调。还忌讳荷花，因其是用于祭奠的丧花。数字方面最忌讳"4"，"6"，"9"，因为日语中"4"与死同音，"6"的发音同"劳苦"，而"9"与"苦"同音。还忌14，24，19，13，42等数字，在喜庆场合、剧场、影院、医院、饭店等场所，一般不使用这些"不吉利"的数字。日本人讨厌金银眼的猫，说是看到这种眼睛的人要倒霉。商人还忌讳"2月""8月"，因为这是营业淡季。送礼时忌送梳子和手绢。因梳子发音与"死苦"相同，而手绢会联想擦眼泪，意味着分离。此外，日本人在筷子使用方面非常讲究，忌舔筷、迷筷、移筷、扭筷、插筷、掏筷、跨筷、剔筷，称"筷子八忌"。

6）**节日**

日本的法定节日有14个：元旦（1月1日）、成人节（2月15日）、建国纪念日（2月11日）、春分（3月20日左右）、绿之日（4月29日）、宪法纪念日（5月3日）、儿童节（5月5日）、海之日（7月20日）、敬老日（9月15日）、秋分（9月24日左右）、体育节（10月10日）、水节（11月3日）、勤劳感谢日（11月23日）、天皇诞生日（12月23日）。此外，还有一些民间节日，如樱花节、桃花节、冰雪节等。

女孩节（3月3日），也叫桃花节、偶人节。女孩出生后过第一个3月3日时，家长为她买一套整齐精致的小偶人，模仿宫廷风俗把偶人和桃枝装饰在家里祭供。此后每年的3月3日，女孩子们都要把小偶人搬出来和自己共度佳节，直到出嫁时带走。全家喝糯米酒以示庆祝。

端午节（农历5月5日）：是祈求男孩子健康成长的节日。有男孩子的家庭在房前悬挂布制鲤鱼幡，象征男孩像鲤鱼一样苗壮成长，家里装饰武士偶人，门前摆菖蒲叶，屋内挂钟馗驱鬼图，全家吃柏叶饼或粽子。

盂兰盆节（农历7月15日）：是祭祀祖先、超度祖先亡灵的节日。节日期间在祖先灵位前供奉祭品，以祝福亡灵。节日的头一天，迎接祖先灵魂，最后一天，点火送灵魂，还要举行盂兰盆舞会活动。

七五三(11 月 15 日):父母带着 7 岁、5 岁、3 岁的孩子到神社参拜,以祈求孩子们能幸福成长。

樱花节(3 月 15 日至 4 月 15 日):日本是有名的"樱花之国"。日本人酷爱樱花,视其为春天和幸福的象征,誉之为日本的国花。每年春天,美丽的樱花由南而北依次递开,人们纷纷到樱花盛开之地,参加游园赏樱活动,饮酒跳舞,迎接春天的到来。

冰雪节(亦称雪祭,每年 2 月的第一个星期五至星期六):在北海道札晃市举行。札晃素称"冰雕之都"。每至 2 月,利用冰雪塑造大小各异、形状有别的冰雕和雪像,并配以声光效应,形成冰晶玉洁的童话世界。

传统祭典:日本各地每年都要举行具有乡土气息的传统祭典活动,最著名的有东京的神田祭、大阪的天神祭和京都的祇园祭,合称"日本三大祭礼"。

东京神田祭:东京三祭之一。每两年一次,5 月 10 日至 15 日在东京神田神社举行。源于江户时代,为庆祝德川家康在战场上的胜利而举行的庆典。

大阪天神祭:大阪夏季里最有名的祭礼。每年 7 月 24 日至 25 日在大阪天满宫举行。

京都祇园祭:京都三祭之一。每年 7 月 1 日至 31 日在八坂神社举行,是祈求驱逐恶魔和瘟疫的祭典。其高潮是 16 日的宵山和 17 日的神轿巡行。

4.1.6 旅游业

1)著名旅游城市和景点

日本山水幽胜,风光旖旎,火山温泉众多,自然景观丰富多彩;还有许多古都、遗迹、寺院、神社、日本式庭园,以及充满神秘宗教色彩的各种祭祀活动,这一切使外国游客心驰神往。

(1)东京

东京是日本的首都,全国的政治、经济、文化和交通中心,位于本州东南部,包括关东地区南部和伊豆、小笠原诸岛,面积 2 162 平方千米 ,人口 1 200 多万。东京古称江户,15 世纪因一个名叫"江户氏"的豪族在此建城而得名,1868 年明治天皇迁都至此,改名为东京。

日本的旅游一向以东京为起点,旅游景观极为丰富。有明治神宫、浅草神社等诸多神社,不时地举行各种祭扫活动,其中神田祭为日本三大祭礼之一;高 333 米的东京塔乃仿法国著名的埃菲尔铁塔而建,与樱花、富士山同为日本的象征;东京的迪士尼乐园既是日本最大游乐场,也是亚洲第一座迪士尼风格的游乐园;繁华的银座大街,名牌店铺鳞次栉比,高档商品琳琅满目,假日禁止车辆通行,以方便公众购物或散步,被称为"步行者天国";上野公园是东京著名的赏樱胜地,樱花盛开季节,每天有几十万人前来赏花。夜幕下的东京(见图4.7)灯火辉煌,为日本三大夜景之一。东京还是日本国际国内交通的中心。东京站汇集着东海道新干线等许多铁路线,成田国际机场是日本最大机场;从东京海港可乘船到北海道、九州等地。

图4.7　不夜城东京

(2)京都

京都位于本州中西部,为日本三大古都之一,也是日本的宗教、文化中心和著名旅游城市。公元794—1868年,京都取代奈良,成为日本的首都,历时千年,故有"千年古都"之称。京都古称平安京,历史上乃仿照中国唐代的洛阳城和长安城而建,故又简称为"洛",是日本文化艺术的摇篮,文物古迹众多。仅寺院和神社就有1 877座,重要文物有1 646件,其中被定为"国宝"的有211件。游览京都的寺院,是许多日本人一生的梦想。著名的古迹有清水寺、三十三间堂、金阁寺、银阁寺、平安神宫、二条城、桂离宫等,每年要举行各种名目的祭典活动,著名的有京都三祭:葵祭、时代祭和祇园祭;每年8月16日晚上8点开始,环绕京都的各山上纷纷点燃各种形状的篝火,呈现"五山送火"的奇观;京都西北的岚山以樱花和红叶闻名于世,有"京都第一名胜"之称。1979年在此立有周恩来的纪念诗碑,碑上刻着由廖承志手书,周恩来于1919年游访岚山时写下的一首诗篇——《雨中岚山——日本京都》。此外,京都的丝织、锦缎、漆器、陶瓷、纸扇、娃娃等手工艺在此世代相传。京都还是西日本的"学都",有 20 多所大学,其中最著名的是京都大学(原名京都帝国大学)。

(3)奈良

奈良位于本州中西部,日本三大古都之一,历史上曾是"大和国"之所在。公元 710—794 年,共有 7 代天皇在此建都,名平城京,乃仿中国唐朝长安城修筑,故有"小长安"之称。奈良还是中日文化交流的名地,历史上曾 10 多次派遣隋使、遣唐使来中国,学习中国的文化艺术。知名的遣唐留学生阿倍仲麻吕留学长安,与李白、王维等为莫逆之交。唐代高僧鉴真大师 6 次东渡,最后抵达奈良,把佛教文化传入日本,为中日文化交流作出了杰出贡献。1950 年奈良被定为国际文化城市。奈良名胜古迹极多,寺塔楼阁到处可见,著名的有东大寺、唐招提寺、兴福寺、法隆寺等众多寺院。

位于奈良杂司町的东大寺是日本佛教华严宗总寺院,7 世纪中叶兴建。其中金堂(大佛殿见图 4.8)重建于 1708 年,殿长 57 米,宽 50 米,高 46 米,为世界上最大的木结构建筑。殿内供奉的奈良大佛总高约 22 米,重 452 吨,仅次于中国西藏扎什伦布寺的"未来佛",为世界第二大佛。殿东钟楼内有日本最重的梵钟。殿西的戒坛院为鉴真当年传戒之处。鉴真曾在此向天皇和僧侣们讲授戒律。

图 4.8　东大寺大佛殿

唐招提寺位于奈良市西京二条町,是日本律宗总寺院,为鉴真大师创建的具有盛唐风格的建筑,建于 759—770 年。主殿金堂(见图 4.9)被认为是日本现存天平时代最美的亭子,其内供奉金色的卢舍那大佛。讲堂是当年鉴真师徒讲经之地,藏经室收藏有鉴真从中国带去的经卷。御影堂内供奉着鉴真的干漆坐像

（见图4.10），高0.9米，雕刻细腻、逼真，表现了鉴真圆寂时（763年）的姿态，为日本国宝，每年只开放3天供人瞻仰。堂前为鉴真墓。

图4.9　唐招提寺金堂

图4.10　鉴真干漆夹造坐像

（4）大阪

大阪是日本的第二大都市，位于淀川口，面积222.30平方千米，人口约280万。因运河联网，故称"水都"，是日本西部的商业及工业中心。大阪城、万国博览会纪念公园等是旅游者常去之处。

（5）富士山（见图4.11）

富士山位于本州西部、富士箱根伊豆国立公园内，东距东京约80千米，海拔3 776米，为日本第一高峰，是日本人心目中的"圣岳""灵峰"，历来被奉为日本民族的象征。富士山又是世界著名火山，有史以来曾爆发过18次，最近一次是在1707年。山顶有一巨大火口湖，终年喷烟吐气，山形呈典型圆锥形，极为优美，峰顶终年积雪，犹如戴着一顶银冠。富士山北麓有"富士五湖"，湖中的富士山倒影历来为日本奇景之一；南麓则是一片牛羊满坡的茫茫草原。每年7—8月为旅游旺季，人们竞相来此登山。这也是许多日本人一生中的两件大事之一。

（6）琵琶湖

琵琶湖为日本第一大湖，面积674平方千米，地处本州岛京都市东面的滋贺县，距京都约5千米。琵琶湖属地层陷落湖，因形似琵琶而得名。湖中多岛屿，水产丰富，淡水珍珠养殖业发达，风光旖旎，以八景著称。作为近畿地区1 400万人的供水源地，琵琶湖被人们亲切地称为"生命之湖"。

图 4.11　优美的富士山

知识卡片

琵琶湖八景

1945 年 6 月经公开征求选出琵琶湖八景：

烟雨—比睿的树林、夕阳—濑田石川的清流、凉风—雄松崎的白汀、晓雾—海津大崎的岩礁、新雪—贱岳的大观、明月—彦根的古城、深绿—竹生岛的倒影、春色—安土八幡的水乡。

（7）日本的三大名园

偕乐园，亦称常盘公园，位于茨城县水户市，是日本历史上最早的人工公园，天保 13 年（1842 年）德川齐昭创建，取"与民同乐"之义。

兼六园位于石川县金泽市，原名莲池亭，别名兼六园，1822 年建造。因为园内具备中国宋代李格非《洛阳名园记》中所说的"宏大、幽邃、人工、苍古、水泉、眺望"六胜，故名为"兼六园"，面积 10 万平方米，园内美术馆藏有野村仁清的色彩画《雉香炉》，为日本国宝。

后乐园位于冈山县，面积 11 万平方米，1700 年修建，1871 年根据范仲淹名句"先天下之忧而忧，后天下之乐而乐"，改称"后乐园"，是典型的大名庭园。

（8）北海道

北海道是日本最北的一个岛，是世界著名旅游地，以自然之美著称。札幌是北海道的首府，号称"北国之都"，最诱人的是每年冬季三天的"雪祭"。在公园和广场上塑造各式各样的冰雕和雪像，灯烛映照，光怪陆离。洞爷湖为日本第三大湖,湖畔到处散布温泉、温泉旅馆、饭店,鳞次栉比,还有展示火山喷火时的资料的设施,游客可以体会火山喷发时动人心魄的真实感。登别是日本著名的温泉之乡,温泉泉质多达 11 种,有硫质泉、铁质泉等,登别有世界最大规模的熊牧场,还有重现江户时代武士街道的主题公园。富良野地处北海道地理中心,每年7 月到 8 月期间,满山遍野盛开的薰衣草,充满着紫色梦幻魅力,相当美丽而壮观,这里不仅是著名的观光胜地,也是拍摄日本影视剧的重要取材地。

(9) 金立神社

金立神社位于九州岛佐贺县金立山,为日本供奉徐福的神社。徐福是中国秦朝方士,为迎合秦始皇想长生不老的迷信思想,上书给秦始皇,说东方的海上有蓬莱、方丈、瀛洲三座仙山,乃神仙之地,请得童男童女数千人,乘楼船入海,以求得长生不老之药,结果是一去不返。相传徐福他们最后到了日本,徐福的墓地即在和歌山县新宫市。金立神社为供奉徐福的神社。神社建于 2000 年前,分上、中、下三宫,上宫在山顶,是神社主宫,内祭三神,主神是徐福,称金立大神。下宫也是供奉徐福的神殿,每年农历 4 月初 8 在下宫举行祭祀活动,每 50 年则举行一次盛大祭祀活动。

(10) 阿苏五岳

阿苏山位于九州长崎东面的熊本市,海拔 1 592 米,是阿苏国立公园的中心。火山口东西宽 18 千米,南北长约 24 千米,周长 128 千米,其内分布着 7 个村镇及中岳、高岳、杵岛岳、乌帽子岳、岳根子岳 5 座火山,称为"阿苏五岳"。阿苏五岳为世界上最大的火山口,也是世界上少有的活火山。据历史记载,中岳有史以来曾爆发过 167 次,至今仍喷冒白烟,热浪滚滚,弥漫着硫黄气味,乘缆道登上山顶可近距离地观看火山口浓烟翻滚的壮观景象。

(11) 别府温泉

别府是九州东北部著名的泉都,日本著名的"温泉之乡"。有温泉 2 700 多处,分盐泉、铁泉、明矾泉、酸性泉等多种类型,疗效显著,是全日本首屈一指的温泉疗养胜地(见图 4.12)。尤以别府八汤(浜肋、别府、观海寺、堀田、明矾、铁轮、柴石、龟川 8 处温泉)最为驰名。

(12) 日本三景

日本三景是指日本三个著名的观光景点:宫城县宫城郡松岛町的松岛、京都府宫津市的天桥立、广岛县廿日市的严岛(又称宫岛)。这三处景点早在德川时代便已全国闻名,此后逐渐成为日本景色的象征,被编写入民歌、教科书等宣传材料之中。

位于宫城县的松岛由 260 多个大小岛屿组成,星罗棋布地散落在松岛湾的

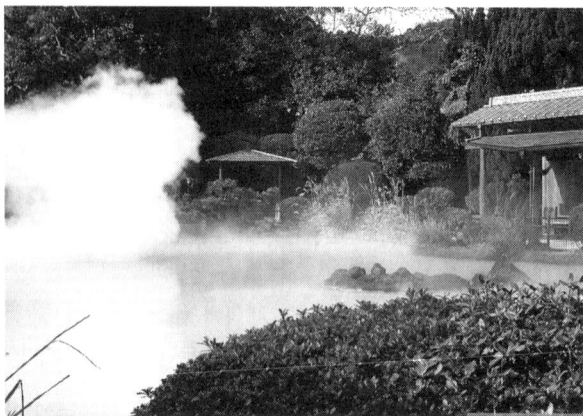

图 4.12 别府温泉

海岸上,岛上松树林立,海浪拍打,松树摇曳,松涛阵阵,远自平安时代即以美丽而闻名。尤其是每当夜色来临,月亮升起后各岛屿之间出现一条条金色波浪,仿佛是条条美丽的月之道。待月亮升到天空的正上方时,大海则开始变成银色世界,与岛屿和松树阴影构成一幅美丽图画。此情此景,妙不可言,美不胜收。

天桥立(见图4.13)是位于宫津湾与阿苏海之间的一座造型优美的天然桥,桥两边是沿湾的长堤,长3 600 米,堤上由6 300 棵古松组成苍翠茂密的松林,阿苏海倒映着天桥立的身影,注入碧海的河流和朝夕起落的潮水赋予天桥立幽静恬然的魅力,吸引了众多的游人。尤其是在伞松公园,站在石凳上倒看天桥立的沙堤倒影时,发觉该沙堤如一座桥从海伸到天,松树、小舟犹如自天而降,形成一幅天海相连的美丽奇景。这既是天桥立命名的由来,也是它吸引万千游人的主要原因。故日本有一谚语:倒看天之桥,为人间奇景。

图 4.13 天桥立景区

位于广岛湾的严岛完全被原始森林所覆盖,以红色的严岛神社为中心形成一块圣地。游览严岛的重点在欣赏矗立在海中的大鸟居及荡漾在水面上的严岛神社红色倒影。退潮时露出一片魄沙滩,涨潮时整个社殿好像飘浮在海中,与背后的青山相映,分外妖娆。

2) 旅游业现状

第二次世界大战后日本经济萧条,百业待兴,战后经过20年惨淡经营,日本经济迅速恢复到战前水平,并在20世纪70年代赶超英、法、德等国,一跃成为世界第二大经济强国。1964年东京奥运会的举办,揭开了日本旅游业发展的序幕。到20世纪80年代,日本已成为世界重要的旅游客源地之一:那些手挂硬通货币的日本游客潮水般地涌出国门,飞往各旅游目的地。1990年日本出国旅游人数首次突破1 000万人次大关。1992年旅游支出约270亿美元,仅次于美国和德国,居世界第三位。1999年,日本出国旅游人数为1 640万人次。但入境旅游人数只有440万,仅相当于出境旅游人数的1/4,居世界第36位。

一直以来日本都是中国第一大客源国,1979年日本来华人数10.63万人次,以后逐年递增,1998年为157.2万人次,至2005年已达339万人次。2011年为365万人次,为仅次于韩国的中国第二大客源国。

3) 旅游企业

日本目前有西式饭店7 000多家,日式旅馆70 000多家,此外还有国民旅馆、民宿、青年招待所、国民休养中心等众多接待旅游设施。著名的大饭店有新大谷饭店(Hotel New Otani)、帝国饭店(Imperial Hotel)、王子饭店(Prince Hotel)等。旅行社包括旅游代理服务单位共有12 000多家,规模较大的有日本交通公社(JTB)、近畿日本国际旅游公司、日本旅行和东急观光等。

4) 常见日本旅游线路

(1) 日本本州主要景点

主要景点:东京、横滨、富士山、京都、大阪。

(2) 日本北海道主要景点

主要景点:北海道、札幌、小樽、仙台、东京。

知识卡片

日本货币

在日本流通的货币为日元(Japanese Yen)。由日本银行(NIPPON GINKO)发行,货币符号为JPY。日元分纸币和硬币两种。硬币有500日元、100日元、50日元、10日元、5日元和1日元共6种。纸币有10 000日元、5 000日元和1 000

日元共 3 种。日元纸币既薄又结实,防伪技术高超。其中 10 000 日元正面及水印为福泽谕吉头像(见图 4.14),反面图案为两只鸟;5 000 日元正面及水印图案为新渡户稻造头像,反面图案为富士山;1 000 日元正面及水印为夏目漱石头像,反面图案为花符。

图 4.14　10 000 日元票样

4.2　韩　国

韩国,是大韩民国(Republic of Korea)的简称,属于新兴工业国,是"亚洲四小龙"之一。韩国的经济发展极其迅速,自 20 世纪 60 年代成功地推行外向型经济发展战略以来,经济发展速度均维持在 7.2% 左右,直到 1996 年经济增长速度才趋缓。1997 年,亚洲金融危机后,韩国经济进入中速增长期。如今,韩国经济实力雄厚,钢铁、汽车、造船、电子、纺织等已成为韩国的支柱产业,其中造船和汽车制造等行业更是享誉世界。经济发展推动了旅游业的发展,韩国不仅自然风光秀丽,而且现代娱乐设施也比较齐全。以滑雪、温泉、乐园等为代表的现代旅游,无论在设施上还是管理上都值得借鉴。

4.2.1　地理概况

1)自然地理

韩国位于亚洲大陆的东北,朝鲜半岛的南部,北部以军事分界线与朝鲜民主主义人民共和国相邻,其余三面被黄海、朝鲜海峡和日本海所环抱,总面积为9.96 万平方千米。韩国境内地形以丘陵为主,山地、高原和丘陵占国土面积的70%。最高峰是汉拿山,海拔 1 950 米。其海岸线狭长,港湾众多,海岸线绵延达 5 259 千米,西部及南部有大小岛屿 2 000 多个。韩国属于温带季风气候,年均降水量约为 1 500 毫米,降水量由南向北逐步减少。降雨主要集中在 6—9 月,占全年降雨的 70%。夏季 8 月份最热,气温为 25 ℃。三四月份和夏初时易受台风侵袭。

2)人文地理

(1)人口和民族

韩国是使用同一种语言的单一民族国家。韩国人有明显的身体特征。据说,他们是由中亚迁移到韩半岛的几个蒙古部落的后代。截至 2013 年年底,韩国人口约为 5 000 万人,人口密度为每平方千米 485 人。20 世纪 60 年代,韩国的人口增长率为 3%,但在其后的 10 年中则下降至 2%。现今,韩国的人口增长率为 0.6%,到 2020 年有可能降到 0.06%。韩国人口结构中出现的一个明显趋势是,人口日趋老龄化。

(2)宗教

韩国是个拥有多种宗教的国家,韩国宪法保障宗教自由。根据 1995 年社会统计调查,50.7% 的韩国人信奉某种宗教。在宗教人口中,佛教徒占有 46%,次则为新教徒占 39%,天主教徒占 13%。

3)国旗、国徽和国歌

国旗:韩国的国旗是太极旗(见图 4.15)。与中国的太极八卦图很相似,只是有一些变动。1882 年 8 月,被派往日本的使臣朴泳孝和金玉均在船上首次绘制了它。1883 年被朝鲜李氏王朝的高宗皇帝正式采纳为国旗。1949 年 3 月 25 日,韩国文教部审议委员会对国旗作了明确的解释:太极旗的横竖比例为 3∶2,白地代表土地,中间为太极两仪,四角有黑色四卦。太极的圆代表人民,圆内是上下弯鱼形两仪,象征宇宙,上红代表阳,下蓝代表阴。四卦

图 4.15　韩国国旗

中,左上角的乾,即三条阳爻代表天、春、东、仁;右下角的坤,即六条阴爻代表地、夏、西、义;右上角的坎,即四条阴爻夹一条阳爻代表水、秋、南、礼;左下角的离,即两条阳爻夹两条阴爻代表火、冬、北、智。太极旗是以韩国人的理想和宇宙观为基础,国旗象征着和平、统一、自由、光明、平等、发展等。

国徽:1948 年 8 月 15 日大韩民国成立时被采用。整体呈圆形,圆面是五瓣的木槿花。木槿花是韩国的国花。在花开的季节,木槿树开出许多花苞,一朵花凋谢后,其他的花苞会连续不断地开放,开得春意盎然,因此韩国人称它为"无

穷花"。它象征着朝鲜民族的坚毅和充满朝气。花蕊是传统的阴阳太极图案,表现了韩民族的与众不同。绶带上写着"大韩民国"(见图4.16)。

图4.16 韩国国徽

国歌:"爱国歌"是韩国的国歌,意思是热爱自己国家的歌。1896年在"独立新闻"上刊登了很多版本的爱国歌歌词,但当时"爱国歌"的旋律还没确定下来。在1948年大韩民国成立以前,爱国歌一直是用苏格兰民谣"Auld Lang Syne"的旋律而演唱的。但作曲家安翊泰(音译)(1905—1965)深感不适合拿其他国家的民谣旋律来做自己国家的国歌曲,于是在1935年重新创作了国歌曲,立刻被当时的临时政府所采用。1948年大韩民国政府正式宣布前临时政府采纳的爱国歌为韩国国歌,此后所有的学校和国家机关开始统一使用该爱国歌。

4.2.2 简史

1)三国时期

古代韩国是由一些小城邦组成的,这些小城邦处于氏族社会阶段。随着社会的发展,这些城邦逐渐合并成一些政治结构比较复杂的部落联盟。这些部落联盟最终产生了朝鲜半岛上3个比较大的王国——高句丽、百济和新罗。因此韩国历史上把这个时期称为三国时期。

公元前37年,位于鸭绿江中游的部落联盟首先建立国家,称为高句丽。高句丽富于侵略,逐渐征服了周围的部落,甚至在公元313年攻占到了中国的乐浪地区。

公元前18年,位于今天首尔附近汉江南面的一个部落联盟也成立了国家,这就是百济。百济在其近肖古王(346—375在位)统治时期,发展成为一个由贵族统治的中央集权的国家。

公元前57年,新罗王国成立。它位于朝鲜半岛的最南端,在三国中最初是势力最弱、最落后的国家。由于在地理上它距离中国最远,所以也受中国文化的影响最晚。

2)新罗统一时期

6世纪中期,新罗王国征服了邻近的伽倻王国(从1世纪中叶至6世纪中叶在韩半岛南部地区发展起来的一批城邦国家),并借助于中国唐朝的支持,先后灭掉了百济和高句丽,于公元 668 年统一了朝鲜半岛。新罗在 8 世纪中叶进入繁荣的鼎盛时期。新罗一直想建立一个理想的佛教国家,但因王公贵族沉溺于安逸奢侈的生活,王国对于佛教的崇尚衰落下去。公元 935 年,新罗王国向新建立的高丽王朝投降。

3)高丽王朝时期

高丽王朝(918—1392)的建立者是王建,他是新罗一位反叛王子弓裔手下的将军。他把自己的家乡松岳(即现今朝鲜的开城)作为都城,建立了高丽王朝。高丽王朝建立后,宣称要收复高句丽在中国东北的失地,最终尽管没能收复,但是在文化方面却取得了辉煌的成就。1234 年,韩国人发明了世界上最早的金属活字印刷。大约也在这一时期,韩国的工匠还完成了在大块木板上雕刻全部佛经的艰巨任务。目前,那些雕刻有《高丽大藏经》佛经的木版 8 万多块仍然珍藏在历史悠久的海印寺内。

高丽王朝末期,士大夫和武士之间的冲突、儒教信徒与佛教信徒的争斗非常激烈,高丽王朝迅速衰败下去。

4)李氏朝鲜时期

1392 年,李成桂将军建立了一个新的王朝——朝鲜。朝鲜早期的统治者主张推崇儒学,排斥佛教影响的政策,取得了迅速发展。到朝鲜第四代国王世宗大王统治时期(1418—1450),国家的文化和艺术达到空前繁荣。在世宗大王的倡导下,王室学术机构的学者创造了韩语字母“训民正音”。1592 年日本侵入朝鲜,由于韩国历史上最受尊敬的将军李舜臣利用“龟船”对日作战,所以取得了辉煌的胜利。日本军阀丰臣秀吉死后,日本军队开始撤退,战争于 1598 年结束。李氏朝鲜王朝后期,政府内部和上层社会中不断产生倾轧,相继即位的统治者都采取了不偏不倚的政策,终于取得了政治上的稳定。

5)日本统治时期

1910 年 8 月,日本迫使朝鲜签订了《日韩合并条约》,正式吞并了朝鲜半岛。直到 1945 年日本战败前,韩国人民一直生活在水深火热之中。日本在实行殖民统治期间对韩国不断进行经济剥削。

6)大韩国民国时期

日本宣布投降后,苏美两国军队以北纬 38°线为界分别进驻朝鲜半岛的北部和南部。1948 年 8 月 15 日,大韩民国在朝鲜半岛的南部宣告成立,李承晚当选首任总统。尽管随后又和朝鲜民主主义共和国进行了长达 3 年的战争,但从此韩国走上了独立发展的道路。

4.2.3　经济

韩国摆脱日本独立后,在短短几十年的时间,就把一个严重遭受战争创伤的国家发展成了一个高度现代化的国家,其经济发展历程大致可以分为 3 个阶段。

1)恢复发展阶段(1948—1961)

1948 年韩国建国不久,又爆发了历时 3 年的朝鲜战争。战争结束后,为了恢复遭受沉重打击的经济,主要依赖的是美国的无偿援助和优惠贷款。同时,政府在恢复生产和抑制通货膨胀方面也作出了巨大努力。20 世纪 60 年代,韩国经济开始工业化进程。以第一个"五年经济发展计划"为标志,开始实施以促进出口为特征的外向型经济发展战略。1953—1962 年,韩国经济年均增长3.7%,人均国民生产总值年均增长 0.7%。

2)高速发展阶段(1962—1992)

在这期间,韩国连续实施了 6 个五年计划。这一阶段又可以分为 3 个时期。

20 世纪 60 年代为第一个时期,是外向型经济形成时期。这个时期主要把促进出口、引进外资和技术作为工作的重点。据统计,1962 年外资在韩国内投资中所占的比重高达83%。

20 世纪 70 年代是第二个时期,也是重工业发展时期。1973 年韩国公布并开始实施"重化工业发展计划",大量投资向重化工行业倾斜。造船、钢铁、汽车、电子、石化等工业就是在这一时期发展起来的。重化工业的发展对经济拉动效果十分明显,1972—1978 年韩国 GDP 年均增长 10.8%,重化工产品在出口中的比例亦由 1972 年的21%上升至 1978 年的 35%。

20 世纪 80 年代是第三个时期,结构调整时期。经过 70 年代的过度发展,韩国经济出现了一系列问题。政府要求一些大的企业进行合并组合,结构调整主要集中在汽车、重机械制造、冶炼、造船和海外工程建设等领域。这一措施促使韩国产生了一批大财阀,加深了这些大财阀对市场的垄断。这一时期韩对外国直接投资的限制亦有所放宽,1984 年修改了《吸引外资法》,取消了对外资持股比率和利润汇出等的限制,对外资的审批亦转向 NEGATIVE 系统。

3)融入世界经济体系阶段(1993—2008)

20 世纪 90 年代,经济区域化成为一种趋势,新的国际贸易体系也在初步形成。1995 年韩国参与了乌拉圭回合谈判,成为 WTO 创始会员国之一。1996 年,韩国成为了经济合作与发展组织(OECD)成员,标志着韩国基本上摆脱了发展中国家的地位,进入发达国家行列。也就是在这一时期,韩国还先后加入了APEC,ASEM 等国际组织。

在这一阶段,韩国尽管也遭受了 1997 年在亚洲爆发的金融危机的冲击,但通过韩国政府的改革和调整,使韩国很快就摆脱了金融危机的阴影。1997 年韩外汇储备仅为 38 亿美元,2005 增至 2 104 亿美元。

4.2.4　文化

1)教育

韩国人非常重视教育,在以科举考试选拔人才的时代就是如此。19 世纪 80 年代,随着韩国的对外开放,出现第一批现代学校,但其中很多是由西方传教士建立的。1910—1945 年日本统治期间,这种现代教育体制被迫中断。尽管如此,韩国教育仍取得了惊人的发展,1945—1970 年基本扫除了文盲,韩国目前为全世界识字人口比率最高的国家之一。

韩国的学制是 6-3-3-4 制,即小学 6 年,初中 3 年,高中 3 年,学院或附有旨在培养博士研究生课程的大学 4 年,另外还有两年制和三年制的专科大学及职业大学。

2)文学艺术

韩国是一个历史悠久,文化灿烂的国家。它的书法和绘画很有特色。韩国书法源于汉字的书写形式,每一个字都是在一个想象的方块中由一些形状不同的线组合而成,都是为了表达一个特有的意义。在中国文化的影响下,书法在韩国始终与绘画关系密切,而且有人认为从笔法安排的有力与和谐的角度而言,绘画是受到书法影响的。韩国绘画体现了韩国人民旺盛的创造力和美学意识。韩国的绘画分东洋画和西洋画,东洋画类似中国的国画,用笔、墨、纸、砚表现各种话题。

此外,韩国人还以喜爱音乐和舞蹈而著称。韩国现代音乐大致可分为民族音乐和西洋音乐两种。民族音乐又可分为雅乐和民俗乐两种。雅乐是韩国历代封建王朝在宫廷举行祭祀、宴会等各种仪式时由专业乐队演奏的音乐,通称正乐或宫廷乐。民俗乐中有杂歌、民谣、农乐等。乐器常用玄琴、伽耶琴、杖鼓、笛等。韩国民俗乐的特色之一是配上舞蹈。韩国传统舞蹈分为宫中舞蹈和民俗舞蹈。宫中舞蹈有用于国家的各种活动或者仪式、宫中宴礼等的呈才舞和俏舞。呈才舞可分为唐乐舞蹈和乡乐舞蹈。唐乐舞蹈是高丽时从宋朝传来的,在舞蹈的开始和结束,都由竹竿子引导着,唱着中文的唱词。乡乐舞蹈是韩国固有的舞蹈,舞员们不需要竹竿子的引导,登场后唱中文的唱词,以免伏兴退(弯腰致礼)的方式退场。佾舞分为称颂文德的文舞和称颂武德的武舞。韩国的民俗舞蹈各种各样,有的与农业、渔业有关;有的与民间信仰有关;有的与某个地方的传说有关等。

3)节日

元旦,1 月 1 日,因为不是传统的节日,所以庆祝仪式不够隆重。

春节,阴历的一月一日,是韩国最传统、最重要的节日。节日里人们往往穿上传统韩服,参加各种庆祝活动。春节的代表性饮食是早晨吃的米糕汤。

三一节,3 月 1 日,是为了纪念 1919 年为抵抗日本的殖民统治而发动的独立运动。

光复节,阴历的八月十五,是纪念韩国摆脱日本殖民统治的日子。

显忠日,6 月 6 日,是纪念殉国先烈们的日子。

制宪法节,七月七日,纪念 1948 年宪法的诞生。

中秋节,阴历的八月十五,是传统节日中最重要的节日之一。

圣诞节,12 月 25 日,与世界各国一样,庆祝耶稣的节日。

4.2.5 民俗

1)服饰

韩国人喜欢穿白色的衣服,所以有"白衣民族"的称号。韩服之美在于其优雅柔和的线条和整体的宽大。女装以短上衣搭配优雅的长裙,外穿坎肩、无领上衣或长袍。女裙的腰线高及胸部。女装色彩鲜艳。男装有裤子、袄、坎肩和长袍,多用白色衣料缝制,上下一色,穿着方式是"短衣肥裤,外罩坎肩"。现代,韩国男人多穿西服,女性穿连衣裙。

2)礼仪

韩国是一个受儒家文化影响很深的国家,崇尚儒教,所以尊敬老人是韩国人一直的传统。长者进屋时大家都要起立,以示尊敬;排队时,让长者居首;在车上要给长者让座。吃饭时应先为老人或长辈盛饭上菜,老人动筷后,其他人才能吃。

韩国人见面时的传统礼节是鞠躬,晚辈、下级走路时遇到长辈或上级,应鞠躬、问候,站在一旁,让其先行,以示敬意。男人之间见面时,打招呼互相鞠躬并握手,握手时用双手,或用左手,但只限于点一次头。女人一般不与人握手。

在韩国,如有人邀请你到家吃饭或赴宴,你应带小礼品。在赠送韩国人礼品时应注意,韩国男性多喜欢名牌纺织品、领带、打火机、电动剃须刀等。当然酒是送韩国男人最好的礼品。女性喜欢化妆品、提包、手套、围巾类物品和厨房里用的调料等。韩国人用双手接礼物,但不会当着客人的面打开。

3)禁忌

韩国人禁忌颇多。逢年过节相互见面时,不能说不吉利的话,更不能生气、吵架。农历正月头三天不能倒垃圾、扫地,更不能杀鸡宰猪。寒食节忌生火。生肖相克忌结婚,婚期忌单日。渔民吃鱼不许翻面,因忌翻船。忌到别人家里剪指甲,否则两家死后结怨。吃饭时忌戴帽子,否则终身受穷。睡觉时忌枕书,否则读书无成。

韩国人忌说"4"字,因为在韩语里它与"死"同音,传统上认为是不吉利的。交接东西时要用右手,不能用左手,认为用左手接东西是不礼貌的。

在韩国,如果对其国旗、国歌和国花等表现出怠慢,被认为是对韩国和韩民族的不敬。

4.2.6　旅游业

丰富的自然资源和历史文化内涵,加上韩国政府对旅游业的高度重视,使韩国的历史与现代、自然与人文完美结合起来,以至于韩国境内处处有佳境。

1)韩国旅游业的现状

韩国旅游业走过了 40 年的历程,取得了令人瞩目的发展。20 世纪 80 年代,韩国提出了"旅游立国"的口号,向"全体国民旅游职业化,整个国土旅游资源化,旅游设备国际标准化"的目标前进。自 1989 年开始,韩国旅游业每年以 8% ~15% 的速度增长,是东亚地区旅游业发展最快的国家之一。年接待海外游客数量由 1962 年的 1.6 万人次增加到 2004 年的 515.8 万人次。出境游人数也达到了 551.8 万人次。2003 年接待入境旅游者 475.3 万人次,旅游外汇收入 52.56 亿美元,旅游外汇收入位居亚洲第六位。2004 年韩国接待入境旅游者比 2003 年增长 22.4%,大大高于世界旅游业平均增长水平。

韩国旅游业发展的成功,主要有以下几个方面原因:

首先,韩国始终维护良好形象,努力营造吸引游客的旅游环境。韩国利用

1986 年的亚运会、1988 年的奥运会、1993 年的世博会和 2002 年的世界杯足球赛等大型国际活动,大幅度地提高了自己的旅游形象,提高了国际知名度。同时,韩国政府认识到,提高国民素质是旅游业发展的基础,国民的大力支持和广泛参与是旅游业的发展需要。为了树立崭新而良好的韩国旅游业形象,韩国政府通过媒体宣传、街头展览、旅游说明会等形式,培养国民参与旅游的意识,教育国民礼貌待客,人人保护历史文化。从百姓到首脑,人人关心国家旅游形象,重视旅游宣传促销。早在 1998 年韩国经受金融危机之后,韩国总统金大中就曾亲自为韩国旅游业在电视台做广告,同 120 人组成的合唱团一起引吭高歌"欢迎您到韩国来",极大地促进了韩国旅游业的发展。

其次,充分利用有限条件,力推特色服务,是韩国发展旅游业的一大特色。韩国的国土面积仅 9 万多平方千米,但迄今向联合国教科文组织申报成功的世界文化遗产就达 7 处之多。主要原因是韩国将历史文化遗迹、韩国文化与旅游结合起来,使有限的旅游资源得到最大限度的利用。而且,韩国在努力发展体现韩国特色的旅游项目上也取得了可喜的成绩。现在韩国不仅每年新推出特色旅游专案多达 800 多个,而且还大范围营造影响。近年来"韩剧"带来的"韩流"更是备受世人瞩目。韩国观光公社在中国作了 2 000 人的"韩流及韩国旅游现状调查",有 74.9% 的受访者表明有意访问韩国,其目的为"走访影视剧外景地"(44.9%)、"观看演唱会"(20.7%)、"与明星结伴旅游"(17.4%)等,可见韩国影视剧对吸引中国游客起到了巨大的感召作用。

最后,提供旅游服务便利条件,满足游客的个性需求。韩国旅游部门注重为每一位海外游客提供各种便利。在韩国的机场、港口、公交车站、服务网点等公共场所的路牌、公厕、电话亭都有韩文、英文、中文、日文的标志或易懂图标。在报亭、旅游饭店和餐馆等地,游客都可见到交通图、旅游指南、旅游服务手册等资料。韩国旅游部门早在 2000 年就开通了免费 1330 旅游服务电话,24 小时以英语、法语、汉语和日语向外国游客提供旅游咨询服务。韩国旅游的服务对象不仅针对团队,也针对散客和自助游客。面对组织形式多样化的赴韩游客,旅游部门根据不同需求安排路线,专门为外国人精选了 15 条韩国国内旅游路线。同时,有 4 000 多名退休专家、学者、教授担任名誉导游,免费为自助游韩国的海外游客提供导游服务。想方设法满足海外游客的个性需求,是扩大韩国旅游影响力的重要环节。

2）著名的景区景点

（1）首尔

韩国首都首尔是全国的政治、经济、文化和教育的中心，也是陆、海、空交通枢纽。它位于朝鲜半岛的中部，地处盆地，是一座传统与现代相辉映的城市。

首尔作为首都已有近 600 年的历史。因历代王朝曾在此修筑宫殿，所以有"皇宫之城"的美誉。目前，市内还保留着许多名胜古迹，如景福宫、昌德宫、昌庆宫、德寿宫和秘苑（御花园）等。同时，在这些传统的韩式建筑中间，又处处充满现代气息。韩国第一大江——汉江，自东向西穿城而过，把首尔分为南、北两部分。流经市区的河流长达 41.5 千米，宽度为 400～1 000 米，水深达 6～10 米。在汉江两岸，高楼大厦林立。特别是在江中因冲积而形成的两个岛屿——汝矣岛（约 7 平方千米）和蚕岛上，建有韩国最大的汝矣岛广场和全市最高的建筑物——63 层的国会议事堂。另外，室内还有世界上最大的室内游乐场乐天世界、韩国的"迪士尼"龙仁爱宝乐园和民俗博物馆等。首尔还是游客购物的理想天地，可以在市中心的新世界、乐天、美都波、东邦广场等大型百货商场购买各种免税商品。

知识卡片

首尔名称

首尔历史悠久，古时因位于汉江之北，得名"汉阳"。14 世纪末朝鲜王朝定都汉阳后，改名为"汉城"。日本殖民统治期间，汉城又被改称"京城"。1945 年朝鲜半岛光复后，更名为朝鲜语固有词，罗马字母标记为"SEOUL"，语意为"首都"。中文译名为"汉城"。2005 年 1 月，首尔市市长李明博在市政府举行的记者招待会上，宣布把汉城市的中文译名"汉城"改为"首尔"，"汉城"一词不再使用。

景福宫：大韩民国首尔市钟路区世宗路 1 号，兴建于 1394 年。景福宫（见图 4.17）在韩国五大宫阙中无论就规模还是建筑风格都堪称五宫之首。它的建筑风格酷似中国北京的故宫，拥有 200 幢以上的殿阁，有着庄严华丽的大门、雕梁画栋的内宫和琳琅满目的陈设。勤政殿、思政殿和乾清殿是它的"三大殿"。勤政殿又称正殿，是朝鲜王朝时代国王举行登基大典和处理政事的地方。勤政殿西北边的"庆会楼"，是当年国王宴请宾客的地方。一到春天，这里迎春花、杜鹃花争先开放，花香四溢，美若仙境。景福宫的东北面是青瓦台总统府，与附近的昌德宫（见图 4.18）、昌庆宫和宗庙连成一片。

韩国总统官邸青瓦台：青瓦台（Chong Wa Dae）位于首尔市钟路区世宗路 1 号。这里原来是高丽王朝的离宫，1426 年朝鲜王朝建都汉城（今首尔）后，把它

图 4.17　景福宫

图 4.18　昌德宫

作为景福宫后花园,修建了隆武堂、庆农斋和练武场等一些建筑物,并开了一块国王的亲耕地 。

乐天世界:是首尔市中心一个集娱乐与参观于一体的娱乐场所,也是世界上最大的室内综合娱乐购物中心。除了"乐天世界探险"和"魔术岛"等惊险的娱乐设施外,还有民俗馆、室内溜冰场、室内游泳池、保龄球馆、各类超级市场、购物中心、饭店、电影院等。

乐天世界分为室内娱乐和室外娱乐,室内娱乐有各国风格的街道及各种娱乐设施,还有纪念品店,在这里还可以欣赏美妙的演出和激光表演,品尝各国料理。室外娱乐可以享受到室内娱乐所不能享受的高空探险、魔幻岛探险等,还可以在湖边散步。乐天世界之所以能吸引众多的游客是因为这里有不同于其他旅游场所的特殊娱乐设施,其中最具代表性的是 70 米自然落体和旋转探险。

爱宝乐园:1976 年创设,是世界第七大主题公园,也是一座包括娱乐、购物、庆典、水上设施、赛车场、高尔夫球场及度假村等项目的世界级度假胜地。爱宝乐园由"欢乐世界"的"地球购物中心""美洲探险""厄瓜多尔探险""欧洲探险""魔纪世界"5 个主题构成,包括 40 多种游乐设施的游乐世界和各种自然野生动物园等。爱宝乐园一年四季举行各种典礼和活动,是尽情享受冒险和浪漫的童话世界。爱宝乐园从 11 月 7 日开始引入圣诞庆典主题,每晚举行"月光梦幻花车"游行及烟花与激光表演,日常开销高达 1 000 万韩元。

(2)釜山

釜山是韩国第一大港口和仅次于首尔的第二大城市。它位于韩国东南部,面积为 761.97 平方千米,人口为 378.6 万,是泛太平洋物流中心,其集装箱货运量在 2006 年居世界第五位。

釜山因依山傍海而建,很多建筑物都在海边,所以景色非常优美,是世界闻名的国际文化旅游城市(见图 4.19)。梵鱼寺、海云台、太宗台、龙头山公园、东莱温泉、釜谷温泉、闲丽海上公园、通度寺、忠烈祠等是著名的"釜山 10 景"。旅游项目上尤其以海滨公园和海鲜市场最具特色。在当地的海鲜市场上,游客可以自行选择自己喜欢的海鲜,然后到附近的餐馆加工,只需付很少的加工费。市中心的广安里海滩,云集了 300 多家生鱼片店。而且,这里的露天演出很多,很受年轻游客的喜爱。

梵鱼寺:釜山第一古庙,为禅宗总枢,初建于公元 678 年,原有 36 座规模庞大的寺庙,后不幸于壬辰倭乱时期遭毁,1717 年重建。寺内至今还保留着 7 座殿阁、2 座阁楼、3 扇巨门、11 座进修庵及最初建造的三层石塔等众多历史古迹。其中的大雄殿造得十分精致华丽,堪称朝鲜时代建筑的精华。它和三层石塔已被列为韩国的国宝。

海云台:是韩国最有名的海水浴场,距离釜山市中心 11 千米。蜿蜒曲折、长达 2 千米的白沙滩,苍翠浓郁的冬柏岛,景色秀丽,系韩国八景之一。每年在此定期举行游泳大赛和放风筝比赛。

海云台的温泉非常出名,水温 45～50 ℃,含有微量元素氡,对肠胃病、妇科

图 4.19　釜山美景

病、皮肤病有特殊疗效。海云台浴场沙净如玉,海水清浅,气候宜人,是理想的海滨浴场。其夜景尤为美丽。

(3)庆州

庆州曾是新罗古都,也是韩国最具代表性的历史城市,位于韩国东南部的庆州盆地的中部,离日本海仅有 30 千米。它前后历时近千年,是朝鲜半岛上历史最为悠久的城市,所以有着丰富的遗物遗址,整座城市就好像是一个博物馆。最著名的景点有佛国寺和石窟庵等。

另外,庆州小吃也很有名。最令人喜欢的是皇南饼和菜包饭。皇南饼实际上就是小小的圆形豆沙饼,1939 年开始生产,不加任何人工甜味料和防腐剂,酥软且香甜,不用机器,全部用手工制作。菜包饭,主要用菜(白菜、生菜)包米饭和熟肉做成。

佛国寺:韩国最大的寺院,建于公元 535 年,全盛时期规模曾是现在的 10倍。佛国寺的建筑布局分为两大区,一区以大雄殿为中心,有青云桥、白云桥、紫霞门、泛影楼、自经楼、多宝塔、释迦塔等;一区以极乐殿为中心,有七宝桥、莲华桥、安阳门等。其中释迦塔和多宝塔堪称佛国寺建筑艺术的精华。这两个塔象征多宝如来佛和释迦牟尼佛常住此地,也证明新罗人在想把佛教理念转化为现实方面作出了巨大的努力。

(4)济州岛

济州岛位于朝鲜半岛的南端,是韩国最大的岛。因受近海暖流的影响,全年气候温和,有"韩国的夏威夷"之称。济州岛已经开辟出了梨户海滨浴场、三阳海滨浴场、郭支海滨浴场等十几个海滨浴场,所以这里是游泳、冲浪、划水、日光浴、海水浴等的胜地。

另外,这里古代曾是名谓"耽罗国"的独立国家,因而岛上保留着独特的风俗习惯、方言与文化。自太古遗留的自然神秘景观、济州先民的生活智慧所凝聚的民俗文化以及 18 000 多年有关鬼神的故事,使济州岛的寸草寸土都灵气四溢。岛上随处可见被称作"石佬"的用火山石头雕刻的神秘老人像,微斜着头,大眼睛,面相极其奇特。传说他是济州岛的象征,名为"多尔哈鲁邦"的保护神。

汉拿山:位于济州岛的中部,海拔 1 950 米,是济州岛的象征。它又称瀛州山,意思是高得可抓住银河。汉拿山分布着 1 800 多种植物和众多的野生动物,有着很高的学术价值,所以 1970 年被指定为国立公园。另外,汉拿山的春之杜鹃花、夏之高山植物、秋之红叶和冬之雪景,构成了汉拿山绚丽的四季曲。

汉拿山还被称为"神之山",因为它是一座云雾缭绕的火山锥,最后一次爆发是公元 1007 年。

3)韩国经典旅游线路

(1)韩国 6 日游(厦门往返)

经过的城市:首尔—济州—釜山—庆州。

沿线景点有:

济州岛:龙头岩、城山日出峰、城邑民俗村、天地渊瀑布、神奇之路、木石苑。

釜山:龙头山公园、上海牌楼。

庆州:佛国寺、天马冢。

首尔:韩国故宫—景福宫(内有勤政殿、庆会楼等)、民俗博物馆、青瓦台总统府、高丽参专卖局、紫水晶加工场、2002 年世界杯主会场、明洞、华克山庄。

(2)韩国全景 5 日游(北京往返)

经过的旅游城市:

釜山—济州—首尔。

沿线主要景点:

釜山:龙头山公园、国际商业街。

济州:城山日出峰、城邑民俗村、天地渊瀑布、神奇之路、龙头岩、2002 年世界杯足球赛主赛场。

首尔:韩国故宫—景福宫、青瓦台总统府、紫水晶加工场、华克山庄。

知识卡片

韩国货币

韩圆由韩国中央银行韩国银行发行,有 1,5,10,50,100,500,1 000,5 000,10 000 圆(见图 4.20)等面额,还曾发行过 10 钱及 50 钱的小额纸币,此外还有 1,5,10,50,100,500 圆铸币。1 圆等于 100 钱(Jeon)。

图 4.20　韩圆样币

韩国银行自 1950 年成立以来,共发行过 43 种纸币及 17 种铸币,现在通用的"圆"是在 1962 年第三次货币改革时发行的,当时只有 1,5,10,50,100 及 500 圆等面额,之后不断增加新面额的纸币。目前称为"圆"的货币在韩国共有 22 种纸币和 14 种铸币。

4.3　新加坡

4.3.1　地理概况

1)自然地理

新加坡位于东南亚地区,是马来半岛最南端的一个热带城市岛国。面积为 699.4 平方千米,北隔柔佛海峡与马来西亚为邻,有长堤与马来西亚的新山相通,南隔新加坡海峡与印度尼西亚相望。地处太平洋与印度洋航运要道—马六甲海峡的出入口。领土由一个本岛和 63 个小岛组成。新加坡所处的地理位置是世界的十字路口之一。得天独厚的地理条件使之发展成为一个重要的商业、通信和旅游中心。

新加坡本岛由东到西约42千米,由南到北约23千米。本岛以外的其余岛屿,较大的有德光岛(24.4平方千米),乌敏岛(10.2平方千米)和圣淘沙岛(3.5平方千米)。其中新加坡岛占全国面积的91.6%。

新加坡属热带海洋性气候,全年气温变化不大,年平均气温24~27℃,降雨量充足,动植物物种丰富,充分体现了热带岛屿的特征。

2)人文地理

(1)人口与民族

新加坡约有540万人口,其中华人占75%左右,其余为马来人、印度人和其他种族。

(2)语言与宗教

马来语、英语、华语和泰米尔语为官方语言,国语为马来语,英语为行政用语。主要宗教为佛教、道教、伊斯兰教、基督教和印度教。

3)国旗、国徽、国歌、国花

国旗:由上红下白两个相等的横长方形组成,长与宽之比为3:2(见图4.21)。左上角有一弯白色新月和五颗白色五角星。红色代表人类的平等;白色象征纯洁和美德;新月象征国家;五颗星代表国家建立民主、和平、进步、正义和平等的思想。新月和五颗星的组合紧密而有序,象征着新加坡人民的团结和互助的精神。

图4.21 国旗

图4.22 国徽

国徽:由盾徽、狮子、老虎等图案组成(见图4.22)。红色的盾面上镶有白色的新月和五角星,其寓意与国旗相同。红盾左侧是一头狮子,这是新加坡的象征,新加坡在梵语中是"狮子城"的意思;右侧是一只老虎,象征新加坡与马来西亚之间历史上的联系;红盾下方为金色的棕榈枝叶,底部的蓝色饰带上用马来文写着"前进吧,新加坡!"

国歌:《前进吧,新加坡》。

国花:以一种名为卓锦·万代兰的胡姬花为国花(见图4.23)。东南亚通称兰花为胡姬花。卓锦·万代兰是由卓锦女士培植而成,花朵清丽端庄,生命力旺盛,它象征新加坡人的气质和刻苦耐劳、果敢奋斗的精神。

图 4.23　胡姬花

课堂讨论

请同学课堂讨论新加坡国旗、国徽的设计理念。

4.3.2　简史

　　新加坡古称淡马锡,历史上有关新加坡的最早记载是在公元 3 世纪。当时人们对新加坡的了解甚少,中国人则把新加坡称为婆罗洲（意为"半岛尾端的岛屿"）。到了 14 世纪,新加坡已成为强大的圣佛齐(Sri Vijayan)王国的一部分。

　　由于新加坡坐落在马来半岛南端,是航海必经之地,因此不断有中国帆船、印度船、阿拉伯独桅帆船、葡萄牙战舰和武吉士人的纵帆船造访。因此,人们也贴切地把她称之为淡马锡（Temasek,意为"海城"）。

　　其后,这个具有重要战略位置的小岛又获得了一个新名字——新加坡拉(Singa Pura),即狮子城（Lion City）的意思。根据传说,一位来访的圣佛齐(Sri Vijayan)王子在这里看见了一头野兽,认其为一头狮子,由此产生了今天的新加坡名称。

　　新加坡接下来的重要历史篇章是由英国人为它增写的。在 18 世纪时期,英国人急需一个战略性的"中转站"以便为日益强大的帝国舰队提供维修、补给和保护,从而遏止荷兰人在这一地区的扩张。史丹福莱佛士（Stamford Raffles）爵士在此背景下将新加坡营造为一个贸易中转站。新加坡的自由贸易政策吸引了亚洲各地甚至美国和中东的商人。

　　在 1832 年,新加坡成为槟城、马六甲以及新加坡海峡殖民地的行政中心。苏伊士运河 1869 年的通航及电报和蒸汽船的发明,强化了新加坡作为东西方贸易中心的重要性。

14 世纪的新加坡卷入暹罗(现泰国)和爪哇的 Majapahit 帝国争夺马来半岛的战争中,因此其领土也成为战场的一部分。

5 个世纪后的新加坡又卷入了第二次世界大战。尽管它曾被认为是固若金汤的堡垒,但还是于 1942 年被日军占领。第二次世界大战后,新加坡成为英国直属殖民地。随着民族主义情绪的不断高涨,自治政府在 1959 年成立。1963 年 9 月 16 日并入马来西亚。1965 年 8 月 9 日脱离马来西亚,成立新加坡共和国。同年 9 月成为联合国成员国,10 月加入英联邦。

4.3.3 经济

1)发展概况

新加坡的传统经济以商业为主,包括转口贸易、加工出口、航运等。独立后,政府坚持自由经济政策,大力吸引外资,发展多样化经济。20 世纪 80 年代初开始,加速发展资本密集、高增值的新兴工业,大力投资基础设施建设,力求以最优越的商业环境吸引外来投资。同时以制造业和服务业作为经济增长的双引擎,不断提高产业结构,20 世纪 90 年代尤为重视信息产业,已投资在全岛兴建"新加坡综合网"。为进一步推进经济增长,新加坡大力推行"区域化经济发展战略",加速向海外投资,积极开展国外经济活动。2004—2007 年,实质 GDP 平均增长 7%,但由于全球金融危机影响,2008 年跌至 1.1%,多个行业遭受冲击。对此,政府推出新一轮经济刺激政策,加强金融市场监管,维护金融市场稳定,提升投资者信心。新加坡 2011 年国内生产总值受新元兑美元汇率走强、人口快速增长、赌博和制药业扩张推动,取得良好的成绩。2013 年国内生产总值 2 422亿美元,人均国内生产总值 5.4 万美元。

2)主要产业

经济以五大部门为主:商业、制造业、建筑业、金融业、交通—通信业。工业主要包括制造业和建筑业。制造业产品主要包括电子产品、化学产品、机械设备、交通设备、石油产品、炼油等部门,是世界第三大炼油中心。农业在国民经济中所占比例不到 1%,主要有家禽饲养和水产业。粮食全部靠进口。蔬菜自产仅占 5%,绝大部分从马来西亚、中国、印度尼西亚和澳大利亚进口。服务业为经济增长的龙头产业,包括零售与批发贸易、饭店旅游、交通与电信、金融服务、商业服务等。旅游业是主要外汇收入来源之一,主要景点有圣淘沙岛、植物园、夜间动物园等。

4.3.4　文化

1）文化概况

早期离乡背井到新加坡再创家园的移民将各自的传统文化带入当地,留下了丰富的多元文化遗产。

中华文化精髓深深影响着新加坡居民的生活形态。如农历新年、清明节等节庆,以及传统艺术,如景泰蓝、瓷器和书法等。风行于华人区域的风水之说,也可反映在新加坡的多项建筑设计里。马来人以自身丰富的文化遗产,使新加坡文化更为多彩多姿。印度人,在许多方面被冠以"新加坡建设者"的美誉。新加坡创立初期,印度人扮演着契约劳工的角色,参与各项建设工程,例如沼泽疏浚和道路建筑等。他们更参与了许多新加坡著名公共建筑物的兴建,其中包括圣安德烈大教堂等。除劳工外,还有众多文化人士接踵而至,其中不乏具有教育、农业和商业等素养的专业人才,如华裔和马来裔民族,印度族裔也在饮食、艺术、宗教方面努力保留其特色,更突显新加坡文化的多元性特质。

2）教育

新加坡重视教育,其教育政策是扫除文盲、实行义务教育和多种语言训练。儿童6岁享受免费国民教育,多数学生要修3种语言。英语作为教学第一语言,华语、马来语和泰米尔语为第二语言。新加坡每年均以高达国民生产总值3%~4%的经费发展教育事业。学校绝大多数为公立,其中包括170所小学,154所中学,14所初级学院,2所中央学院,4所理工学院,2所艺术学院及3所大学等,提供多种的升学机会。著名大学有新加坡国立大学、南洋理工学院等。

4.3.5　民俗

1）饮食

由于新加坡是一个多种族的国家,有华人、马来人、印度人以及西欧人等,因此在新加坡旅行,最大的乐趣就是能遍尝各国风味。当然,新加坡也有它独特的菜系,那就是"娘惹菜"。娘惹指的是过去居住在新加坡、马六甲及槟榔屿的土生华人女性。由于土生华人是早期马来人与华人通婚的后代,因此娘惹食物融合了马来族与华族的烹饪特色。从口味方面来说,娘惹食物是最特别、最精致的传统佳肴之一。一些娘惹面食,例如汤汁混合椰浆的laksa(拉沙),以及掺以酸辣汤汁的 meesiam(马来炒米粉)，都是一般美食中心常见的小吃 (见图 4.24)。

图 4.24　面食

2）礼貌、礼节

新加坡人一向有勤奋、诚实、谦虚、可靠的美德。与新加坡人谈判，不仅必须以诚相待，更重要的是考虑给对方面子，不妨多说几句"多多指教""多多关照"的谦言。值得一提的是，与海外华人进行贸易，采用方言洽谈，有时可以起到一种独特的作用。碰上说潮州话的商人，首先献上一句"自己人，莫客气"的潮州乡音，给人一种宾至如归的感觉，其他像粤语、滇语等同样有助于谈判的进行和成功。新加坡是一个文明的国家，讲究礼貌已成为他们的行动准则。在新加坡进行贸易谈判时，不要跷二郎腿，否则将破坏成交机会。假如不知不觉把一只脚颠来颠去，以致鞋底朝向了对方，这笔买卖就要告吹了。

在新加坡，进清真寺要脱鞋。在一些人家里，进屋也要脱鞋。由于过去受英国的影响，新加坡西方化特征较为明显。但当地人仍然保留了许多民族的传统习惯，所以，打招呼的方式都各有不同，最通常的是人们见面时握手，对于东方人可以轻鞠一躬。

新加坡人接待客人一般是请吃午饭或晚饭。和新加坡的印度人或马来人吃饭时，注意不要用左手。到新加坡人家中吃饭，可以带一束鲜花或一盒巧克力作为礼物。谈话时，避免谈论政治和宗教。可以谈谈旅行见闻、旅行阅历及新加坡的经济成就。

由于新加坡居民中华侨较多，人们对色彩的想象力较强，一般红、绿、蓝色很受欢迎，视紫色、黑色为不吉利，黑、白、黄为禁忌色。在商业上禁止使用佛祖的形态和侧面像。在标志上，禁止使用宗教词句和象征性标志。喜欢红双喜、大象、蝙蝠图案。数字禁忌 4，7，8，13，37 和 69。

3）主要节庆

新加坡是一个移民国家，荟萃了东西方民族的文化，具有多元化的文化背景，因此新加坡的节日庆典也是渗透了不同民族、不同宗教的风俗习惯，异彩纷呈。由于华人的特殊地位，华人节日在新加坡有重要的地位。

（1）大宝森节

大宝森节是教徒答谢神恩的日子。每年的游行都有多名男女信徒自愿以苦行僧的方式抬杠针座（Kavadi）、头顶奶壶，赤脚完成4千米的艰苦路程。

（2）屠妖节

屠妖节称为 Festival of Lights，是印度教节日。节日当天小印度的寺庙和街道用彩灯和花环精心装饰，再加上五彩拱门，整个地区被点缀得格外耀眼。

（3）丰收节

为期4天的丰收节，是南印度庆祝丰收的感恩节日。在寺庙里，众人在钟鼓齐鸣、木萧及响螺号角声中齐声祷告。

（4）牛车水农历新春亮灯（Lunar New Year）

农历新年来临之际，牛车水（Chinatown）沿街彩灯高悬，一派繁荣景象，新加坡河畔则举行春到河畔迎新会（见图4.25）。

图4.25　牛车水灯市

（5）妆艺大游行（Chingay Singapore）

每逢农历新年，新加坡的多所学校和民间团体联合呈献街头游行活动，如大头娃娃、踩高跷等，本地三大族也会呈献传统艺术表演。

（6）九宵节（Navarathiri Festival）

这是印度教教徒对三位一体的女神表示敬意的日子。一连9个晚上7：30至10：00，当地寺庙都有祷告会与印度古典歌舞表演。到了第十夜，登路（Tank

Road)的丹达乌他帕尼庙法会将九宵节的庆祝活动带至高潮,还可看到银马神像引导信徒进行的游行活动。

(7)回教开斋节(Hari Raya)

这是回教徒庆祝赴麦加朝圣的日子。教徒清晨聚集在回教堂一起祷告,然后屠杀牲畜并将肉分送给穷人。

4.3.6　旅游业

1)著名旅游景点

(1)鱼尾狮公园

作为新加坡旅游局标志的鱼尾狮首次亮相于1964年。这个矗立于浪尖的狮头鱼身像很快就变成了新加坡的象征(见图4.26)。鱼尾狮公园是新加坡最小的公园,面积只有0.0071公顷。它位于新加坡河河口,而公园的主题就是屹立在安德逊桥旁边的高8.6米、重达70吨的鱼尾狮塑像。公园内可眺望远处榴莲状屋顶的国家音乐剧院等现代化建筑,园林虽小,但给人一种心旷神怡的感觉!

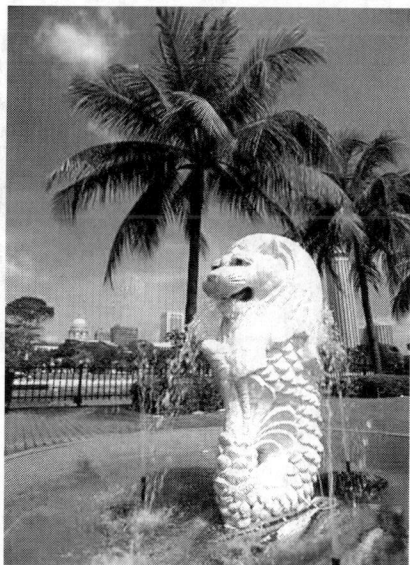

图4.26　鱼尾狮公园

鱼尾狮和小鱼尾狮原本立于海滨桥旁的鱼尾狮公园,是极受欢迎的旅游景点。1972年9月15日,前新加坡总理李光耀先生为其剪彩开幕。今天的鱼尾狮像已迁址到离原址120米处与浮尔顿1号毗邻。鱼尾狮是当时的范克里夫水族馆馆长Fraser Brunner先生于1964年设计,已故新加坡著名工匠林浪新(Lim Nang Seng)先生用混凝土制作的。另一座高2米、重3吨的小形鱼尾狮塑像也是林先生的作品。鱼尾狮的身体由混凝土制作,表面覆盖上陶瓷鳞片,眼睛则是红色的小茶杯,造型生动活泼,为新加坡城的象征。

(2)圣淘沙岛

圣淘沙位于新加坡本岛南部,离市中心约0.5千米。这个田园式的度假岛屿,其马来文名字是"和平与宁静"的意思。它最早是一个渔村,后成为英国的军事基地,后又于1972年成为一个度假岛屿。

岛上青葱翠绿,有引人入胜的探险乐园、天然幽径、博物馆和历史遗迹等,让人远离城市喧嚣。爱海的人,可以沿着沙滩享受轻松的水上活动。而热爱自然的人,圣淘沙也有天然人行道,龙道、海底世界、胡姬花园、蝴蝶园、世界昆虫博物馆点缀其中。在历史景点方面,则有西乐索炮台、海事博物馆和新加坡万象馆。

在主题公园方面,有梦幻岛、火焰山和高尔夫乐园。而高37米的鱼尾狮塔,可让游人从圣淘沙远眺市区的高楼大厦及环绕小岛四周的景色。入夜后的音乐喷泉,随着交响乐的节奏而翩翩起舞(见图4.27)。

图4.27 圣淘沙岛

圣淘沙由圣淘沙发展机构负责管理和发展,它也管理其他10个较小的岛屿,包括龟屿、圣约翰岛、姐妹岛及鬼岛等。这些岛屿是热爱游泳、潜水和钓鱼人士的乐园。岛上有自设的交通设备。游客可以免费乘搭单轨列车、巴士、沙滩小火车前往不同目的地。此外,岛上也有脚踏车出租。

(3)裕廊飞禽公园

裕廊飞禽公园是亚太区最壮观的鸟类动物园之一。园内聚集600多种、9 000多只各类飞禽(见图4.28)。从园中模拟南极洲环境的企鹅馆到模仿热带雨林气候的东南亚鸟舍,裕廊飞禽公园都设法为鸟儿创造一个与自然环境相近的栖息之所。

图4.28 飞禽公园

图4.29 苏丹回教堂

裕廊飞禽公园里依山而建、瀑布相伴的露天鸟舍是园里最受欢迎的主题鸟舍,也是1 500只非洲飞禽的安乐窝。园里新设的河流能模拟自然淡水水流环境,是20多种鸭子、鱼类和龟类的新居。

如果您想观赏姿态万千的飞禽表演,那就千万别错过园内的精彩飞禽演出。红鹳、金刚鹦鹉、犀鸟等不同凡响而又令人捧腹的表演一定会让您乐开怀!

游览裕廊飞禽公园最好先乘坐现代化的单轨列车,然后利用地图徒步游览公园。

(4)苏丹回教堂

拥有壮观的金色圆顶和巨大祈祷殿的苏丹回教堂是新加坡最雄伟的宗教建筑之一(见图4.29),也是新加坡回教徒宗教活动的主要场所。这座建于1928年的回教堂是由Denis Santry所设计的。

(5)牛车水

牛车水是自1821年以来逐渐形成的。当时,从中国福建、厦门南下的第一艘平底中国帆船抵达新加坡。船上清一色是男性。他们就在新加坡河以南一带(也就是现在的直落亚逸街)定居。当时,在那儿的每家每户都得拉牛车到安祥山的史必灵路取水。久而久之,该地方就被称为牛车水了。

牛车水可划分为牛车路、直落亚逸街、丹戎巴葛路和武吉巴梳路4个不同风格的小区。丁加奴街、史密斯街则是牛车水的主要活动中心。

值得一提的是牛车水并不是单一华人居住的地方。牛车水内,直落亚逸街旁的阿布拉回教堂、桥南路的詹美回教堂和马里安曼庙,见证了新加坡多元种族和睦相处的一面。

(6)新加坡河

早期移民是新加坡从落后的小渔村到现代化海港转变过程中功不可没的一

分子。当时,这些移民都是靠着新加坡河维系生计。所以新加坡河可以说是一条真正的生命之河! 漫步在河畔,您可以参观许多极富纪念性的标志性建筑,如鱼尾狮公园和旧国会大厦,还有教会机构,如陈氏宗祠(保赤宫)和甘榜马六甲奥马回教堂。新加坡河岸边有驳船码头、克拉码头和罗拔申码头。如想以不同的方式体验新加坡河,则可选择登上一艘玻璃顶游艇或小驳船,享受一次轻松愉快的航行(见图4.30)。

图4.30　新加坡河

2)旅游业现状

新加坡建国以来,经济发展迅猛,旅游业亦是如此。如今,新加坡已成为世界著名的海港和空港,世界十大旅游中心之一。1992年接待国际旅游人数545万人次,居世界第21位,国际旅游收入52亿美元,居世界第12位;1996年接待国际旅游人数660万人次,是本国人口的两倍,旅游创汇达94.1亿美元,出国旅游人数达330万,超过了全国人数,出国旅游支出7.83亿美元。

2009年接待外国旅客人次高达1 103万,他们在新加坡游玩的时间多达3 800万天,旅游创汇约138亿美元。

阅读材料

新加坡旅游业成功经验的借鉴

新加坡是世界上少有的接待外国游客人数是其本国人口2倍的国家之一,被世界公认为利用城市发展旅游的独特模式。新加坡模式之所以能在竞争激烈的国际旅游市场中脱颖而出,其成功的经验:

(1)扬长避短,发挥优势

新加坡国小人少,资源贫乏,然而新加坡人从自己的国情出发,扬长避短,发挥优势,旅游资源不足就人工创造弥补,有一点资源便"借题发挥,小题大做",

充分利用其优越的地理位置,创建国际通商口岸、免税购物中心、国际金融和会议中心,从而使其成为东南亚名副其实的区域中心。

(2)树立大旅游环境意识,营造适宜开展旅游活动的环境氛围

所谓大旅游环境,有两层含义:即指硬环境和软环境。

硬环境的建设:早在1971年政府就在全国掀起大规模的植树造林运动,建造花园城市。明文规定:任何个人或集体建房都必须达到一定的绿化标准,否则即予以重罚或拆毁。由于政府重视,措施得力,故全国各地都已被绿荫覆盖,即便是工业区也无一块裸露的土地,整个国家就好像是一座大花园,素以花园城市闻名于世,对各国游客吸引力极大。如果你有机会到新加坡,无论大街小巷,还是偏僻的角落,找不到一粒尘土、一片纸屑、一个烟头,城市地面只有两种东西:草坪和水泥。"黄土不见天"和"水泥不露面"是新加坡真实的写照。无论政府机关、企业,或私宅,房前屋后都是由花坛、草坪、树木构成一个个小花园,整个国家就是一座大花园。新加坡虽地处热带,却基本做到了无蚊、无蝇、无老鼠、无蟑螂。

软环境的建设:是指政局稳定,社会治安好,旅游接待服务质量、水准高。新加坡有一套完整的旅游服务机构,有态度殷勤热情的接待人员,无论吃住行游等安排得十分周到。同时开展"礼貌运动",敬老运动,并进行儒家优良传统教育,提高全社会的道德水平,树立了良好的社会风尚,建立了相互关怀的社会秩序,给人以宾至如归的感觉。政局稳定,治安好,从未有过政变、暴动、骚乱或战争。由于新加坡在学习西方先进的科学、文化、管理经验的同时,注意剔除、拒绝西方的社会病,如吸毒、暴力、黄色读物等,故新加坡犯罪率极低,是世界上社会治安最好的国家之一。

(3)重视投入,重视旅游景区、景点的建设,突出以旅游为中心

其一是重视公用设施的投入,新加坡专门设立了旅游业发展基金,通过对旅游企业征收旅游税来完成(营业额的4%计收),全部存入旅游促进基金,用于促进旅游业的发展。

其二是重视景区、景点的建设,不断发展和完善旧项目,增辟新项目,这是其旅游业长盛不衰的奥妙所在。如新加坡充分利用地处热带雨林气候的有利条件,建造了许多旅游场所如热带植物园、珊瑚馆、海豚馆、鳄鱼馆、裕廊鸟类公园、度假营地等。这些场所不仅布局合理、独具匠心,而且寓知识性、教育性于娱乐之中,因而很受游客的欢迎。如圣淘沙岛的开发就是一个成功的例子,岛上建有海事展览馆、日军投降纪念馆、珊瑚馆、艺术中心等,在此基础上,后又兴建了水下世界,游客在特殊的船舱里遨游海洋,别具情趣。此外,新加坡岛西海岸还建造了唐城,将中国唐代古都长安搬到了新加坡,灿烂辉煌的中国传统文化吸引了不少回头客。

（4）实行严格、科学的管理

新加坡是一个十分注重法制建设的国家，社会生活的各个方面都纳入法制的轨道，依靠政策、法规对旅游业实行严格、科学的管理。

为保证出售的商品质优价廉，新加坡旅游局和消费者协会联合推出"优秀零售计划"，对有信誉的商店颁发红白相间的鱼尾狮标志，作为信得过商店。若外国游客购物时受到诈骗，可向旅游局或消协投诉，一经查实，不但责令诈骗者加倍赔偿，还要吊销其营业执照，这种保护政策及有效的管理使广大游客可以放心购物。

为了依法管理旅游业，颁布了一系列法律如《新加坡旅游促进法》《新加坡旅行社法》《新加坡饭店法》《新加坡旅游促进税法》等。新加坡法规之严格，世界闻名，有"清规戒律新加坡"之说。如新加坡是世界公认的非常美丽和清洁的国家，这与其公共卫生法令之严不无关系。其实新加坡在40年前也是一个脏乱差的国家，当时有"垃圾城"不光彩的称号。1968年，新加坡政府将乱倒垃圾、随地吐痰、乱扔烟头纸屑的行为定为违法，环保部门专门设立了一支由几百名政府官员组成的城市环境管理队伍，发现违法者轻则罚款几十美元，重则追究其法律责任，而且按全国人口的0.1%配备清洁员，专门清扫和保洁。实施之初，尽管罚款占到一般收入者月薪的10%～50%，但对于那些有钱人却起不了什么作用，到了1980年，仍有近万人被处罚。鉴于这种情况，政府重新修改了某些法律条文，除罚款外，还要求违法者在政府官员的监督下，穿上特制的黄色劳改服，在大街小巷清扫垃圾，而且必须回答行人的询问，接受记者的拍照、录像。在电视和报纸上，每天都有规定的时间和版面播发和刊登违法者被处罚的新闻。新的法令实行后，那些对罚款无所谓的有钱人再也不敢做破坏环境的事了。卫生法还规定，法庭有权作出劳作悔改令，判处乱扔垃圾者到指定的公告地（如海滨公园、樟宜海滩公园等）去打扫卫生，最高刑罚3小时。扫地时，须穿上统一的劳改服，用完之后洗干净归还，如果违反庭令，将被处以5 000新元罚款和2个月以内的牢狱。在新加坡，最有效的是对闯红灯过马路者的惩罚，违者一经发觉，将被处以往返过马路200次惩罚，可以想象，某人像疯子一样边数边记，在马路上来往200次，将是多么尴尬的情景。

新加坡自1992年1月3日起，全面执行禁止口香糖进口、生产及消费的法令。违者轻的罚以扫地，重的则入狱2年，并罚款2万新元（12 350美元）。

由于实行严格、科学的管理，故新加坡市容整洁、干净、美丽，社会秩序良好，公民道德风范高尚，塑造了良好的旅游地形象。

3）常规旅游线路

（1）一地三日游

第1天：抵达新加坡，住酒店休息。

第2天：早餐后游览植物园、鱼尾狮公园、东芭山、圣安德烈教堂；午餐后游览"小印度"、亚笼土乃（马来人文化村）、参观新加坡知新馆；晚餐后夜游克拉码头。

第3天：早餐后游览动物园，搭乘单轨列车从义顺站到碧山站，沿途可以观看新加坡不同时期政府所建组屋情况；午餐后游览圣淘沙岛的海底世界、万象新加坡—激光音乐喷泉；晚餐后乘机返回。

（2）新加坡—马来西亚双飞五日游

第1天：抵达新加坡，入住酒店休息。

第2天：早餐后前往新加坡河畔，游览鱼尾狮公园，在新加坡标志——鱼尾狮像前留影，游览市政广场、滨海文化中心广场，之后前往新加坡南部著名的圣淘沙岛；午餐后乘车经新马边境前往马来西亚首都——吉隆坡。

第3天：早餐后，乘车前往参观苏丹皇宫、英雄纪念碑、独立广场、回教清真寺，之后前往享有"东方蒙特卡洛"之称的云顶高原。

第4天：早餐后前往马来西亚古城马六甲，参观东南亚最古老的荷兰建筑——荷兰红屋，游览青云寺、三宝井、葡萄牙城堡、圣芳济石像、荷兰统治时代遗留的大钟楼及古老建筑，可登上古炮台眺望马六甲海峡。

第5天：前往新加坡樟宜国际机场乘机返回。

旅游资讯

（1）出入境

凡持有中国有效护照者，在新加坡可逗留24小时不需签证，但必须持有续程到另一目的地或回程的机票或船票，除此之外都必须办理签证。到新加坡旅游者，必须在入境前到新加坡海外领事馆或移民厅申请获准。带出新加坡的物品不需交出口税。枪械、弹药、动物、炸药、金、银、宝石、药品等，一律须持有准许证。离境时要交付机场税，缴税单可预先在酒店、旅行社、航空公司购买，附在机票上，税额为新币12元。

（2）交通住宿

新加坡樟宜国际机场和新加坡港是世界上最繁忙的机场和海港之一。新加坡旅游最方便的方法之一是使用联结票（Transit Link Farecad），可以搭乘新加坡公车（SBS）、环岛公车（TIBS）以及大众捷运系统（MRT）。MRT是新加坡最快捷的交通工具，在市内有许多停靠站，并通过数个旅游景点。公共汽车安全而廉价，出租车随叫随有，各式各样交通工具任游人选择。

新加坡有上百家不同档次的酒店、旅馆可供旅游者选择。大部分旅馆设备先进，装饰豪华，服务一流。

(3)特色购物

新加坡是购物天堂,最主要的购物场所有樟宜机场、亚拉街购物区、荷兰村、滨海广场、购物中心、乌节路、先得坊、小印度、牛车水、阿拉伯街等。商品种类齐全,应有尽有。在新加坡购物都可以议价,议价之前最好了解一下所购商品的行情。购物时注意商店橱窗上有无贴有红色鱼尾狮标志,有此标志的商店商品质量与售后服务都较好,可放心购买。购物时别忘了索要发票,因为你要退换商品,须出示发票,旅客在商品质量或服务方面受到不公正待遇时,可向新加坡消费者协会投诉。

(4)注意事项

新加坡是世界上治安状况和卫生环境最好的城市之一,对各种危害治安和破坏卫生环境的行为均给予很重的处罚。

吸烟——在公共交通工具、公共购物和娱乐场所、政府办公机构等地方均禁止吸烟,违者罚款。

行人过路规则——行人横过马路不走人行横道,要被罚款。

乱丢垃圾——对乱扔垃圾者罚款。现在,新加坡禁止销售和咀嚼口香糖。

吐痰——在公共场所随地吐痰为违法,违法者课以罚款。

公厕——使用公厕后要抽水冲洗,否则,给予罚款处罚。

赌博和毒品禁令——根据新加坡政府的规定,除慈善机构摸彩、TOTO、新加坡SWEEP彩券和通过武吉湾俱乐部经手的赛马赌注外,其他任何形式的赌博活动都是被禁止的。在新加坡购买、制造、拥有、进出口超过一定数量毒品,罪名成立,将会面临死刑判决。

知识卡片

新加坡货币

本地货币是新加坡元和分。纸币面值有 S$2,S$5,S$10,S$20,S$50,S$100,S$500,S$1 000 和 S$10 000。硬币的面值有1,5,10,20 和 50 分及 1 新加坡元(见图4.31)。

图4.31　新元票样

4.4 马来西亚

4.4.1 地理概况

1) 自然地理

马来西亚位于东南亚各国的中心点,国土总面积33万平方千米,全国海岸线总长4 192千米。领土包括两个部分,马来半岛南部习惯上称为西马,加里曼丹岛北部的沙巴及沙捞越两州则称为东马。从地图上看,马来半岛就像一大片树叶浮在太平洋和印度洋之间,除一面和泰国接壤外,其他三面环海,不过海岸附近多为沼泽地,天然良港不多,唯有西南海岸的马六甲海峡,是太平洋和印度洋之间的通道,因此马来西亚正好位于两大洋之间的交通咽喉。

马来西亚是一个自然资源十分丰富的国家,是世界上主要的天然橡胶、棕榈油及锡的出产国,也是优质热带硬木、天然气的重要出产国;此外,还盛产可可、胡椒、椰子等热带经济作物;渔业资源也非常丰富,除各种鱼类外,马来西亚海岸还产龙虾。

马来西亚的花卉资源十分丰富,最突出的是种类繁多的兰花,除了人工栽培的以外,生长在森林幽谷与高原上的野兰则更为珍贵。原始森林中,栖息着濒临绝迹的珍禽异兽,如善飞的狐猴、长肢棕毛的巨猿、白犀牛和猩猩等,鸟类、蛇类、鳄鱼、昆虫等野生动物数量也很多。例如蝴蝶,在马来西亚就有2 000种以上,色彩艳丽,其中不少是珍品。兰花、巨猿、蝴蝶被誉为马来西亚的三大珍宝。

2) 人文地理

(1)人口和民族

马来西亚是个多元种族所组成的国家。总人口为2 970万(2013年年底),其中马来人占大多数,华人及印度人次之,还有当地沙巴、沙捞越的少数民族。

(2)语言与宗教

马来语为马来西亚国语和官方语言,英语为通用语言和电函语言,其他还有汉语、泰米尔语和一些部族语言。

马来西亚是个以农立国的民族,因此维持着许多原始信仰,特别是各民族浓厚的宗教色彩。其宗教融合了伊斯兰教、印度教、佛教,其中以印度教影响尤为深远。

马来人信仰伊斯兰教。由于马来人在政治上居于绝对优势,伊斯兰教也成为马来西亚的国教,全国各地的主要清真寺无不雄伟壮丽。

华人信仰佛教和道教。代表性的佛教寺院有吉隆坡的观音寺、三宝洞、霹雳洞;马六甲的青云寺;槟榔屿的极乐寺、白云寺等。寺院规模多宏伟壮观,大多成为名胜之地,充分反映了支撑马来西亚经济的华人的社会力量。佛道混合是这些寺院的特征,一个寺院里往往同时供奉着福德正神、玉皇大帝和释迦牟尼、观音菩萨。

住在马来西亚的印度人多为印度南部的泰米尔族。其代表性的宗教当然是印度教,这是印度人特有的宗教。印度教的特点是一无教祖,二无教会组织,三无至高无上的经典,人们崇拜村镇神、家族神和个人神三种神灵。印度教有许多外人很难理解的地方,比如作为社会基本制度的种姓制度。印度教终极理想是达到梵我如一,而要达到这种至高的境界需要做瑜伽等种种苦行。供奉的神有维鸠奴神、湿婆神。

3)国旗、国徽、国花

(1)国旗

马来西亚国旗呈横长方形,长与宽之比为2∶1。主体部分由14道红白相间、宽度相等的横条组成。左上方有一深蓝色的长方形,上有一弯黄色新月和一颗14个尖角的黄色星。14道红白横条和14角星象征马来西亚的13个州和政府。蓝色象征人民的团结及马来西亚与英联邦的关系——英国国旗以蓝色为旗底,黄色象征国家元首,新月象征马来西亚的国教伊斯兰教(见图4.32)。

图 4.32　国旗

(2)国徽

马来西亚国徽图案中间为盾形徽(见图4.33)。盾徽上面绘有一弯黄色新月和一颗14个尖角的黄色星,盾面上的图案和颜色象征马来西亚的组成及其行政区划。盾面上部列有5把入鞘的短剑,它们分别代表柔佛州、吉打州、玻璃市州、吉兰丹州和丁加奴州。盾面中间部分绘有红、黑、白、黄4条色带,分别代表雪兰莪州、彭亨州、霹雳州和森美兰州。盾面左侧绘有蓝、白波纹的海水和以黄色为地并绘有3根蓝色鸵鸟羽毛,这一图案代表槟榔屿。盾面右侧的马六甲树代表马六甲州。盾面下端左边代表沙巴州,图案中绘有强健的褐色双臂,双手紧握沙巴州州旗。盾面下端右边绘有一只红、黑、蓝3色飞禽,代表沙捞越州。盾面下部中间的图案为马来西亚的国花——木槿,当地人称"班加拉亚"。盾徽两侧各站着一头红舌马来虎,两虎后肢踩着金色饰带,饰带上书写着格言"团结就是力量"。

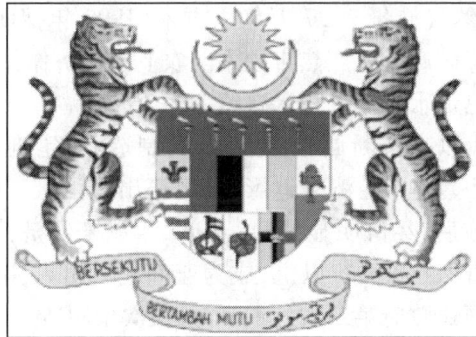

图4.33 国徽

(3)国花

马来西亚国花为木槿花,又称扶桑,当地人民用这种红彤彤的花朵,比喻热爱祖国的烈火般的激情。

课堂讨论

请同学课堂讨论马来西亚国旗、国徽的设计理念。

4.4.2 简史

公元前,在接近海上交通线的地区,已出现原始商品生产和对外贸易。公元初年,以吉打河口为中途停泊站,逐步形成港口。东马在6—7世纪兴起婆利王国。15世纪西马南部兴起满剌加王国。16—17世纪,葡萄牙、西班牙与荷兰等殖民者先后入侵。18世纪80年代后沦为英国殖民者。1941—1945年被日本侵占。1948年2月1日成立马来亚联合邦。1957年8月31日马来亚联合邦独立。1963年9月16日与新加坡、沙巴及沙捞越共同组成马来西亚联邦(1965年新加坡退出),至此马来西亚正式独立。

4.4.3　经济

马来西亚自然资源丰富。橡胶、棕油和胡椒的产量和出口量居世界前列。20 世纪 70 年代以前经济以农业为基础,依赖初级产品出口。后来不断调整产业结构,电子业、制造业、建筑业和服务业发展迅速。锡矿丰富,曾为世界产锡大国,但近年来产量逐步减少,2000 年锡产量为 6 100 吨。石油储藏量约 39 亿桶(1997 年探明)。天然气储量 2.27 万亿立方米(1998 年探明)。此外,还有铁、金、钨、煤、铝土、锰等矿产。盛产热带硬木。农业以经济作物为主,主要有橡胶、油棕、胡椒、可可和热带水果等。稻米自给率为 76%。

20 世纪 70 年代以来不断调整产业结构,制造业、建筑业和服务业发展迅速。80 年代中期,因受世界经济衰退影响,经济出现困难。政府采取刺激外资和私人资本增长措施后,经济明显好转。1987 年以来经济持续高速发展,年均国民经济增长率一直保持在 8% 以上,成为亚洲地区引人注目的新兴工业国之一。旅游业是马来西亚政府第二大外汇来源,仅次于制造业。近几年来,马来西亚经济持续发展,政府加大对基础设施和旅游景点建设投入,利用多种渠道宣传。加上旅游资源丰富,当地旅游业发展迅速,已成为马来西亚第三大经济支柱。

4.4.4　文化

1)教育

马来西亚的教育体系包含了学前教育、小学教育、中学教育、大专教育和大学教育。其中政府提供长达 11 年的义务教育,即小学 6 年及中学 5 年。为了确保所有的适龄孩童 100% 地接受小学教育,政府于 2002 年修订教育法令,强制推行 6 年的小学教育,违规的家长将会被提起控诉。政府除了在各教育阶段开办各类型学校和教育机构,也允许私人机构在一定条件下开办私立学院,尤其是在学前教育和大专教育方面,以协助国家教育的全面发展。此外,还有近 60 所由当地华人创办和维持的华文独立中学。著名大学有马来西亚大学、国民大学等。

2)文学

马来西亚文学在世界文坛上也具有一定的影响。马来西亚新文学的发展,以第二次世界大战为界,可分为战前、战后、独立以后 3 个时期。

战前,马来文学在殖民主义的摧残下,发展十分缓慢。直至 19 世纪阿卜杜拉的传记、游记等作品问世,马来文学才有了较大的变化。代表作有哈伦·阿米努拉锡创作的长篇爱情小说《吉隆坡的茉莉花》、阿卜杜拉·西迪的长篇小说《让我们战斗吧!》。

战后时期的作品以短篇小说和诗歌居多,著名的有克里斯·马斯的短篇小说集《前仆后继》,乌斯曼·阿旺的短篇小说《心声》和诗集《浪潮集》《刺与火》《天边》,马苏里的诗集《时局的色彩》,克里斯·马斯等 9 位作家的短篇小说合集《鲜花怒放》等。

1957 年马来亚独立后,政府推广马来语,鼓励文艺创作。在"50 年代派"的影响下,出现一批新作家。他们的作品大多描写社会民众的生活及现代建设和种族融合等。1958 年以后,马来西亚语言图书局举办文学创作竞赛,促进了文学创作的发展。阿·萨玛德·赛义德的长篇小说《莎莉娜》是一部获奖作品,它的出版标志着当代马来西亚文学走向新的繁荣,并于 1979 年在泰国获东盟文学奖。夏嫩·阿赫玛德的长篇小说《满路荆棘》描写一个 9 口之家的农户遭遇天灾的痛苦经历,作品获得文学奖,作者亦获"文学战士"称号。其他获奖的长篇小说还有哈山·阿里的《流浪汉》,阿雷纳·瓦蒂的《环》《人质》,伊卜拉欣·奥玛尔的《偏僻的村庄》,卡蒂佳·哈西姆的《白鸽又在飞翔》等。

4.4.5　民俗

1)服饰

马来人无论男女头上都戴着各种各样的头饰。在前往清真寺的路上,经常可见戴圆锥形天鹅绒帽子的男性,这表明他是回教徒。而到麦加朝过圣,获得"哈吉"称号的人都戴一种叫作"可达雅"的白色帽子。马来语"通可罗"即是指妇女用的头巾,也是表演传统文艺或体育活动时不可缺少的头饰,其式样可根据本人喜好而千变万化。马来西亚国王的通可罗在马来式头饰中是最有名的,它是国王身份的标志,他人不得随意模仿。国王的头巾甚至还被起了个名字叫作"永远的回忆"。苏丹及其继承人、大臣、阁僚的头巾一般使用代表高贵的黄色和白色,头巾包裹也有特定的方式,一般人不得模仿(舞台上除外)。蜡染花布做的长袖上衣是马来西亚的"国服"。男子一般上身穿无领长袖衬衫,下着"沙笼",公共场合男子不能露胳膊和腿。女子习惯穿长袖连衣裙(见图 4.34)。

图4.34 马来西亚民族服饰

2)饮食

马来西亚是美食家的天堂。街头巷尾,形形色色辛辣的马来食品、种类繁多的中餐、南北印度风味美食以及越南与葡萄牙美食会一一呈献在你眼前。而人人喜爱的沙爹、咖喱饭、干咖喱牛肉、印度煎面包、叻沙、鸡饭、各式炒面炒饭及西方美食更是应有尽有。

马来西亚的美食极富多样化,多元种族丰富了马来西亚烹调的传承。大体而言,马来菜肴及印度菜肴比中国菜肴稍显辛辣。特别推荐:沙爹(Satay),马来西亚最受欢迎的美食。切块后沾上香料的羊肉、牛肉、鸡肉用细竹签串起,最后拿到炭火上烘烤。沙爹配着米糕(Ketupat)及含有小黄瓜、凤梨及洋葱的生菜沙拉一起吃。另外可蘸上香甜的花生酱及肉汁。椰浆饭(Nasi Lemak),加了椰奶的米饭,配上小鱼干、水煮蛋、烤花生及小黄瓜丝,这也是一道很受欢迎的早餐。

餐后可尽情品尝当地美味的热带水果,在马来西亚,一年四季都可以吃到各式各样的热带水果。农夫市场及夜市是买到新鲜水果的最佳地点。特别推荐:榴莲、木瓜、柚子、杨桃。这里有顶级的榴莲——金手指。这里的木瓜红润圆滑,怡保的柚子品质最佳,霹雳州的杨桃香甜多汁。

3)礼貌、礼节

马来西亚人见面时互相摩擦一下对方手心,然后双掌合十,摸一下心窝互致问候。任何人都不可随意触摸马来人的头和背部。马来人认为左手是不清洁的,一般情况下忌讳用左手握手。用手食膳时可用右手五指并拢抓饭,用拇指将饭填入口中。对女士不能先伸出手要求握手,不可随便用手指指人。

4)节庆及纪念日

马来西亚节日很多,全国大大小小的节日约有上百个。但政府规定的全国性节日只有 10 个,其中除少数有固定日期外,其余的具体日期由政府在前一年统一公布。主要节日有:开斋节、春节、花卉节、国庆节、哈吉节、屠妖节、圣诞节、圣纪年、五一节 、卫塞节、最高元首 (在任)诞辰。

(1)开斋节

开斋节是马来人的新年,全国最重要的节日。每逢伊斯兰教历 9 月,全国穆斯林都要实行白天斋戒禁食,斋月后第一天就是开斋节。节日前夕穆斯林要进行慈善捐赠活动。节日清晨,穆斯林们在清真寺举行隆重的祷告仪式,之后互相祝贺。节日里,人们从四面八方赶回家里,同亲人团聚,亲朋好友互相拜访、祝贺佳节。

(2)春节

春节是华人的新年,节日的风俗和中国春节大致相同,到处张灯结彩、锣鼓喧天,华人们相互登门,互道"恭喜发财",其他民族人士也登门祝贺。还举行团拜、玩龙舞狮等活动,以驱邪逐妖,迎接新的吉祥年。国家总理和夫人及政府官员亲自前来祝贺,还给舞狮者和儿童发"红包"。人们还烧香拜佛,祈求幸福平安。

(3)国庆节(8 月 31 日)

国庆节又名"独立日"。每年这一天,全国人民普天同庆,首都要举行盛大的庆祝游行和集会,全国各地举行庆祝会,各电影院为学生和儿童免费放映电影。

(4)屠妖节(10—11 月)

屠妖节是印度人的新年。10—11 月间,在月圆后的第 15 天看不见月亮的日子举行。清晨,印度教徒在沐浴后,全身涂上姜油,穿上新衣,阖家老小用鲜花祭神。印度庙里挤满了善男信女,妇女们献上槟榔叶、槟榔、香蕉和鲜花,向神顶礼膜拜,祈求幸福。节日里,家家户户香烟缭绕,灯火通明,所以又叫"光明节"。

(5)圣纪节

圣纪节是伊斯兰教创始人穆罕默德诞辰日和归真日,是伊斯兰教徒的节日。每年这一天(伊斯兰教历 3 月 12 日)首都数十万伊斯兰教徒在最高元首的率领下,前往清真寺举行隆重的祷告仪式,然后举行盛大的游行庆祝活动。

（6）卫塞节

卫塞节是佛祖释迦牟尼诞辰日。清晨,所有佛教徒都竞相焚香、顶礼膜拜。在这一天,人人食素食,而且家家户户都点起油灯,所以又叫"灯节"。

此外,还有联邦日、风筝节、丰收节、槟城国际龙舟节、马来西亚节、中秋节、马六甲嘉年华会、回历新年、巴兰水节等。

4.4.6　旅游业

马来西亚的旅游资源十分丰富,阳光充足,气候宜人,拥有高质量的海滩、奇特的海岛、原始丛林、珍稀物种、各种洞穴、古老的民俗民风、悠久的历史文化遗迹以及现代化的都市,是旅游者向往的旅游乐园。

1）著名旅游景点

（1）购物天堂吉隆坡

吉隆坡(见图 4.35)是著名的购物天堂,主要的购物区集中在武吉宾当路、苏丹伊士迈路、安邦路及敦拉萨路上。在吉隆坡有东南亚最大的购物中心 Mid-Valley 和 KLCC,LOT10,ISTAN 等大型购物场所,在这些环境舒适的购物中心内购物,令人心情愉悦。营业时间是从早上 10 点至晚上 10 点,且主要信用卡和旅行支票都被接受。世界知名品牌汇集于此,随处可见。在这里购物不用质疑品质,而且所有商家都有促销活动,每件商品从 9 折至 1 折不等,有很多国内见不到的样式,各色人等踊跃购物,场景热闹非凡。导购人员的服务很热情,毫无生疏之感。此外,大部分的购物中心内设有美食、娱乐等辅助设施,满足客人的一切需求。所有的购物场所中,当属 KLCC 的购物环境最佳,高档商品齐全。如要买民族商品,则要去坐落在环境优美的 Conlay 路的中央市场,此地是手工艺品中心,那里的民族商品琳琅满目,还可以还价。

购物之余,还可以游览市区,一睹现代化都市的风貌。首先当属现今世界第三高楼——国油大厦(也叫双子塔)(见图 4.36),美国影片《偷天陷阱》中最后那段惊心动魄的场面就是在这里拍摄的。站在这座庞大的建筑物面前,抬头仰望,顿生眩晕之感。目前只有 5 层以下对外开放。

再有就是现今名列世界第四高电视塔的吉隆坡塔,位于菠萝山上,塔顶的造型像个菠萝,高 421 米,仅次于我国上海市的东方明珠塔,乘坐电梯 45 秒钟就到。接着,可参观王宫,白底金顶的王宫建在一座山丘上,煞是耀眼。周围绿草茵茵,反差强烈。马来西亚的王宫不对外开放,它一年中只有两次开门。门口设两个哨兵岗位,一位身着红黑色搭配礼服,高筒黑皮靴,手握锃亮的马刀,骑于高

图 4.35 吉隆坡街

图 4.36 吉隆坡双子塔

大军马上,英姿飒爽;另一位站在岗楼里,一身白绿色相间的制服,手握长枪,威武英猛。二人成为游客们争相合影的对象,他们的态度很友好,为铁门内的王宫增添了几分亲切感。

　　吉隆坡国际机场因其设计风格独特成为东南亚具有国际知名度的现代化国际机场,同时它还是世界上离市区最远的国际机场,距市区 72 千米。

相关链接

吉隆坡双子塔

位于吉隆坡市中心区俗称"双子塔"的 Petronas Towers 是目前世界第二高的大厦(见图 4.36),仅次于阿联酋的迪拜塔(正在建筑中)和台北 101 大楼(2004年建成,共 101 层,楼高 508 米)。它于 1998 年建成,楼高 452 米,共 88 层,在两座主楼的 41 楼和 42 楼有一道两层高的廊桥相连。这幢外形独特的银色尖塔式建筑,是马来西亚经济蓬勃发展的象征。双子塔是马来西亚石油公司的综合办公大楼,也是游客从云端俯视吉隆坡的好地方。双子塔的设计风格体现了吉隆坡这座城市年轻、中庸、现代化的城市个性,突出了标志性景观设计的独特理念。

(2)"东方之珠"槟城

由吉隆坡到槟城,仅需 45 分钟航程。槟城,位于马来西亚半岛西北海岸外,离兰卡威以南 112 千米,于公元 1786 年被英国人法兰西斯·莱特发现,因早期岛上众多的槟榔树而得名,素来被誉为"东方之珠"。迷人的海滩和富有情趣的风景名胜,使得槟城成为当地最受欢迎的观光胜地之一。槟城自从成为英国在远东的重要贸易门户之后,至今便一直是个东西合璧的繁华大都市。除了遗留着殖民地的历史的痕迹,它也反映出马来、中华、印度及娘惹各族群文化的大融合。岛上诸多的历史及文化景物便是见证。它不仅以幽美的海滩和碧澄的海水著称,其多姿多彩的文化风格,更具吸引游客的魅力。在槟城,有两处景点必须要去,一是离华盖街不远,建于 1818 年的圣乔治教堂。这座英式教堂的大门是以英国教会圣人命名,大门有一纪念法兰西斯·莱特的顶盖。另一处是位于莱特街的康华丽斯堡,此堡是法兰西斯·莱特当年在槟城的登陆点,这座古堡原是木造建筑,于 1804 年改建成水泥建筑。今日已成为一个露天表演场、历史展览馆、艺术品陈列馆及手工艺品和纪念品中心。在堡内有著名的荷兰古炮,是荷兰人送给柔佛王的,这些古炮曾被葡萄牙夺至爪哇,几经波折才送抵槟城。

在槟城以北的沿海公路,有一片林汇集了世界级休闲度假村的金黄色海滩,最著名的就是沿海边公路西行便可到达的巴都斐令宜。这个地势稍低的海滩盛长针叶树,是槟城首屈一指的海滩名胜,游客在此可尽情享受沙滩、海水的乐趣,开展诸如水上滑翔伞、水上摩托车、冲浪、风帆等多种水上娱乐活动。

(3)极乐寺

极乐寺位于槟城的亚依淡,它是全马最大的寺庙,也是东南亚极负盛名的旅游胜地之一。极乐寺坐落在高山上,所以要登上极乐寺,必须攀上一级级的花岗石阶。而在石阶的两旁尽是小档口,售卖着各式各样的纪念品、服装及土产等,让游客在登上极乐寺的同时,可以边走边买,忘却攀登之苦。

极乐寺建于1881年,是福建鼓山寺方丈妙莲禅师所建,耗时10年。

在庭院中,有很多名人的墨迹,如康有为的"勿忘故国",就连光绪帝、慈禧太后也为极乐寺赐匾"大雄宝殿"与"海天佛地"。

而整座寺庙最具特色的是那七层高的白色万佛塔,于1903年建成,塔内拥有着各式不同的佛像,顺阶而上,可以瞭望到全槟城的景色。另外,在寺庙的另一端山间则有一座大型的观音像,仿佛在守护着整座极乐寺。

夜幕低垂时,是极乐寺最美丽的时刻,在灯光的照耀下,整座寺庙仿佛置身于仙境(见图4.37)。每逢节日或农历新年期间,张灯结彩的极乐寺更是金碧辉煌。

图4.37　极乐寺夜景

(4)黑风洞

黑风洞位于吉隆坡以北13千米,是印度教圣地(见图4.38),原是被热带森林所覆盖的石灰岩山,100多年前被探险家发现。洞在半山,山下有272级石阶直连山腰的光、暗两洞。光洞因洞顶有孔,阳光从孔射入而得名。洞中开阔高大,无数巨型钟乳石由洞顶垂吊而下。光洞中供奉着苏巴马廉光都神像,嵌满珠宝玉石,闪烁夺目。暗洞曲折蜿蜒,有多种钟乳石,洞内栖息着成千上万的蝙蝠和蛇类。

图 4.38　黑风洞

2) 当地特产

(1) 锡制品

锡制品是较有价值的纪念物,且马来西亚的锡品质量上乘。锡制品是由97% 的锡与锑、铜混合制成。锡制品的制作过程全部由手工完成,制坯、打磨、雕花等每一项工序都出自名师匠手,工艺成本很高。锡制品当属皇家雪兰莪的最好,这里以前是专门为皇家定制器皿的,它们的产品曾销往世界各地。

(2) 巴迪布

马来西亚的巴迪布有各式各样的设计及颜色,其制作方式是以蜡绘图而成。制作巴迪布要经过一段非常特殊的过程,先以蜡打底(画草图),然后染色、晾干、设计,再将布料煮沸,且多次反复这个过程。成品后,布色鲜艳,经久耐用。巴迪布可以制成服装、桌布、窗帘、手提袋、图画及帽子。

3) 旅游业现状

马来西亚的旅游业始于 20 世纪 60 年代,70 年代有显著发展,之后一直保持较高的增长速度。1970 年接待入境游客为 7.6 万人次,到 1980 年猛增至 153万人次,1989 年达 399.2 万人次,到 2001 年入境游客突破 1 000 万人次大关,2002 年达 1 330 万人次,2006 年达 1 754 万人次,2011 年达 2 364.6 万人次,成为世界上主要旅游国之一。出境旅游每年约 300 万人次,目的地主要是东盟国家、中国、澳大利亚;其次是美国和西欧国家及南非。

知识卡片

货币常识

马来西亚货币单位 Ringgit 表示"元",当地中文称"林吉特",以大写 RM 表示。马来西亚货币单位 Sen 表示"分",当地中文称"仙",RM1 = 100 Sen。马来西亚目前所发行的不同面值的货币有,纸币:RM100,RM50,RM20,RM10,RM5,RM2,RM1;硬币:RM1,50 Sen,20 Sen,10 Sen,5 Sen 和 1 Sen。

图 4.39 为马来西亚林吉特 100 元票样。

图 4.39　林吉特票样

4.5　泰　国

4.5.1　地理概况

1)自然地理

泰国旧名暹罗,位于中国和印度间中南半岛的心脏地带,国土面积约 51.3 万平方千米。泰西北与缅甸为邻,东北接老挝,东连柬埔寨,南部与马来西亚接壤。

泰国的地势北高南低,由西北向东南倾斜。北部、西部多山,中部是广阔的平原,南部是丘陵。湄南河是泰国境内最主要的河流,纵贯泰国南北,全长 1 200 千米,流域面积 15 万平方千米。

泰国属热带气候,全年三季分明:3 月至 5 月为夏季、6 月至 9 月为阳光充沛的雨季、10 月到翌年 2 月为凉季。常年气温在 19 ~ 38 ℃,平均气温约 28 ℃。

泰国的主要矿产资源是锡,总储量约 150 万吨,居世界第二位。泰国锡产量的 98% 来自砂矿床,含锡率高达 65%。其他矿物有钨、褐煤、铁、铜、石油、天然气、宝石、盐、铅、石膏、锑、锰、萤石、金和铬等。泰国还有丰富的森林资源,有各种热带常绿乔木,主要包括榕树、露兜树、樟树、金鸡纳树等。季风林木主要有柚木、铁树、沙尔树和芒果树,还产各种藤及竹子。在内河和泰国湾盛产多种鱼类,淡水鱼类主要有鲤鱼、弹涂鱼、鲈鱼、鳗鱼等;海鱼以鲭鱼和沙丁鱼为主。

2)人文地理

(1)人口与民族

泰国现有人口 6 591 万(2012 年),平均密度为每平方千米 132 人。泰国是个多民族的国家,共有 30 多个民族,主要有泰族占 40%,老族占 35%,马来族占 3.5%,高棉族占 2%。

(2)语言与宗教

泰国官方语言为泰语,英语为通用语。为方便游客,泰国全国各地的街巷都有泰文和英文的标志。汉语的使用也很广泛,尤其在华人圈里和唐人街讲汉语的人很多。

泰国国教为佛教。超过九成泰国人信奉小乘佛教,日常生活亦深受其影响。同时,佛教也是泰国道德礼教的"准则",维系社会和推动艺术的原动力。与欧洲中世纪的天主教相似。佛教影响力深入民间的另一原因是大部分泰国佛教家庭,必然有一位男丁入住寺庙修道,研习佛教道理。据佛教习俗,信奉佛教的男性年龄超过 20 岁者,须接受剃度一次,出家 3 个月,以实践僧侣生活。通常剃度会在每年避雨节期间举行。为期 3 个月的避雨节中,每个僧侣都禁止外游,须留在寺庙中静修。

除了作为佛教活动中心,泰国寺庙通常是小镇的消息集散地、劳工雇用中心、新闻发布处、药物分发站和社区中心,有时更用作学校和医疗所。总之,泰国社会的寺庙具有多元化用途。泰人亦强调宗教自由,故其他宗教如回教、天主教、印度教及锡克教等都同时存在。

3)国徽、国旗、国花

国旗:泰国国旗是由红、白、蓝(双倍宽)的 5 个长条组成(见图 4.40)。红色象征英雄的民族和国家;白色象征纯洁的宗教;蓝色象征庄严的皇室。

国徽:泰国的国家和皇室标志叫作"Garuda"(揭路茶,见图 4.41)。这是一个神话式的半人半鸟形象,传说是印度教主神之一毗瑟拿(Vishnu)的坐骑,用以装饰国王的节杖和皇室旗帜。在泰国的许多政府机构部门都将揭路茶运用到他们的徽章上。此外,Garuda 还象征着"受皇室任命、指派"的意思,对于那些获得杰出经济成就或在慈善事业显著的公司机构,此标志表示是受皇室正式批准的。但颁发这样的标志的情况是很少的,这将被视为一种崇高的荣誉。

图4.40　国旗

图4.41　国徽

国花:泰国国花为金链花（见图4.42）。金链树的生命力很强,可长到15米高,树木表面光滑,树皮为浅灰棕色,叶子则一丛一丛地聚在一起。

泰国人认为对着这些花朵冥想,黄金般灿烂的颜色会让人的灵魂愉悦丰富。人们长久以来一直充分利用金链树的不同部分作为烹饪、医疗或其他用途的材料。树枝顶端的嫩叶根可作为泰式米粉汤的作料,或是掺入不同的泰式辣椒酱中;叶子用滚水煮或冲泡当茶喝,有润肠通便的效果;或是将叶子捣成

图4.42　金链花

糊状,做成敷料可止痒、减轻化脓或烫伤的疼痛;种子加盐用水煮,饮用后可减轻酒醉、心肌梗死;树干可作为家庭房舍新建或扩建的材料;甚至树皮捣成泥状可作为皮制品清洁剂。

一般村民喜欢在小孩出生时种植金链树,让树木跟着小孩一同茁壮成长。而前往清迈拜访的旅客,也会效法村民在离开前种植一棵金链树。种植金链树的最好时期是雨季来临前。

睡莲是佛教的吉祥花卉,蕴含佛教真谛,所以在泰国睡莲也是大众崇敬的花卉。

课堂讨论
请同学课堂讨论泰国国旗、国徽的设计理念。

4.5.2　简史

　　泰国已有 700 多年的历史和文化,原名暹罗。公元 1238 年建立了素可泰王朝,开始形成较为统一的国家。先后经历了素可泰王朝、大城王朝、吞武里王朝和曼谷王朝。从 16 世纪起,先后遭到葡萄牙、荷兰、英国和法国等殖民主义者的入侵。19 世纪末,曼谷王朝五世王大量吸收西方经验进行社会改革。1896 年,英、法签订条约,规定暹罗为英属缅甸和法属印度支那之间的缓冲国,从而使暹罗成为东南亚唯一没有沦为殖民地的国家。1932 年 6 月,人民党发动政变,建立君主立宪政体。1938 年,銮披汶执政,1939 年 6 月更名为泰国,意为"自由之地"。1941 年被日本占领。1945 年恢复暹罗国名。1949 年 5 月又改称泰国。

4.5.3　经济

1)农业概况

　　泰国有 80% 的人口从事农业,享有"东南亚粮仓"的美名,是亚洲唯一的粮食净出口国和世界上主要粮食出口国之一。泰国的大米出口量居世界第一位,木薯输出位居全球之冠,橡胶名列世界第三,玉米排名第四,鱼产品出口在亚洲仅次于日本和中国。在泰国的十大出口商品中,农产品占 6 种,占出口总值的 40%。

　　到目前为止,新开发的水产品、畜产品、水果、蔬菜及花卉植物等已日益成为泰国农业的重要支柱。目前,泰国已成为亚洲第三大海洋捕鱼国,渔业产品跃居泰国农业产品出口的第四位。在饲养业方面,鸡、鸭、肉、蛋等畜禽产品不仅能满足国内市场需求,而且出口量越来越大。泰国冻鸡、鸡蛋、冻虾等冷冻制品的出口已跻身于世界十大出口国之一。另外,泰国在水果罐头和蔬菜市场中也取得了令人瞩目的成就,泰国菠萝罐头已占据世界市场 35% 的份额。泰国农作物主要包括水稻、橡胶、玉米等。

2)工业概况

　　虽然农业在国民经济中仍然占有重要的地位,但制造业在其国民经济中的比重已日益扩大。制造业目前已成为泰国比重最大的产业,且成为主要出口产业之一。泰国工业化进程的一大特征是充分利用其丰富的农产品资源发展食品加工及相关的制造业。这种以农业资源为基础的工业发展模式在过去 20 多年取得了显著成就,并将在今后发挥更大的作用。目前,泰国主要的工业产品包括服装、纺织、制鞋、电机、电子、运输设备等。

3）服务业概况

泰国旅游资源丰富，有500多个景点，历来以"微笑国度"闻名于世，吸引着众多外国游客。因此，旅游业以其巨额外汇收入在泰国经济中占有重要的位置。泰国政府采取了许多吸引游客的措施，使游客人数有了很大增长。金融业和其他相关服务业也有稳定增长。

4.5.4　文化

1）教育

泰国重视教育，教育经费始终占国家预算的第一位。著名的高等学府有：朱拉隆功大学、法政大学、马希敦大学、西纳卡林威洛大学、素可泰大学、亚洲理工学院等。同时还有形式多样的职业教育。泰国职业教育的一个突出特点是：它可以与一般大学相衔接，即中专毕业生既可以参加工作，也可同一般高中毕业生一样直接报考大学。

2）文学艺术

泰国位于中国和印度两个文化板块的交汇点，其文化也受到两国文化的渗透。泰国的宫廷文化主要基于佛教和婆罗门教，极大地受到印度的影响。宫廷文化是指绘画、建筑、文学、戏剧和音乐。过去宫廷文化主要受到宫廷和贵族的支持，多数作品服务于佛教，其体系受印度的影响。后经过进一步融合发展，形成独特的泰国文化。

绘画：泰国的古典绘画多限于寺庙和宫廷里的壁画，其主题都与佛教有关，例如释迦牟佛的生活；天堂、地狱的故事及有关的传统习俗。绘画的主旨是美化寺院，促进佛教的发展，并给人以启迪。

建筑：除了在皇家宫廷建筑外，还可以在佛教建筑——宝塔和寺庙内看到泰国的古典建筑。借鉴印度、中国和缅甸等国的建筑艺术，泰国人民创造了自己独特的建筑风格——多层屋顶、高耸的塔尖，用木雕、金箔、瓷器、彩色玻璃、珍珠等镶嵌装饰。在阳光照耀下，发出灿烂的艺术之光。

雕刻：泰国的雕刻集中在佛教人物的表现上，在泰国，佛教人物造型非常丰富。这些人物用木材、金属、象牙或稀有石料和灰泥制成，质地不一，雕工精细。

文学：早期，泰国文学与宗教、皇家、贵族有关，以诗歌的形式表现出来。在20世纪早期，拉玛六世对泰国的文学作了改革，从此，散文成为泰国作家喜爱的写作形式。在他们的作品里,也描写普通的日常生活。最主要的文学作品之一是《拉玛坚》。

戏剧:泰国的戏剧和舞蹈是密不可分的,舞蹈源于印度,但泰国人将其动作减慢,突显优美、典雅。在大城王朝时,主要有泰南舞剧、民间舞剧和宫廷舞剧。到曼谷王朝第五世时期受西方戏剧影响,又增加了哑剧、孔剧、古剧、杂剧、唱剧和话剧。早些时候,戏剧通常是在宫廷和贵族官邸上演,普通百姓只能在佛教节日才能看到。

音乐:泰国的古典音乐使用自然音阶。乐器分弹、拉、敲、吹4种。弹的乐器有古筝;拉的有弓弦琴;敲的有排琴、钲、葫芦鼓、马来鼓和钹;吹的有双簧管和笛。在宗教仪式、传统仪式和节日时,都会奏古典音乐。泰国古典音乐,节奏有一定程序,时而明快,时而缓慢,悦耳动听,被认为是一种高级的艺术享受。

4.5.5 民俗

1)服饰

图4.43 传统服饰

泰国人的服装,总的来说比较朴素,在乡村多以民族服装为主。泰族男子的传统民族服装是"绊尾幔"纱笼和"帕农"纱笼。帕农是一种用布缠裹腰和双腿的服装。绊尾幔是用一块长约3米的布包缠双腿,再把布的两端卷在一起,穿过两腿之间,塞到腰背处,穿上以后,很像我国的灯笼裤。由于纱笼下摆较宽,穿着舒适凉爽,因此它是泰国平民中流传最长久的传统服装之一。

筒裙是泰国女子的下装,曼谷王朝拉玛六世时期(1910—1925)开始流行。筒裙同纱笼一样,布的两端宽边缝合成圆筒状,穿时先把身子套进布筒里,然后用右手把布拉向右侧,左手按住腰右侧的布,右手再把布拉回,折回左边,在左腰处相叠,随手塞进左腰处。穿时也可以用左手以同样动作向相反方向完成。图4.43为泰国传统服饰。

2)饮食

大部分泰国人正餐都是以米饭为主食,佐以一道或两道咖喱料理,一条鱼、一份汤以及一份沙律(生菜类),随个人的喜好以任何先后次序吃都可以。餐具则是叉子和大匙。餐后点心通常是时令水果或用面粉、鸡蛋、椰奶、棕榈糖做成的各式甜点。

蔬菜质料新鲜,料理的方式则多是以中国炒锅大火快炒。国内许多地区都是以椰奶作为咖喱酱的基本调味料。其他调味料包括柠檬草、虾酱、鱼露以及十几种本地特产的香料,而辣椒的辣度由温和到极辣口味都有,任由游客选择。

泰国不同地区有不同的菜肴。举例而言,东北方人爱吃的就是糯米饭配烤鸡,以及一种叫作"Som Tam"的辣味木瓜沙律,这种沙律混合了木瓜丝、虾米、柠檬汁、鱼露、大蒜和随意掺杂的碎辣椒。北方人偏爱一种当地特有的酸肉,叫作"Naem",随个人口味而配制作料。南方的食物则深受马来西亚的回教式风味影响,且有各种生猛海鲜供搭配。而国内最受欢迎的菜式有:柠檬虾汤,脆米粉(mikrop)——一种用虾、猪肉、蛋及甜酸酱合炒的米粉,泰式咖喱鸡(Chicken Curry)、椰汁鸡(Tom Kha Kai)——鸡汤加柠檬、椰奶、辣牛肉沙律(Yam Nua)等。

3)礼仪和禁忌

(1)礼仪

泰国人见面时行合十礼:方法是双掌合十,放在胸额之间。手举的高度视尊敬的程度而异,双掌举得越高,表示尊敬程度越深。平民百姓见国王双手要举过头顶,小辈见长辈要双手举至前额,平辈相见举到鼻子以下。长辈对小辈还礼举到胸前,手部不应过高。地位较低或年纪较轻者应先合十致意。别人向你合十,你必须还礼,否则就是失礼。合十时要稍稍低头,口说"沙娃滴卡"!(Sa-wattdee,即"您好")。双方合十致礼后就不必再握手,男女之间见面时不握手,俗人不能与僧侣握手。泰国人通常称呼人名时,在名字前加一个"坤"(Khun)字,无论男女均可用,表示为"先生""夫人""小姐"之意。

泰国人民对王室很尊敬,身为游客也应入乡随俗,对他们的国王、王后、太子、公主等表示敬意,在电影院内播放国歌或国王的肖像在银幕上出现时,也应起立。凡遇盛大集会、宴会乃至影剧院开始演出之前,都要先演奏或播放赞颂国王的"颂圣歌",这时全场肃立,不得走动和说话,路上行人须就地站立,军人、警察还要立正行军礼,否则就会被认为对国王不敬。

(2)禁忌

在泰国的公众场合,不要做出有损风俗的举动,如当众拥抱、亲吻,这被认为是不符合当地风俗的。另外,仅在某些海滩允许裸体晒日光浴,在其他地方,泰国人不喜欢这种行为,尽管未构成违法,但是违背泰国人的佛教理念。

与别人谈话时不得戴墨镜,手势要适度,不许用手指着对方说话。从别人面前走过时(不管别人是坐着或站着),不能昂首挺胸,大摇大摆,必须弓着身子,表示不得已而为之的歉意。妇女从他人面前走过时,更应如此。学生从老师面前走过时,必须合十躬身。

不能手指僧侣,不能接触(身体)僧侣。尤其女性不许与僧侣握手,在汽车上不许与僧侣邻坐,即使是僧侣主动前来打招呼(外国女性常遇到)也应礼貌地拉开距离。女士若想将东西奉给僧侣,宜托男士转交,如果要亲手赠送,那僧侣便会张开一块黄袍或手巾,承接该女士交来的东西,过程中僧侣是不容许碰触女性的。

泰国法律中,有部分是关于保护宗教的,这些法例不单指佛教,也包括国内其他信仰。不懂得宗教禁忌的人,即使并非故意侮辱宗教,也会引起别人的反感。

泰国寺院是泰国人公认的神圣地方。进入佛教寺庙时必须衣着得体端庄,身着任何的短裙、短裤或袒胸露背装都将不得入内。在进入佛堂、回教寺或私人住宅时,游客需要脱鞋,并注意不可脚踏门槛。

不要触及他人头部,也不要弄乱他人的头发。在泰国,人的头部被认为是神灵所在的重要部位。如果您无意中碰及他人的头部,您应立即诚恳地道歉。泰国人忌讳外人抚摸小孩(尤其是小沙弥)的头部,小孩子的头只允许国王、僧侣和自己的父母抚摸。即使是理发师也不能乱动别人的头,在理发之前必须说一声"对不起"。

泰国人认为人的左手不洁,不能用左手与人握手或递物,只能用来拿一些不干净的东西。左撇子在日常生活中可以不注意,但在正式场合应注意礼仪。在比较正式的场合,物品应用双手奉上,用左手则会被认为是鄙视他人。

与左手一样,脚掌也被认为是不净的。在入座时,应避免将脚放在桌子上。用脚尖撞人或指人都会被严厉地呵斥,也绝对不能把脚掌冲向佛。泰国人认为脚部是卑贱的,只能用来走路,不能干其他事情,例如用脚踢门和用脚指东西等。坐着时,不要跷起脚和把脚底对着别人。妇女落座,要求更为严格,双腿必须并拢,否则会被认为是不文明,缺乏教养。

4)节日及纪念日

在一年中,泰国各地的节庆日形式多样,丰富多彩。其中,有自古沿袭下来的传统节日,有佛教、印度教、基督教等带有浓郁宗教色彩的节日,有颂扬传说中英雄和国王王室的节日,也有向大自然感恩的节日等。

（1）万佛节（Makha Puja）——泰历3月15日（公历2月月圆之日）

这是为了表达信徒对于佛祖的信仰与尊敬。对于笃信佛教的泰国，此节具有宗教上的信仰意义。其来源是，当佛祖在世时，曾驻足于王舍城传经讲道，分赴各地传教的僧侣在3月15日当天，不约而同地返回王舍城朝拜佛祖集会，佛祖因而颁赐了一部叫作"巴蒂穆"的经书，内列戒律共227条，经书的主旨为："戒恶、从善、清心"。万佛节的活动项目包括：清晨僧侣行善；下午聆听诵经讲道；傍晚在僧侣约定时刻鸣钟集合，举行礼佛仪式；并在全国各地悬挂国旗。

（2）宋干节（Songkran Festival）——公历4月13日至17日

"宋干"一词出自梵语，太阳进入某星座称为"宋干"。太阳连续运行，进出不同的星座共12次，时间恰好为一年。古代的泰国、老挝、缅甸及高棉，均以宋干节为过年，因其时为农闲，正宜举行隆重的宗教活动和民间杂耍。宋干节的风俗其实来自于印度，但泰国一直视为重要的民族节日之一。宋干节的活动有：全国各地悬挂国旗；浴佛；浴僧；向长辈行洒水礼，祈求赐福。因此，人们也称此节庆"泼水节"。一年一度的泼水节就像中国新年一样热闹非凡，不论在曼谷或是泰国其他地方都会举行大型庆典及各项庆祝活动。大街小巷中所有人都忙着泼水，互道恭喜及祝福。

（3）泰王登基纪念日（Coronation Day）——公历5月5日

曼谷王朝自1782年建立，传世至今历9代。本朝国王为普密蓬陛下。泰王陛下圣智聪敏，广闻博识，爱民如子，倡导民主科学，推行利国利民的规划，受到了泰国广大臣民的爱戴和尊敬。节日庆祝活动一共3天，首日为5月3日，王室举行宗教慈善仪式；5月4日，婆罗门主教宣读泰王登基纪念文告仪式；5月5日，王室于上午进行僧侣布施，中午，海陆军各鸣礼炮21响以示庆贺。当日，还会举行泰皇陛下向优秀人士钦授勋章。节日期间各地都会悬挂国旗。

（4）守夏节——泰历8月16日

守夏节为期3个月，有前守夏期（泰历8月16日至11月15日）及后守夏期（泰历9月16日至12月15日）之别。泰国采用前守夏期，守夏期结束之日称为"解夏节"。此节的由来是：当佛祖在世时，黎民百姓们抱怨僧侣终年云游不息，甚至于雨季因僧侣到处游荡，踩坏了刚完成犁播插种的稻田。佛祖得知后，就限令每年雨季3个月中，僧侣均应驻守在寺中不得外出。节日期间活动有：参与团体活动、制作香烛、僧衣等物，将这些物品献给守夏僧侣；参加赠献僧衣、施僧品、僧药给小沙弥的活动；与僧侣一起行善守戒听道；担任为期3个月的居士之职，以及为守夏安居的僧侣筹措必需用品等；各处悬挂国旗。

(5)国王诞辰(万寿节、父亲节)——公历 12 月 5 日

泰王普密蓬陛下,诞生于 1927 年 12 月 5 日,于 1946 年 6 月 9 日继承王位,成为曼谷王朝第九世君王。故定 12 月 5 日为万寿节,也为泰国的父亲节。节日活动有:各处悬挂国旗,举行佛教仪式,吃斋行善,恭祝圣寿,举办福利事业活动等。

(6)水灯节——泰历 12 月 15 日

水灯节的习俗始于素可泰王朝时代,据记载,每年泰历 12 月 15 日深夜,泰王必循例御龙舟游河,王后及嫔妃均随圣驾游幸。而臣民嬉水于河中,诺帕玛贵妃触景生智,遂手制荷花水灯,漂浮于河流之上,奏请圣赏。此后,这种仪式就蔚然成风。节日活动:民众自行制作水灯,点缀以花、烛,然后漂放在池河中。水灯节的夜晚,月圆如盘,风清若丝,江河湖溪,漂满万盏水灯,烛光与笑脸、明月相辉映,充满诗情画意。

4.5.6　旅游业

1)著名旅游景点

(1)大皇宫

举世闻名的大皇宫(Grand Palace)紧邻湄南河,是曼谷市中心内一处大规模的古建筑群(计 28 座),总面积 218 400 平方米。

它是仿照故都大城的旧皇宫建造的,经历代君王不断扩建,终于形成现在这座规模宏大的皇宫建筑群。大皇宫是泰国诸多王宫之一,是历代王宫保存最完美、规模最大、最有民族特色的王宫(见图 4.44),又称"故宫",现仍用于举行加冕典礼、宫廷庆祝等仪式活动。庭园内绿草如茵,鲜花盛开,树影婆娑。宫廷建筑以白色为主,四周筑有白色宫墙。宫墙高约 5 米,总长 1 900 米,大皇宫内有四座宏伟建筑,分别是节基宫、律实宫、阿玛林宫和玉佛寺。此外,由拉玛八世兴建的宝隆皮曼宫,是接待外国元首的宾馆。

(2)卧佛寺

位于大皇宫隔壁的卧佛寺又称菩提寺(见图 4.45),有一系列佛寺之"最":是曼谷历史最久远和最大的寺庙,有泰国最大的卧佛和最多的佛像和佛塔。

卧佛寺内的卧佛全长 46 米,足掌长度 5 米,宽 1.5 米,两脚掌相叠,装饰有珍珠母贝壳镶嵌而成的 108 个吉祥图案。

在卧佛寺内共有 99 座大小佛塔,其中高 7 米的佛塔就有 71 座,有"塔林"之称;还有高 41 米的大型摩诃佛塔 4 座。在卧佛寺大殿走廊的柱子上、墙壁上及

图4.44 大皇宫

各佛殿、排亭中都刻有很多碑文。碑文在三世王时刻成,其内容有建筑、历史、佛史、医药、格言、文学、地理、风俗习惯等,被称为"泰国的第一所大学"。

图4.45 卧佛寺

(3)威玛曼宫(金柚木宫)

威玛曼宫,又称"云天石宫"。因为是一座世界上规模最大的由质地优良的柚木建造的宫殿,所以又称"金柚木宫"(见图4.46)。全宫呈"L"型,为三层建筑,共81个房间。虽全用柚木做材料,但建筑风格、室内装饰、家具却是西欧式的。全宫分为银器室、文牍室、御膳室、御房和后妃卧室等。五世王的听政厅和卧房内一切设施、用品摆放如旧,极具参观价值。

(4)四面佛

四面佛又称"有求必应佛"(见图4.47),该佛面对东南西北四个方向各有一尊佛面,所以称"四面佛",位于曼谷爱侣湾凯悦大酒店的路角上。这是香火最旺、拜佛人最多的佛像之一。只要是信佛的人,到曼谷不拜四面佛,那是不可想

图 4.46　金柚木宫

图 4.47　四面佛

象的事。国外不少人为了许愿、还愿,多次往返泰国来拜四面佛。

四面佛原名"大梵天王",为印度婆罗门教三大神之一。他不是佛,而是天地之神、众生之父,他法力无边,掌握人间荣华富贵。大梵天王有四面、八耳、八臂、八手。四面佛的四面分别代表慈(仁爱)、悲(悲悯)、喜(吉祥)、舍(施惠),因此进香时要按顺时针方向四个面都要敬到,否则不灵验。据说,四面佛喜爱鲜花和歌舞,所以佛四周花串、花环、花束琳琅满目。不时有几位化妆的泰国少女在乐器伴奏下围着佛像边歌边舞,那是还愿人出资请她们为感谢四面佛而歌舞的。

(5)郑王庙

郑王庙是为了纪念泰国华裔民族英雄郑信而建造。郑信曾率领军队驱逐入侵泰国的缅甸军队,恢复河山,建立了乔武里王朝,深受泰国人民敬爱。

郑王庙又称黎明寺。命名"黎明寺"有两个原因:一是郑信率军到这里时正值黎明时分,郑信下令军士上岸到玛喀寺拜佛;二是因为庙内最高的塔尖直插云霄,每天首先接触阳光,见到黎明。郑王庙的主塔高 67 米,始建于 1842 年,是泰国最大的舍利式塔(见图 4.48)。游客可沿着笔直的石级登上塔尖中层,俯瞰湄南河两岸美景。尖塔的外面装饰着复杂的雕刻,镶嵌着各种色彩的陶片、玻璃和贝壳等,令人叹为观止。尖塔的四周另有 4 座方位塔;第二层塔基上还有 4 座方位殿。这些塔和殿的外表塑有各种神像。在大佛塔前面有一幢古佛殿,供奉着郑信的坐像。

图 4.48　郑王庙佛塔

（6）佛统大金塔

位于曼谷以西 80 千米处的佛统，是泰国的一处佛教圣地。小城中遍布着佛寺佛塔，特别是一座世界著名的大金塔（见图 4.49），吸引着泰国各地和世界各国的佛教徒和旅游者。"佛统"一词来自巴利文，意为"第一座城市"；大金塔，泰语称"帕巴统者里"，意为"第一佛塔"。

图 4.49　大金塔

大金塔建于佛统市中心，呈褐黄色，塔高 130 米，螺旋状的塔尖部分高 40 米，圆形塔底直径 57 米。塔的底座是两层巨大的平台。

在大佛塔下面还罩着三座小佛塔。小佛塔修建于公元 6 世纪，高 84 米，曾经废弃。1860 年，泰王拉玛四世下令加以修茸，并在其上修建大塔，后塔被雷电击毁，又重建大塔。所以，大塔之内包容着 3 个佛塔，一个套一个，这在佛塔建筑史上是仅见的。在大塔基座第二层平台上，有 4 座佛殿背靠着大塔。在 4 座佛殿之间，24 座钟亭环绕大塔而立。

在大金塔寺院里，还有一座博物馆，陈列着许多文物，证明佛统是佛教最早传入泰国的地方。

（7）海滨乐园帕塔亚

帕塔亚旅游区在曼谷东南约150千米处，位于曼谷湾的东岸海滨，主要由帕塔亚城、海滩和东芭文化村缩影公园（小人国）3部分组成，以阳光、沙滩、海鲜闻名。中心城区帕塔亚已成为著名的旅游城市，每年有200～300次的国际会议在这里召开。泰国政府在此大规模开展旅游业建设，帕塔亚逐渐享有"东方夏威夷"的美称。全城旅游星级饭店有200多家。每逢双休日，满载来自全国和世界各地游客的汽车蜂拥而至，给城市带来了繁忙和兴隆。

帕塔亚的海岸（见图4.50）绵延漫长，在林木葱郁的海滨路边，月牙般的沙滩拥抱着蔚蓝透彻的海水，沙滩上排满了沙滩椅和色彩艳丽的太阳伞，给人舒适宁静的感受。游客可进行多种海滨娱乐项目，如游泳、潜水、滑翔伞、水上摩托等。

图4.50　帕塔亚海滩

在帕塔亚东南有个旅游的好去处，那就是兰园——东芭文化村。由于气候适宜，泰国到处绿茵遍地，人称"兰花世界"的兰园更是芬芳袭人。上百种兰花争艳斗妍，姹紫嫣红难分高下。如果说在兰园主要是欣赏热带雨林的自然风光，在兰园毗邻的东芭民族文化村看表演则是观赏民俗人文的一桩乐事。文化村的演出以民俗文化为主题，有民族器乐，有民间舞蹈，也有民间风俗——如婚嫁、和尚出家仪式、斗鸡，还有诸如战争和体育竞赛等。最吸引游客的还是大象表演。

（8）普吉岛

普吉岛是泰国南部的世外桃源，也是泰国最大的海岛，围绕着它的是安达曼海的温暖海水，美丽的海滩、奇形怪状的小岛、钟乳石洞、天然洞窟等自然景观，再加上沿岸海水清澈湛蓝，海底世界美不胜收，把普吉岛称为"热带天堂"一点也不为过（见图4.51）。

"普吉岛"一词源于马来西亚，所代表的意思就是"山丘"。它是泰国南部最小的府城，距离首都曼谷有862千米，是泰国境内唯一有行省辖治地区的岛屿，占地共有543平方千米，南北长48千米，东西宽21千米，面积大概与新加坡岛

图 4.51 普吉岛

相近,岛上的主要地形是绵延的山丘,其间点缀着盆地,周围有 39 个离岛。

　　在自然景观方面,普吉岛的明媚风光和邻近的攀牙湾,得到众多国际旅客的青睐,考帕泰奥国家公园是参观充满原始情趣的森林的不错选择,至于位于最南端的帖朋岬又称为"神仙半岛",则是欣赏日落的绝佳地点,其他值得一提的还有普吉水族馆、珍珠养殖场、泰国村和兰花园以及女战士纪念碑等景点。当然岛上还有设施齐备的高尔夫球场,风光如画,具有职业水准的球场环境也让世界的高尔夫玩家乐不思蜀。

　　普吉岛最自豪的,便是拥有邻近安达曼海的 10 多个美丽海滩,如巴东海滩、苏林海滨、奈函海滨等。

　　在离岛方面,已于 1981 成为国家海洋公园的攀牙湾,知名度更是数一数二。其间拥有数不清的石灰岩洞和堆积而成的钟乳石、石笋美景,形状千奇百怪,独具特色。旅游行程中还可前往班宜岛、著名的 007 岛以及充满白色钟乳石的水晶岛游览。

　　(9)象岛(阁昌岛)

　　象岛(阁昌岛)是泰国第二大岛,面积 429 平方千米,距离曼谷 300 余千米。象岛周围还有 52 座小岛,目前其中的 47 座已经和象岛一起被划成了国家海洋公园,总面积约 650 平方千米。象岛是一个真正的世外桃源和生态天堂。整个西边海岸皆为原始、未经开发以及种满棕榈树的沙滩,其中以 Saikhao,Hat,Klong Prao 和 KaiBae 等沙滩最受欢迎。象岛的海水也是未被污染及清澈见底的,最适合浮潜活动。

　　(10)苏梅岛

　　位于泰国湾的苏梅岛(见图 4.52)是泰国第三大岛,面积 247 平方千米,距大陆约 80 千米,周围有 80 个大小岛屿,但多无人居住。苏梅岛最早的居民是

150 年前从海南来此定居的中国人,世代以种椰子为生。至今,椰树业依然是岛上重要的经济来源之一,每个月要向曼谷运送约 200 万只椰子。苏梅岛也因此赢得了"椰林海岛"的美名。

图 4.52　苏梅岛

苏梅岛上海滩众多,处处水清沙白,景致迷人。最热闹的要数查武恩和拉迈海滩,都位于岛的东部。查武恩海滩绵延 6 千米。这个月牙形的海滩被绿色的小山和礁石环绕,环境十分优美,也是岛上酒店和各种娱乐设施最多的地方。拉迈海滩位于查武恩的南面,美丽的沙滩上星星点点地散落着一些礁石。这里虽比查武恩略微清净,但也有不少娱乐设施。

在苏梅岛洋溢着热带风情的飞机场附近有一座建在高台上的金色大佛像。佛像面朝绿色的小山,背对无边的大海,是欣赏日落的好去处。

2)常规旅游线路

(1)七日深度游

第 1 天:抵达曼谷,入住酒店。

第 2 天:曼谷游,参观泰国大皇宫—玉佛寺—卧佛寺—大城皇朝皇宫—游览大城河。

第 3 天:曼谷—帕塔亚。

第 4 天:帕塔亚观光,游览珊瑚岛—金沙岛,欣赏绚丽的热带海滨风光,欣赏海底珊瑚,自由选择参加丰富多彩的海上娱乐活动。

第 5 天:帕塔亚观光—东芭文化村。

第 6 天:帕塔亚返曼谷,参拜四面佛—购物—民俗表演。

第 7 天:曼谷返回。

(2)普吉岛自由六日游

第 1 天:抵达普吉,入住酒店。

第2天:普吉岛—珊瑚岛(快艇往返),游览神仙半岛、四面佛、高沙邦灯塔、吉卜赛村,观赏民俗晚会。

第3天:普吉岛—攀牙湾007岛、幻多奇主题乐园。

第4天:翡翠岛一日游(KHAI ISLAND)。

第5天:PP岛—普吉岛（骑大象、田野牛车巡礼、越野吉普、割橡胶、猴子表演）、白雪娘娘庙、购物活动。

第6天:普吉岛返程。

(3)苏梅岛六日游

第1天:飞抵曼谷,转机赴苏梅岛。苏梅岛是泰国第三大岛,也是欧美人士喜爱的旅游度假胜地。

第2天:苏梅岛观光,大金佛—环岛旅游—阿公石、阿妈石—南门瀑布。

第3天:海洋生态保护区—安通海洋国家公园—慈母岛山中湖—卧牛岛—潜水。

第4天:离岛浮潜之旅—海鸥岛—海龟岛。

第5天:苏梅—曼谷—市容观光。

第6天:曼谷返回。

知识卡片

(1)货币常识

泰国的主要货币单位为泰铢,纸币有1 000,500,100,50,20,10铢面值,硬币有10,5,1,0.5,0.25铢等币值,每种铸币正面均铸有拉玛九世国王的头像。图4.53为20泰铢票样。

(2)安心泰国游标志

安心泰国游标志(见图4.54)由泰国国家旅游局颁发给指定的旅游组团商和出境旅行社。"安心泰国游"最贴切的定义是"泰国品质游"和"泰国诚信游"。所谓诚信旅游,就是"明明白白消费"。品质游的主要标志是"诚信经营"。报名时对客人的承诺,在旅游过程中须不折不扣地兑现。

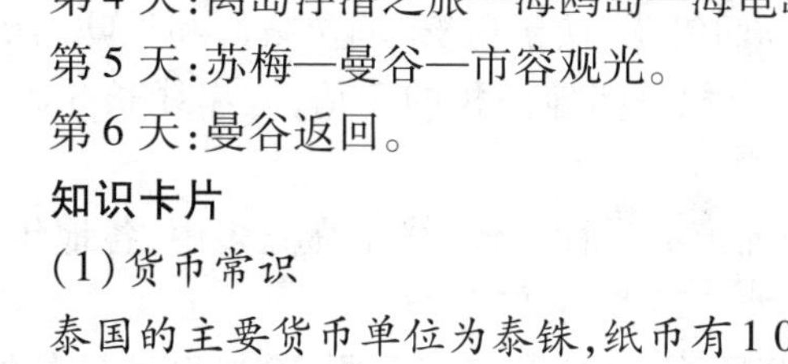

图4.53 泰铢票样

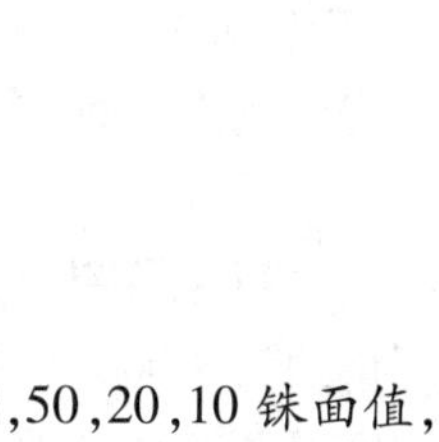

图4.54 安心泰国游标志

4.6　印度尼西亚

4.6.1　地理概况

1) 自然地理

印度尼西亚共和国(the Republic of Indonesia)，亚洲东南部最大国家，也是世界上最大的群岛国家，有"千岛之国"之称。国土分布在亚洲与大洋洲的13 667个岛屿上(其中有居民的岛屿6 044个)，领域范围南北宽约1 900千米，东西长5 100余千米，国土面积约190.44万平方千米。岛群分为四组：大巽他群岛、努沙登加拉群岛(小巽他群岛)、马鲁古群岛、伊里安查亚(伊里安岛西半部)。面积较大的岛屿有加里曼丹、苏门答腊、西伊里安、苏拉威西和爪哇岛等。岛屿之间构成许多海峡和内海，内海面积是陆地面积的3倍，海岸线长3.5万千米。

印度尼西亚横跨赤道，是典型的赤道海洋性气候，终年高温多雨，各地年平均降雨量约为3 000毫米，年平均温度在26 ℃左右。

印度尼西亚各岛地形以山地和高原为主，仅沿海有平原，除加里曼丹岛外，各岛均有活火山。全国共有火山400多座，其中活火山100多座。火山喷出的火山灰以及海洋性气候带来的充沛雨量，使印尼成为世界上土地最肥沃的地带之一。全国各岛处处青山绿水，四季皆夏，人们称它为"赤道上的翡翠"。

印度尼西亚的资源丰富。矿产主要有石油、天然气、煤、锡、铝矾土、镍、铜和金、银等，石油产量居东南亚各国首位，锡的储量也很多，仅次于马来西亚。森林覆盖面积占总面积的65%。

2) 人文地理

(1) 人口与民族

2012年统计，人口2.4亿，世界第四人口大国。有100多个民族，其中爪哇族45%，巽他族14%，马都拉族7.5%，马来族7.5%，其他26%。全国人口65%居住在爪哇岛上，爪哇岛是世界上人口最稠密的地区。

(2) 语言与宗教

民族语言200多种，官方语言为印尼语。约87%的人口信奉伊斯兰教，是世界上穆斯林人口最多的国家。6.1%的人口信奉基督教新教,3.6%信奉天主教,其余信奉印度教、佛教和原始拜物教等。

3)国旗、国徽、国歌

国旗:旗面由上红下白两个相等的横长方形构成,长与宽之比为3:2。红色象征勇敢和正义,还象征印度尼西亚独立以后的繁荣昌盛;白色象征自由、公正、纯洁,还表达了印尼人民反对侵略、爱好和平的美好愿望(见图4.55)。

图4.55 国旗

图4.56 国徽

国徽:由一只金色的鹰、一面盾和鹰爪抓着的一条绶带组成(见图4.56)。鹰象征创造力。鹰两翼各有17根羽毛,尾羽8根,这是为了纪念印度尼西亚的独立日——8月17日。鹰胸前的盾面由五部分组成:黑色小盾和金黄色的五角星代表宗教信仰,也象征“潘查希拉”——印尼建国的五项基本原则;水牛头象征主权属于人民;榕树象征民族意识;棉桃和稻穗象征富足和公正;金色饰环象征人道主义和世代相传。盾面上的粗黑线代表赤道。鹰爪抓着的绶带上用印尼文写着“异中有同”。

国歌:《伟大的印度尼西亚》,创作于1928年印尼民族独立运动时期。歌曲华丽雄壮。

4.6.2 简史

印度尼西亚是人类最古老的居住地之一。大约公元前5世纪,原先在印度支那半岛的印度尼西亚民族沿马来半岛东下,逐渐散布到了印度尼西亚各个岛屿上。4世纪在爪哇岛先后建立几个王国。7世纪以今苏门答腊巨港为发祥地,形成室利佛逝王国,商业、文化相当繁荣,对外已有经济与文化交往,并为当时的佛学中心之一。9—10世纪版图扩及印度尼西亚西部各岛及马来半岛等地。13世纪末到14世纪,在爪哇兴起了印度尼西亚历史上最强大的麻喏巴歇帝国,大体上奠定了现今印度尼西亚的版图。15世纪起,葡萄牙、西班牙和英国殖民者相继入侵,16世纪末至1942年,沦为荷兰的殖民地。1942年日本入侵。1945年8月17宣布独立,成立统一的印度尼西亚共和国。1954年宣布取消荷印联邦关系。1963年收复被荷兰占领的西伊里安。

4.6.3 经济

印度尼西亚独立时,是一个落后的农业国,主要种植橡胶,开采锡和石油,粮食不能自给。1945年独立后,发展民族经济,开发土地资源,特别是发展石油、锡、橡胶生产,发展各岛屿之间的交通运输设施,解决民众住房、教育,努力达到粮食自给。

20世纪60年代中期以来,工业在国民经济中的地位不断上升。矿产资源丰富,主要有石油、天然气、锡、镍、铜、铝土、煤等。采矿业是工业部门的支柱产业。石油、天然气开采居主导地位,是世界主要石油生产国之一。继马来西亚之后的世界最大锡生产国。纺织、食品、木材加工等为传统的工业部门,电子、汽车和气机装配等新兴工业发展迅速。森林覆盖率为65%,盛产贵重木材和多种树脂。木材产量居东南亚首位。重要作物有水稻、胡椒、木棉、奎宁、藤,以及天然橡胶、椰子、咖啡、油棕等,其中胡椒、木棉、奎宁、藤的产量均居世界首位。海产特别丰富,巴干西亚比亚是世界著名的大渔场。旅游业较发达,是印尼非油气行业中的第二大创汇行业。

4.6.4 文化

1)教育

印度尼西亚重视教育,实行九年制义务教育。学制为小学6年,初、高中各3年,大学3~7年。印尼从2005年7月,实行"教育支持行动",2005年,小学毛入学率达115%,而2009年初中毛入学率达到98.11%。"教育支持行动"旨在减轻公共教育负担,以提高九年义务教育的质量。著名大学有雅加达的印度尼西亚大学、日惹的加查马达大学、泗水的艾尔朗卡大学、万隆的班查查兰大学等。

2)文学艺术

印度尼西亚有悠久的历史,古老的文化。在伊斯兰教传入之前,印度尼西亚古典文学在很长一段时间内受印度梵文文学的影响,印度的两大史诗《摩诃婆罗多》和《罗摩衍那》,从内容到形式和题材都给印度尼西亚文学以很大的影响,尤其爪哇古典文学,就是从移植印度两大史诗开始,后来结合本国实际,逐渐发展成为具有爪哇民族特色的文学,其著名作品有斯蒲·达尔玛扎的《玛拉达哈那》。

印度尼西亚巴厘岛,不仅以风景闻名于世,而且以居民擅长各种舞蹈著称,被誉为"舞之岛"(见图4.57)。巴厘岛的舞蹈扎根于岛民的宗教信仰中,岛内有众多寺院,庙前的空地是人们跳舞的好场所。各种职业的人即兴参加舞蹈,盛大节日时,总要举行声势浩大的庆祝舞会。巴厘人的舞蹈,讲究手和指头的动作。全岛流行的"狮子舞",模仿狮子的吼叫和各种动作,难度极大。另外也有充满讽刺、滑稽、幽默的舞蹈。

图4.57　印尼妇女表演传统舞蹈

新几内亚岛(伊里安岛)上的阿诗马人善于在红木上雕刻。红树是一种生长在热带海滨地区盐性土壤中的典型植被,它的独特之处是具有能在空中缠绕的根茎。雕刻是阿诗马人生命的全部,他们依靠粗糙的工具,用极具禀赋的手指在红木上写出了最美妙的图形诗篇。这些雕塑高4~10米不等,分别雕刻着人、昆虫、鸟类、蛇和各种野兽的形象。

4.6.5　民俗

1)服饰

印度尼西亚人日常女子的上衣长而宽敞,对襟长袖,无领,多配以金色大铜扣。大爪哇族和巴厘族的女性,上衣十分简单,下身是称作"沙龙"的长裙。男性穿衬衫式上衣及长裤型沙龙。现在随着时代的发展服装已发生重大变化。巴希尔族人从不着衣,并有文身的习惯。马鲁古群岛的男性只在腰间系上树叶编成的短蓑衣。印尼还有着各原始种族的服装,大部分人通常都赤脚,身上衣服也

图 4.58　印尼传统服饰

非常奇特,布料是由野生植物纤维制成,同时用野生植物的汁液染成颜色。

印尼人喜欢新颖独特、富有趣味和想象力的装饰品,如项链、耳环、手镯、别针等,佩戴在简单朴素的服装上,就显得十分耀眼美丽(见图4.58)。

2)饮食

印尼人的主食是大米,在印尼民间传说和神话中就有大量的以稻谷为题材的故事。由于印尼人绝大部分信仰伊斯兰教,所以绝大部分居民不吃猪肉,而是吃牛羊肉和鱼虾之类。印尼是一个盛产香料的国家,印尼制作菜肴喜欢放各种香料,以及辣椒、葱、姜、蒜等。因此印尼的特点,一般是辛辣味香。

印尼风味小吃种类很多,主要有煎香蕉、糯米团、鱼肉丸、炒米饭及各种烤制糕点。印尼人还喜欢吃凉拌什锦菜和什锦黄饭。什锦菜的做法是:先将喜欢吃的蔬菜洗净,切好后用各种作料拌在一起,作料以花生酱为主,这是印尼的大众菜。什锦黄饭的做法是:把姜黄洗净,然后在礤床上搓成末,对水榨出浓汁,加上椰汁、香茅草和小桔叶。将大米洗净,然后放入上述汁叶煮熟,出锅后即成黄米饭。吃时,饭上盖以肉丝、鸡蛋丝、炸黄豆和炸红葱等。印尼人视黄色为吉祥的象征,故黄米饭成为礼饭,在婚礼和祭祀上必不可少。印尼人吃饭不用筷子,而是用勺和叉子,有时也喜欢用手抓饭。抓饭时,先把米饭盛在盘上,然后用右手指将饭捏成小团,送到嘴里一口一口地吃。饭桌边上要放一碗清水,边抓饭,边不时用手蘸清水,以免使米饭粘在手指上。

由于印尼盛产咖啡,所以喝咖啡很普遍,如同中国喜欢茶一样。早餐时,印尼人一般是喝咖啡加面包点心或者是油炸香蕉。由于地处热带,印尼人喜欢喝各种冷饮。除冰淇淋、汽水外,还有品种繁多的冷饮,如用菠萝、椰子、芒果等制作的各种冷饮,伊斯兰教徒不能喝烈性酒,所以印尼人多只喝啤酒。

3)民俗礼仪

印尼人很重视礼节,讲究礼貌。"谢谢、对不起、请原谅、请"等敬语经常挂在嘴上。与人见面行握手礼,一般不主动与异性握手。指人或物时用大拇指,而不要用食指;在正式场合忌跷二郎腿或两脚交叉等。不喜欢外国人当众接吻,裸体日光浴是非法的。

印尼人喜欢客人到他们的家中做客　　　　　　氏中任何一个时间去拜访他们,都是受欢迎的。如果你去的印尼人家至拥有地区,那你在进屋前要把鞋脱掉。印尼人对来访的客人不一定非要送礼不可,但出于礼节,可以送给主人一束鲜花,或最好说上几句感谢的话等。在与印尼人谈话时,最好避开与当地政治、社会和国外对他们的援助等方面的话题。

伊斯兰教是印尼的主要宗教,忌食猪肉和饮烈性酒;忌摸别人的头;忌用左手拿递东西、吃饭。印尼人在拿东西给人家或者向别人拿东西的时候,都要用右手而不用左手,也不用双手。左手是拿"不干净"的东西。参观庙宇或清真寺,不能穿短裤、无袖服、背心或裸露的衣服。进入任何神圣的地方,一定要脱鞋。在巴厘,进入寺庙必须在腰间束腰带。

印尼各民族有着自己的传统风俗和生活习惯。加里曼丹南部的巴希尔族,至今仍过着赤身裸体的原始生活,并有全身文身的习惯。巴杜伊人衣着色彩只有他们崇尚的白色、蓝色和黑色,禁忌穿戴其他色彩的衣服,甚至连谈论都不允许。爪哇岛流行斗牛,西班牙斗牛是人牛相斗,这里是两牛相斗。用来斗牛的牛是经过严格挑选的。为了使自己的赛牛取胜便把它的角削得十分尖利,并且给它灌上药酒,在阳光下暴晒,还要把它打扮得十分威武。斗牛开始时,先牵来一头母牛,然后把参赛的两头公牛分别牵入斗牛场,它们见到母牛,便马上扑过去,这时,立刻把这只母牛牵出场地,两只公牛便互相怒视,一场凶猛的决斗便开始了。巴厘岛的特伦扬人去世后实行天葬,但只适用于那些寿终正寝者,死于谋杀、自杀者不能天葬。

4)节日

印尼主要的节日有 1 月 1 日的元旦,3 月 15 日的回教新年,5 月 20 日的民族觉醒日(纪念 1908 年印尼民族运动组织"至善社"成立),8 月 17 日的独立纪念日,10 月 5 日的穆罕默德升天节和 12 月 26 日的开斋节。

4.6.6　旅游业

1)重要旅游景点

印度尼西亚有丰富的旅游资源。热带的风光、漫长的海岸线、珍贵的名胜古迹都为印尼发展旅游业提供了条件。印尼主要的旅游景点有:

(1)雅加达

雅加达(Jakarta)是印尼首都,位于爪哇岛西北岸,雅加达湾芝利翁河口,为印尼和东南亚第一大城市,世界著名的海港。市内到处可见如茵的草地和彩色的花坛。最吸引游人的是雅加达的绿树,马路两旁的树木犹如一排排绿色遮阳伞,遮挡了炎热的阳光。有些地段,枝叶交织,形成了绿色通道。正因为一片苍翠,雅加达有"绿色珍珠"之称。街道两旁多植凤凰树,每年初,树顶上开遍粉红色的花朵,远看犹如火红的云彩,十分美丽。遍布城区的椰子树营造了一个"椰林中的世界",所以雅加达又叫"椰城"。

城区分为两部分,北面是旧城,近海,为商业中心;南面是新区,为行政中心,有现代化的花园式住宅区。位于独立广场东南的国家宫,原是荷兰总督的官邸,现为总统府。民族纪念碑高 115 米,屹立在广场上。

图 4.59 独立纪念塔

雅加达旅游名胜很多。位于市中心的独立纪念塔(见图 4.59),高 132 米,是首都最高的建筑物,它的塔顶是用 35 千克重的黄金铸成的自由火炬。乘电梯到塔顶部,高楼大厦、宽阔的街道、潮水般的汽车和翠林鲜花,尽收眼底。

在东郊距市中心 26 千米处,有世界著名的"印尼缩影公园",也称"迷你公园",也有称它为"缩影国"的。公园占地 60 多公顷,1984 年正式开放。公园把印尼全国的岛屿山川、都市港口、名胜古迹、风土人情按照印尼全国的地理位置,以缩影的形式艺术地展现在游人面前。

雅加达以东 10 千米的丹戎不碌,是世界著名的海港。这里的寻梦园,也称幻想公园,是东南亚最大的游乐园之一,内有新型旅馆、露天电影院、跑车场、保龄球场、高尔夫球场、跑马场、人造波浪大型游泳池、儿童娱乐场、网球场、夜总会、海滨茅舍、蒸汽浴、游艇等,吸引着大批游客。

(2)巴厘岛

巴厘(BaLi)是印度尼西亚著名的旅游区,是爪哇以东小巽他群岛中的一个岛屿,面积约 5 560 平方千米,人口 300 多万。该岛由于地处热带,且受海洋的影响,气候温和多雨,土壤十分肥沃。四季绿水青山,万花烂漫,林木参天。岛上山脉横贯,东高西低,地处火山带,有四五座锥形完整的火山峰。经常喷发的巴都尔火山居中,两旁为莱松死火山和海拔 3 142 米的阿贡火山,这三座山是岛上最高、最大的火山群。

巴厘人生性爱花,处处用花来装饰,因此,该岛有"花之岛"之称,并享有"南海乐园""神仙岛"的美誉。岛上大部分为山地,岛上沙努尔、努沙·杜尔和库达等处的海滩,是该岛景色最美的海滨浴场,这里沙细滩阔、海水湛蓝清澈(见图

4.60)。每年来此游览的各国游客络绎不绝。

图 4.60　巴厘岛的海滨浴场

　　居民大都信奉印度教,主要供奉三大天神(梵天、毗湿奴、湿婆神)和佛教的释迦牟尼,还祭拜太阳神、水神、火神、风神等。教徒家里都设有家庙,家族组成的社区有神庙,村有村庙,全岛有庙宇 12 500 多座,因此,该岛又有"千寺之岛"之美称。神庙中最为著名的当属拥有千年历史的百沙基陵庙,陵庙建在称为"世界的肚脐"的阿贡火山山坡上,以专祀这座间歇喷发的火山之神。陵庙的层级石雕建筑,与柬埔寨吴哥窟相似。

　　巴厘岛不但天然景色优美迷人,其文化和社会风俗习惯的丰富多彩也驰名于世。巴厘人的古典舞蹈典雅多姿,在世界舞蹈艺术中具有独特的地位,亦是印尼民族舞蹈中一枝鲜艳的奇葩。其中,狮子与剑舞最具代表性。巴厘的雕刻(木雕、石雕)、绘画和手工艺品也以其精湛的技艺、独特的风格闻名遐迩。在岛上处处可见木石的精美雕像和浮雕,因此,该岛又有"艺术之岛"之誉。马斯是该岛著名的木雕中心(见图 4.61)。巴厘的绘画别具一格,大都是用胶和矿物颜料画在粗麻布或白帆布上,主题取材于田园风光和人民生活习俗,具有浓郁的地方色彩。因此,巴厘岛素有"诗之岛""东方的希腊"的美称。位于岛中部的乌穆是绘画中心,博物馆内保存着许多历史文物和巨幅绘画。

知识卡片

印尼风情、巴厘海滩 5 天风情游

特色景点:乌布艺术村——木雕发祥地;海神庙;库塔海滩(KUTA 海滩)

第 1 天:抵达巴厘岛。

第 2 天:早餐后前往著名的库塔海滩(KUTA 海滩)度假区,乘玻璃底船观赏

图4.61　巴厘岛的木雕

奇幻海底世界及到海龟岛上参观海龟和拍照留念,并可自费参加各类新鲜刺激的水上活动(如水上电单车、快艇、降落伞及香蕉船等)。午餐后前往巴厘岛最负盛名的海神庙,庙内为印度神话中的圣地,坐落在离海不远的巨石上,涨潮时如海上孤岛。然后前往乌布区游览,乌布区以手工艺而闻名全国,以木刻、石刻及油画最为出色,每逢有节日庆祝活动,村民会穿上传统服装在街上跳舞及表演。

第3天:早餐后前往欣赏巴厘岛最富有特色及传统的狮子与剑舞,随后进入最富艺术气息的木刻制造工场,此处收藏各式各样艺术雕刻及精巧的木刻工艺,巧夺天工。午餐后前往圣泉庙,传说泉水有神奇效用。

第4天:于酒店早餐后,可参加巴厘海号,阿勇激流,QUICK SILVER 或 BALI HAI 出海,船上有亲切船员为您安排丰富的表演节目,令您领略巴厘风情,还有各式各样的水上活动及特色食品,于船上一边吃喝玩乐,一边欣赏巴厘热带醉人风景,度过悠闲的一天。晚上还可请导游安排享受自费 SPA 香熏按摩,配合巴厘岛古式按摩法,让精油渗入肌肤,给人带来极致的享受。

第5天:自由活动,返程。

(3)婆罗浮屠(Borobudur)

婆罗浮屠是世界最大的古老佛塔,世界七大奇迹之一(见图4.62),位于印尼爪哇岛中部马格朗婆罗浮屠村,在默拉皮火山山麓一个长 123 米、宽 113 米的矩形小山丘上,东南距日惹 30 千米。

图4.62 婆罗浮屠

"婆罗浮屠",就是建在丘陵上的寺庙的意思。它大约建于公元8世纪后半期至9世纪的夏连特拉王朝时期。随着15世纪当地居民改信伊斯兰教,婆罗浮屠旺盛的香火日渐衰竭。后因火山爆发而遭埋没。直到19世纪初,人们才从茂盛的热带丛林中把这座宏伟的佛塔清理出来。1973年,婆罗浮屠佛塔得到了联合国教科文组织的资助,开始了大规模的修复工程。

婆罗浮屠是座实心佛塔,它没有门窗,也无梁柱,完全由石头砌成。佛塔的基层呈四方形,每边长113米,从底层至塔顶最尖端高42米。佛塔共有10层,四周的中间各有一条石阶通道,从基层直通塔顶。塔的构造是根据佛教的"三界"之说设计的。基层为"欲界",第一层至第六层为"色界",都呈四方形,各层共建有石壁佛龛432个,每个佛龛内置一佛像。第七层以上为"无欲界"。七至九层呈圆形,是塔顶的脚座,三层共建有72个钟形小塔,塔内亦各置一尊佛像。佛塔本身是一个精美绝伦的艺术品。塔的各层都有围廊,围廊的石壁上都刻有各式各样的浮雕,其中描述佛本身故事的浮雕1460幅,装饰性浮雕1212幅,如全部连接起来长度可达2900多米,构成一部"石块上的史诗"。每层围廊的浮雕都表现不同的内容,所雕人物鸟兽,形态各异,情趣盎然,形象生动地解释了人由尘世走向极乐世界的路程,再现了印尼古代社会的物质和精神生活风貌。

(4)万隆

万隆(Bandung)古称"勃良安",意为"仙之国",现名意为"山连山"。它是西爪哇首府、印尼第三大城市(仅次于雅加达和泗水),位于印度尼西亚爪哇岛西部海拔715米的万隆盆地中,四面群峰环绕,植物繁茂,环境优美。虽地近赤道,但因地势较高,气候凉爽,空气清新。万隆景色秀丽,清静幽雅,四季如春,被誉为印尼最美丽的城市,素有"爪哇的巴黎"之称。早在17世纪,万隆就已成为著名的旅游和避暑胜地。

市内处处繁花似锦,街道清洁整齐,宛如一个大公园。这里的皇家玫瑰公园,种有世界各地不同品种的玫瑰花。市内有规模颇大的动物园。城内的小西湖,风景清幽,附近有著名的覆舟火山和万隆温泉,温泉坐落在峰峦叠翠的山谷中,含有硫黄质,从山谷渗出,汇入池内。距万隆24千米的马里巴雅温泉,尤为著名,可容两三百人游泳洗浴。

2)旅游业

印度尼西亚是一个旅游资源极其丰富的国家,得天独厚的地理位置,优美的自然环境,丰富的海洋、火山与湖泊等自然景观,遍布各地的名山古刹,以及多姿多彩的民间文化,使印度尼西亚在发展旅游业方面有着许多其他国家无法相比的长处和优势。

印尼的旅游业起步于20世纪60年代后期。从20世纪60年代末到70年代末为印尼旅游发展的第一阶段。这时印尼政府对旅游业在经济发展中的作用的认识还不是很明确,虽然已将旅游业列入国民经济发展计划,并专门设立了一个旅游、邮政、电讯部及专管旅游业各项事务的旅游局等相关机构,但发展速度仍旧缓慢。据统计,1969年到印尼旅游的国外游客仅8.6万人次,10年后的1979年增至50万人次,旅游创汇1.88亿美元。

20世纪80年代为印尼旅游业发展第二阶段。在1983—1989年期间,赴印尼旅游的外国旅游者人数以年均15.6%的速度增长,印尼接待的外国游客人数到1987年首次突破百万大关(106万人)。旅游业直接创汇也由1983年的4.4亿美元上升到1988年的10.6亿美元和1989年的12.8亿美元。

进入20世纪90年代以后,印尼旅游业继续呈现勃勃生机。1990年印度尼西亚接待外国游客217万人,旅游外汇收入18.9亿美元,分别比上一年增长33.9%和47.3%。1991年印尼政府举办"1991年印度尼西亚旅游观光年",欢迎世界各地游客到印度尼西亚观光旅游,结果当年到印尼旅游的外国游客达到250万人,外汇收入25.2亿美元,首次超过橡胶业,成为仅次于石油天然气、纺织成衣和胶合板业的第四大创汇行业。1997年外国游客达520万人次。在1999年以前,印尼旅游业就已经取代油气和胶合板业而成为印度尼西亚赚取外汇第二多的行业。到印尼旅游的国外游客主要来自新加坡、马来西亚、日本和澳大利亚。国外游客在印尼的停留时间平均为12天,超过大多数亚洲国家。每个外国游客在印度尼西亚的消费也逐年提高。

然而,在21世纪初发生的一系列灾难事件影响下,印尼旅游业受到重创而停滞不前。印尼经济在1997年亚洲金融危机中遭到重创,2002年的巴厘岛爆炸事件又使其雪上加霜,对旅游业和相关的产业打击巨大,再加上伊拉克战争的负面影响,经济复兴困难重重。2003 年 SARS 的暴发以及印尼政府新通过的签证限制,2004 年的印度洋大海啸,2005 年巴厘岛的再次爆炸袭击以及禽流感的发生等,这一系列的灾难事件直接给当地政府和民众造成巨大心理压力。尤其是 2005 年巴厘岛的再次爆炸事件,给印尼经济造成新的伤痕。这些事件的发生直接影响了赴印尼旅游的外国游客的人数,2003 年只有 447 万人次的外国游客进入印尼旅游,2004 年为 532 万人次,2005 年为 500 万人次。近 9 年来,由于印尼政府采取了一系列有效措施,提高服务质量,开发新的旅游景点,对基础设施的兴建和扩建,龙目岛和棉兰市新机场的开通,及现有机场的扩建等,印度尼西亚国际入境游客人数逐年提高,2013 年达到 880 万人次,旅游业共创造了 100.1 亿美元的外汇收入。

3) 旅游企业

印度尼西亚的饭店分星级饭店和无星级饭店两种,还有价格便宜的青年旅店、野营地等。

印度尼西亚旅行社分为两类:一类从事旅游开发,另一类从事旅游零售。旅行社的导游人员(包括临时雇佣的导游)必须持有相关部门审发的执照。

旅游资讯

时差:印度尼西亚西部雅加达位于东七区,比北京时间晚 1 个小时,东部巴厘岛时间不变。

汇率:印尼的货币单位是"RUPIAH",又称印尼盾。1 元人民币兑换大约 1 159 印尼盾。

签证:印尼的旅游签证,有效期不超过 2 个月,且不可延长。如果通过印尼的邀请方向印尼移民局申请入境许可证,可较快地获得批准。游客可携带酒 2升、香烟 200 支和少量香水。照相器材、打字机、录音机等必须向海关申报。水果、动植物须经过检疫。外币和旅行支票无特别限制,但不可超过 5 万盾。2005年为推动印尼的旅游事业,印尼政府接受文化旅游部长的建议,向 14 个国家的游客给予落地签证的优惠待遇,这 14 个国家是中国、印度、沙特、科威特、比利时、西班牙、葡萄牙、俄罗斯、埃及、奥地利、爱尔兰、卡塔尔、卢森堡和澳大利亚。

购物:印尼的著名土产,首先是印尼花布(巴迪布),即蜡染布,精致华丽的图案,表现印尼的特色。巴迪布是采用蜡染技术,在化纤、棉布、丝绸等布料上印制图案,色彩鲜艳,穿着舒适,很适合其热带气候。蜡染服装是印尼的国服,正式场合穿上巴迪等同西服。其次就是印尼的工艺品,种类繁多,富有地方特色。其中木雕、银制品、格里斯短剑、皮影戏傀儡、木偶戏傀儡、榕木手杖等最具有收藏价值。

知识卡片

印度尼西亚货币

印度尼西亚卢比(通称盾)由印度尼西亚银行发行。1卢比等于100仙 (Sen)。印尼现在市面有100,500,1 000,5 000,10 000,20 000卢比等6种面额 的纸币流通,此外还有5,10,25,50,100,500卢比等6种面额的铸币同时流通 (见图4.63)。

图4.63 卢比(盾)票样

4.7 菲律宾

4.7.1 地理概况

1)自然地理

菲律宾共和国(the Republic of the Philippines),亚洲东南部的群岛国家,有 "千岛之邦"之称。北隔巴士海峡与中国台湾遥遥相对,南面和西南面隔苏拉威 西海、苏禄海、巴拉巴克海峡与印度尼西亚、马来西亚相望,东临太平洋,西濒南 海。领土由7 000多个大小岛屿组成,总面积29.97万平方千米,其中吕宋岛、 棉兰老岛、萨马岛等11个主要岛屿约占全国总面积的96%。

菲律宾位于赤道与北回归线之间,气候属热带海洋性气候,高温多雨,湿度 大,台风多。5—10月为雨季,11—4月为旱季,年均气温27 ℃,年降水量 2 000~3 000毫米。

菲律宾的矿藏丰富多样,金属矿藏主要有铜、金、银、铁、铬、镍等20余种。巴拉望岛西北部海域有石油储量约3.5亿桶。菲律宾的地热资源预计有20.9亿桶原油标准能源。植物资源十分丰富,热带植物多达万种,素有"花园岛国"的美称。其森林面积为1 585万公顷,覆盖率达53%,产有乌木、檀木等名贵木材。菲律宾盛产各种水果,被称为"太平洋上的果盘",椰子、香蕉、菠萝到处可见。菲律宾的椰子产量居世界第一位,素有"世界椰王"之称。水产资源也很丰富,鱼类品种达2 400多种,其中金枪鱼资源居世界前列。

2)人文地理

(1)人口与民族

菲律宾人口为9 770万(2013年统计)。主要民族是马来族,占全国人口的85%以上。少数民族有华人、阿拉伯人、印度尼西亚人、西班牙人和美国人;还有为数不多的原住民。

(2)语言与宗教

全国有70多种语言。菲律宾以他加禄语为国语,英语为官方语言,政府公报及报刊大都使用英语。

由于长期受西班牙的统治和天主教的影响,国民约85%信奉天主教,4.9%信奉伊斯兰教,少数人信奉独立教和基督教新教,华人多信奉佛教,原居民多信奉原始宗教。

3)国旗、国徽和国歌

国旗:呈横长方形,长与宽之比为2:1。靠旗杆一侧为白色等边三角形,中间是放射着八束光芒的黄色太阳,三颗黄色的五角星分别在三角形的三个角上(见图4.64)。旗面右边是红蓝两色的直角梯形,两色的上下位置可以调换。平时蓝色在上,战时红色在上。太阳和光芒图案象征自由;八道较长的光束代表最初起义争取民族解放和独立的八个省,其余光芒表示其他省。三颗五角星代表菲律宾的三大地区:吕宋、米沙鄢和棉兰老。蓝色象征忠诚、正直,红色象征勇气,白色象征和平和纯洁。

国徽:为盾形。中央是太阳放射光芒图案,三颗五角星在盾面上部,其寓意同国旗。左下方为蓝底黄色的鹰,右下方为红底黄色狮子。狮子和鹰图案分别为在西班牙和美国殖民统治时期菲律宾的标志,象征菲律宾摆脱殖民统治、获得独立的历史进程。盾徽下面的白色绶带上用英文写着"菲律宾共和国"(见图4.65)。

国歌:《菲律宾民族进行曲》。

图4.64 菲律宾国旗

图4.65 国徽

4)国花、国树和国鸟

国花:是被称为"桑巴吉塔"的茉莉花。这是一种灌木类植物,一般高一米多,花色洁白、香味浓郁,有单瓣和双瓣两种。"桑巴吉塔"是忠于祖国、忠于爱情的象征。菲律宾青年常常将它作为献给爱人的礼物,向对方表达"坚贞于爱情的心声"。每到鲜花盛开的5月,姑娘们都佩戴上茉莉花环,唱起赞歌,互相祝愿。在国际交往中,菲律宾人也常把茉莉花环献给外国贵宾,以表示纯真的友谊。

国树:纳拉树,它是紫檀木的一种。这种树高大挺拔,终年常绿,迎着太阳开放出金光灿烂的花朵。木质坚硬细致,是制作高级家具和乐器的良好材料。纳拉树的树皮在受伤时会渗出一种猩红色的液体。菲律宾人说,这象征自己民族血管里流动着的,而又随时准备为捍卫独立洒在祖国大地上的鲜血。这种树可作为染料和制药原料。菲律宾人民选择纳拉树作为国树,以象征本民族坚强不屈,乐于献身的高尚品质。

国鸟:菲律宾鹰(phillipine eagle)。

4.7.2 简史

菲律宾是个有着悠久历史的国家。早在公元前4000至公元前3000年和公元前1500年左右,先后有两批蒙古利亚种人和印度尼西亚种人,乘船来到菲律宾,现在的马来族就是他们的后裔。菲律宾在14世纪前后出现了由土著部落和马来族移民构成的一些割据王国,其中最著名的是14世纪70年代兴起的海上强国苏禄王国。1521年,麦哲伦率领西班牙远征队到达菲律宾群岛,1565年,西班牙侵占菲律宾,自此统治300多年。

对西班牙的殖民统治,菲律宾人民进行了长期的反抗斗争。1898年6月12

日,菲律宾宣告独立,成立菲律宾共和国。同年,美国依据对西班牙战争后签订的《巴黎条约》占领菲律宾。1942年,菲律宾被日本占领。第二次世界大战后,菲律宾重新沦为美国殖民地。1946年7月4日,美国被迫同意菲律宾独立。1962年,菲律宾政府宣布6月12日为独立日。1996年9月2日,菲政府与最大的反政府组织摩洛民族解放阵线签署和平协议,结束了南部长达24年的战乱局面。1998年5月11日,菲律宾举行总统选举,菲律宾爱国民众战斗党候选人埃斯特拉达当选为总统。

4.7.3　经济

菲律宾为出口导向型经济,第三产业在国民经济中地位突出,同时农业和制造业也占相当的比重。菲律宾的工矿业约占国民生产总值的30.5%,农业约占17.5%,服务业占52%左右。工业以农、林产品的加工为主,另有一些纺织、水泥、汽车装配等工业。农业人口占总人口的2/3以上,菲律宾的主要粮食作物是稻谷和玉米。椰子、甘蔗、马尼拉麻和烟草是菲律宾的四大经济作物。菲律宾盛产椰子、香蕉、芒果、凤梨,其中椰子产量和出口量均占全世界总产量和出口量的六成以上。服务业产值逐年增加,从业人口占总从业人口的47.3%。旅游业是外汇收入重要来源之一。

4.7.4　文化

1）教育

菲律宾政府十分重视教育。宪法规定,中小学实行义务教育。政府重视教育,1994年教育预算占政府预算开支的11.74%,是亚洲文盲较少、识字率最高的国家之一。鼓励私人办学,为私立学校提供长期低息款,并免征财产税。全国有1 200余所职业学校,著名的高校有:菲律宾大学(1911年创立)、圣托马斯大学(1611年创立)、阿塔尼奥大学、东方大学、远东大学等。由于美国人近半个多世纪的殖民统治,菲律宾继承了美国的教育制度和教学方式,是亚洲整体教育水平较高的国家,英语是唯一的教学使用语言。

2）文学艺术

菲律宾有古老的文化,著名的叙事诗《阿丽古荣》,史诗《拉姆安格的生活》,民间故事《麻雀与小虾》《安格传》《世界的起源》等都是古代流传下来的优秀口头文学作品。西班牙殖民主义者入侵菲律宾后,菲律宾人民在反对入侵者的斗争中创作了许多优秀文化作品。1887年,菲律宾民族诗人和作家黎刹发表长篇小说《不许犯我》,反映了菲律宾人民反抗西班牙殖民统治的觉醒与斗争。这一时期有名的诗人还有何塞·帕尔马,他的代表作《菲律宾诺斯》诗篇被选为今日菲律宾国歌歌词。

菲律宾民族能歌善舞。全国几十个民族各有独特的民族音乐和舞蹈。西班牙入侵后,西班牙音乐舞蹈传入,随着时间推移,菲律宾一些民族音乐舞蹈与西班牙舞蹈融为一体,成为具有菲律宾民族特色的音乐舞蹈。菲律宾政府对发展本国民间艺术很重视,自1973年起,每年7月在马尼拉举行一次"菲律宾民间艺术节"。

4.7.5 民俗

1)服饰

西装在中上层人士中广泛流行,而老百姓的衣着则比较简单。男子上身穿衬衣,喜用白色,下身穿西装裤;女子喜欢穿无领连衣裙。大部分青年着西式皮鞋,老年人仍穿用木头、麻或草做成的拖鞋。

穆斯林男子着短外衣和宽大的长裤,围一条"沙隆"(一种花围裙)作为腰带。到麦加朝圣过的信徒头上围一条白色头巾或戴一顶白帽子。妇女穿紧身的短袖背心,钉上两层金属纽扣,穿紧脚口的宽大裤子,或穿裙子。妇女像马来人一样结发型,有时裹着颜色鲜艳的头巾,她们戴手镯、项链和耳环。

少数民族的穿戴各不相同。如伊富高人男子往往上身祖露,下身围一条T形花布;女子穿着类似裙子,颜色鲜艳。丁冈人衣服极为简单,男子普遍仅在腹部围一块布,有的也穿前襟分开的上衣;女子穿短上衣,用布缠绕腹部。矮黑人的服装最为原始,男女均用布或树叶围于腰间。

菲律宾男子的国服叫"巴隆他加禄"衬衣。这是一种丝质紧身衬衣,长可及臀,领口如同一般可以扎领带的衬衫,长袖,袖口如同西服上装。前领口直到下襟两侧,都有抽丝镂空图案,

图4.66 菲律宾传统服饰

花纹各异,颇为大方。"特尔诺裙"是菲律宾女子的国服,这是一种圆领短袖连衣裙,两袖挺直,两边稍高于肩,宛如蝴蝶展翅,所以也称"蝴蝶服"。这种服装腰部细小,裙摆宽大,历届总统夫人多穿此款式的裙子(见图4.66)。

2)饮食

菲律宾人70%以大米为主食,其余的人以玉米为主食。人们最喜欢吃的是用椰子汁煮成的饭。玉米作为食物,先是晒干,磨成粉,然后做成各种食品。该国代表性的菜肴主要有咖喱鸡肉、烤乳猪、烤猪腿、香蕉心炒牛肚、肉类炖蒜、虾子煮汤等。烹调中常用香醋、糖、辣椒等调味品。由于近代长期受西班牙人烹调法的影响,菲律宾菜肴中的辣味都不浓,可说是香辣可口,味美适中。咀嚼槟榔的习惯在菲律宾穆斯林人中非常流行。

3)婚俗

菲律宾各个民族的传统婚姻习俗差异很大。一般菲律宾人多半是自由恋爱结婚。在广大农村则流行男青年弹吉他用歌声向他所倾心的姑娘求爱。在恋爱中,男子多赠女方以化妆品、水果、花束等,花的颜色则以白色和桃色为佳,茶色和红色乃属禁忌之色。结婚仪式均在教堂中举行。菲律宾穆斯林的婚姻由父母决定。男方须通过媒人向女方家庭提出求婚,并交付聘金。婚礼仪式由伊斯兰阿訇主持,并举行盛大宴会款待客人。菲律宾实行早婚制。

土著人的婚俗多种多样。居住在北吕宋高山地区的伊戈罗特人的婚姻主要有两种方式,父母主婚或自由试婚。一般来说,较富裕的家庭,为了使自己家庭的财产、地位不致旁落,在儿女幼时即由双方父母做主订婚。到了十四五岁时,便正式成婚,如果婚后一方表示不满意,只要女方尚未受孕,便随时可以分开,男女另找对象。不能生育的,也随时可以分开。由于这些民族认为结婚的最大目的就是生儿育女,因此,在青年男女正式结婚前,接连试婚好几次的现象屡见不鲜。巴交人允许多偶婚,堂兄弟姐妹则禁止通婚,如具有后一种关系的人要结婚,必须做一些"预防"措施和仪式,如将一些贵重物品丢入海中等。矮黑人的男子求婚,必须以弓箭射女子在远处安置的竹筒,如果没有射中,说明男子没有能力养活妻子,就难以达到求婚的目的。

4)礼仪和禁忌

菲律宾人见面时一般是握手,男性间有时以拍肩膀表示亲热。菲律宾人对个人尊严很敏感,坦率和直言被视为鲁莽。喜欢送礼,也喜欢收取礼物,但受礼不当面打开。社交活动守时被视为过分热衷,一般要迟到15~30分钟。日常话题以婚姻、家庭、职业、烹饪等为主,避免谈论政治倾向性问题。崇尚茉莉花,将其视为忠于祖国、终于爱情和表达友谊的象征,常把花环挂到贵宾的脖子上。招呼别人要伸直手臂,手掌向下,摆动指头,手掌向上被认为是一种侮辱。不能把手掌放在臀部或长时间用眼光直视别人,这往往是挑衅的象征。

菲律宾人忌讳"13"和星期五。穆斯林人忌猪肉和烈性酒。

5)节日

菲律宾是世界上节日最多的国家之一,全国各民族大大小小节日有几百个,其中全国性的节日就有 20 多个。充满民族、宗教韵味的热闹节日庆典,经常在各岛之间举行。传统的民族风格与外来文化的熏陶,构成了菲律宾群岛上东西方文化融合的独特风貌。

图 4.67　菲律宾商贩在整理鞭炮

菲律宾的主要节日有:

除夕新年(12 月 31 日至 1 月 1 日):街道上到处施放烟火,充满热闹欢乐的气息。除夕新年与家人团聚是菲律宾的传统(见图4.67)。

圣周节(3 月 15 日):菲律宾在复活节期间举行圣像游行和耶稣受难剧,封斋期戒律。因宗教纪律而自我鞭笞者和忏悔者为了履行一年一度的誓愿而鞭打自己。

复活节:当黎明时分,由 1 个小女孩扮演天使,踩在云端,将覆盖在圣母玛利亚和复活的基督身上的白纱,轻轻掀起来,这时大家共同欢唱哈利路亚。

5 月花节:每天下午小女孩手捧花束献给圣母玛利亚,在 5 月的最后一个星期日,举行圣母像大游行,少女穿上白色缀满鲜花的长袍,跟随在圣母像之后。

国庆节:6 月 12 日是菲律宾独立纪念日,纪念菲律宾在 1898 年 6 月 12 日脱离西班牙独立,结束长期的殖民统治。

万圣节(11 月 1 日):为纪念已逝去的亲人,全家到墓园去献花和燃烧蜡烛,并通宵守夜,这一天变成家庭团聚的日子。

4.7.6 旅游业

1）著名旅游景点

菲律宾是一个美丽的群岛国家,既有椰林海滩又有火山瀑布,海水云天,湖光山色,风光多姿多彩。因为地处亚热带,物产富饶,水果、海鲜四季不断。再加上菲律宾是一个多民族的国家,由于历史的原因,融合了许多东西方的文化与风俗习惯特点,富于异国风情。主要旅游城市与旅游景点有:

（1）东方明珠——马尼拉

菲律宾的首都马尼拉,素有"东方明珠"之称,是菲律宾总统府马拉卡南宫的所在地（见图4.68）。

图4.68　马尼拉

马尼拉市位于菲律宾群岛中最大的岛屿吕宋岛的西岸,东南部濒临天然的优良港湾——马尼拉湾。马尼拉是一座具有悠久历史的城市,具有浓厚的热带风情,是名不虚传的东南亚旅游胜地。漫步市区,古代遗址到处可见,那些满布苔藓的古代教堂,看上去外表陈旧,却工艺精细,式样别致,同高高耸立的现代化大楼相映成趣。市区的建筑可谓是东方与西方、质朴与繁华、古老与时髦的混合体。马尼拉城内可供游览的名胜古迹很多,其中最著名的是菲律宾缩影村、黎刹公园、西班牙古城、马拉卡南宫。菲律宾缩影村,位于马尼拉机场附近,内部的建筑和设计,犹如一个微型的菲律宾,因此又名"千岛缩影"。公园内的陈设,展示了菲律宾几十个省的民间文化、风土人情和山区土著民族的建筑特色。黎刹公园位于马尼拉市中心,为纪念国父黎刹而建,绿草如茵,海风轻拂,公园中央屹立着菲律宾民族英雄黎刹的铜像。西班牙古城是马尼拉市旧址,西班牙统治时期的政治中心,第二次世界大战时被毁,仅剩奥古斯丁教堂、马尼拉大教堂、圣地亚哥古堡。马拉卡南宫是菲律宾总统府,西班牙式行宫,有宽敞的花园和以竹子为材料的别墅,清静秀丽,富于历史感。

(2)世界最完美的火山锥——马荣火山

马荣火山位于吕宋岛东南端。菲律宾最大的活火山,世界著名活火山之一。海拔2 416 米,周长 138 千米,呈圆锥形,顶端为熔岩覆盖,呈灰白色,被人们誉为"世界上最完美的火山锥"。它挺立在椰林和稻田的绿色平原中间,几乎不与其他山相连,更显其雄伟。白天,不断喷出白色烟雾,凝成云层,遮住山头;入夜,烟雾呈暗红色,整个火山像一巨大三角形蜡烛座耸立在夜空中,奇丽、壮观。天气晴朗时,从山腰可眺望太平洋风光。每年都吸引成千上万的人来此参观游览。1616 年以来火山爆发 30 多次(见图 4.69)。

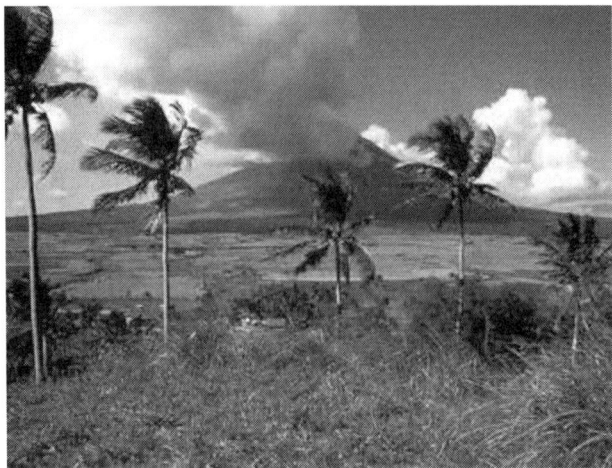

图 4.69　马荣火山

(3)古代奇迹——巴纳韦高山梯田

巴纳韦高山梯田位于吕宋岛北部伊富高省巴纳韦镇附近,距离马尼拉市约300 多千米。这里峰峦叠翠,一条条水渠像银链似的从山顶直泻而下,流水淙淙养育着禾苗。这是 2 000 多年前菲律宾伊富高民族建起的巴纳韦古代水稻梯田。由于山势陡峭,梯田面积最大的只有1/4 公顷,最小的仅 4 平方米左右。梯田的外壁大多用石块砌成,石壁最高达 4 米。据测量,最高的梯田在海拔 1 500米以上,与最低一层梯田的垂直距离为 420 多米。盘山灌溉的水渠像巨大的台阶层层向上,总长度达 1.9 万千米,可绕地球半周。砌造巴纳韦梯田所用的石方大大超过埃及金字塔,菲律宾人自豪地称之为"世界第八大古代奇迹"。1992 年世界遗产委员会将其列入世界文化遗产目录(见图4.70)。

图 4.70　巴纳韦梯田

(4)避暑胜地——塔阿尔湖

塔阿尔湖位于吕宋岛西南大雅台东南山脚下,在马尼拉以南约 56 千米处。湖长 24 千米,宽约 15 千米,水深 170 米,由一个巨大的火山口形成。湖中央有"塔阿尔火山岛",火山最高处海拔仅有 300 米,是世界上地势最低的火山。火山中间有一个火山湖,形成湖中有山、山中有湖的奇丽景色(见图 4.71)。塔阿尔火山是一座活火山,四五百年来已爆发 40 余次。大雅台是观火山湖的最佳处,从此地俯瞰,平湖浮岛,云蒸霞蔚,景色奇艳。

图 4.71　塔阿尔火山

(5)土著民族风情区——碧瑶

碧瑶位于北吕宋的本格特省境内,距马尼拉市约 300 千米,海拔 1 450 米,全年平均气温为 17.7 ℃。碧瑶重山叠嶂,颇具特色的房舍掩映在山麓的繁荫中。著名的公园有伯纳姆公园、曼尼斯公园、莱特公园、福布斯公园等,此外,还有麦逊宫、高尔夫球场及海滨浴场等。近年来,菲律宾旅游部门,努力把碧瑶建成具有北方土著民族风情的旅游区。以土著民族的茅寮形式建成的博物馆,展出的文物和图片生动地介绍了伊戈罗特人的历史与风土人情。东边距市中心3.6千米的一座山丘上,有一座菲律宾总统避暑的官邸——麦逊宫,又称夏宫、万成宫。建于1908年,后毁于战火,1946年修复。麦逊宫大门的建筑和装饰均模仿英国的白金汉宫,十分雄伟壮观。

(6)抗击侵略者的历史圣地——宿务

宿务位于米沙鄢群岛中部。航海家麦哲伦率西班牙船队在1521年抵达菲律宾,曾在宿务岛登陆,并死于此地。宿务机场位于对岸的麦克坦岛上,两岛之间有麦克坦—曼丹威桥联通。

宿务市位于宿务岛东海岸,人口约75万,是菲律宾南部的海空航运中心,工商业发达,也是菲律宾第二大城市。宿务气候宜人,水清沙幼,素有"度假伊甸园"之美称。主要景点有麦哲伦十字架、圣佩多要塞、比佛利山等。

(7)南国风情——三宝颜

三宝颜位于棉兰老岛西南端。在所有的菲律宾城市中,唯三宝颜最富有南国风情。在三宝颜市区,天主教和清真寺同时并存。三宝颜市的主要名胜有:位于市中心的市政厅,1635年西班牙神父皮拉为防御来自海上的穆斯林人进攻而建筑的皮拉堡垒和波索南卡公园。波索南卡公园距市中心约5千米,有露天游泳池、野营区,以及特有的"树上旅馆"。公园建在一座小山丘上,可鸟瞰三宝颜市景。

(8)世外桃源——长滩岛

长滩岛位于菲律宾中部,处于班乃岛的西北尖端,形状如同一个哑铃。整座岛不过7千米长,却有一片长达4千米的白色沙滩,被誉为"世界上最细的沙滩"。雪白的沙滩、碧蓝的海水、和煦的阳光使长滩岛成为著名的度假胜地,度假村和酒吧星罗棋布,来自世界各地的游人在海滩边消磨一个又一个漫漫长日。岛的北部和南部那些海拔不过百米的小山,蜿蜒小路穿过雨林,连接起座座村庄,是轻松而不失趣味的徒步路线(见图4.72)。

2)旅游业

菲律宾的旅游业起步于20世纪60年代。从20世纪60年代初至1972年为第一阶段。这一阶段旅游业处于自发阶段,发展速度缓慢。1973年至1980年为菲律宾旅游业发展的第二阶段,这个阶段我们称之为自觉阶段。这一时期菲律宾旅游业逐渐走上轨道,得到很大的发展。1973年,菲律宾政府专门设立

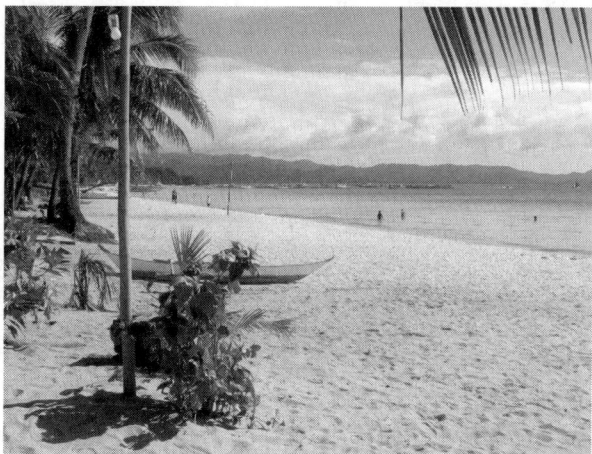

图 4.72　长滩岛

了旅游部,下设全国旅游业促进局,并在全国 12 个区设立 12 个旅游办事处。1976 年起,菲律宾旅游部为增加境外游客在菲的逗留时间,吸引更多的游客,采取了一系列新的措施,如开发新的旅游区、开放领空、扩大对外宣传等。1980 年入境旅游者突破百万,创外汇 3.2 亿美元。自 1981 年至 2008 年为菲律宾旅游业发展的第三阶段。这一阶段我们称之为盘整阶段。由于政局动乱、民族矛盾、通货膨胀、经济衰退等方面的原因,自 1981 年起菲律宾的旅游人数开始走下坡。1980 年菲接待人数就达百万,可是 11 年后的 1991 年,菲接待境外游客却少于100 万,实际接待人数不到 90 万。20 世纪 90 年代后政府高度重视旅游业,1996年掀起的"96 会议城市马尼拉"活动意在重振马尼拉世界主要会议城市雄风。当年国际游客突破 200 万人次,旅游创汇 27.9 亿美元。2013 年菲律宾接待外国游客 470 万人次。目前,旅游业已成为菲律宾第三大外汇来源,游客主要来自美国、日本、韩国、中国台湾、中国香港和澳大利亚等国家和地区。

菲律宾出国旅游的主要目的是人才、劳务输出,观光旅游和探亲访友。主要旅行目的地为亚洲近邻国家,并开始向澳大利亚及欧美方向发展。每年国内旅游者约 200 万人次。近年来菲律宾来华旅游人数不断增加,1979 年,菲律宾游客 17 219 人次,1989 年来华游客 7.3 万人次,2005 年增加到 65.4 万人次,2013年增加到 99.67 万人次,为我国当年的第七大客源国。自 2002 年 2 月 1 日起,菲律宾驻华使馆简化赴菲商务、个人旅游和团组旅游签证申请的材料要求,为中国公民赴菲提供便利。

相关链接

菲律宾经典旅游路线。

(1)马尼拉—长滩岛4晚5天休闲游

行程特色:世界最美的十大海滩之一——长滩岛、黎刹公园、西班牙古堡——圣地亚哥古堡、欧陆式教堂——圣奥古斯丁教堂、世界海拔最低的活火山——塔阿尔火山。

(2)菲律宾宿务、保和岛5日游

第1天:抵达菲律宾首都马尼拉。

第2天:马尼拉市区观光:黎刹纪念公园、西班牙城隍古堡、马尼拉大教堂。下午飞往宿务。宿务市以其历史文化和美丽的海滩而闻名。抵达后由专车前往市区游览,包括:圣保罗古堡、圣婴大教堂、麦哲伦十字架古迹等。

第3天:乘专车前往宿务著名度假区——大富利海滨度假胜地。

第4天:参观建于1596年具有三百多年历史的"古老的教堂",此教堂为珊瑚礁、蛋白、黏土混合砌成。后参观保和岛上唯一的原始森林区,还有世界十大奇景之一"巧克力山"。

第5天:返程。

旅游资讯

时差:菲律宾首都马尼拉的时间与北京时间基本没有时差。

汇率:菲律宾的法定货币为菲律宾比索(PHP),各大商场基本都接受信用卡消费。1元人民币兑换大约7比索。

签证:赴菲律宾旅游的签证,有效期为21天,个人旅游签证可延期一个月,但逾期居留将被处以1万比索以上的罚款或驱逐出境。枪支和咖啡是违禁品,携带外币入境没有限制,但超过3 000美元需申报。成人可携带酒类1.4升,香烟200支。

特色购物:菲律宾手工艺品很精美,如雕像、圣像、手制篮子、竹藤和木雕家具,金银珍珠首饰、蛇皮或鳄鱼皮制品、贝壳工艺品也很闻名。

知识卡片

菲律宾货币

菲律宾货币为菲律宾比索(Peso),1比索等于100分。纸币面值有100比索、50比索、20比索、10比索、5比索、2比索;硬币有1分、5分、10分、25分、50分、100分、200分(见图4.73)。

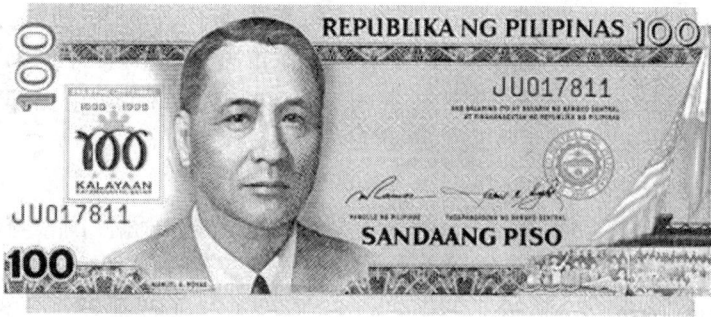

图 4.73 比索票样

4.8 蒙古国

4.8.1 地理概况

1) 自然地理

面积为 156.65 万平方千米,是亚洲中部的内陆国家,地处蒙古高原。东、南、西三面与中国接壤,北面同俄罗斯的西伯利亚为邻。西部、北部和中部多为山地,东部为丘陵平原,南部是戈壁沙漠。山地间多河流、湖泊,主要河流为色楞格河及其支流鄂尔浑河。境内有大小湖泊 3 000 多个,总面积达 1.5 万余平方千米。

蒙古国属于典型的大陆性气候。四季分明,日夜温差较大。冬季寒冷而漫长,最寒冷的 1 月份平均气温达到 –30 ~ –15 ℃。夏季由于风向的关系,气温很高,最热的 7 月份平均气温为 20~30 ℃。蒙古国的大部分地区湿润度较低,平均降水量冬季为 10~15 毫米,夏季为 200~250 毫米。蒙古国每年的日照时间达 2 600~3 300 小时,属日照时间很长的国家之一。蒙古气候的另一个特点是多风。

2) 人文地理

(1) 人口与民族

蒙古人口 294 万(2013 年)。蒙古国是一个地广人稀的草原之国,平均人口密度为每平方千米 1.6 人。人口以喀尔喀蒙古族为主,约占全国人口的 80%,

此外,还有哈萨克族、杜尔伯特、巴雅特、布里亚特等 15 个少数民族。过去大约
40% 的人口居住在乡下,20 世纪 90 年代以来城市居民占总人口的 70% ,其中生
活在乌兰巴托的居民占全国居民总数的 36% 。农业人口主要由饲养牲畜的游
牧民组成。

(2)语言与宗教

主要语言为喀尔喀蒙古语。居民主要信奉喇嘛教,根据《国家与寺庙关系
法》的规定,喇嘛教为国教。还有一些居民信奉土著黄教和伊斯兰教。

3)国旗、国徽

国旗:呈横长方形,长与宽之比为 2∶1,旗面由三个垂直相等的竖长方形组
成,两边为红色,中间为蓝色。左边的红色长方形中有黄色的火、太阳、月亮、长
方形、三角形和阴阳图案。旗面上的红色和蓝色是蒙古人民喜爱的传统颜色,红
色象征快乐和胜利,蓝色象征忠于祖国,黄色是民族自由和独立的象征。火、太
阳、月亮表示祝人民世代兴隆永生;三角形、长方形代表人民的智慧、正直和忠于
职责;阴阳图案象征和谐与协作;两个垂直的长方形象征国家坚固的屏障(见图
4.74)。

图 4.74　蒙古国国旗

图 4.75　蒙古国国徽

国徽:呈圆形。圆面为蓝色,中间是一匹飞奔的骏马,马中间的图案与国旗
上的相同,马之下是一个法轮。圆周由褐色和金黄色的花纹装饰,下方饰以白色
的荷花花瓣,顶端是三颗宝石(见图 4.75)。

相关链接

蒙古民族是一个游牧民族,善于骑马,因此也被称为"马背民族"。蒙古人
爱马,并将其视如珍宝,在蒙古国的国徽上就画有一匹骏马。

4.8.2 简史

1）匈奴统治时期

公元前7世纪蒙古地区进入了铁器时代。自此,蒙古地区出现了阶级分化及匈奴人的早期国家。蒙古学界现仍认为匈奴人是蒙古人的始祖。他们认为东胡人(我国学者视为是蒙古族祖先)出自匈奴。但是他们承认蒙兀室韦是蒙古人的直接祖先,并承认蒙兀室韦源于东胡的鲜卑。蒙古地区公元前3世纪成为匈奴帝国的中心。匈奴在冒顿单于时期势力达到极盛,其辖地南起阴山、北抵贝加尔湖、东尽辽河、西逾葱岭,囊括了现今整个蒙古国的版图。

2）蒙古帝国时期

经历了长时间分裂后,1206年,雄才大略的一代天骄成吉思汗统一了长期混战不已的各部落,在蒙古高原建立了闻名世界的蒙古汗国,这也标志着蒙古民族共同体的最后形成。从此,"蒙古"作为民族、地域、国家的名称一直延续至今。蒙古帝国时期,现今的蒙古国一直是帝国的中心,其都城即设在蒙古的哈拉和林。到元朝时期,蒙古统治中心南迁并创制行省制度后,现今的蒙古国属于元朝的岭北行省。明代蒙古达延汗中兴时期(16世纪),蒙古地区属于东蒙古6万户中的喀尔喀万户,即达延汗第十一子格埒森扎的领地。阿巴岱汗时期,蒙古分属土谢图汗、车臣汗、扎萨克图汗三部。

17世纪末,喀尔喀蒙古归顺清朝,清政府又从土谢图汗部拨出部分领地形成了赛音诺颜部。清朝把盟旗制度也推行到这里。到乾隆年间,在喀尔喀四部共计设立了4盟86旗,还有兼隶的科布多、唐努乌梁海两部。

3）独立时期

1911年年底,蒙古部分封建王公宣布成立政教合一的封建神权君主国——"大蒙古国",以"共戴"为年号,奉八世哲布尊丹巴胡图克图为"皇帝"。1915年6月7日,中、俄、蒙两国三方的代表经过长达8个多月的谈判签订了《中俄蒙协约》,亦即《恰克图协约》。根据该协约,虽然外蒙古"独立"在形式上被取消,正式改称"自治",并承认中国的"宗主权",但只是徒有虚名而已。1921年,蒙古地区由蒙古人民党领导进行了人民民主革命,并在苏联红军的支援下驱逐了盘踞在蒙古地区的白俄匪军及中国北洋军阀的军队,于同年7月成立了人民革命政府,建立了以八世哲布尊丹巴胡图克图活佛为皇帝的君主立宪国家。1924年5月20日博克多格根圆寂后,6月3日蒙古人民党中央委员会通过了在蒙古境内实行共和政体的决议,宣布蒙古国为共和国。同年 11 月 26 日通过了蒙古国第一部宪法,国名定为蒙古人民共和国。

1945 年 2 月,英、美、苏三国首脑雅尔塔会议规定,"外蒙古(蒙古人民共和国)的现状须予维持",并以此作为苏参加对日作战的条件之一。1945 年 10 月 10 日,当时的中国国民党政府在苏联的压力下,同意在蒙古国就外蒙古的独立问题举行全民投票,并于 1946 年 1 月 5 日发布国民政府公告,承认外蒙古公民投票的结果,即承认了外蒙古之独立。1992 年 2 月改国名为蒙古国。

课堂讨论

学习了蒙古国的历史后,请同学们联系我国内蒙古自治区的省区名称说说蒙古国与我国之间的历史渊源。

4.8.3　经济

1)畜牧业概况

蒙古国是传统畜牧业国家,畜牧业和畜产品加工业是国民经济的基础。畜牧业人口占 60%左右,多为游牧。牧场占全国面积的 83%,主要牲畜有羊、牛、马、骆驼。耕地面积仅占全国面积的 0.3%,主要集中在色楞格河和鄂尔浑河流域。主要外贸对象是俄罗斯等国,出口活牲畜和经过加工或半加工的羊毛、肉类、皮革、兽毛等畜产品(见图 4.76)。

图 4.76　蒙古国畜牧业

2)农业概况

农作物以耐寒的小麦、燕麦、大麦、黍、马铃薯、蔬菜和饲料为主。春小麦占粮食作物播种面积的 90%以上。

3)工业概况

工业主要是农牧产品加工和矿产采掘,还有一些电力、木材加工、建筑材料、化学等工厂。小规模现代化工业集中在乌兰巴托、达尔汗、苏赫巴托尔、乔巴山，农牧产品加工厂分布全国各地。产业结构为工业—农牧业经济。

4.8.4　文化

1）教育

蒙古国 15 岁以上人口中，文盲约占 2%。实行国家普及免费普通教育制。截至 2010 年，全日制普通教育学校共 748 所，高等院校 177 所。主要高等院校有：国立大学、科学技术大学、国立师范大学、国立农牧业大学、医科大学、人文大学、文化艺术大学等，主要私立大学有奥特根腾格尔大学、蒙古商业学院、乌兰巴托学院、鄂尔浑学院等。根据政府间文化教育科学合作协定，蒙古国与 50 多个国家交换留学生。

2）文学

蒙古传统文学中最丰富的是民间文学，主要有传说、民歌、谚语及其他一些说唱的口头文学，它反映牧民生活，富有民间特色。中世纪以来的蒙古文学受到汉民族文学的影响，喇嘛教传入蒙古国后，藏文化在蒙古国广泛流行。革命后的蒙古文学受俄罗斯古典文学和苏联文学的影响较大，出现了很多小说和译著。著名作品有那楚克道尔吉的歌剧《三座山》，至今已上演了 50 年。

4.8.5　民俗

1）服饰

蒙古国的传统服饰是蒙古族服饰，有着浓厚的草原风格和适合游牧生活的基本款式。从其构成来讲，有帽子、袍子、坎肩、汗褐子、腰带、裤子、套裤、靴子、鞋等。这些服饰"构件"，由于穿着者的身份地位、性别年龄、职业分工以及环境季节的不同。其中，男装倾向于浑然大气，女装呈现为精致美丽。加之，五彩缤纷的佩饰，蒙古族服饰总体上表现为自由大方而不缺细琢精雕的沉稳风格。

蒙古族服饰包括首饰、长袍、腰带和靴子等。男女老少一年四季都喜欢穿长袍，春秋穿夹袍，夏季着单袍，冬季着棉袍或皮袍。男袍一般比较宽大，尽显奔放豪迈。女袍则比较紧身，以展示出身材的苗条和健美。男装多为蓝、棕色，女装则喜用红、粉、绿、天蓝色。腰带是蒙古族服饰重要的组成部分，用长三四米的绸缎或棉布制成。蒙古族钟爱的靴子分皮靴和布靴两种，蒙古靴做工精细，靴帮等处都有精美的图案。佩挂首饰、戴帽是蒙古族习惯。玛瑙、翡翠、珊瑚、珍珠、白银等珍贵原料使蒙古族的首饰富丽华贵。

2)饮食

蒙古国居民饮食习惯特点浓郁,食品以牛、羊肉为主,乳品、砖茶和羊肉是蒙古人最爱吃的食品,一般食肉不用筷或叉,而是左手拿肉,右手拿刀切着吃。经常食用的蔬菜品种包括马铃薯、白菜、圆葱、萝卜等,喜饮酒。

3)礼貌、礼节

请安是蒙古国男女老幼传统的一种见面礼。遇到长辈必请安,在马上、车上者则需下车、下马互致问候。同辈相遇也互相问好。

蒙古人比较隆重的仪式是交换鼻烟壶和献哈达。鼻烟壶是蒙古人常用的生活器具,让客人闻鼻烟壶是表示敬意。同辈相间,双手捧壶,对方右手接着,如此反复两次,最后物归原主。若来客为长辈,就请客人坐下,主人先施礼,再交换鼻烟壶。

哈达用于敬神、拜年、喜庆或隆重的迎送场合。要把哈达叠成双层,开口一方朝向客人,一脚跨前一步,身体微躬,双手献予贵客,对方也应以同样的姿势微笑接受。

向别人递交东西要用右手,以示尊敬;蒙古人忌讳别人触摸自己的头部和帽子;与客人正式会面或共同进餐要衣着整洁,男士应着西装打领带,女士应化妆并佩戴首饰;送客人离开时,主人不必出门。

4)节日

(1)春节

蒙语称"白月",日期与我国藏历新年相同,是蒙古国民间最隆重的节日,以前称为"牧民节",只在牧区庆祝。1988 年 12 月,蒙古国大人民呼拉尔主席团决定,春节为全民的节日。

(2)国庆节

国庆节——那达慕,7 月 11 日。1921 年蒙古人民革命党领导的人民革命取得胜利,7 月 10 日,在库伦(今乌兰巴托)成立君主立宪政府。后定其次日为国庆日。1997 年 6 月 13 日,蒙古国庆中央委员会第三次会议决定将蒙国庆易名为"国庆节——那达慕"。那达慕,蒙语意为"游戏"或者"娱乐",原指蒙古民族历史悠久的"男子三竞技"(摔跤、赛马和射箭),现指一种按着古老的传统方式举行的集体娱乐活动,富有浓郁的民族特点。1922 年起,定期在每年的 7 月 11 日举行,成为蒙古国庆活动的一个主要组成部分(见图 4.77)。

图 4.77　那达慕大会开幕式上的骑兵

　　首都乌兰巴托的那达慕盛会规模最大,届时各路高手纷纷登场献技,决出力挫群雄的全国冠军,观众如痴如醉,为他们心中的英雄欢呼、呐喊,把节日的欢乐气氛推向高潮。

4.8.6　旅游业

1)著名旅游景点

(1)乌兰巴托

　　乌兰巴托市区主要位于图勒河的北岸(见图 4.78),两岸绿树成荫,有 5 座大桥横跨河上,城市周围有博格多、桑根、青格尔泰等山峰环抱,其中,博格多山被称为圣山。山上松林茂密,多野生动物,是蒙古国最早建立的自然保护区之一。原喇嘛教活佛的宫殿现称"故宫博物馆",殿内金碧辉煌。

(2)哈拉和林

　　中国传统名称"和林",蒙语意为"森林小道",在蒙古国杭爱山麓、鄂尔浑河上游。自 1220 年成吉思汗定都于此,直至忽必烈即位后于 1264 年南迁至大都,哈拉和林一直是蒙古国的政治中心。据史籍记载,市街分两大区,一为伊斯兰教徒区,多商人和市场;一为中国人居住区,全为工匠。另有贵族住宅区和寺院。有佛教寺

图 4.78　乌兰巴托

12 个,清真寺 2 个,基督教堂 1 个。筑有土城,方圆 3.5 千米。1948—1949 年在和林废墟上大规模发掘,发现遗迹甚多。

(3)草原和自然风光

辽阔的草原,广袤的戈壁,成群的牛羊,圆形的蒙古包和剽悍牧民,组成蒙古国典型的风情画。蒙古人民自古以牧业为生,过着逐水草而居的游牧生活,绵羊、山羊、牛、马、骆驼五大牲畜在蒙古人生活中占有重要地位,国徽正中就是一幅牧民扬鞭跃马的图案。

2)旅游业现状

蒙古国旅游业收入逐年在增长。1996 年全国旅游业收入只有 4 250 万美元,10 年后的 2006 达 1.975 亿美元。2007 年达 2.271 美元,2008 年达 2.369 亿美元,2009 年因受国际金融危机影响旅游业收入下降至 2.133 亿美元,2010 年则同比增长 20%。蒙古国有 320 个宾馆,其中具备接待国内外游客条件的宾馆有 60 个,国际星级标准宾馆有 4 个,全国有 300 多个旅游景点,其中星级旅游景点 70 多个,旅游公司有 520 多家。

3)旅游企业

目前,蒙古国有 5 个旅游基地,共有旅游企业 412 家,其中各种旅游点 130 个,接待游客总床位数为 9 000 余张。主要旅游饭店有乌兰巴托饭店、巴彦高勒饭店、杭爱饭店。

知识卡片

蒙古国货币

蒙古国的货币名称为 Tugrik(图格里克)。蒙古国货币的发行银行是蒙古国的中央银行——蒙古国家银行。目前流通的货币有:100,50,25,20,10,5,3,1 图格里克等面额纸币,另有 50,20,15,10,5,2,1 蒙戈铸币。1 图格里克等于 100

蒙戈(Mongo),图 4.79 为蒙古国货币票样。

蒙古国的主要外币是美元、人民币及欧元等,可以自由兑换,1USD ＝ 1 215 TUG,1RMB ＝ 150 TUG(2006 年 2 月市场价格)。信用卡可以在乌兰巴托的大宾馆和部分商店使用,主要消费仍要使用现金。但 1988 年前出版的美元在当地是不被接受的。

图 4.79　图格里克票样

4.9　澳大利亚

4.9.1　地理概况

1)自然地理

澳大利亚位于南半球,孤悬于南太平洋和印度洋之间,是全球唯一的独占一个大陆的国家,由澳大利亚大陆、塔斯马尼亚岛等岛屿和海外领土组成。它东濒太平洋的珊瑚海和塔斯曼海,西、北、南三面临印度洋及其边缘海,海岸线长约 3.67 万千米。面积 769.2 万平方千米,占大洋洲的绝大部分,居世界第六位,仅次于俄罗斯、加拿大、中国、美国和巴西,约相当于五分之四个中国。虽四面环水,沙漠和半沙漠却占全国面积的 35%。全国分为东部山地、中部平原和西部高原 3 个地区。全国最高峰科西阿斯科山海拔 2 228 米,最长河流墨累河长 3 490 千米。中部的北艾尔湖是澳大利亚的最低点,湖面低于海平面 16 米。在东部沿海有全世界最大的珊瑚礁——大堡礁。

北部属热带,大部分属温带。年平均气温北部 27 ℃,南部 14 ℃,内陆地区干旱少雨,年降水量不足 200 毫米,东部山区 500 ~ 1 200 毫米。

阅读材料

全国第一州——新南威尔士,首府为悉尼。

新南威尔士位于澳大利亚东南部,是英国最早在澳大利亚建立的殖民地,现在是全澳人口最多的州,也是工商业最发达的地区,农业、畜牧业、制造业和充足的能源原料及高度发展的服务业是新州的经济基础。

阳光之州——昆士兰,首府为布里斯班。

昆士兰州位于东北部。东濒太平洋,西与北部地区及南澳大利亚州相接,南邻新南威尔士州,总面积 1 727 200 平方千米,人口近 400 万,是澳大利亚面积第二大、人口第三多的州。由于降雨量少,阳光普照,有"阳光之州"的美誉。

节日之州——南澳大利亚,首府为阿德莱德。

南澳占澳大利亚大陆的 1/8,是澳大利亚第三大州,面积 98 万平方千米,人口 170 万。海岸线长达 3 700 千米。阿德莱德是南澳的首府,地处平原,位于游客众多的沙滩和阿德莱德山脉之间。南澳州南部地区,包括阿德莱德在内,冬季气候温和,平均最高温度为 15 ℃。夏天干燥而炎热,平均气温最高约 29 ℃。

花园之州——维多利亚,首府为墨尔本。

维多利亚州位于新南威尔士的南部,位于澳洲大陆的东南部,面积不大,约为澳大利亚的 3%,从该州的任何地区至墨尔本都不超过一日的车程。全州人口约 500 万,其中三百多万人口居住在首府墨尔本。墨尔本始建于 1835 年,是第二大城市,也是澳大利亚的金融中心,同时也是澳大利亚的体育盛事之都,墨尔本是世界上唯一主办过夏季奥运会、英联邦运动会和世界游泳锦标赛的城市,也是每年的网球大满贯(澳大利亚网球公开赛)和一级方程式赛车(澳大利亚分站)的主办城市。

澳大利亚首都区(Australian Capital Territory)——堪培拉。

堪培拉是澳大利亚的首都,是联邦政府和行政机构的所在地,人口 30 万,半数以上的人口是政府公务员及其家属。在夏季,堪培拉温度可高达 40 ℃,年平均温度 27 ℃。冬天阳光充足,平均最高温度约 11 ℃。

2) 人文地理

(1) 人口与民族

澳大利亚人口 2 279 万(2012),其中 74% 为英国及爱尔兰后裔;5% 为亚裔,其中华裔约 67 万人,占 3.4%;土著居民约 45.5 万人,占 2.7%;18.8% 为其他民族。

（2）语言与宗教

澳大利亚的官方语言是英语。澳大利亚政府鼓励不同种族或民族的澳大利亚人，包括土著人，在家里或公共场合像使用英语一样地使用他们的母语。

澳大利亚是一个宗教自由的国家，各种宗教信仰，包括基督教、天主教、印度教、犹太教、伊斯兰教和佛教等在这个国家并存。根据2001年的人口普查，在澳大利亚存在的宗教信仰约100种之多。根据澳大利亚的平等机会法，任何人不会因是否有宗教信仰或有何种宗教信仰而受到歧视。过去的20年，澳大利亚信仰宗教的人数逐渐减少。2001年的普查数据显示，25%左右的人没有任何宗教信仰。圣公会教徒占总人口21%，罗马天主教教徒占27%，其他基督教教派占21%，其他宗教信仰者占6%。

3）国旗、国徽、国花、国树和国鸟

国旗：呈横长方形，长与宽之比为2∶1（见图4.80）。旗地为深蓝色，左上方是红、白"米"字，"米"字下面为一颗较大的白色七角星。旗地右边为五颗白色的星，其中一颗小星为五角，其余均为七角。澳大利亚为英联邦成员国，英国女王为澳大利亚的国家元首。国旗的左上角为英国国旗图案，表明澳大利亚与英国的传统关系。一颗最大的七角星象征组成澳大利亚联邦的六个州和联邦区（北部地区和首都直辖区）。五颗小星代表南十字星座（是南天小星座之一，星座虽小，但明亮的星很多），为"南方大陆"之意，表明该国处于南半球。

图4.80　澳大利亚国旗

国徽：澳大利亚国徽左边是一只袋鼠，右边是一只鸸鹋，这两种动物均为澳大利亚所特有，是国家的标志，民族的象征；中间是一个盾，盾面上有六组图案分别象征这个国家的六个州。红色的圣乔治十字形（十字上有一只狮子、四颗星），象征新南威尔士州；王冠下的南十字形星座代表维多利亚州；蓝色的马耳他十字形代表昆士兰州;伯劳鸟代表南澳大利亚州;黑天鹅象征西澳大利亚州;红色狮子象征塔斯马尼亚州。盾形上方为一枚象征英联邦国家的七角星。周围饰以澳大利亚国花金合欢,底部的绶带上用英文写着"澳大利亚"(见图4.81)。

图4.81　澳大利亚国徽

图4.82　琴鸟

国花:金合欢。

国树:桉树。

国鸟:琴鸟(见图4.82)。它貌似野鸡,常在陆地行走。雄鸟有一条华美无比的琴形尾,并以尾羽开屏的壮观而闻名。琴鸟的尾羽与希腊的一种七弦琴极为相似,因故得名。它不仅美丽动人,还能模仿其他动物的叫声,声音十分婉转动听。

相关链接

迁都趣史

　　联邦成立之后,澳大利亚的首都是墨尔本(1901—1927),当时的墨尔本比悉尼要繁华。随着悉尼的日益繁荣,悉尼市民十分希望悉尼成为澳大利亚的首都。澳大利亚政府后来决定,在悉尼和墨尔本之间建造一个新的城市堪培拉作为新首都。1927年,澳大利亚迁都堪培拉。有趣的是,新首都并非位于悉尼和墨尔本的正中央,它距离悉尼约4小时车程,距离墨尔本约7小时车程。堪培拉由于是一个新城市,规划得非常好。堪培拉的都市设计通过一个公开的国际比赛而采纳方案,比赛收到137个设计,结果由美国建筑师格里芬(Walter Burley Griffin)赢出,这位设计师最初描绘的堪培拉街道图是他和他的妻子(也是一位建筑师)共同画在一块棉布上的,这份珍贵的原作至今仍保留在澳大利亚国家档案馆。

4.9.2　简史

早在 4 万多年前,土著居民便生息繁衍于澳大利亚这块古老的土地上。现在,澳大利亚土著居民总数是 45.5 万人(2012 年人口普查)。据有关史料记载,1606 年,西班牙航海家托勒斯的船只驶过位于澳大利亚和新几内亚岛(伊里安岛)之间的海峡;同年,荷兰人威廉姆·简士的杜伊夫根号涉足过澳大利亚并且是首次有记载的外来人在澳大利亚的真正登陆。1770 年,英国航海家库克船长发现澳大利亚东海岸,将其命名为"新南威尔士",并宣布这片土地是英国的属土。

英国人首先把澳大利亚作为一个流放囚犯的地方。1788 年 1 月 18 日,由菲利普船长率领的一支有 6 艘船的船队共 1 530 人抵达澳大利亚的园林湾,其中包括 736 名囚犯。8 天之后的 1788 年 1 月 26 日,他们正式在澳大利亚杰克逊港建立起第一个英国殖民区,这个地方后来人口不断增长而成为澳大利亚现在的第一大城市悉尼。这个名字的来由,是为了纪念当时的英国内政大臣悉尼。现在,每年的 1 月 26 日是澳大利亚的国庆日。

1790 年,第一批来自英国的自由民移居澳大利亚,以悉尼为中心,逐步向内陆发展,至 1803 年,殖民区已拓展到今日的塔斯马尼亚。初期的殖民地仅赖以农业生存,其后便利用天然条件发展畜牧业。至 1819 年,澳大利亚的畜牧业已有了较大发展。当时的麦卡瑟船长与妻子共同培育了澳大利亚最早的螺角羊。他们牧场的羊群总数达 6 000 头。殖民地生产的羊毛不仅自给,而且向英国出口,为澳大利亚换回日用生活必需品。至 1850 年,澳大利亚的牧羊业已很发达,羊只存栏总数达 1 800 万头,当时英国进口羊毛总量的一半以上来自澳大利亚。悉尼和墨尔本已取代德国汉堡,成为世界上最著名的羊毛集散中心。

19 世纪 50 年代,在新南威尔士和维多利亚两州发现金矿。大批来自欧洲、美洲和中国的淘金者蜂拥而至。澳大利亚人口从 1850 年的 40 万人激增至 1860 年的 110 万人。其后许多重要的金矿被一一发现,同期还发现大量矿藏,这些发现,让澳大利亚迅速致富和发展。继新南威尔士、塔斯马尼亚建立殖民区之后,西澳、南澳、维多利亚和昆士兰四处相继于 1829 年、1836 年、1851 年和 1859 年建立殖民区,各殖民区之间的联系不断加强,建立统一的联邦势在必行。1901 年 1 月 1 日,英国国会通过由澳 6 个殖民区联合议定的宪法,正式成立了澳大利亚联邦。原来的 6 个殖民区分别成为联邦下属的 6 个州。

1927 年,首都迁往堪培拉。1931 年,英国议会通过《威斯敏斯特法案》,使澳大利亚获得内政外交独立自主权,成为英联邦中的一个独立国家。

知识卡片

澳大利亚一词,意即"南方大陆",欧洲人在 17 世纪初叶发现这块大陆时,误以为这是一块直通南极的陆地,故取名"澳大利亚",Australia 即由拉丁文 terraaustralis(南方的土地)变化而来。

4.9.3 经济

澳大利亚是一个后起的发达资本主义国家。2011 年国内生产总值(GDP)全球排名第十三,人均生产总值达到 65 477 美元,排名世界第六,在 2 000 万人口以上的国家中排名第一,远高于美国、英国等其他主要英语国家。澳农牧业发达,自然资源丰富,有"骑在羊背上的国家""坐在矿车上的国家""手持麦穗的国家"之称。澳大利亚长期靠出口农产品和矿产资源赚取大量收入,盛产羊、牛、小麦和蔗糖,同时也是世界重要的矿产资源生产国和出口国。澳大利亚资源也是其他英语国家国民极为羡慕的,英语中甚至有一个词组专门形容澳大利亚"The lucky country",意思是说澳大利亚建国以来就很幸运,国民不需要辛勤劳动,只要让牛羊随便吃草,在地上随便挖矿就可过上世界上最高水平的生活。农牧业、采矿业为传统产业。澳大利亚高科技产业近几年有较快发展,在国际市场上竞争力有所提高。自 1970 年代以来,澳大利亚的经济经历了重大的结构性调整,旅游业和服务业迅速发展,占国内生产总值的比重逐渐增加,目前已达到 70% 左右。澳大利亚黄金业发达,已经成为世界屈指可数的产金大国,其邮电业是世界上唯一赚钱而不需要政府补贴的邮电系统,已建成世界上第二大公众传真网(仅次于美国)。

4.9.4 文化

1)教育

澳大利亚教育事业主要由州政府负责,各州的教育部独立主管本州大、中、小学和技术教育学院。联邦政府仅负责制定、协调教育政策,并向全澳的大学和高等教育学院提供经费。学校分公立和私立两种,实行学龄前教育、中小学 12 年义务教育和高等教育。著名高等院校有澳大利亚国立大学、堪培拉高等教育学院、悉尼大学、新南威尔士大学、墨尔本大学、莫那什大学等。

2）文学艺术

澳作家的文学创作日益兴盛,长篇、中篇、短篇小说作品不断问世。著名作家帕特里克·怀特获 1973 年诺贝尔文学奖,使澳大利亚文学在世界上产生了新的影响。他的主要作品有:《老人树》《沃斯》《活体解剖者》《风暴眼》等。

3）科学技术

澳大利亚拥有很多引以为傲的科技成就,例如检查怀孕妇女的超声波成像技术、拯救过无数生命的西药盘尼西林、现在全世界通用的飞行记录仪黑匣子、以电为动力的心脏起搏器等,都是澳大利亚科学家的发明。

4.9.5　民俗

1）服饰

澳大利亚人,特别是英国人后裔曾十分注重穿着。大学教授、讲师和高级职员除工作之需,也时常着便装。特别是在购物、游览等闲暇活动中,人们更加偏爱便装。

2）饮食

澳大利亚人餐饮习惯和英国人很相似,但更喜欢吃鱼类和菜肴,对中餐十分喜欢。口味有以下特点:注重菜肴颜色,讲究新鲜、质高;口味爱酸甜味,不喜太咸;主食喜面包、面食,尤其喜欢中国的水饺;喜吃鸡、鸭、鱼、海鲜、牛肉、蛋类,也喜欢豆芽菜、西红柿、生菜、菜花等;偏爱煎、炸、炒、烤烹调制成的菜肴;喜欢啤酒、葡萄酒,饭后喜咖啡,也很爱饮红茶、香片花茶;喜欢新鲜水果,以荔枝、苹果最受欢迎,喜食花生米。

3）礼貌、礼节

澳大利亚人文明有礼,乐于助人。在人流稀少的街上行走的话,人们即使互不相识也会打招呼和问候。如果手拿一袋水果在街上行走,袋子不巧破了,水果滚在地上,周围的人会马上帮忙捡起来,送还你的手上,还会有人给你找来一个好的袋子或者盒子或者什么可以救急的替代品。

澳大利亚人既有西方人的爽朗,又有东方人的矜持。他们兴趣广泛,喜欢体育运动,如冲浪、帆板、赛马、钓鱼、地滚球运动、澳式橄榄球及游泳等都有众多的热衷者。

无拘无束是澳大利亚人的最好概括。澳大利亚有特别浓厚的自由和无拘无束的气氛。人们日常互相直呼其名(只称呼名,不称呼姓),老板和员工之间、教师和学生之间都如此。在两大城市悉尼和墨尔本的市中心,平日中午常常可看见穿笔挺西服的白领人士或白领丽人和朋友同事聚在一起,坐在建筑物门前的台阶上吃简单的午餐,如三明治或热狗,白领人士坐在街上吃便当,同样是现代化的大都市,同样的场面在东京或香港这样的地方是难以想象的。

4)节日

全国各地,都经常举办不同形式的节日、活动和展览。澳大利亚是全世界最多民族的国家之一,不同文化的差异为澳大利亚的节日和活动倍添姿彩。

(1)国庆节

1月26日,国庆日,为纪念白人进入澳大利亚的建国纪念日(1788年,菲利浦船长宣布澳大利亚为英国领地),但在一些州,也以接近周末的周一、周五作为国庆节假。

(2)"恩沙克日"——澳大利亚军人节

4月25日,为纪念第一次世界大战中被英国借派的澳大利亚新西兰联合军在土耳其卡利波里半岛的决死登陆而设。

(3)澳大利亚赛马——墨尔本杯大奖赛

11月第一个星期二是闻名世界的澳大利亚赛马——墨尔本杯大奖赛的举行日。全国性赛马发源地墨尔本市将这一天列为公休日,届时,全国其他地区也停止工作,进行观马大赛。

(4)开盒节

12月26日,打开圣诞所赠礼盒的日子,在南澳大利亚,称为"宣告节"。

阅读材料

澳大利亚各州也自行设立节日,主要包括:

点缀堪培拉——每年9月中,堪培拉都会举办春季花展。湖畔的公园和花园都会种满色彩缤纷的花卉,包括数以千计的郁金香,令人流连忘返。

悉尼派对——悉尼节于每年1月举行,整个悉尼市在这个月都会尽情狂欢。节目包括歌剧、放烟花、轮船竞赛、街头表演、艺术表演和露天演唱会等。

阿德莱德独立艺术节——阿德莱德是全国最大型的独立艺术节,于双数年份举行。年轻新晋的表演者会借此机会,表演艺术和喜剧作品。

昆士兰汇演——活福民族节于元旦期间在昆士兰的阳光海岸举行。精彩的节目会带你进入音乐、故事、电影、戏剧和土著生活的世界。

西部怨曲 ——小桥镇是西澳大利亚最可爱的村庄,亦是澳大利亚怨曲节举行之地。这个为期3天的音乐节,会为你源源不绝地献上悠扬的怨曲。

4.9.6　旅游业

澳大利亚旅游环境独特,旅游资源十分丰富:孤立的大陆、古老神奇的动物、辽阔壮丽的海滩、景色奇丽的大堡礁,这一切莫不令游人心驰神往!

1)著名旅游景点

(1)悉尼歌剧院

悉尼歌剧院不仅是悉尼艺术文化的殿堂,更是悉尼的灵魂,也是澳大利亚的标志性建筑(见图4.83)。悉尼歌剧院整个建筑占地1.84公顷,长183米,宽118米,高67米,相当于20层楼的高度。自从建筑师罗伯特·斯丹用自然流畅的线条勾勒出它宛如天鹅般高雅的外形后,悉尼歌剧院便成为澳洲,乃至世界上最著名的歌剧院之一。悉尼歌剧院是澳大利亚全国表演艺术中心,又称海中歌剧院。它耸立在新南威尔士州首府悉尼市贝尼朗岬角上,紧靠着世界著名的海港大桥的一块小半岛上,三面环海,南端与市内植物园和政府大厦遥遥相望。建筑造型新颖奇特、雄伟瑰丽,外形犹如一组扬帆出海的船队,也像一枚枚屹立在海滩上的洁白大贝壳,与周围海上景色浑然一体,富有诗意,已成为悉尼的标志。悉尼歌剧院1959年3月破土动工,历时14年,耗资1亿多澳元,1973年10月落成揭幕。英国女王伊丽莎白二世专程前来剪彩。整个歌剧院分为3个部分:歌剧厅、音乐厅和贝尼朗餐厅。

图4.83　悉尼歌剧院

(2)黄金海岸

在澳大利亚的东部沿海,有一处绵延42千米、由数十个美丽沙滩组成的度假胜地,它就是著名的昆士兰黄金海岸。"黄金海岸"属亚热带海洋气候,终年阳光普照,空气湿润,一年四季都适宜旅游,但最好的时间就在每年的8月到次年的1月,那时正是澳洲的夏季,非常适合潜水。黄金海岸是澳大利亚的假日游乐胜地,这里有明媚的阳光、连绵的白色沙滩、湛蓝透明的海水、浪漫的棕榈林,来这里旅游度假的人们更为这里增添了不少生机和动感。黄金海岸的中心就是冲浪者天堂,那里风光明媚,旅游设施完备,游客既可以在太平洋中畅游,也可以在沙滩上打排球。

(3)大堡礁

大堡礁是世界上最大、最长的珊瑚礁区,是世界七大自然景观之一,也是澳大利亚人最引以为自豪的天然景观(见图4.84),又称为"透明清澈的海中野生王国"。

图4.84　大堡礁

大堡礁位于澳大利亚东北部昆士兰州以东,巴布亚湾与南回归线之间的热带海域,是一处延绵2 000千米的地段,它纵贯蜿蜒于澳大利亚东海岸,全长2 011千米,最宽处161千米。南端最远离海岸241千米,北端离海岸仅16千米。在落潮时,部分的珊瑚礁露出水面形成珊瑚岛。这里景色迷人、险峻莫测,水流异常复杂,其中有世界上最大的珊瑚礁。大堡礁由3 000个不同阶段的珊瑚礁、珊瑚岛、沙洲和潟湖组成,蔚为奇观(另一资料:大堡礁包括约2 900多个珊瑚岛礁)。这个世界上景色最美、规模最大的珊瑚礁群,总面积达 20.7 万平方千米。它北部排列呈链状,宽 16～20 千米;南部散布面宽达 240 千米。

大堡礁属热带气候,主要受南半球气流控制。由于这里自然条件适宜,无大风大浪,成了多种鱼类的栖息地,而在那里不同的月份还能看到不同的水生珍稀动物,这里有鱼类 1 500 种,软体动物达 4 000 余种,聚集的鸟类 242 种,有着得天独厚的科学研究条件,这里还是某些濒临灭绝的动物物种(如人鱼和巨型绿龟)的栖息地,让游客大饱眼福。

(4)古老神奇的动物

澳洲远离其他大陆,其生物演化进程迥然于其他各洲,至今保存有众多古老而神奇的动物,其中有名的有鸭嘴兽、树熊、袋鼠、琴鸟等。

在澳洲东部和塔斯马尼亚岛上,生长着一种世上特有的动物,即鸭嘴兽(见图 4.85)。它是哺乳动物,却会下蛋繁殖后代,但所孵出的小鸭嘴兽又是哺乳的,脚上有蹼,水陆两栖。鸭嘴兽最奇特之处在于它亦兽亦鱼,而又非兽非鱼,它是水陆两栖动物,平时喜欢穴居水岸,擅长游泳,但和鲸鱼一样,不能长期浸在水中,每隔几分钟就要浮出水面呼吸空气。鸭嘴兽还是世界上唯一一种能分泌毒汁用以保护自己的哺乳动物。生物学家经过多年的争论,才将它列为世上稀有的"卵生哺乳动物"。

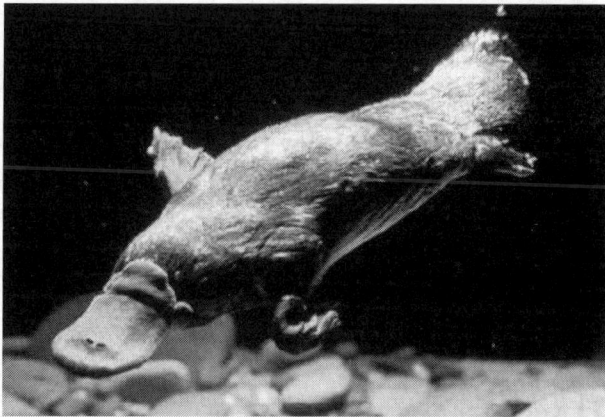

图 4.85　鸭嘴兽

树熊(树袋熊、考拉)是澳大利亚人喜爱的动物,堪与我国的大熊猫相媲美。它长着一张胖乎乎的孩儿脸,一个黑黝黝的大鼻子,一双黑豆子的圆眼睛,两只毛茸茸的短耳朵,一身又厚又密的灰色毛,滑稽可爱,憨态可掬,它们虽属于走兽,但几乎从不下地行走,吃在树上,睡在树上,以树为家,性情温和,经常脸带笑容。故澳大利亚人喜欢用树袋熊玩具作为礼物赠送亲友,以示吉利和喜庆。

袋鼠——是澳大利亚的标志,是澳大利亚人生活中的一道重要风景。种类有50多种,大小从30厘米到3米不等,有的像人一样高大,有的像猫一般矮小,欧洲人称之为"坎加鲁 Kangaroo"。其来历有一段趣闻:1770年,当英国航海家库克船长来到澳大利亚东部海岸,他生平第一次看到这种拖着美丽的长尾巴、怀藏可爱的小宝宝、跳跃着前进的奇怪动物,感到非常好奇,于是他打起手势询问一个土著人这是什么动物,土著人不懂库克船长在说些什么,便随口答道"Kangaroo",从此,这种跳跃着前进的动物便以 Kangaroo 之名写进英文词典里。其实,那土著人随口说出的 Kangaroo 是土著语言"不知道"的意思。

袋鼠在澳洲随处可见,如果行驶在澳洲的公路上,千万要注意路边那些画着袋鼠的牌子,那是在警告你,前面是袋鼠的出没之地,请放慢车速,注意安全。这种醒目的路标,在世界上任何别的地方都不可能见到,可以说这也是这个国家特有的风景之一。

鸸鹋也是澳洲的特有动物,样子像阿拉伯沙漠中的鸵鸟,不过它比鸵鸟略小,它是世界上最大的鸟类之一,一般身高均达1米多,重几十千克,样子很滑稽,细长的腿,伸出长长的脖子,托着一颗小脑袋,张开扁而阔的大嘴,昂首阔步,气概不凡,对人类非常友善。鸸鹋翅膀和尾巴已退化,不会飞翔,但善于游泳,更善于奔跑,凭着一双"飞毛腿",每小时可跑60~70 km,并能连续长跑,因此赢得了"长跑运动员"的声誉。

在墨尔本东南有一个面积100多平方千米的菲利普岛,是世界上著名的海上野生动物保护区。那里栖息着一种不同于南极大企鹅的小企鹅。每年春末夏初是企鹅孵蛋的季节,母企鹅卧巢孵蛋,公企鹅负责出海觅食。每到黄昏时分,公企鹅大腹便便,犹如一个个身穿燕尾服的绅士,成群结队回到沙滩,上岸时自觉排成整齐的队伍,齐步蹒跚而行,又仿佛士兵们整队操练,场面十分壮观。而且岛上鸟巢无数,但雄企鹅从不会走错家门,一回到家即吐出食物,喂食母企鹅和小企鹅。这一生态奇景吸引着无数游人前来观看。菲利普岛也因此被人们称为"企鹅岛"(见图4.86)。

2)旅游业现状

旅游业是澳大利亚发展最快的行业之一。2009—2010年度,受国际金融危机和澳元升值影响,澳大利亚旅游业增速放缓,产值为338.8亿澳元,占澳大利亚 GDP 比例的2.6%,同比上升3.2%。近年来,海外游客来澳大利亚人数总体呈上升趋势,但仍以国内游客为主。2009—2010年度,国内游客消费支出707亿澳元,海外游客消费支出228亿澳元。新西兰是澳大利亚最大的海外游客来

图4.86　企鹅岛

源国,其次是英国、美国和中国。澳旅游资源丰富,澳大利亚的各大城市都是旅游景点。

3)旅游企业

澳大利亚的旅游企业众多,旅游设施完备。住宿有多种选择,从豪华的五星级酒店、休闲度假中心、舒适的汽车旅馆,到公寓、青年旅社,甚至农庄,都可以根据需要进行选择。

4)常见的澳大利亚旅游线路

(1)澳大利亚主要景点

主要景点:墨尔本、悉尼、堪培拉、布里斯班、黄金海岸。

(2)澳大利亚、新西兰主要景点

主要景点:悉尼、堪培拉、黄金海岸、布里斯班、奥克兰、罗托鲁阿、墨尔本。

知识卡片

驰名特产

澳大利亚特产包括澳宝(Opal,澳大利亚特产宝石)、羊皮、牛皮、绵羊油、葡萄酒(红酒和白酒)、动物玩具、原居民艺术作品、艺术画作等。澳大利亚的商店一般都接受国际主要的信用卡。

知识卡片

澳大利亚货币

澳元是澳大利亚联邦的法定货币,由澳大利亚储备银行负责发行,目前澳大利亚流通的有5,10,20,50,100元(见图4.87)面额的纸币,另有1,2,5,10,20,50分铸币,其进位是1澳元等于100分(Cents)。1983年12月12日,澳大利亚

实行澳元自由浮动,澳大利亚也因此取消所有外汇管制。目前,澳元已成为国际
金融市场重要的硬通货和投资工具之一。

图 4.87　澳元票样

教学实践

假如你到新马泰三国旅游,在各国应特别注意哪些问题?

本章自测

1. 东亚及太平洋地区旅游业发达的有哪些国家?
2. 日本三景是指什么?
3. 澳大利亚有哪些独特的旅游资源?
4. 日本、泰国、澳大利亚各国主要的忌讳有哪些?
5. 泰国有哪些著名的旅游胜地?

第 5 章
欧洲地区

【本章导读】

　　欧洲是欧罗巴洲的简称,"欧罗巴"一词据说最初来自闪含语的"伊利布"一字,意思是"日落的地方"或"西方的土地"。欧洲位于亚洲的西面,是亚欧大陆的一部分,宛如亚欧大陆向西突出的一个大半岛。欧洲面积为1 016万平方千米,共45个国家和地区。欧洲的大部分位于北温带内,是人类居住的唯一一个没有热带的大洲,同时寒带气候所占的面积也不大,所以气候温和,降水分布较均,大部分为温带海洋性气候。欧洲约有7.28亿人,约占世界总人口的11.2%,是人口密度第二大洲。欧洲经济发展水平居各大洲之首,工业、交通运输、商业贸易、金融保险等在世界经济中占重要地位,在科学技术的若干领域内也处于世界较领先地位。

【关键词】

　　欧洲　地理　简史　经济　文化　民俗　旅游

【问题导入】

　　你是一名旅行社的工作人员,专门负责欧洲地区,不但要与欧洲的旅行社联系,并且还要负责向中国的游客推介欧洲旅游线路。在与他们打交道的过程中,不可避免地要求你了解欧洲的基本情况。请你介绍欧洲主要国家的地理、历史、经济、文化、民俗和旅游等方面的情况。

5.1　英　国

　　英国是典型的绅士淑女之乡,生活保守且讲传统,却也是尊重个人自由和思想宽容的民族。英国最吸引游客的地方在于其多样性的景观特色:英格兰的典雅秀丽;苏格兰的苍劲豪迈;威尔士的古朴自然和北爱尔兰的神秘沧桑。看书、喝茶、足球和园艺是英国人最喜爱的休闲方式。旅途中经过书店、茶坊和公园别忘了进去逛逛,感受一下英式风情。多留些时间给中古小镇,那里浓厚的人情味和热闹市集,令人倍感温馨。喜爱自然山水的旅行者千万不要错过英格兰湖区、苏格兰高地和威尔士国家公园的天地精华。

5.1.1　地理概况

1)自然地理

英国的正式名称是"联合王国",全称是"大不列颠及北爱尔兰联合王国"(the United Kingdom of Great Britain and Northern Ireland)。英国是一个位于欧洲西部的岛国,由大不列颠岛、爱尔兰岛东北部及附近许多岛屿组成的岛国,东隔北海、多佛尔海峡、英吉利海峡与欧洲大陆相望,面对比利时、荷兰、德国、丹麦和挪威等国;西邻爱尔兰,横隔大西洋与美国、加拿大遥遥相对;北过大西洋可达冰岛;南穿多佛尔海峡行 33 千米就到法国。

全国面积24.41 万平方千米,海岸线总长 11 450 千米。全境分为 4 部分:英格兰东南部平原、中西部山区、苏格兰山区、北爱尔兰高原和山区。主要河流有塞文河(354 千米)和泰晤士河(346 千米),北爱尔兰的内伊湖(396 平方千米)面积居全国之首。

英格兰全境面积为 13.04 万平方千米,占大不列颠岛的大部分。这一地区自西向东分为 4 部分:以塞文河流域为中心的米德兰平原;海拔 200 米左右的高地;伦敦盆地;威尔德丘陵。格兰扁山脉的主峰本内维斯山海拔 1 344 米,为全国最高峰。

威尔士面积有 2.08 万余平方千米,境内多山、地势崎岖。威尔士境内有1/4的土地被列为国家公园及天然保护区。

苏格兰和其周围的许多小岛,面积共为 7.88 万平方千米。全境均属山岳地带,只有中部较为低平。

北爱尔兰面积 1.41 万平方千米,隔爱尔兰海与大不列颠岛遥遥相望。北爱尔兰地区湖泊较多,英国的第一大湖——内伊湖卧波其间,沿湖为平原。

气候属海洋性温带阔叶林气候,终年温和湿润。通常最高气温不超过32 ℃,最低气温不低于 - 10 ℃,平均气温 1 月 4 ~ 7 ℃,7 月 13 ~ 17 ℃。多雨雾,秋冬尤甚。年平均降水量约 1 000 毫米。北部和西部山区的年降水量超过2 000毫米,中部和东部则少于 800 毫米。每年 2—3 月最为干燥,10 月至来年 1月最为湿润。

知识卡片

国名释义:"不列颠"源于凯尔特语,意为"杂色多彩",指古代各族喜欢在身上涂各种颜色。因有部分不列颠人迁居法国,故将本土称为大不列颠,将法国西北部称为小不列颠或布列塔尼。"英国"源自"英格兰",国际上通称联合王国。

2)人文地理

英国的行政区依历史性和地理性划分为英格兰、苏格兰、威尔士、北爱尔兰4部分。1974年地方行政制度改革后,英格兰划分为39个普通郡及7个大都会区;威尔士划分为8个普通郡;苏格兰地区仍沿用旧制,有12个郡;北爱尔兰划分为26个自治郡。

(1)人口与民族

据英国国家统计局的初步数据,受东欧移民潮的影响,截至2012年4月底,英国人口为6 235万,英国人口增长速度已升至20世纪60年代以来的最高水平。

英国现有人口主要由英格兰人(占人口总数的80%以上)、威尔士人、苏格兰和爱尔兰人4个民族组成。

(2)语言与宗教

英国的官方语言是英国英语。英格兰以外地区也有其他官方语言,例如:威尔士语(威尔士人口的26%)、苏格兰盖尔语(6万人使用)等。世界各地移民到英国的人也讲自己的家乡语言,如孟加拉语、粤语、印地语、旁遮普语和乌尔都语。英国是印度以外说印地语人数最多的地方。由于过去大英帝国的扩张,英语几乎扩散到世界每一个角落,是世界上学习最普遍的第二语言。

英国人多信奉基督教新教,主要分英格兰教会(亦称英国国教圣公会,其成员约占英成人的60%)和苏格兰教会(亦称长老会,有成年教徒66万)。另外还信奉天主教和佛教、印度教、犹太教、伊斯兰教及循道公会等宗教。

3)国旗、国徽等

国旗:"米"字旗。国旗呈横长方形,长与宽比为2:1,由深蓝底色和红、白色"米"字组成(见图5.1)。旗中带白边的红色正十字代表英格兰守护神圣乔治,白色交叉十字代表苏格兰守护神圣安德鲁,红色交叉十字代表爱尔兰守护神圣帕特里克。此旗产生于1801年,是由原英格兰的白地红色正十旗、苏格兰的蓝地白色交叉十字旗和爱尔兰的白地红色交叉十字旗重叠而成。

国徽:即英王徽。中心图案为一枚盾徽,盾面左上角和右下角为红地上三只金狮,象征英格兰;右上角为金地上半站立的红狮,象征苏格兰;左下角为蓝地上

图 5.1 英国国旗

图 5.2 英国国徽

金黄色竖琴,象征爱尔兰。盾徽两侧各由一只头戴王冠、代表英格兰的狮子和一只代表苏格兰的独角兽支扶着。盾徽周围用法文写着一句格言,意为"恶有恶报";下端悬挂着嘉德勋章,饰带上写着"天有上帝,我有权利"。盾徽上端为镶有珠宝的金银色头盔、帝国王冠和头戴王冠的狮子。(见图5.2)。

国歌:《上帝保佑女王》("God Save the Queen")。如在位的是男性君主,国歌改为"God Save the King"。

国花:玫瑰花(见图5.3)。

国鸟:红胸鸲。

图 5.3 玫瑰花

图 5.4 红胸鸲

知识卡片

红胸鸲,又叫知更鸟。这是一种食虫的益鸟,性情温顺,体态俏丽,雄鸟上胸前有漂亮的深红斑,由于红胸鸲对英国农业生产曾起到重要作用,被英国人民誉为"上帝之鸟"(见图5.4)。

国石:钻石。

首都:伦敦。

国庆:每年6月第二周的星期四。

知识卡片

英国的绰号"约翰牛",出自《约翰·布尔的历史》一书,其形象为"头戴礼帽,足蹬筒靴,身材矮胖的愚笨绅士"。

5.1.2　简史

不列颠群岛在史前时代原与欧洲陆块相连,公元前 6 000 年冰河时期结束后,冰川融化成为现今的英吉利海峡,而当时石器时代的移民在沙利斯堡附近的石灰岩丘陵垦殖,并且留下了神秘的史前巨石柱群。公元前 1 世纪塞尔特人从中欧来到英国,并带来了盖尔语及布理索尼语,这两种语言分别演变成了今天苏格兰和威尔士的方言。

公元前地中海伊比利亚人、比克人和凯尔特人先后来到不列颠。公元 1—5 世纪大不列颠岛东南部为罗马帝国统治。罗马人撤走后,欧洲北部的盎格鲁人、撒克逊人、朱特人相继入侵并定居。7 世纪开始形成封建制度,许多小国并成 7 个王国,争雄达 200 年之久,史称"盎格鲁—撒克逊时代"。829 年威塞克斯国王爱格伯特统一了英格兰。8 世纪末遭丹麦人侵袭,1016—1042 年为丹麦海盗帝国的一部分。其后经英王短期统治,1066 年诺曼底公爵渡海征服英格兰。1215 年约翰王被迫签署大宪章,王权遭抑制。1337—1453 年英法进行"百年战争",英国先胜后败。1588 年击败西班牙"无敌舰队",树立海上霸权。英国在 1588 年英西海战中的胜利,是一次以弱胜强的胜利,再一次显示了在王权统治下的民族国家的力量。长期处在欧洲主流文明之外的岛国,第一次以强国的姿态向欧洲大陆发出了声音,并迅速进入世界海洋霸权和商业霸权的争夺中心。

1640 年英国在全球第一个爆发资产阶级革命,成为资产阶级革命的先驱。1649 年 1 月 30 日,被议会宣判为"暴君、杀人犯和国家公敌"的国王查理一世被推上了断头台。1649 年 5 月 19 日宣布成立共和国。1660 年王朝复辟,1688 年发生"光荣革命",确定了君主立宪制。从 1588 年战胜西班牙的大海战,到 1688 年的光荣革命,在整整一个世纪的时间里,英国一方面调整内部制度,一方面积极对外扩张。百年时间的积蓄之后,英国人开始释放自己的能量。光荣革命前后的英国,人口大量增长,商业和手工工业迅猛发展,对外贸易成为越来越重要的国计民生。

1707 年英格兰与苏格兰合并,1763 年,通过英法 7 年战争,英国才将挡在自己面前的法国和紧跟法国的西班牙暂时搬开。1801 年又与爱尔兰合并。18 世纪后半叶至 19 世纪上半叶,成为世界上第一个完成工业革命的国家。1815 年,英国人打赢了一场震动世界的战争,英国威灵顿公爵在滑铁卢击败了拿破仑。19世纪是大英帝国的全盛时期,1914年占有的殖民地比本土大111倍,是第一殖民大国,自称"日不落帝国"。第一次世界大战后开始衰败。英国于1920年设立北爱尔兰郡,并于1921—1922年允许爱尔兰南部脱离其统治,成立独立国家。1931年颁布威斯敏斯特法案,被迫承认其自治领在内政、外交上独立自主,大英帝国殖民体系从此动摇。第二次世界大战中经济实力大为削弱,政治地位下降。随着1947年印度和巴基斯坦的相继独立,到20世纪60年代,英帝国殖民体系瓦解。1973年1月加入欧共体。

英国是联合国安理会常任理事国,也是欧盟成员国和北约创始会员国之一。

5.1.3 经济

英国作为一个重要的贸易实体、经济强国以及金融中心,是世界第七大经济体系,也是全球最富裕、经济最发达和生活水平最高的国家之一。

1)农业

英国农业人口约占全国总劳力的2.1%,生产的农产品可以满足全国食品需求量的70%,农业产值占国内生产总值的1.5%;英国是牲畜、食品、农业化学、农机的主要出口国;77%的国土用于耕作。

2)工业

英国是世界上最早发展的国家之一,是古老的工业发达国家。第二次世界大战后,发展较缓慢。英国工业基础是钢铁制造、重工业、棉纺织、煤矿、造船。制造业当前仍是英国产业界的重要组成部分;工业主要有钢铁制品、宇航、化学工业、塑料制品工业、纺织、制鞋、制衣及电子仪表工业、机动车及运输设备、能源供应等;此外,医药、电子(包括计算机)、航空技术等领域有突出的发展。另外,目前外国在英投资企业也成为其经济重要组成部分之一。私有企业是英国经济的主体,占据了生产总值的82%和总就业的79%。

英国是欧盟中能源资源最丰富的国家,也是世界主要生产石油和天然气的国家。主要能源有煤、石油、天然气、核能和水力等。铁矿储量为27亿吨,煤的可采储量达46亿吨,石油储量为70亿吨,天然气储量达12 260亿~38 000亿立方米。英国是世界上第一个满足本国电、气用户的国家。

3)服务业

英国制造业在国民经济中的比重有所下降;服务业和能源所占的比重不断

增大,其中商业、金融业和保险业发展较快。服务业是衡量现代国家发达程度的标准之一。英国的服务业从业人口占其就业总人口的 77.5%,产值占国内生产总值的 63% 以上。

知识卡片

英镑是英国国家货币和货币单位名称。英国虽然是欧盟的成员国,但尚未加入欧元区,故仍然使用英镑。英镑主要由英格兰银行发行,但亦有其他发行机构。英国海外领地的货币也以镑作为单位,与英镑的汇率固定为 1:1。

一英镑等于 100 新便士。硬币分为半便士(于 1985 年停止流通),1 便士,2 便士,5 便士,10 便士,20 便士,1 克郎(25 便士,于 1990 年停止流通),50 便士,1 镑,2 镑,5 镑(1990 年后叫克郎)。所有硬币正面皆为英国君主像,背面除铸有币值外,在不同行政区所铸的硬币铸有不同的图案。但不论硬币于哪个行政区铸造,皆全国通用。英国纸币分为 1 镑(于 1988 年停止流通),5 镑,10 镑,20 镑和 50 镑,所有币值的纸币正面皆印有英国君主像、编号及币值,不同币值的纸币,背面则印有不同的英国名人像。在英国,女王是最尊贵的象征,所以所有英镑的正面都是英国女王伊丽莎白(见图 5.5),反面的图案则根据钱币的面值各有不同。5 镑背面是英国 19 世纪发明家乔治·史蒂芬森的肖像,左侧还有他发明的蒸汽火车头的图案;10 镑背面是英国 19 世纪作家查理斯·狄更斯肖像,左侧是 1836 年举行的一场板球赛;20 镑背面是英国 19 世纪物理学家、化学家麦克尔·法拉第肖像,左侧则是他在皇家学会演讲时的场景;50 镑背面是英格兰银行第一任总裁约翰·霍布伦肖像,左侧是银行的看门人,后面是他的住所。

图 5.5 英镑

5.1.4 文化

1)教育

实行 5~16 岁义务教育制度。中小学分公立和私立两种。公立学校学生免交学费;私立学校师资条件与教学设备都较好,但收费高,学生多为富家子弟。闻名世界的中学是伊顿公学,建于 15 世纪,是财富和特权的代名词,多年来培养了 18 位首相以及极地探险家欧茨、诗人格雷和雪莱等。

有 95 所大学和百余所学院,著名的高等学校有牛津大学、剑桥大学、伦敦政治经济学院、爱丁堡大学等。

阅读材料

(1)牛津大学(University of Oxford)

牛津大学位于英国牛津市,是英语世界中最古老的大学。牛津大学和剑桥大学时常被合称为牛桥(牛剑)。这两个作为英格兰最古老、最著名的大学,有着很久的竞争渊源。牛津大学是英国研究型大学罗素团体中的一员,也是英国大学排名中的顶级大学。牛津大学建立于 1168 年,世界十大学府之一,以美丽的大学城闻名全世界,童话故事——爱丽丝梦游仙境即以此地为故事背景。在牛津处处都是优美的哥德式尖塔建筑,因此有"尖塔之城"之称(见图 5.6)。

图 5.6 牛津大学

牛津大学是英国第一所国立大学,培育出无数的顶尖杰出人士。经过文艺复兴和宗教改革的洗礼以及现代化的过程,牛津大学现在已发展成为一个拥有 36 多个学院、1 万多名学生的综合性大学。牛津大学以自然科学和应用经济科学、商务管理哲学三大领域的不断进取与创新成就,震撼整个世界,同时也以丰富多样的教学方法声名远扬。在近800年的历史中,牛津大学培养了5个国王、26位英国首相(包括英国前首相撒切尔夫人和布莱尔)、多位外国政府首脑(如美国前总统克林顿)、近40位诺贝尔奖获得者以及一大批著名科学家,如经济学家亚当·斯密、哲学家培根、诗人雪莱、作家格林、化学家罗伯特·玻意耳、天文学家哈雷等。就连2001年诺贝尔文学奖获得者奈保尔,也毕业于牛津大学英文系。

牛津的博德利图书馆是英国第二大图书馆(仅次于大不列颠图书馆),藏书600万册。牛津出版社举世闻名,是世界上最大的大学出版社。尤其是它的20卷《牛津英语词典》,享誉全球。

(2)剑桥大学(University of Cambridge)

剑桥大学位于风景秀丽的剑桥市,著名的剑河横贯其间(见图5.7)。剑桥大学成立于1209年,是世界十大学府之一,73位诺贝尔奖得主出自此校。剑桥大学有35个学院,有3个女子学院,两个专门的研究生院,各学院历史背景不同,实行独特的学院制。剑桥大学还是英国的名校联盟"罗素团体"和欧洲的大学联盟科英布拉团体的成员。

图5.7 剑桥大学

1536年,施行宗教变革的亨利八世下令学校辞退其研讨天主教教规的教授们并停留教授"经院哲学"。从此剑桥大学的教学和研讨重点从宗教和神学转为希腊和拉丁经典、圣经和数学。今天的剑桥根本上涵盖了一切的科学、人文学科。

【"剑桥"一词的来历】剑桥是英格兰一座十分古老的城市,距英国首都伦敦不到100千米,因具有剑桥大学而闻名于世。剑桥大学有700多年的长久历史,出过许多闻名的科学家、文学家和诗人,如牛顿、达尔文、弥尔顿、拜伦、雪莱等。

也出过不少的政治家。早在公元前 43 年,古罗马士兵就驻扎在剑河边,后来还在剑河上建起了一座大桥,这样,河名和桥加在一起,就构成了剑桥这一地名。

2)文学

14 世纪,英国出现一位伟大的诗人杰佛利·乔叟。文艺复兴时期是英国文学史上相当辉煌的时代,威廉·莎士比亚(见图5.8)是这个时代最伟大的作家,一生留下 37 部悲剧、喜剧和历史剧。悲剧是他后期更成熟的作品,他的悲剧:《哈姆雷特》《奥赛罗》《罗密欧与朱丽叶》和《马克白斯》,是他艺术天才的杰出表现。在英国 18 世纪的文学中,以狄佛在 1719 和 1722 年写的《鲁滨逊漂流记》与《女混混》两部小说为代表,狄佛被认为是现代小说先祖。英国文学在 19 世纪的杰出代表是华兹华斯和狄更斯。19 世纪末,英国又出现了大戏剧家、评论家萧伯纳。到 20 世纪

图5.8 莎士比亚

60 年代,哲学小说占了相当重要的地位,代表人物有女作家爱丽斯·默多克等人。

3)体育

英国是现代网球、羽毛球、乒乓球的诞生地,也是现代足球的发祥地。1966 年举办世界杯,英格兰队本土夺冠。1996 年成功举办欧洲杯。每年 7 月份将在伦敦南部的温布尔顿举行温布尔顿网球公开赛,这是网球四大满贯赛事中的一项。

5.1.5 民俗

1)服饰

英国人一向注意服装的得体与美观。男要肩平,女要束腰,衣服平整,裤线笔挺,既要突出健美的线条,还要掩盖身体的缺陷。

在某些特定的正式的场合,英国人还保留了不少传统服装。法庭正式开庭时,法官仍然头戴假发,身穿黑袍。教堂做礼拜时,牧师要穿上长袍。每届国会开幕,女王前往致辞时,更是头戴珠光闪烁的王冠,随行的王宫女侍都身着白色的长裙礼服;王宫卫士身穿鲜红的短外衣、黄扣黄束腰,头戴高筒黑皮帽。伦敦塔楼的卫士是黑帽、黑衣,上绣红色边线。近卫骑兵是黑衣、白马裤、黑长靴、白手套,头戴银盔,上面飘着高高的红穗。

2）一般风俗

英国人有排队的习惯。你可以看到他们一个挨一个地排队上公共汽车、火车或买报纸。插队是一种令人不齿的行为。

英国人非常不喜欢谈论男人的工资和女人的年龄,甚至他家里的家具值多少钱,也是不该问的。如果你问了一位女士的年龄,也是很不合适的,因为她认为这是她自己的秘密,而且每个人都想永葆青春,没有比对中年妇女说一声"你看上去好年轻"更好的恭维了。毫无疑问,每个女士的发型、化妆和衣着都是为了让自己看起来更美丽、更年轻,但是如果她的打扮让人感到太刻意,那么别人就会带着非难的口吻说她"显得俗气"。

在英国购物,最忌讳的是砍价。英国人不喜欢讨价还价,认为这是很丢面子的事情。如果你购买的是一件贵重的艺术品或数量很大的商品时,你也需要小心地与卖方商定一个全部的价钱。英国人很少讨价还价,如果他们认为一件商品的价钱合适就买下,不合适就走开。

在自动扶梯上,靠右站好让别人通过。提出请求时要说"please",接受了帮助或服务后要说"thank you",无论事情多么微不足道。拜访朋友前要提前通知对方。不速之客会让人讨厌。避免在晚上10点后打电话到别人家。晚上11点后打电话很可能被英国人当作有紧急事件。使用主人家的电话前要征得许可,并且要商量怎样付电话费。在室内吸烟可能不被主人接受。如果你确实想吸烟,先询问主人会被视为礼貌的行为。

在英国,如果被邀请去主人家吃饭,双手放在膝盖上而不是放在餐桌上。安静地吃东西并且吃完自己碟子里的所有食物是礼貌的行为,剩下食物可能意味着客人不喜欢这些食物。一吃完就离开是非常不礼貌的。用餐结束后一般要进行社交谈话,聚会也因此可能多延缓几个小时。在餐桌旁不个别交谈,大家都注意倾听讲话的人,所以讲话的声音一般要让大家都听见。

3）下午茶

始于19世纪40年代,每天下午4点左右饮茶,被称为"下午茶"。英国从未种过茶,但用来自中国的舶来品——茶,创造了自己华美的品饮方式,以内涵丰富、形式优雅而著称,使英式红茶、香草茶和水果茶享誉世界。"下午茶"不同于中国人的清茶,要加入牛奶、糖,并佐以饼干、甜点等。英国人习惯于晚8点以后晚餐,下午刚好"垫补"一下。英国的茶文化与中国不同,但茶具必须用瓷器,这样才算正宗的"下午茶"。冬天,英国人热衷于"热尾茶",就是将威士忌酒倒入滚烫的茶里痛饮。如今,英国是世界头号茶叶消费大国,消费量占世界茶总消费量的1/4。

知识卡片

英国人常用的手势

(1)"动脑筋"或"机敏一点":用手指点点自己的太阳穴。

(2)"傻瓜":用拇指按住鼻尖摇动其四指,或十指分开。也常常食指对着太阳穴转动,同时吐出舌头,则表示所谈到的人是个"痴呆""傻瓜"。

(3)"叫人安静":闭住嘴,拇指横掠过双唇。

(4)"别作声":嘴唇合拢,将食指贴着嘴唇,同时发出嘘嘘声。

(5)"绝对不行":掌心向外,两只手臂在胸前交叉,然后再张开至相距1米左右。

(6)"完了":两臂在腰部交叉,然后再向下,向身体两侧伸出。

(7)"太古怪了":在太阳穴处用食指画一圆圈。

(8)付账:右手拇指、食指和中指在空中捏在一起或在另一只手上做出写字的样子,这是表示在饭馆要付账的手势。

(9)打招呼:英语国家人在路上打招呼,常常要拿帽子表示致意。现一般已化为抬一下帽子,甚至只是摸一下帽檐。

(10)赞同:向上跷起拇指。

(11)祝贺:双手在身前嘴部高度相搓的动作。

(12)害羞:双臂伸直,向下交叉,两掌反握,同时脸转向一侧。

(13)高兴激动:双手握拳向上举起,前后频频用力摇动。

(14)侮辱和蔑视:用拇指顶住鼻尖儿,冲着被侮辱者摇动其他4指的手势。

(15)愤怒、急躁:两手臂在身体两侧张开,双手握拳,怒目而视。也常常头一扬,嘴里咂咂有声,同时还可能眨眨眼睛或者眼珠向上和向一侧转动,也表示愤怒、厌烦、急躁。

(16)怜悯、同情:头摇来摇去,同时嘴里发出咂咂之声,嘴里还说"That's too bad."或"Sorry to hear it."

5.1.6 旅游业

1)著名旅游景点

(1)威斯敏斯特教堂

威斯敏斯特教堂本义是"西部大教堂"的意思,由于这座教堂在伦敦城的西部,便得此名。英国著名的新教教堂,它的历史就是伦敦乃至英国历史的缩影。

威斯敏斯特教堂宏伟、壮观,是英国哥特式建筑的杰作,也是英国历史文物的集萃之地。

威斯敏斯特教堂的前身是隐修院,13 世纪英国国王亨利三世下令采用当时的哥特式风格对教堂进行改建。1245 年动工,1517 年基本完工。教堂的平面呈拉丁十字形,总长 156 米,宽 22 米;大穹隆顶高 31 米,钟楼高 68.5 米(见图 5.9)。教堂的柱廊宏伟凝重,双塔高耸挺拔。堂内装饰精致华丽,玻璃窗五彩缤纷。

图 5.9　威斯敏斯特教堂与大本钟

威斯敏斯特教堂不仅是宗教圣地,而且是英国王室的活动场所。从 11 世纪胜利王威廉开始,除爱德华五世和爱德华八世外,其他英国国王都在此加冕登基。王室的结婚、葬礼等仪式也在这里举行。从 1066 年迄今,除了两次例外,英国所有国王和女王都是在此地加冕,死后也多半长眠于此。威斯敏斯特教堂忠实地记录了英国皇族每一页兴衰起落历史。威斯敏斯特教堂不仅是 20 多位英国国王的墓地,也是一些著名政治家、科学家、军事家、文学家的墓地,其中有丘吉尔、牛顿、达尔文、狄更斯、布朗宁等人之墓。英国的无名英雄墓也设在这里。最后一个在这里举行葬礼的王室成员是已故王妃黛安娜。英国把威斯敏斯特教堂称为"荣誉的宝塔尖"。

(2)大本钟

大本钟即威斯敏斯特宫钟塔,英国国会会议厅隶属的钟楼的大报时钟的昵称,是坐落在英国伦敦泰晤士河畔的一座钟楼,是伦敦的标记性建筑之一。钟楼高 95 米,钟直径 2.743 2 米,重 13.5 吨,每 15 分钟响一次。大本钟作为伦敦市的标志以及英国的象征,宏大而华美,4 个钟面的面积有两平方米左右。大本钟从 1859 年就为伦敦城报时,至今将近一个半世纪。尽管大本钟曾两度裂开而重铸,如今大本钟的钟声仍旧清楚、动听。

(3)白金汉宫

图 5.10　白金汉宫

白金汉宫建于 1703 年,最早称白金汉屋,意思是"他人的家"。1762 年英国王乔治三世购买了当时在现址上的一所房子作为私人住宅。1821 年开始兴建白金汉宫,从维多利亚女王登位(1837)至今一直是英国国王或女王在伦敦的行宫(见图 5.10)。如今女王的重要国事活动,如召见首相和大臣、接待和宴请来访的外国国家元首或政府首脑、接受外国使节递交国书等都在该宫举行。此外,来英进行国事访问的国家元首也在宫内下榻。王宫由身着礼服的皇家卫队守卫。富有特色的换岗仪式一般在每天上午 11:30 举行。

整个白金汉宫用铁栏杆围着,对着白金汉宫主建筑物的铁栏杆外,有一个广场,广场中央竖立着维多利亚镀金雕像纪念碑,它的四周有四组石雕群。王宫西侧为宫内正房,其中最大的有皇室舞厅,建于 1850 年,专为维多利亚女王修建。厅内悬挂有巨型水晶吊灯。蓝色客厅被视为宫内最雅致的房间,摆有为拿破仑一世制作的指挥桌。拿氏失败后,法国路易十八将桌子赠送给当时英摄政王乔治四世。白色客厅是用白、金两色装饰而成,室内有精致的家具和豪华的地毯,大多是英、法工匠的艺术品。御座室内挂有水晶吊灯,四周墙壁顶端绘有 15 世纪玫瑰战争的情景。正中的御座是当今女王 1953 年加冕时和王夫爱丁堡公爵使用的,室内还保存了维多利亚女王的加冕御座和英王乔治四世加冕时使用的四张大坐椅。宫内音乐室的房顶呈圆形,用象牙和黄金装饰而成,维多利亚女王和王夫艾尔伯特亲王曾常在此举办音乐晚会。

(4)伦敦塔桥

伦敦塔桥是泰晤士河上诸多桥梁中位于最下游的一座,也是伦敦的象征(见图 5.11)。伦敦塔桥始建于 1886 年,由霍勒斯·琼斯爵士和约翰·沃尔夫·巴里设计。塔桥以两座塔作为基底,采用哥特式厚重风格。1894 年 6 月 30日起塔桥对公众开放,将伦敦南北区连接成整体。

图 5.11　伦敦塔桥

　　伦敦塔桥是一座吊桥,最初为一木桥,后改为石桥,现在是座拥有 6 条车道的现代钢结构的悬索开启桥,配有蒸汽驱动的提升装置,并采用双向高架人行通道。河中的两座桥基高 7.6 米,相距 76 米,桥基上建有两座高耸的方形主塔,为花岗岩和钢铁结构的方形五层塔,高 40 多米,两座主塔上建有白色大理石屋顶和五个小尖塔,远看仿佛两顶王冠。两塔之间的跨度为 60 多米,塔基和两岸用钢缆吊桥相连。桥身分为上、下两层,上层(桥面高于高潮水位约 42 米)为宽阔的悬空人行道,两侧装有玻璃窗,行人从桥上通过,可以饱览泰晤士河两岸的美丽风光;下层可供车辆通行。当泰晤士河上有万吨级船只通过时,主塔内机器启动,桥身慢慢分开,向上折起,船只过后,桥身慢慢落下,恢复车辆通行。两块活动桥面,各自重达 1 000 吨。以前塔桥利用水压以蒸气作为开关的动力,1976 年起改用电动控制。

　　伦敦塔桥是英国的象征性建筑,也是珍贵的世界桥梁文化遗产之一。

　　(5)大英博物馆

　　大英博物馆又名不列颠博物馆,位于新牛津大街北面的大罗素广场,是世界上历史最悠久、规模最宏伟的综合性博物馆。大英博物馆和纽约的大都会艺术博物馆、巴黎的卢浮宫同列为世界三大博物馆。

　　大英博物馆始建于 1753 年,1759 年对外开放。大英博物馆包括埃及文物馆、希腊罗马文物馆、西亚文物馆、欧洲中世纪文物馆和东方艺术文物馆。其中以埃及文物馆、希腊罗马文物馆和东方艺术文物馆藏品最引人注目。现有建筑为 19 世纪中叶所建,共有 100 多个陈列室,面积六七万平方米,共藏有展品 400 多万件。藏品之丰富、种类之繁多为全世界博物馆所罕见。以收藏古罗马遗迹、古希腊雕像和埃及木乃伊而闻名于世。除了欣赏展品外,游客还可以领略英国人在博物馆设计方面的过人之处。

图 5.12　格林尼治天文台

(6)格林尼治

英国格林尼治位于泰晤士河南岸,伦敦桥下游 8 千米处,是海上船舶循泰晤士河进入伦敦的必经之地。公元 15 世纪时,这里曾先后成为王室贵族与国王的宫苑,但真正使格林尼治闻名世界的是矗立在东西半球交汇点上的皇家天文台(见图5.12),以及依此而来的格林尼治标准时间。除了皇家天文台以外,皇家海军学校、皇后之屋和格林尼治公园,共同组成了格林尼治沿海地区,是一座生动的英国海洋发迹历史博物馆。

(7)温莎堡

温莎堡位于英国伦敦以西 32 千米的温莎镇,是英国王室的行宫之一(见图5.13)。人们习惯将温莎堡所在的小镇称为"王城",这座小镇的历史比城堡的历史要悠久得多,最早建造于罗马人统治时期,那时这里曾一度被称为"Winding Shore",几经演变才演化成今天的温莎。

图 5.13　温莎堡

温莎堡是英国至今为止仍有人居住的最大的城堡,1070 年征服者威廉为了巩固伦敦以西的防御而选择了这个地势较高的地点,建造了土垒为主要材料的城堡,经过后世君王亨利二世和爱德华三世的不断改造,城堡变得越来越坚固,并且逐渐成为展示英国王室权威的王室城堡。直到 19 世纪初,乔治四世的大规模改造,基本完成了现在的规模。

整个温莎城堡可以分为上区、中区和下区。上区主要有 13 世纪的法庭、滑铁卢厅和圣乔治厅、女王交谊厅等房间。另外一旁是玛丽皇后玩偶屋。其中滑铁卢厅又称宴会厅，初建于13世纪，因室内主要陈列参与滑铁卢战役，击败拿破仑而立下赫赫战功的英国将领们的肖像而得名。这座宴会厅还是英国王室举办重大活动的主要场所之一。当年著名的戏剧大师莎士比亚的名剧《温莎的风流娘儿们》就是在此厅首演的。

2）旅游业现状

英国旅游业收入占世界第五位，仅次于美国、西班牙、法国和意大利，旅游业是英最重要的经济部门之一，产值占国内生产总值的5%。

旅游度假意识在英国深入人心，成为人们生活最重要的组成部分之一。

（1）管理有序的旅游资源

英国政府对全英旅游业的规划和管理井井有条，十分合理。在英国任何一个名胜古迹，都设有"国家旅行者咨询中心"。在这里，热情的服务人员免费向你提供各种咨询，预订旅馆、车票，免费送你各种图文并茂的旅游图、示意图，或者帮助你制订合理的旅行计划。

在全英的高速公路和各级道路旁，国家公园、旅游胜地、度假地点一律标在统一的"棕色牌子"上，名称、方向及里程一目了然。英国的地图也都非常清楚地标出了每一个旅游度假点，并实现了地图的数字化。如去利兹古堡，在地图上清楚地标明是M20公路的第8个入口。全英高速公路每隔32.18千米就有一个服务中心，这里可以休息、住宿、购物，还可免费索取附近旅游点的资料，旅游者出行非常方便。

（2）多层次的旅馆业

伴随着英国旅游业的发展，全英已实现了旅馆业多层次、全方位的服务，种类繁多的旅馆适应了不同消费层次旅游者的需求。

例如，最便宜的路边店有"青年旅馆"，也叫"青舍"，简易干净。中档消费的有全英连锁的汽车旅馆，十分干净，如"旅行客栈""旅行之家"等，旁边设有名牌酒吧。还有自助式的"农舍旅馆"，游客可以自己在里面做饭。高档消费的有大饭店、星级旅馆、度假村等。旅游设施十分完善。度假村里有游泳中心、高尔夫球场，还有专门供儿童度假的玩具公寓房。经营者对消费者的兴趣考虑得十分周全，晚上则邀请英国有名的演员来度假村表演节目。

最浪漫和最经济的有野营区、露天宿营区。这里有整齐编号的房车群，也可租一个帐篷和睡袋在星光灿烂的野外和海边过夜。这些住宿地有的掩没在树荫中，有的被花卉簇拥，有的濒临大海，不仅环境幽雅，而且十分便宜。

（3）适应英国人特点的经营

特别值得一说的是，英国旅游部门十分注意根据英国人旅游的特点，经营旅游点。

英国人的旅游有 3 个特点：一是英国人偏爱度假，而不是旅游。英国人不喜欢走马观花地在各旅游点之间疲于奔命，而是选择一个度假点，一住就是一周。这一周中他们可以在海滨的浪尖上冲浪、游泳，也可在山间漫步，或在阳光下的草坪上聊天、看书，得到真正的休闲和放松。

因此，英国的风景度假地都非常注重文化品位，让游人在享受远离都市的宁静的同时，受到心灵的陶冶。例如，湖区是英国首屈一指的风景区。这里不仅风光秀美，而且旅游产品都与文化有关。这里有桂冠诗人索迪、小说家华尔波尔和童话文学家碧翠丝的故居和博物馆，还有中世纪的古镇、传统的教堂、小巧清逸的望湖酒吧、著名的铅笔博物馆等。在湖区最偏僻的地方，甚至还有很典雅的国家大剧院，一年四季上演英国大文豪的名剧。大剧院的建筑全是木质结构，掩隐在森林之中，与周围的大自然十分和谐，毫无张扬之感，更没有那种不和谐的商业气息。

二是英国人非常喜欢远足。英国的海岸都由政府专门开辟出供人们远足的步行小路。许多海滨、高原、峡谷、乡野，都开辟了远足线路。怀特岛四周都由地方政府修建了幽静的步行小路。小路起伏蜿蜒，鲜花盛开，隔一段设一个椅子供游客休息，还有可眺望大海的凭栏。在海滨的步行路上，常常可以看到一家人背着背包，边说边行，摄影，谈笑。有的人一天走几十千米，对强体健身非常有益。

最后一个特点是，英国人非常喜欢野餐。各地方政府在全英几乎各旅游点都修建了野餐地。这里一般都有几十套木质露天桌椅，供游客野餐和休息。游客们一边野餐，一边可以欣赏大自然的风光。游客对这些公共野餐桌椅的保护意识非常强，用餐后的食品垃圾一律丢进旁边的垃圾箱。许多桌椅上刻着"1951""1963"的字样，却仍然完好无损，令人不禁感慨、赞叹。

3）旅游线路

近年来推出了多种特色旅游，如：①王室文化游：如白金汉宫、肯辛顿宫、圣詹姆斯宫、温莎堡等；②博物馆游：仅伦敦就有 200 多座；③村镇游：开放一些传统的英式小村落、小镇，可说是"原汁原味"的百年老屋、百年不变的街道。

5.2　法　国

法国是世界第一旅游大国,是欧洲浪漫的中心,它的历史悠久、具有丰富文化内涵的名胜古迹及乡野风光吸引着世界各地的旅游者。风情万种的花都巴黎,美丽迷人的蓝色海岸,阿尔卑斯山的滑雪场等都是令人神往的旅游胜地。除了悠久的历史,迷人的风景,法国还有许多吸引人的地方。闻名全球的法国香水和时装是每个爱美女性的追求。法国也是一个美食之国,诱人的法国大餐吸引了全世界的饕餮之徒。而享誉世界的法国葡萄酒更是醉倒了无数的酒徒。

5.2.1　地理概况

1)自然地理

法国全称法兰西共和国(the Republic of France)。法国别名:高卢雄鸡。

法国位于欧洲大陆西部,其南到赤道、北至北极的距离相等。三面临水,三面靠陆,西北一面隔英吉利海峡和多佛尔海峡与英国相望;西部紧靠大西洋比斯开湾,港口连接西非及南、北美各国;南部临地中海,与北非及南欧的水上交通非常便利。法国陆界的三面自东北至西南共与8个国家接壤:比利时、卢森堡、德国、瑞士、意大利、摩纳哥、西班牙和安道尔。从另一个更为广泛的意义上讲法国位于世界陆地的中心地带。因此,法国在世界航空事业中起着枢纽作用。

法国国土面积551 602平方千米(包括科西嘉及其他岛屿),是西欧领土最大的国家,位居世界第48位。

地势东南高西北低。平原占总面积的2/3。主要山脉有阿尔卑斯山脉、比利牛斯山脉、汝拉山脉等。法意边境的勃朗峰海拔4 810米,为欧洲西部最高峰。河流主要有卢瓦尔河(1 010千米)、罗讷河(812千米)、塞纳河(776千米)。地中海上的科西嘉岛是法国最大岛屿。边境线总长度为5 695千米,其中海岸线为2 700千米,陆地线为2 800千米,内河线为195千米。

在气候上,法国既属地中海亚热带又属西北欧温带。西部属海洋性温带阔叶林气候,南部属亚热带地中海式气候,中部和东部属大陆性气候。平均降水量从西北往东南由600毫米递增至1 000毫米以上。特点为冬无大凉、夏无酷暑且雨量适中。最冷月(1月)平均气温0~10 ℃;最热月(7月)平均气温15~25 ℃。

知识卡片

国名释义:法兰西由法兰克部落名演变而来。"法兰克"在日耳曼语中意为"勇敢的、自由的"。

2) 人文地理

行政区划分为大区、省和市镇。省下设专区和县,但不是行政区域。县是司法和选举单位。法本土共划为22个大区、96个省、4个海外省、4个海外领地、2个具有特殊地位的地方行政区。全国共有36 565个市镇,其中人口不足3 500人的有3.4万个,人口超过3万人的市有231个,人口超过10万的市有37个。

(1)人口与民族

全国人口为6 442万(2012年),包括400万外国侨民,其中200万人来自欧盟各国,移民人口达到490万,占全国总人口的8.1%。

民族以法兰西人为主,还有布列塔尼、巴斯克、科西嘉、弗拉芒、加泰隆等少数民族。

(2)语言与宗教

官方语言为法语。布列塔尼人中的一些农村居民以布列塔尼语为口语。科西嘉人日常生活中亦操当地的两种方言:一种与意大利托斯卡纳方言相近,另一种与撒丁岛北部方言相近。其他还有阿尔萨斯语、卡塔卢尼亚语、奥伊语和法兰克—普罗旺斯语、奥克语等。

居民中90%的人信奉天主教,另有约400万穆斯林及少数新教、犹太教、佛教、东正教徒。

3) 国旗、国徽等

国庆日:7月14日(1880年议会立法确认攻克巴士底狱日为国庆节以纪念法国资产阶级大革命)。

国旗:呈长方形,长与宽之比为3∶2。旗面由3个平行且相等的竖长方形构成,从左至右分别为蓝、白、红三色(见图5.14)。法国国旗的来历有多种,其中最具代表性的是:1789年法国资产阶级革命时期,巴黎国民自卫队就以蓝、白、红三色旗为队旗。白色居中,代表国王,象征国王的神圣地位;红、蓝两色分列两边,代表巴黎市民;同时这三色又象征法国王室和巴黎资产阶级联盟。

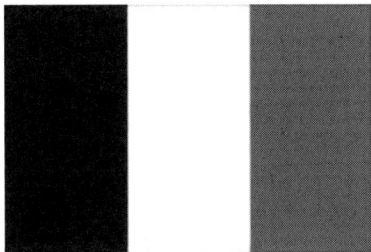

图5.14 法国国旗

三色旗曾是法国大革命的象征,据说三色分别代表自由、平等、博爱。

国徽:法国没有正式国徽,但传统上采用大革命时期的纹章作为国家的标志(见图5.15)。纹章为椭圆形,上绘有大革命时期流行的标志之一——束棒,这是古罗马高级执法官用的权标,是权威的象征。束棒两侧饰有橄榄枝和橡树枝叶,其间缠绕的饰带上用法文写着"自由、平等、博爱"。整个图案由带有古罗马军团勋章的绶带环饰。

国歌:《马赛曲》。

图5.15　法国国徽

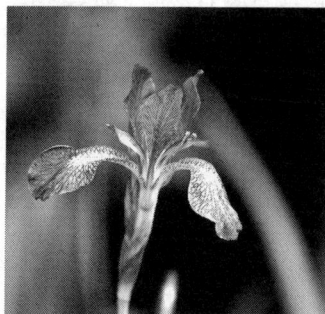

图5.16　鸢尾花

知识卡片

《马赛曲》原名《莱茵军战歌》。曲作者是法军莱茵工兵营中的一个中尉 Rouget de LISLE。作于1792年4月,同年7月底,马赛营志愿军高唱此曲,进军巴黎,因而被称为《马赛曲》。1795年7月被正式定为法国国歌。

国花:鸢尾花(见图5.16)。

国鸟:公鸡(认为它是勇敢、顽强的直接化身)。

国石:珍珠。

5.2.2　简史

公元前高卢人在此定居。公元前1世纪,罗马的高卢人总督恺撒占领了全部高卢,从此受罗马统治达500年之久。公元5世纪法兰克人征服高卢,建立法兰克王国。10世纪后,封建社会迅速发展。1337年英王觊觎法国王位,爆发"百年战争"。初期,法大片土地被英侵占,法王被俘,后法国人民进行反侵略战争,于1453年结束百年战争。15世纪末到16世纪初形成中央集权国家。17世纪中叶,君主专制制度达到顶峰。随着资产阶级力量的发展,1789年法国爆发大革命,废除君主制,并于 1792 年 9 月 22 日建立第一共和国。1799 年 11 月 9 日（雾月 18 日）,拿破仑·波拿巴夺取政权,1804 年称帝,建立第一帝国。1848 年 2 月爆发革命,建立第二共和国。1851 年路易·波拿巴发动政变,翌年 12 月建立第二帝国。1870 年在普法战争中战败后,于 1871 年 9 月成立第三共和国直到 1940 年 6 月法国贝当政府投降德国,至此第三共和国覆灭。1871 年 3 月 18 日,巴黎人民举行武装起义,成立巴黎公社。同年 5 月底,被法国军队残酷镇压。第一次、第二次世界大战期间法国遭德国侵略。1944 年 6 月宣布成立临时政府,戴高乐担任首脑,1946 年通过宪法,成立第四共和国。1958 年 9 月通过新宪法,第五共和国成立,同年 12 月戴高乐当选总统。

5.2.3 经济

1）农业

法国农业极度发达,是世界主要农业大国。主产小麦、大麦、玉米和水果蔬菜。葡萄酒产量居世界首位。有乳、肉用畜牧业和禽蛋业。法国是欧盟最大的农业生产国,也是世界主要农副产品出口国。机械化是法国提高农业生产率的主要手段,法国已基本实现了农业机械化。农业食品加工业是法国外贸出口获取顺差的支柱产业之一。欧洲前 100 家农业食品工业集团有 24 家在法国,世界前 100 家农业食品工业集团有 7 家在法国,法国的农副产品出口居世界第二,占世界市场的 11%。

阅读材料

法国葡萄酒

法国葡萄酒起源于公元 1 世纪,最初的葡萄种植在法国南部罗讷河谷,2 世纪时到达波尔多地区。历史悠久的传统葡萄种植技术和酿造工艺,与最现代、最严格的葡萄酒酿造方法相结合,使法国葡萄酒更具贵族气质。法国葡萄酒是采用完全自然环境下栽培的葡萄榨汁精心酿制而成的。不同的气候、种植土壤、酿造工艺、储存环境及时间,会使葡萄酒的风味各具特色。

决定葡萄酒好坏的六大因素:葡萄品种、气候、土壤、湿度、葡萄园管理和酿酒技术。法国葡萄酒之所以最好,是因为法国在上述六大因素上具备得天独厚的优越条件。法国葡萄酒产量一直排在世界前茅,就其人口和地域面积来讲,当然是产量大国。

法国是世界上葡萄酒品种最多的国家,主要有白葡萄酒、玫瑰红葡萄酒和红葡萄酒,其中最重要的是红葡萄酒。

它拥有得天独厚的温带气候,有利于葡萄生长,但在不同地区,气候和土壤也不尽相同,因此法国能种植几百种葡萄(最有名的品种有酿制白葡萄酒的霞多丽和苏维浓,酿制红葡萄酒的赤霞珠、希哈、佳美和海洛)。不同产区的葡萄酒有不同的品质和口味。

法国拥有一套严格和完善的葡萄酒分级与品质管理体系。葡萄酒被划分为4个等级:法定产区餐酒、优良地区餐酒、地区餐酒和日常餐酒。各个省都有酿造葡萄酒的传统。法国"产地命名监督机构"对于酒的来源和质量类型为消费者提供了可靠的保证。

红葡萄酒如同法国葡萄酒中最为光彩的红宝石,备受世人喜爱。法国对葡萄酒的酿造及其标签有着严格的管理规定。日常餐酒和地区餐酒的生产,既要执行欧洲的标准,还应遵守更为严格的法国法律规定。地区餐酒和日常餐酒都是日常饮用的葡萄酒。

法国葡萄酒的十大产区:波尔多、勃艮第、博若莱、罗讷河谷地、卢瓦尔河谷地、香槟、阿尔萨斯、普罗旺斯/科西嘉岛、朗格多克/鲁西荣和汝拉/萨瓦。

其中波尔多以产浓郁型的红酒而著称,布根地则以产清淡型红酒和清爽典雅型白酒著称,香槟区酿制世界闻名、优雅浪漫的汽酒。

2) 工业

法国经济发达,是欧洲经济共同体主要发起国和成员国,国内生产总值居世界第六位。主要工业部门有矿业、冶金、汽车制造、造船、机械制造、纺织、化学、电器、动力、日常消费品、食品加工和建筑业等。核能、石油化工、海洋开发、航空和宇航等新兴工业部门近年来发展较快,在工业产值中所占比重不断提高。核电设备能力、石油和石油加工技术居世界第二位,仅次于美国;航空和宇航工业仅次于美国和俄罗斯,居世界第三位。钢铁工业、纺织业占世界第六位。但工业中占主导地位的仍是传统的工业部门,其中钢铁、汽车、建筑为三大支柱。

法国铁矿蕴藏量约为70亿吨,但品位低、开采成本高,所需的铁矿石大部分依赖进口。煤储量约为210亿吨(其中褐煤100亿吨),有开采价值的约为14.7亿吨。铝土矿储量约9 000万吨。有色金属储量很少,几乎全部依赖进口。石油储量只有3 000多万吨。天然气储量2 500亿立方米,所需石油的99%、天然气的75%依赖进口。水力资源约为1 000万千瓦,核能、水力资源和地热的开发利用比较充分。森林面积约1 630万公顷,人均拥有森林面积0.255公顷,森林覆盖率为30%。

3) 服务业

第三产业在法国经济中所占比重逐年上升。其中电信、信息、旅游服务和交通运输部门业务量增幅较大,服务业从业人员约占总劳动力的70%。法国商业较为发达,创收最多的是食品销售,在种类繁多的商店中,超级市场和连锁店最具活力,几乎占全部商业活动的一半。法国还是世界著名的旅游大国。

知识卡片

欧元是欧洲联盟国家单一货币的名称,从1999年1月1日至2001年12月31日作为过渡期,由2002年1月1日开始,欧洲联盟12国(包括奥地利、比利时、法国、德国、芬兰、荷兰、卢森堡、爱尔兰、意大利、葡萄牙、西班牙、希腊)沿用单一货币欧元,欧元纸币分5,10,20,50,100,200及500币值(见图5.17)。它们正面均印有象征开明合作的窗户与大门,另十二星则代表在12国通行,北面印有桥梁,意即欧洲跟世界会保持沟通和互相支持。硬币分1,2,5,10,20,50欧仙与1欧元、2欧元8种。1欧元等于100欧仙。在欧洲国家消费,一般需要兑换成欧元,在有些大商场内亦可直接使用美元,但找回的零钱可能是欧元。

图5.17 欧元

5.2.4 文化

1)教育

6~16岁为义务教育。公立小学和中学实行免费教育,小学和初中使用的教材也免费提供。高等学校除私立学校外,一般只缴纳少量注册费。学前教育在公立和私立的幼儿学校、幼儿班中进行,小学入学率100%,初等教育学制5年,中等教育包括普通教育和职业技术教育两类,高等教育分为综合性大学、高等专业学院、高等技术学校和承担教学任务的科研教育机构4类。现有71 200所小学和中学,有90所大学、3 600所高等专业培训学校。

法国著名高等学校有:巴黎大学、格勒诺布尔第一大学、斯特拉斯堡第一大学、里尔第一大学、里昂第一大学等。巴黎大学是法国历史最悠久、规模最大的综合性大学。

2）文学艺术

17 世纪开始,法国的古典文学迎来了自己的辉煌时期,相继出现了莫里哀、司汤达、巴尔扎克、大仲马、维克多·雨果、福楼拜、小仲马、左拉、居伊·德·莫泊桑、罗曼·罗兰等文学巨匠。他们的许多作品成为世界文学的瑰宝。其中的《巴黎圣母院》《红与黑》《高老头》《基督山伯爵》《悲惨世界》和《约翰·克利斯朵夫》等,已被翻译成世界文学作品,在世界广为流传。侦探小说方面有莫里斯·勒布朗的《侠盗亚森罗平》和乔治·西姆农的《梅格雷探长》。近现代,法国的艺术在继承传统的基础上颇有创新,不但出现了罗丹这样的雕塑艺术大师,也出现了像莫奈和马蒂斯等印象派、野兽派的代表人物。从 17 世纪开始,法国在工业设计、艺术设计领域取得了世界领先地位。有关实用美术、建筑、时装设计、工业设计专业的学校也早已凭借其"法国制造"的商业硕果而闻名海外。

戛纳国际电影节是世界五大电影节之一,每年 5 月在法国东南部海滨小城戛纳举行,它是世界上最早、最大的国际电影节之一,为期两周左右。1956 年最高奖为"金鸭奖",1957 年起改为"金棕榈奖"。

3）体育

法国人喜爱体育运动,比较流行的体育运动项目有足球、网球、橄榄球、地滚球、帆船、游泳、滑雪和环法自行车赛等。

知识卡片

环法自行车赛是世界上为数不多的延续了 100 年之久的单项顶级体育赛事之一,是所有有等级的自行车比赛里不涉及等级的特级比赛,是陆地上占用比赛场地最大的体育赛事,是能吸引最多观众到现场观看且从来不要门票的比赛。创办于 1903 年,作为世界上最大规模自行车赛事,环法的比赛距离不固定,但基本稳定在 3 200～3 800 千米,一般需要 23 天。在环法的历史上曾经出现过安科蒂尔、麦尔克科斯、伊诺、安杜兰及阿姆斯特朗等伟大的车手,尤其是阿姆斯特朗的七连冠,曾更被誉为"不可逾越的胜利"。

5.2.5　民俗

1）服饰

法国人对于衣饰的讲究,在世界上是最为有名的。所谓"巴黎式样",在世人耳中与时尚、流行含意相同。

在正式场合,法国人通常要穿西装、套裙或连衣裙,颜色多为蓝色、灰色或黑色,质地则多为纯毛。出席庆典仪式时,一般要穿礼服。男士所穿的多为配以蝴蝶结的燕尾服,或是黑色西装套装;女士所穿的则多为连衣裙式的单色大礼服或小礼服。

对于穿着打扮,法国人认为重在搭配是否得法。在选择发型、手袋、帽子、鞋子、手表、眼镜时,都十分强调要使之与自己着装相协调,相一致。

2)一般民俗

法国人爱好社交,善于交际。对于法国人来说社交是人生的重要内容,没有社交活动的生活是难以想象的。法国人诙谐幽默天性浪漫,他们在人际交往中大都爽朗热情,善于雄辩,高谈阔论,好开玩笑,讨厌不爱讲话的人,对愁眉苦脸者难以接受。

受传统文化的影响,法国人不仅爱冒险,而且喜欢浪漫的经历。渴求自由,纪律较差,在世界上法国人是最著名的"自由主义者"。"自由、平等、博爱"不仅被法国宪法定为本国的国家箴言,而且在国徽上明文写出。他们虽然讲究法制,但是一般纪律较差,不大喜欢集体行动。与法国人打交道,约会必须事先约定,并且准时赴约,但是也要对他们可能的姗姗来迟事先有所准备。法国人很有绅士风度,尊重妇女。在人际交往中法国人所采取的礼节主要有握手礼、拥抱礼和吻面礼。

法国人自尊心强,偏爱"国货"。法国的时装、美食和艺术是世人有口皆碑的,在此影响之下,法国人拥有极强的民族自尊心和民族自豪感,在他们看来,世间的一切都是法国最棒。与法国人交谈时,如能讲几句法语,一定会使对方热情有加。

3)餐饮礼仪

作为举世皆知的世界三大烹饪王国之一,法国人十分讲究饮食。在西餐之中,法国菜可以说是最讲究的。法国人爱吃面食,面包的种类很多;他们大都爱吃奶酪;在肉食方面,他们爱吃牛肉、猪肉、鸡肉、鱼子酱、鹅肝,不吃肥肉、肝脏之外的动物内脏、无鳞鱼和带刺骨的鱼。

法国人特别善饮,他们几乎餐餐必喝,而且讲究在餐桌上要以不同品种的酒水搭配不同的菜肴;除酒水之外,法国人平时还爱喝生水和咖啡。

法国人用餐时,两手允许放在餐桌上,但却不许将两肘支在桌子上,在放下刀叉时,他们习惯于将其一半放在碟子上,一半放在餐桌上。

4）习俗禁忌

菊花、牡丹、玫瑰、杜鹃、水仙、金盏花和纸花，一般不宜随意送给法国人。法国人大多喜爱蓝色、白色与红色，他们所忌讳的色彩主要是黄色与墨绿色。法国人所忌讳的数字是"13"与"星期五"。

在人际交往之中，法国人对礼物十分看重，但又有其特别的讲究。宜选具有艺术品位和纪念意义的物品，不宜以刀、剑、剪、餐具或是带有明显的广告标志的物品。男士向一般关系的女士赠送香水，也是不合适的。在接受礼品时若不当着送礼者的面打开其包装，则是一种无礼的表现。

5.2.6　旅游业

1）著名旅游景点

法国是全球第一旅游大国，首都巴黎、地中海和大西洋沿岸风景区、阿尔卑斯山区以及科西嘉岛和一些海外省均是著名旅游胜地。法国一些知名博物馆收藏着世界文化的宝贵遗产。此外，法国还有一些历史名城和众多古堡。

（1）巴黎凯旋门

巴黎凯旋门坐落在巴黎市中心星形广场（现称戴高乐将军广场）的中央，是法国为纪念拿破仑 1806 年 2 月在奥斯特尔里茨战役中打败俄、奥联军而建的，12 条大街以凯旋门为中心，向四周辐射，气势磅礴，形似星光四射。工程由建筑师夏尔格兰设计，1806 年 8 月奠基，历时 30 个寒暑，于 1836 年 7 月落成。凯旋门高 49.54 米，宽 44.82 米，厚 22.20 米（见图 5.18）。它四面有门，中心拱门宽 14.6 米，门楼以两座高墩为支柱，中间有电梯上下。在拱形圆顶之上有三层围廊，最高一层是陈列室，这里展示着有关凯旋门的各种历史文物以及拿破仑生平事迹的图片；第二层收藏着各种法国勋章、奖章；最低一层则是凯旋门的警卫处和会计室。拱门的顶端和内侧都雕刻着波拿巴获得的大大小小战役的胜利，内墙上还有他手下 588 名将军的名字。每年的重大节日或是特殊庆典，法国民众都会在凯旋门下狂欢。凯旋门已经成了法国的标志。凯旋门下是为了纪念两次世界大战阵亡将士的无名烈士墓。每年 7 月 14 日法国国庆，法国总统都要到这里来献上花圈。

（2）埃菲尔铁塔

埃菲尔铁塔位于巴黎市中心塞纳河南岸，是世界上第一座钢铁结构的高塔，被视为巴黎的象征（见图 5.19）。因法国著名建筑师斯塔夫·埃菲尔设计建造而得名。建于 1887—1889 年。塔高 320 米，塔身重达 9 000 吨，分三层：第一层

图 5.18　巴黎凯旋门

图 5.19　埃菲尔铁塔

平台距地面 57 米,设商店和餐厅;第二层平台高 115 米,设有咖啡馆;第三层平台高达 276 米,供游人远眺,底部面积 1 万平方米,在第三层处建筑结构猛然收缩,直指苍穹。从一侧望去,像倒写的字母"Y"。该塔由 1.8 万余个组成部件和 250多万个铆钉构成。有电梯或徒步登塔顶。入夜,塔顶发出转动着彩色探照灯光,防飞机碰撞。塔旁竖立长方形白色大理石柱,柱顶安放斯塔夫埃菲尔镀金头像。

（3）卢浮宫

卢浮宫是法国最大的王宫建筑之一,位于巴黎市中心塞纳河右畔、巴黎歌剧院广场南侧。卢浮宫原是一座中世纪城堡,16 世纪后经多次改建、扩建,至 18世纪为现存规模,占地约 45 公顷。早在 1546 年,法王弗朗索瓦一世决定在原城堡的基础上建造新的王宫,此后经过 9 位君主不断扩建,历时 300 余年,形成一座呈 U 字形的宏伟辉煌的宫殿建筑群。1793 年 8 月 10 日,在推翻君主制的周年纪念日时,法国国民公会决定把昔日的皇宫辟为国立美术博物馆;同年 11 月18 日,卢浮宫博物馆正式向公众开放,其全部工程于 1857 年完成。在卢浮宫口字形正殿的西侧,伸展出两个侧厅,中间的空地形成卡鲁赛广场。宫的东侧有长列柱廊,建筑巍峨壮丽。其画廊长达 274.32 米,藏有大量 17 世纪以及欧洲文艺复兴期间许多艺术家的作品。馆藏品达 40 万件。卢浮宫美术博物馆分为 6 大部分:希腊和罗马艺术馆;东方艺术馆;埃及艺术馆;欧洲中世纪、文艺复兴时期和现代雕像馆;历代绘画馆。展览按不同流派、学派和时代划分。一层展出雕刻,二层油画,三层是素描和彩粉画。20 世纪 80 年代初,法国政府实施扩建和修复卢浮宫的"大卢浮宫计划"。

（4）巴黎圣母院

巴黎圣母院是最著名的中世纪哥特式大教堂,以其规模、年代和在考古、建筑上的价值而著称。巴黎主教莫里斯·德绪利曾设想将两座较早的巴西利卡式（长方形）教堂合成一座大型教堂,1163 年由教皇亚历山大三世奠基,高圣坛于 1189 年举行奉献仪式,1240 年唱诗班席、西立面和中堂竣工,门廊、祈祷室和其他装修在其后的一百年中陆续建成。内部平面 130 米×48 米,屋顶高 35 米,塔高 68 米。塔的尖顶始终未建。教堂经过历代的损坏不得不于 19 世纪重修,只有 3 个巨大的圆花窗仍保持着 13 世纪的彩色玻璃。后堂的飞扶垛特别雄健优美。

（5）巴士底狱遗址

巴士底狱遗址位于巴黎市区东部、塞纳河右岸,这里曾是公元 1369—1382 年建立的一座军事堡垒。"巴士底"一词的法文原意是"城堡"。这座古城堡拥有 8 座巍峨坚固的炮台,兴建之初是用来抵抗英国入侵的。1380—1422 年,这座城堡被改为王家监狱。整座城堡占地 2 670 平方米,四周建有一堵又高又厚的石墙和 8 座高 30 多米的塔楼,四周掘有宽 24 米的深沟,设吊桥进出。早在 16 世纪,这里就开始关押囚禁政治犯,法国启蒙思想家伏尔泰就曾两次关押在这里。在法国人民心目中,巴士底狱已成为法国封建专制统治的象征。1789 年 7 月 3 日,巴黎人民奋然起义,14 日,攻占了巴士底狱,揭开了法国大革命的序幕。1791 年,巴黎人民拆毁了巴士底狱,在其旧址上建成了巴士底广场,并把拆下来的石头铺到塞纳河的协和桥上,供路人践踏。1830 年,法国人民又在广场中心建立起一座纪念七月革命的烈士碑。这座烈士碑高 52 米,碑身是用青铜铸成的圆柱体,人称"七月圆柱"。在柱顶端是一尊右手高举火炬的金翅自由神像,神像左手提着被砸断的锁链象征着获得了自由。在监狱遗址前方立着一块牌子,上写:"大家在这里跳舞吧!"1880 年 6 月,法国将 7 月 14 日巴黎人民攻占巴士底狱这一天定为法国国庆日。

（6）巴黎协和广场

巴黎协和广场位于巴黎市中心、塞纳河北岸,是法国最著名的广场和世界上最美丽的广场之一。广场始建于 1757 年,是根据著名建筑师卡布里埃尔的设计而建造的。因广场中心曾塑有路易十五骑像,1763 年曾命名"路易十五广场"。大革命时期又被改名为"革命广场"。1795 年又将其改称为"协和广场",后经名建筑师希托弗主持整修,最终于 1840 年形成了现在的规模。广场中央矗立着一尊 23 米高、有 3 400 多年历史的埃及方尖碑,这是路易—菲利普于 1831 年从埃及卢克索移来的著名文物,碑身的古文字记载着拉美西斯二世法老的事迹。石碑两侧各有一座喷水池。池中精致的雕刻也是希托弗的作品。广场四周放置了8座雕像,分别象征着8座在法国历史上起过重要作用的城市:里昂、马赛、波尔多、南特、鲁昂、布勒斯特、里尔和斯特拉斯堡。1793年大革命时期,巴黎人民奋起捣毁了路易十五的铜像,并将路易十六送上了断头台。

(7)香榭丽舍大街

香榭丽舍大街东起协和广场西至星形广场,全长约1 800米,街道最宽处约120米,是横贯巴黎且最具特色、最繁华的街道之一(见图5.20)。在法文中"香榭丽舍"是"田园乐土"的意思。过去,这里曾是一片低洼潮湿的空地。17世纪路易十四在位时,曾在这里植树造林,使之成为专供宫廷贵族游乐的禁区。后来,图勒里公园的东西轴线向西延伸,在这里建成了近1千米长的林荫道。以后又加扩展。1709年才将其命名为香榭丽舍大街。大街以南北走向的隆布万街为界,分成风格迥异的东西两段。幽静的东段体现了田园风光,长约700米,一排排梧桐苍翠欲滴,街心花园夹在万木丛中时隐时现。东端的星形广场中央有巍峨雄伟、闻名遐迩的凯旋门。大街附近有波旁宫、玛德琳娜大教堂。这里还有图勒里公园、卢浮宫、市府大厦和爱丽舍宫等名胜古迹。西段长1 100多米,西端的协和广场是巴黎的另一个交通要冲。法国的一些重大节日——7月14日国庆阅兵式、新年联欢都在这条著名的街道上举行。

图5.20 香榭丽舍大街

(8)凡尔赛宫

凡尔赛宫位于距巴黎西南18千米的凡尔赛,历史悠久,雄伟壮观。作为其最著名部分的镜厅,更是尽显当年皇室的奢华之风。其园林则具有欧洲古典园林艺术的风格特征。而作为世界近代史上重大事件的见证地,更是使它闻名于世。凡尔赛宫及其园林的总面积为1.11平方千米,其中建筑面积只占0.11平方千米,其余为园林面积。凡尔赛宫和园林是 17 世纪专制王权的象征,也是法国古典主义艺术最杰出的典范。

凡尔赛宫最初是路易十三修建的用于特猎的行辕,路易十四当政时开始建宫。从 1661 年动工,到了 1689 年才得以完成。宫殿主体达 707 米,有 700 多个房间,中间是子宫,两翼是宫室和政府办公处、剧院、教堂等。室内地面、墙壁都用大理石镶嵌,并饰有雕刻、油画等装饰。中部的镜厅是凡尔赛宫不同于其他皇宫的地方,长 73 米,宽 100 米,高 12.3 米。拱顶是勒勃兰的巨幅油画。长廊一侧是 17 面落地镜,镜子由 483 块镜片镶嵌而成,将外面的蓝天、绿树都映照出来,别有一番景色。厅内两旁排有罗马皇帝的雕像和古天神的塑像,并有 3 排挂烛台、32 座烛台和 8 座可插 150 支蜡烛的高烛台,经镜面反射可形成 3 000 支烛台,映照得整个大厅金碧辉煌。

凡尔赛宫的园林在宫殿西侧,面积有 100 万平方米,呈几何图形。南北是花坛,中部是水池,人工大运河、瑞士湖贯穿其间。另有大小特里亚农宫及雕像、喷泉、柱廊等建筑和人工景色点缀。放眼望去,跑马道、喷泉、水池、河流,与假山、花坛、草坪、亭台楼阁一起,构成凡尔赛宫园林的美丽景观。

(9) 戛纳

戛纳市位于法国东南部,濒临地中海。它凭借其温和的气候和秀丽的风景以及迷人的海滩,使之与邻近的尼斯和蒙特卡洛并称为南欧三大游览中心。

一年一度的戛纳国际电影节早已使这座小城名声大噪。每年春季电影节期间,成千上万的电影工作者、影商、影迷和游客便云集于此。在这里,那一幕幕群星荟萃的场面和一部部优秀的影片,使影迷们大开眼界;那一幅幅介绍影片的招贴画和五光十色的广告贴满了大街小巷,令人眼花缭乱;各国影星的剧照更是摆满了各商亭内外,令影迷们爱不释手,争相选购;许多商贩不辞辛苦,远道而来,在戛纳设摊,推销各种旅游商品。戛纳的海边,沙滩如洗,游人如潮,热闹非凡。这里真是一座名副其实的电影城(见图 5.21)。

(10) 尼斯

尼斯是法国第五大城市,第二大旅游胜地。40 万年前,在如今尼斯市的这片土地上,就有土著居住。在公元前后的漫长岁月里,它先后被古希腊和古罗马交替统治。1706 年,尼斯第一次成为法国的领土,1713 年,尼斯被割让给西西里王国,1860 年,尼斯重新回到法国的版图。最近的 40 年,尼斯制定了一系列体系,发展迅猛,成为全欧洲最具魅力的度假胜地——黄金海岸。

在地理上,尼斯三面环山,一面临海,有着 7 500 米长的海岸线(见图 5.22)。群山的阻拦,使尼斯免受寒冷的北风侵凌。冬暖夏凉是尼斯最主要的气候特征。

图 5.21　戛纳国际电影节电影厅

图 5.22　尼斯海滨

临海的地形又造成了尼斯一年四季阳光充沛,天气晴朗。

尼斯每年都有许多盛大的节日,如赛花节、帽子节、五月节等,而尼斯狂欢节又是最具吸引力的一个。尼斯的狂欢节比夏日海滨更热闹,每年的二三月份,举行近三周的狂欢活动,包括花车游行、放烟火、化装舞会等系列活动,届时满城飞花,落英缤纷,热闹非凡。平日的尼斯也是个花团锦簇的世界,建筑物的阳台上都装饰有各式美丽的鲜花,街头巷尾的许多房屋,仿佛被鲜花淹没,恍若童话世界。

(11)波尔多

波尔多是法国西南部的港口城市,位于加龙河下游,距大西洋 98 千米,人口约 23 万。波尔多在 1870 年、1914 年和 1940 年曾为法国政府所在地。它是法国的重要港口和铁路枢纽;有炼油、造船、食品、木材、化学等工业;也是酿酒中心,以出产波尔多葡萄酒闻名于世。有圣安德烈大教堂、高达 109 米的圣米歇尔塔等古迹和许多博物馆。

波尔多的葡萄酒品种和产量在世界名列前茅,出口历史有几个世纪。当地有 13 957 家葡萄种植和葡萄酒生产企业,营业额 135 亿法郎,其中出口额占 41 亿法郎。

(12)普罗旺斯

普罗旺斯位于法国南部,从地中海沿岸延伸到内陆的丘陵地区(见图 5.23),中间有大河流过,很多历史城镇,自古就以靓丽的阳光和蔚蓝的天空令世人惊艳。

从诞生之日起,法国南部的普罗旺斯就谨慎地保守着它的秘密,直到英国人彼得·梅尔的到来,普罗旺斯许久以来独特生活风格的面纱才渐渐被揭开。在梅尔的笔下"普罗旺斯"已不再是一个单纯的地域名称,更代表了一种简单无忧、轻松慵懒的生活方式;一种宠辱不惊,看庭前花开花落,去留无意,望天上云卷云舒的闲适意境。

图 5.23　普罗旺斯

如今,每年有数百万人涌入南法的普罗旺斯与蔚蓝海岸,亲临画册上难以描摹的景致及小说中不可置信的悠闲,如果旅行是为了摆脱生活的桎梏,普罗旺斯会让你忘掉一切。

2)旅游业现状

法国平均每年接待外国游客 7 000 多万人次,是世界第一旅游大国,超过该国人口。2010 年,法国连续 5 年被评为全球最适合居住的国家。

3)旅游线路

(1)法国激情红酒之旅

①造访因盛产世界顶级红酒而蜚声国际的波尔多:要探索法式风情,只有在出产世界上首屈一指的葡萄酒园里才能真正了解波尔多这个享有盛誉的艺术之城、历史之城和古典建筑代表之城;②卢瓦尔河谷享受美食美酒:参观最美的葡萄园与酒窖,品尝最地道的法国红酒;③普罗旺斯不朽的艺术之城——亚维农:参观君临天下的教皇城堡;④普罗旺斯地区文化气息浓厚的亚尔:参观被列入联合国世界文化遗产的古罗马圆形竞技场;⑤电影胜地——戛纳;⑥蓝色海岸——尼斯;⑦巴黎卢浮宫。

(2)浓情法国阳光假期

①阿讷西拥有"阿尔卑斯山的威尼斯"之称,这里如诗如画的风景恍若是世外桃源,一种古朴、沉静之美让人迷恋,小城中街道与运河相交错,选择在法国南部阿尔卑斯山麓最古老的美丽小城阿讷西停留一夜;②回归法国南部普罗旺斯风光,这些乡村、城镇不但保留着罗马时代的古迹,而且以阳光、田园风光闻名于世,包括艾克斯、普罗旺斯、亚尔、阿维尼翁,让您深度体验法国南部;③卢浮宫,凡尔赛宫入内参观,赠送专业讲解,登埃菲尔铁塔二层。

(3)法国王宫逍遥一日游

(4)法国购物之旅

5.3　德　国

德国地形异常多样,风光秀美,气候宜人,不仅拥有悠久的历史文化、发达的现代经济、先进的科学技术和完善的政治体制,而且具有丰富多彩的社会文化生活和富有神奇色彩的风俗习惯。德国还是一个富有魅力的旅游之国,它为旅游者提供了丰富多彩的城市与自然风光。宁静的世外桃源或生机勃勃的都市气息都能在这里找到。

5.3.1　地理概况

1)自然地理

德国全称德意志联邦共和国(the Federal Republic of Germany,Die Bundesrepublik Deutschland),总面积 357 022 平方千米,南北直线距离 876 千米,东西直线距离 640 千米。

德国位于欧洲中部,东部与捷克共和国和波兰接壤,南边是瑞士和奥地利,西部与荷兰、比利时、卢森堡和法国为邻,北临丹麦。

德国地形地貌复杂多样,从北向南可以划分为五大地理区域:北德低地、中部山地、西南中山台地、南德阿尔卑斯山前沿地带和巴伐利亚阿尔卑斯山。地势从南德阿尔卑斯山向北倾斜,直至北海和波罗的海沿岸。莱茵河、易北河、威悉河、奥得河等主要河流均向北流淌。唯有多瑙河从西向东流经德国注入黑海,将德国、奥地利以及东欧各国连接起来。

德国地处温带,位于大西洋和东部大陆性气候之间的西风带,空气湿润、气候凉爽,全年日照较少,均有降水。冬季平均气温一般为 -6~1.5 ℃,夏无酷暑,北部低地平均温度约为 18 ℃,南部山谷地域在 20 ℃ 左右。

2)人文地理

(1)人口与民族

德国拥有居民 8 233 万(2012 年),主要是德意志人,统称日耳曼人,他们是由法兰克人、萨克森人、施瓦本人和巴伐利亚人等这些古老的日耳曼部族经过近千年的同生共长而形成的。还有少数丹麦人、吉卜赛人和索布族人。索布族是德国唯一的少数民族。德国还有犹太人,人口约12万人,犹太人数量居西欧第三位。德国是欧洲人口最稠密的国家之一,人口密度为229人/平方千米。

(2)语言与宗教

德国通用德语,德语属于印欧语系中的日耳曼语族,与丹麦语、挪威语、瑞典语、荷兰语及佛兰德语、英语为亲属语言。德国的方言很多。除德国之外,将德语作为母语的还有奥地利、瑞士的绝大部分地区、比利时的小部分地区、法国(阿尔萨斯)以及卢森堡沿德国边境的地区。

德国的天主教和新教是两个最有影响的教会,东正教徒主要是来自希腊和塞尔维亚的外籍劳工及其后裔。居民中34%的人信奉基督教新教,33%的人信奉罗马天主教,2%的人口信奉伊斯兰教,其余的31%的人口则没有宗教信仰,或信仰于其他较小规模的宗教。

3)国旗、国徽和国歌

国旗:德国国旗长方形,长宽之比为5∶3。旗面自上而下由黑、红、黄3个平行相等的横长方形组成(见图5.24)。17世纪的德国资产阶级民主革命中,代

图5.24　德国国旗

表共和制的三色旗也飘扬在德意志大地上。1918年德意志帝国垮台后,魏玛共和国也采用黑、红、黄三色旗为国旗。1949年9月德意志联邦共和国成立,依然采用魏玛共和国时期的三色旗;同年10月成立的德意志民主共和国也采用三色旗,只是在旗面正中加了包括锤子、量规、麦穗等国徽图案。1990年10月3日,统一后的德国仍沿用德意志联邦共和国国旗。

知识卡片

国旗含义

德国国旗黑、红、黄3种色彩长久以来就象征日耳曼民族争取统一、独立、主权的雄心。黑色象征人权受到压抑的悲惨境地;红色象征燃烧的火焰,激发人民憧憬自由的热情;黄色象征真理的光辉,决不会被历史的泥沙掩埋。

国徽:为金黄色的盾徽。盾面上是一头红爪红嘴、双翼展开的黑鹰,黑鹰象征着力量和勇气(见图5.25)。

国歌:"德意志之歌"的第三段,歌词是奥古斯特海因利希·霍夫曼·冯·法勒斯雷本于1841年撰写的,曲调由约瑟夫·海顿谱写。1922年,魏玛共和国第一

任帝国总统弗里德里希·艾伯特将"德意志之歌"升格为国歌。1952年,在联邦总统豪伊斯和联邦总理阿登纳之间的一次通信中,这首歌重新被承认为国歌。

图5.25　国微　　　　　　图5.26　矢车菊　　　　　图5.27　德国国鸟

国花:矢车菊(见图5.26)。又名蓝芙蓉、荔枝菊、翠蓝,属于菊科。经过德国人多年的培育,这种"原野上的小花"现在已经有浅蓝、蓝紫、深蓝、深紫、雪青、淡红、玫瑰红、白等多种颜色。头状花序生在纤细茎秆的顶端,向着"生命之光"——太阳,祈祷幸福和欢乐。矢车菊是德国的名花,德国人用它象征日耳曼民族爱国、乐观、顽强、俭朴的特征,并认为它有吉祥之兆,因而被誉为"国花"。

国鸟:白鹳(见图5.27),一种著名的观赏珍禽。在欧洲,自古以来白鹳就被认为是"带来幸福的鸟",是吉祥的象征,是上帝派来的"天使",是专门来拜访交好运的人的。白鹳被选为国鸟后,不少德国家庭特地在烟囱上筑造了平台,供它们造巢用。

国石:琥珀。

5.3.2　简史

公元前德国境内就居住着日耳曼人。公元962年建立德意志民族的神圣罗马帝国。1871年统一的德意志帝国建立。德意志帝国1914年发起了第一次世界大战。1919年2月建立了魏玛共和国。1939年发动了第二次世界大战,战后由英国、美国、法国和苏联四国占领。

1948年6月,英、美、法三国占领区合并。1949年5月23日,合并后的西部占领区成立了德意志联邦共和国。同年10月7日,东部苏联占领区成立了德意志民主共和国。德国从此正式分裂为两个独立的国家。

1989年民主德国局势发生了急剧的变化,自同年5月开始,大批公民出走联邦德国。10月初,许多城市相继爆发了规模不等的示威游行,要求放宽出国旅行和新闻媒体的限制等。10月18日,民主德国总统昂纳克宣布辞职。11月9日,"柏林墙"开放,11月28日联邦德国总理科尔提出关于两个德国实现统一的十点计划。1990年2月13日至14日,民主德国总理莫德罗首次访问联邦德国;3月18日民主德国人民议会实行自由选举,德梅齐埃任总统后,两德统一的步伐大大地加快;5月18日两国在波恩签署关于建立经济、货币和社会联盟的国家条约;8月31日,双方又在德国签署了两德统一条约;9月24日民主德国国家人民军队正式退出华约组织。

　　1990年10月3日,民主德国正式加入联邦德国。民主德国的宪法、人民法院、政府自动取消,原14个专区为适应联邦德国建制改为5个州,并入联邦德国,分裂了40多年的两个德国终于重新统一,从此结束了"一个民族,两个国家"的历史悲剧。

　　知识卡片

柏林墙

　　在欧洲土地上,有过一道修筑最为坚固但又最为短命的长城——这便是德国境内的"柏林墙"。

　　柏林墙正式名称为反法西斯防卫墙,是德国首都柏林在第二次世界大战以后,德意志民主共和国(简称民主德国或东德)在自己一方领土上建立的围墙,目的是隔离东德(含东德的首都东柏林)和西德,从而阻隔东西柏林之间市民的往来。柏林墙的建立,是第二次世界大战以后德国分裂和冷战的重要标志性建筑。1961年建造,1990年拆除,两德重归统一。

　　今天,在柏林仍保留有一小段围墙的遗迹以作为纪念和历史见证,不断吸引着大量游客前来参观。

5.3.3　经济

　　德国是高度发达的工业国家,经济实力位居欧洲首位,在国际上仅次于美国、中国和日本,为第四大经济强国和美国、中国之后第三大贸易国。

　　1)农业概况

　　德国农业产值约占国内生产总值的1%,农业从业人员约占总劳动力的4%,拥有高度发达的农业,80%以上的农产品能够自给自足。

　　德国北部农户经营种植业较多,南部则饲养业较发达。目前全国农用土地1 700万公顷,农户不足60万户。德国农户年投资约300亿马克,年营业额700亿马克,其中400亿为饲养业,300亿为种植业,所生产的产品的85%作为食品工业用的原料,为90万人提供了就业机会。在农业中,90%农户经营饲养业及普通种植业(谷物、甜菜等),10%农户是葡萄、啤酒花、水果、蔬菜、烟草等专业户。

2)工业概况

德国经济的主要支柱是工业,工业对于经济发展起到了极其重要的作用。工业产值占国内生产总值的35%,从业人员约占总劳动力的40%。重要的工业领域有钢铁、采矿、精密仪器和光学仪器、航空航天、纺织和服装、食品工业和造船工业等。

汽车工业、机械制造、化工工业、电工电子业、食品工业为德国的五大工业支柱,其销售额占整个工业的58%,就业人数占40%。目前,在德国属于高速增长的部门是塑料加工、有色金属、航天航空工业及电信和数据加工工业。

阅读材料

德国汽车行业

汽车业是德国最重要的经济部门之一,其职工人数达70万人。德国是世界上第四大汽车生产国,仅次于美国、日本和中国。德国年生产汽车500多万辆,其中大约60%出口国外。德国西部几家大的汽车制造厂已在萨克森州和图林根州开始建立新的生产场所。德国西部的汽车工业在新联邦州投资将近70亿马克。

3)服务业概况

经过几十年的发展,德国的工业和农林牧渔业在国民生产总值中所占比重均逐年减小,而第三产业(包括商业、交通、服务等行业)则持续壮大。国民生产总值中,第三产业占将近60%。从就业人数看,在全部就业人员中,第三产业占50%,主要包括商业、交通运输业、电信、银行、保险、出租房屋、旅馆、教育、文化、医疗卫生等部门。旅游业发达,每年有大量游客在德国旅游。

5.3.4 文化

面向世界,面向现代化,海纳百川,这就是德国在21世纪之初德国文化展现给世人的印象。德国与来自不同国家的文化和谐共处已经成为一件自然的事情。

1)教育

德国是一个注重教育、培训以及科研的国家。德国涌现了众多诺贝尔奖得主,在全世界的科研领域起到了领头羊的作用。德国的教育政策宗旨是为每个人提供优化的帮助以及与自身的兴趣及能力相匹配的教育。

德国有许多著名的大学,如慕尼黑工业大学、慕尼黑大学、弗赖堡大学、海德堡大学、柏林洪堡大学、亚琛大学、波恩大学和康斯坦茨大学等。

2）音乐

德国以音乐闻名于世,它是世界上著名的音乐之乡。德意志民族是一个热爱音乐且极具音乐天赋的民族,它在音乐方面的成就无与伦比,世界上几乎没有哪一个国家在其历史发展过程中,能像德国一样造就了如此之多的音乐名家。

巴赫和亨德尔是德国 17 世纪最杰出的作曲家;海顿、莫扎特和贝多芬 3 人被称为维也纳最杰出的古典音乐大师;舒曼则是 19 世纪德国浪漫派音乐的杰出代表;19 世纪下半叶,德国出现了决定德国乃至欧洲音乐发展道路的中心人物瓦格纳;此外还有勃拉姆斯、勋伯格、米德米特等音乐名家,他们也为德国及世界音乐发展作出了重要贡献。

知识卡片

贝多芬(1770—1827 年):德国作曲家(见图 5.28)。生于波恩城,自幼随父学钢琴。1787 年曾经到维也纳向海顿学习作曲。1792 年定居维也纳,从事教学、演出和创作。他的作品具有明显的时代特征,或歌颂英雄,或反对封建,争取民主自由和美好未来。其主要作品有《第三交响曲》(《命运》)、《第六交响曲》(《田园》)、《第九交响曲》(《合唱》),以及《悲怆》奏鸣曲、《月光》奏鸣曲等。

图 5.28　贝多芬

3）文学

德国素有"诗人和哲人的国度"之誉称。歌德、席勒、海涅是世界伟大诗人。歌德的代表作有小说《少年维特之烦恼》、诗歌《浮士德》,席勒的代表作有剧本《强盗》《阴谋与爱情》等,海涅的主要著作是长诗《德国,一个冬天的童话》。马克思、恩格斯是伟大的哲学家,马克思主义的创始人。

知识卡片

马克思(1818—1883 年,见图 5.29):1818 年 5 月 5 日出生于德国普鲁士莱茵省特里尔城一个犹太人律师家庭;1835—1841 年,先后在波恩大学和柏林大学攻读法学,获得哲学博士学位;1842 年任莱茵报主编;1844 年和恩格斯相见,合著《神圣家族》《德意志意识形态》;1847 年 11 月出席共产主义者同盟第二次代表大会;1848 年 2 月发表与恩格斯合写的《共产党宣言》;1848 年欧洲革命爆发后回到德国,创办《新莱茵报》;1840年被驱逐出普鲁士,先到巴黎,后定居伦敦;1864年在伦敦创立"国际工人协会"(即第一国际),领导国际工人运动,开展反对机会主义的斗争;1883年3月14日与世长辞,和先他两年逝世的夫人燕妮一起,安葬在伦敦的海格特公墓。

图5.29 马克思   图5.30 恩格斯

恩格斯(1820—1895年,见图5.30):1820年11月28日出生于德国普鲁士莱茵省巴门市一个纺织工厂主家庭;1837年中学还未毕业,就到不来梅一家大贸易公司经商;1841年在步兵炮团服兵役,同时在柏林大学听哲学课,参加了青年黑格尔派小组;1842年9月到英国曼彻斯特其父与人合营的企业工作;1844年在巴黎与马克思相见,并于当年合著《神圣家族》;1845年出版《英国工人阶级状况》,同年春迁居布鲁塞尔,与马克思合著《德意志意识形态》;1848年2月又共同发表《共产党宣言》;1848年德国革命爆发,曾亲自参加武装起义;1850年11月重返英国经商,在经济上支持和帮助马克思;参加创建和领导第一国际的工作;1877—1878年写成《反杜林论》;1885年整理出版了《资本论》第二卷;1894年出版了第三卷;1889年领导建立第二国际;1895年8月5日在伦敦病逝。

5.3.5 民俗

1)服饰

德国人在穿着服饰上其民族特征并不明显,只有在少数几个地区还保留了一些本地独特的服饰风格。比如巴伐利亚地区，那里的男人多戴一种有羽毛的小毡帽，身穿皮裤，挂着背带，脚穿长袜和翻毛皮鞋，上衣外套没有翻领，而且颜色多半是黑绿色。巴伐利亚的妇女着装多以裙装为主（见图5.31），上衣敞领、束腰，袖子有长有短，领边、袖口还镶有花边，并以白色为主。裙子的样式类似围裙，以显示劳动妇女的气质，裙子的颜色有的鲜艳，有的素雅，还有的则深沉庄重。在裙边多用刺绣、挑花来点缀，腿部再配上以白色为主的长袜。传统的女装常常要佩有帽子，帽子的样式多种多样，有的妇女干脆用鲜花编成花环戴在头上，十分娇艳。

图5.31　妇女裙装

在德国，男人们一般喜欢蓄连腮大胡子，而且样式还多种多样。人们根据自己的脸型、发式及胡须的疏密长短经常不断地修整和梳理胡须，通过不同样式的胡须来体现自己特有的性格。

2）饮食

与中国饮食习惯不同，德国人最讲究、最丰盛的是早餐。在德国百姓家，早餐的内容有饮料，包括咖啡、茶、各种果汁、牛奶等，主食为各种面包以及与面包相配的奶油、干酪果酱，外加香肠和火腿；午餐较简单，如一块熟肉、肉饼配菜和面包，或炖牛肉配米饭和生菜；晚餐通常是冷餐，且比较丰盛，一盘肉食的拼盘、鲜嫩可口的蔬菜、新鲜的水果，还有干酪。除了一日三餐外，德国人习惯在下午四五点钟喝杯咖啡或茶，吃几块蛋糕、饼干。

在各种佳肴中，德国人对香肠情有独钟，德国的香肠估计有1 500多种，其中仅水煮小香肠就有780种，最受欢迎的是润口的肉肠。吃香肠必有面包与之相配，在面包的生产方面德国可称得上是质量和数量的世界冠军。据统计，德国人每人每年平均吃面包81.5千克，居欧盟各国之首。

德国人最爱吃土豆，土豆作为烹饪的主料的地位仅次于猪肉，餐桌上少不了它。奶酪也是德国人最喜欢的，其品种多达600多种，是德国人早餐的必备之品。

德国的啤酒、葡萄酒在全世界享有盛名。它是世界饮酒大国，酒类年消耗量居世界第二位，其中啤酒的销量居世界首位。啤酒的三大产地是慕尼黑、汉堡及多特蒙德。一般来说，德国的北方人喜欢饮熟啤酒，南方人偏爱小麦啤酒、淡啤酒、黑啤酒和无苦味的啤酒。啤酒在德国人的饮食生活中占有重要地位，被称为

"液体面包"。

3)礼貌、礼节

德国人在人际交往中对礼节非常重视。与德国人握手时,有必要特别注意下述两点:一是握手时务必要坦然地注视对方;二是握手的时间宜稍长一些,晃动的次数宜稍多一些,握手时所用的力量宜稍大一些。

德国人在正式场合露面时,必须要穿戴得整整齐齐,衣着一般多为深色。在商务交往中,他们讲究男士穿三件套西装,女士穿裙式服装。

德国人在用餐时,有以下几条特殊的规矩:一是吃鱼用的刀叉不得用来吃肉或奶酪;二是若同时饮用啤酒与葡萄酒,宜先饮啤酒,后饮葡萄酒,否则被视为有损健康;三是食盘中不宜堆积过多的食物;四是不得用餐巾扇风;五是忌吃核桃。

德国人在所有花卉之中,对矢车菊最为推崇,所以选定其为国花。在德国,不宜随意以玫瑰或蔷薇送人,前者表示求爱,后者则专用于悼亡。

向德国人赠送礼品时,不宜选择刀、剑、剪、餐刀和餐叉。以褐色、白色、黑色的包装纸和彩带包装、捆扎礼品,也是不允许的。

4)节日

德国主要节日有圣诞节、狂欢节、复活节等。

圣诞节:德国最重要节日,就像中国的春节。圣诞节的假期是12月25—26日,但很多企业和政府机关假期都从12月24日持续到元月2—3日。每年进入12月,各地的商店和街道就开始披上节日的盛装,市议会门前或广场总要竖一棵大的圣诞树。各种圣诞节的时令商品堆满货架。节前人们忙着采购鲜花、家庭圣诞树、圣诞礼物和各种"年货"。

狂欢节:2月10日左右是狂欢节。这一天人们身穿节日盛装,带上各种假面具,到街上游行,各种彩车也驶上街头。站在车上的人们向街道两旁的人群分洒糖果、巧克力和玩具等。狂欢节不分男女老少,脸上化妆,穿奇装异服,翩翩起舞,场面壮观、热烈。很多地方结束游行后就到酒店举行传统的鱼宴狂欢节。

复活节:复活节在每年过春节月圆后第一个星期日和星期一,日期不定,一般在三月底四月初。复活节是德国的第二大传统节日,也是最古老的基督教节日。至今仍保留着种种习惯,如节前准备复活兔子和复活节彩蛋,以此来欢庆春回大地,万象更新。

5.3.6 旅游业

1)旅游资源与著名景点

德国南部阿尔卑斯山为欧洲的名山,楚格峰为全国最高峰,海拔 2 962 米。2 500 米以上的群峰上终年积雪,是开展冰雪运动的好地方。瓦尔茨湖、台格尔湖、柯尼斯湖等大小湖泊相互映衬,构成了特色旅游吸引物。

德国中部地形复杂多样,包括高山、高原、火山遗迹、沟壑和盆地等。黑林山地区是德国重点旅游区之一,植被良好、气候宜人,22 条河流纵横交错,金齐克大峡谷将黑山分成北、中、南三区,北区至今仍保持着茂密的原始森林。

德国北部濒临北海和波罗的海。北海为大西洋的内海,近海海滩露出许多岛屿,这些岛屿成了德国著名的旅游胜地。

(1)科隆大教堂

科隆大教堂是一座典型的欧洲宗教建筑,是世界上最完美的哥特式教堂(见图 5.32),始建于公元 1248 年,于 1880 年竣工,工程持续了数百年。它位于德国科隆市中心的莱茵河畔,东西长 144.55 米,南北宽 86.25 米,厅高 43.35 米,顶柱高 109 米,中央是两座与门墙连砌在一起的双尖塔,这两座 157.38 米的尖塔像两把锋利的宝剑,直插苍穹。整座建筑物全部由磨光石块砌成,占地 8 000 平方米,建筑面积约 6 000 多平方米。在大教堂的四周矗立着无数座小尖塔,整个大教堂呈黑色,在全市所有的建筑中格外引人注目。教堂内的摆钟直径 3.21 米,重 2.4 吨,是世界上最大的摆钟。教堂高 17 米的彩绘玻璃窗展现了旧约全书中 48 位皇帝的形象,人物造型传神。

(2)国会大厦

国会大厦(也称"帝国大厦",见图 5.33)现在不仅是联邦议会的所在地,其屋顶的穹形圆顶也是最受欢迎的游览胜地。它不断更新的历史映射着自 19 世纪以来德国历史的各个侧面。德国国家统一后,历时 12 年的重建计划已经改变了德国首都的面貌。在这个历史悠久却又现代化的城市里,玻璃与钢铁掺杂在 19—20 世纪的建筑风格中。

国会大厦建于 1884—1894 年,是保罗·瓦洛特在德意志帝国成立之后为帝国议会建造的具有象征意义的建筑。

(3)莱茵河

莱茵河被称为德国的"母亲河",是德国境内最长的河流,也是仅次于多瑙河的欧洲西部第二大河(见图 5.34),全长 1 320 千米,发源于瑞士境内的阿尔卑

图 5.32　科隆大教堂

图 5.33　国会大厦

斯山脉,流经瑞士、列支敦士登、奥地利、德国、法国、荷兰 6 个国家,在荷兰的鹿特丹附近入北海。

　　莱茵河在德国境内有 865 千米,沿途风景最美的一段在中游,从美因茨到波恩间的莱茵河谷段。这一段莱茵河进入了山区和峡谷地段,河道变得曲折,水流湍急。两岸风光之美令人目不暇接,一处处如诗如画的中世纪古罗马风格城镇,大片大片碧绿的葡萄园,几乎在每一处山坡、高地上都能看到一座座傲然屹立的古城堡。这里的每一处景观,每一块土地都已经是人性化了的自然。那一座座

图 5.34　莱茵河

耸立在高山上的城堡,让人们想起莱茵河流域曾是城邦林立、诸侯称雄的天地。这些城堡,或是海关收税的关卡,或是抵御进攻的堡垒,或是瞭望用的烽火台,或是导航的灯塔。

莱茵河又被称为德国的"命运之河"。德国境内的莱茵河流域面积达到德国国土面积的近三分之一,而且同时流经德国几个最重要的工业区如鲁尔区,不仅要为近千万人提供饮用水,而且还担负着繁重的内河运输、灌溉等任务。莱茵河是世界上最繁忙的水道,它是欧洲的大动脉。在莱茵河可以见到 20 多个国家的航船。莱茵河的运输是静悄悄地进行的,人们甚至听不到一声汽笛,也听不到马达声,看到的只是一条静谧的、浪漫的河流。莱茵河是一条充满着浪漫气息和神奇色彩的河流,是德国诗人梦中的人间乐园。

(4)勃兰登堡门

勃兰登堡门位于柏林市中心菩提树大街和 6 月 17 日大街的交汇处,是柏林市区著名的游览胜地和德国统一的象征(见图 5.35)。公元 1753 年,普鲁士国王弗里德利希・威廉一世定都柏林,下令修筑共有 14 座城门的柏林城,因此门坐西朝东,弗里德利希・威廉一世便以国王家族的发祥地勃兰登命名。

1788 年,普鲁士国王弗里德利希・威廉二世统一德意志帝国,为表庆祝,遂重建此门。当时德国著名建筑学家卡尔・歌德哈尔・阆汉斯受命承担设计与建筑工作,他以雅典古希腊柱廊式城门为蓝本,设计了这座凯旋门式的城门,并于 1791 年竣工。重建后的城门高 20 米,宽 65.6 米,进深 11 米,门内有 5 条通道,中间的通道最宽。门内各通道之间用巨大的砂岩条石隔开,条石的两端各饰 6 根高达 14 米、底部直径为 1.70 米的多立克式立柱。

为使此门更辉煌壮丽,当时德国著名的雕塑家戈特弗里德・沙多又为此门

图 5.35 勃兰登堡门

顶端设计了一套青铜装饰雕像:四匹飞驰的骏马拉着一辆双轮战车,战车上站着一位背插双翅的女神,她一手执杖一手提辔,一只展翅欲飞的普鲁士飞鹰就立在女神手执的饰有月桂花环的权杖上。在各通道内侧的石壁上镶嵌着沙多创作的20 幅描绘古希腊神话中大力神海格拉英雄事迹的大理石浮雕画。30 幅反映古希腊和平神话"和平征战"的大理石浮雕装饰在城门正面的石门楣上。此门建成之后曾被命名为"和平之门",战车上的女神被称为"和平女神"。

2)旅游产业和企业

德国大约有 900 家旅游批发商,9 000 多家旅行社。2006 年德国旅游收入大概 250 亿欧元,占国内生产总值的很大比例。

德国旅馆业的发展已经达到了很高的水平,从位于农舍的收费低廉的住处直至昂贵豪华饭店一应俱全。德国的地方风味品种繁多。德国葡萄酒在全世界享有盛名,德国人悠久的酿造啤酒的传统更是毋庸赘述。人们如今可以随时品尝到家乡菜,就连较小城市中也有各国风味的餐馆。

良好的交通网络方便了乘坐火车、从公路或水上到德国和在德国的旅行。乘车、开车、徒步或骑自行车旅行的人们都能够得到清晰的道路指示以便真正可以领略到当地风光。外国旅客的旅游手续十分简便。许多国家的公民今天可以免签证到德国来访问 3 个月。外汇可以不限数额地携入和带出。

3)旅游线路

林荫大道之旅:这条路线始于梅克伦堡——前波美拉尼亚州,终止于巴登——符腾堡州,从吕根岛到博登湖畔的莱辛瑙岛,一路上长满了有着数百年树龄的古树,菩提树、橡树、枫树和栗子树占了绝大多数。整条路线长达 2 500 千米,是德国最长的度假路线。

德国童话之旅(不来梅—黑森州):美丽的童话之旅路线从不来梅出发,经过无数如诗如画的风景区后到达哈瑙,全长 600 多千米,是德国最著名也是最受欢迎的旅游路线之一。森林、湖畔、红瓦房子、传统式样的木头窗棂等。在 60 多个城市和地区的浪漫风景中,追寻格林兄弟当年的生活足迹,感受美丽动人的格林童话世界。

啤酒和城堡之旅(图林根州—巴伐利亚州):长约 500 千米的这条旅游路线绝对是啤酒喜爱者的天堂。从图林根州开始,一直到巴伐利亚州的帕骚,一路上布满了自然公园、浪漫的河流和峡谷、令人难忘的古堡、宫殿等。

浪漫主义之旅(萨克森—安哈尔特州):环形路线,起点和终点均为马格德堡,全长约 1 000 千米。路上密布各种修道院、教堂、宫殿和城堡,也是建筑艺术的展示地区。1994 年被列入世界文化遗产名录的小城奎德林堡也在这条路线上。

5.4　荷　兰

荷兰是一个充满亲和力的国家,社会稳定、经济发达。古老的水轮车房、幽静的小庄园、古朴的城堡、"欧洲门户"、"花卉大国"、"风车王国"等都是人们给它的赞美。荷兰又是著名的"低地国",地势低洼,修筑了比海岸线长三倍的堤岸,围海排水造田扩充了疆土。

5.4.1　地理概况

1)自然地理

荷兰全称荷兰王国(the Kingdom of the Netherlands),又译"尼德兰"。总面积 41 528 平方千米,南北长 300 千米,东西宽 180 千米 。荷兰位于欧洲西部,东面与德国为邻,南接比利时。西、北濒临北海,地处莱茵河、马斯河和斯海尔德河三角洲,海岸线长 1 075 千米,享有"欧洲门户"之称。全境为低地,三分之一的土地海拔不到 1 米,四分之一的土地低于海面,沿海有 1 800 多千米长的海坝和岸堤。13 世纪以来共围垦约 7 100 多平方千米的土地,相当于全国陆地面积的五分之一。境内河流纵横,主要有莱茵河、马斯河。西北濒海处有艾瑟尔湖。其西部沿海为低地,东部是波状平原,中部和东南部为高原。南部由莱茵河、马斯河、斯海尔德河的三角洲连接而成。

2)人文地理

(1)人口与民族

荷兰总人口1 673万(2012年),人口密度为404.5人/平方千米,是世界上人口密度最大的国家之一。荷兰90%以上为荷兰族,此外还有弗里斯族。

(2)语言与宗教

荷兰官方语言为荷兰语,属日耳曼语系,但是在弗里兰省则讲弗里斯语(也属日耳曼语系)。荷兰宪法规定宗教信仰自由。荷兰约36%的人信仰罗马天主教,新教约占20%,加尔文教约占8%,其他宗教约占4%。近年来荷兰不信教的人数明显增多,不信教人口约占其总人口的32%。对荷兰社会影响最大的是罗马天主教和荷兰新教。

3)国旗、国徽和国歌

国旗:呈长方形,长与宽之比为3:2。自上而下由红、白、蓝3个平行相等的横长方形相连而成(见图5.36)。蓝色表示国家面临海洋,象征人民的幸福;白色象征自由、平等、民主和人民纯朴的性格特征;红色代表革命胜利。

图5.36 国旗

图5.37 国徽

国徽:荷兰国徽是在1815年根据皇室法令制定的(见图5.37)。一项红色貂皮华盖如开启的幕布,下部嵌有一条写着威廉亲王誓言"维护和捍卫纳索"的蓝色饰带,两只跨立的金狮翘着尾巴,口吐红舌护着一面蓝色盾徽。盾徽顶部是威廉一世所用的王冠;后面中央绘有一只头戴王冠的金狮,右前肢挥舞着一把出鞘的利剑,左前肢挥动一束金色箭翎,它们象征着国王权力。蓝色盾面上布满金色的小长方块,这些小块来源于草地牧区的贵族对沃尔姆斯大主教的诉讼,为了庆祝胜诉和独立,贵族们便在纹徽上增加了这些长方形小块以象征自由。

国歌:《威廉·凡·那叟》,一般认为是世界上最古老的国歌。这首歌创作于 1568 年前后。威廉·凡·那叟是当时荷兰贵族革命派领袖之一,后来成为荷兰元首,1584 年被西班牙间谍刺杀。这首歌的曲调是 17 世纪法国一首新教徒歌曲,歌词也带有宗教色彩。

国花:郁金香。

知识卡片

郁金香

在花卉的天地里,郁金香堪称为大名鼎鼎的洋花(见图 5.38)。我国称"天山上的红花"。郁金香的名字来自于拉丁文的"turban"。"turban"意指穆斯林的头巾。这么起名字是因为它们的球状花蕾看起来像是穆斯林教徒戴的头巾。郁金香最初产自地中海,1554 年从土耳其引入欧洲。从此马上风行起来。而今,郁金香已普遍地在世界各个角落种植,它代表着优美和雅致。

国鸟:琵鹭。

图 5.38 郁金香

图 5.39 琵鹭

琵鹭

白琵鹭:别名篦鹭、琵琶嘴鹭,属于鹮科(见图 5.39),高 85 厘米左右,全身羽毛白色,眼圈、额、上喉的裸皮呈黄色。嘴长直、扁阔似琵琶,故而得名。胸及头部冠羽黄色。颈、腿均长,腿下部裸露呈黑色。栖息于沼泽地、河滩、苇塘等处。涉水啄食小型动物,有时也食水生植物。筑巢于近水高树上或芦苇丛中,每窝产卵 3~4 枚,白色无斑或钝端有稀疏斑点。雌雄轮流孵卵约 25 天,雏鸟留巢期约 40 天。

国石:钻石。

5.4.2　简史

中世纪时期,现在的荷兰这一地区由一些自治的公爵领地、伯爵辖区和教会区等组成。在查理五世统治时期,该地区与现在的比利时、卢森堡一起形成了所谓的"低洼三国"。

1568 年开始创建一个独立的国家。当时在荷兰北部爆发了反抗西班牙统治者的起义,从此开始了长达 80 年的自由战争。

17 世纪,荷兰商船在世界各地设立贸易点。贸易和航海业的大发展成为 17 世纪的重要标志。著名的贸易公司有经商于远东地区的东印度公司和以非洲和美洲为主的西印度公司。为了争夺和保护商业利益,荷兰同英国等殖民列强之间发生了多次战争。

1795 年,荷兰首次成为大法兰西帝国的附庸国。1810 年拿破仑统治时期,整个荷兰被法国吞并。1814 年结束法国统治后,次年成立了荷兰王国。其领土包括现在的荷兰、比利时和卢森堡。第一位国王是奥兰治纳骚王室的王子威廉一世。宪法规定:国王执政,部长对国王负责。1848 年修改后的宪法规定:部长对选举出来的议会负责,而不是对国王负责。新宪法为后来的议会君主立宪制的产生奠定了基础。

1830 年比利时宣告独立。1890 年卢森堡也脱离了荷兰的统治,成为独立国家,由此荷兰拥有了今天的版图。

在第一次世界大战期间,荷兰始终保持中立。第二次世界大战爆发前,荷兰也一直奉行严守中立的政策。但是在 1940 年还是被德国入侵并且被占领达 5 年之久。

1940 年因德国入侵,当时的威廉米娜女王被迫迁居英国。她在位 50 年后于 1948 年退位,其女儿朱丽安娜继位。朱丽安娜女王于 1980 年 4 月 30 日退位,其大女儿贝娅特丽克丝于当时登基继位。

5.4.3　经济

荷兰是发达的资本主义国家,西方十大经济体之一。荷兰奉行自由贸易政策,属外向型经济。基础设施齐全,有完善的中介组织,经济环境较好。目前经济运行正常,优于欧盟平均水平。服务业是荷兰经济的支柱,占国内生产总值的67%,占就业人数的 70%;工业在国内生产总值中位居第二,占 28%,占就业人数的25%;农业占国内生产总值的3.5%,占就业人数的5%。

1)农业概况

荷兰农业高度集约化,以优质高产著称。畜牧业占其农业总产值的55%,园艺业占34.7%,种植业占10%。农产品60%以上出口,是世界第三大农产品出口国。最重要的出口农产品有蛋、奶、肉、蔬菜、花卉、土豆等。蘑菇、鲜花、奶酪和土豆种子的出口量居世界第一。花卉是荷兰的支柱性产业。全国共有1.1亿平方米的温室用于种植鲜花和蔬菜,因而享有"欧洲花园"的美称。荷兰把美丽送到世界各个角落,花卉出口占国际花卉市场的40%~50%。荷兰拥有世界最大的鲜花拍卖市场——阿斯梅尔鲜花拍卖市场和最大的种子公司——Cebeco公司。荷兰农业所拥有的先进技术(如温室技术、无土栽培技术、选种育种技术)及经营管理的经验值得借鉴。

2)工业概况

荷兰工业发达,主要工业部门有食品加工、石油化工、冶金、机械制造、电子、钢铁、造船、印刷、钻石加工等,原料和销售市场主要依靠国外。近20年来重视发展空间、微电子、生物工程等高技术产业,传统工业主要是造船、冶金等。鹿特丹是欧洲最大的炼油中心。荷兰也是世界主要造船国家之一,拥有联合利华集团(Unilever)、Heineken啤酒公司、壳牌(SHELL)、阿克苏·诺贝尔、DSM、飞利浦等世界著名的跨国公司。

3)服务业概况

荷兰服务业在国民经济中居主导地位。它吸纳了荷兰70%的就业人员。荷兰的运输(港口)、金融、保险等第三产业闻名于世。

荷兰处于"欧洲门户"的有利地理位置,拥有高度发达的水、陆、空运输网络、分拨能力和通信系统。鹿特丹港为欧洲第一大港,2005年吞吐量3.692亿吨。阿姆斯特丹机场为欧洲第三大空运货港。荷兰港口吞吐量占欧洲总量的40%,并承担欧盟跨界运输量的35%。荷兰已成为欧洲极其重要的分拨中心。荷兰有著名的几大银行:荷兰银行(ABN-AMRO)、国际荷兰集团(ING)、荷兰合作银行(Rabobank)、FORTIS银行和两大保险公司(荷兰国民保险公司和AEGON公司)。

5.4.4　文化

1）教育

荷兰教育体系,总的来说,分为 3 部分:基础教育、中学教育和高等教育。基础教育类似中国的义务制教育。基础教育之后,学生可以根据自己的爱好和水平选择相应的中学教育,包括 6 年制、5 年制、4 年制中学。完成 4 年制中学学习的学生通常直接就业,完成 5 年制中学学习的学生将进入高等职业教育学院学习,完成 6 年制中学学习的学生将进入荷兰研究型大学学习。

荷兰高等教育院校共分两个种类:研究型大学和高等职业教育学院。研究型大学主要培养学生独立学习和从事科研的能力;高等职业院校在向学生传授理论知识的同时,更加注重理论同实际相结合和职业性。

荷兰共有研究型大学 13 所,高等职业教育学院 56 所。13 所研究型大学具有较高的教学与科研水平,多数学校办学历史长,办学质量在国际上有较好声誉。据欧洲联盟委员会 2002 年报告显示,欧洲 22 所科研论文转引率在国际上最有影响的高校中,荷兰有 7 所高校榜上有名。

2）音乐

音乐方面,荷兰拥有大量的管弦乐团,分布在全国各地。其中最负盛名的为阿姆斯特丹皇家音乐厅管弦乐团。荷兰的歌剧界非常繁荣,尤其是阿姆斯特丹的荷兰歌剧院蜚声国内外。荷兰歌剧院每年推出约 10 曲剧目,主要在阿姆斯特丹上演。现代歌剧在演出剧目中占有重要份额。荷兰音乐节名扬四海,每年的 6 月份开始,在阿姆斯特丹持续 1 个月的时间。另一个重要的音乐节是乌得勒支的荷兰早期音乐节,主要由荷兰国内外的杰出音乐家和乐团演奏中世纪音乐与巴洛克音乐。

各大城市有国际知名的音乐中心,譬如阿姆斯特丹的毕姆音乐室。北海爵士音乐节,每年在海牙举办,是欧洲规模最大和知名度最高的爵士音乐节。流行音乐也成绩显著。从年初到年末不断地有大型流行音乐演唱会,其中最有名的是:圣灵降临节流行音乐会、公园流行音乐会和地拿摩露天流行音乐会。

3）戏剧

荷兰有大量的职业剧团。他们注重追求音乐技巧、模拟表演和各种新式声光技术的融合。阿姆斯特丹和安特卫普(比利时)每年都举办喜剧艺术节。艺术节期间会将一年来的重要剧目奉献给观众。国际上闻名遐迩的剧目如《猫》

《歌剧魅影》以及《悲惨世界》被翻译成荷文版,上演后座无虚席。此外荷兰改编的作品《西拉诺》也广受欢迎,并于1993年到纽约的百老汇上演。

4)电影

荷兰的电影业规模不大,年产故事片为10～15部,有时候也与他国合拍。其中有些影片在海外也已颇有知名度。1987年,瑞德梅克尔因他的影片《突袭》获得奥斯卡最佳外语片奖。9年后,霍丽丝又因她的影片《安东妮亚》获得同样的大奖。导演维胡芬,因其影片《奥兰治战士》和《第四个男人》在荷兰名声大振,又因其影片《铁甲威龙》和《本能》而蜚声国际,摄影兼导演德邦特因其影片《生死时速》和《龙卷风》而同样成功。

5.4.5　民俗

1)服饰

荷兰并没有全国性的传统服饰,但各个地区都有自己特别的传统服饰。除了兰岛、菲洛威的东北角以及沃仑丹和马肯外,大部分的人现在已经很少穿着传统服饰。但在特别的节庆时,像是女皇诞辰、复活节和五旬节,人们仍然喜欢穿着传统服饰庆祝。荷兰的传统服饰最多姿多彩(见图5.40),呈现错综复杂的刺绣图案和鲜艳的纹理。大部分地方的裙子都长,还有蕾丝宽边大白帽,以及金黄色的胸针。

图5.40　服饰

阅读材料

荷兰木鞋

木鞋(见图5.41)同风车一样,是荷兰人在同大自然的搏斗中适应地理环境的产物。因为荷兰大部分国土海拔太低,欧洲许多大河经荷兰入海,又受全年湿润的温带海洋性气候影响,促使荷兰人在几百年前就发明了木鞋。据说脚穿坚硬的木鞋在淤泥地行走特别轻巧利落。制作木鞋完全是鞋匠的活儿,确切地说是雕刻匠的活儿,因为一只木鞋完全是在一块完整的木头上镂刻出来的。据介绍,制作木鞋的木料为白杨,只有4~6年生的白杨树上的某一段木料制作的木鞋才具有不易劈裂、不变形、不渗水、不沾泥、透气等特性。

图5.41　木鞋

从前制作木鞋,手艺最好的鞋匠也要两三天才能做一双,现在由于实现了机械化和自动化,制作一双木鞋仅需十几分钟。虽然,如今木鞋的原始功能几乎消失殆尽,在生活中已很少见到荷兰人穿木鞋了,但在农村、家庭和旅游纪念品商店里依然可见,木鞋完全衍变成一种抽象概念和精神寄托,作为一种民族风俗文化保留至今。在荷兰,婴儿出生后,父母要为小宝宝准备一双小木鞋,以表示作为荷兰人一生都要与木鞋为伴。荷兰男青年谈恋爱时,要设法悄悄量好女友的脚形与尺寸,亲手送她一双木鞋,刻上女友的姓名。结婚时,丈夫把木鞋作为爱情的信物送给妻子,并亲手为她穿上。木鞋还是荷兰人日常生活中馈赠亲朋好友的礼物,如果有人送你一双你刚好能穿的木鞋,那就意味着你是他最尊贵的朋友。

今天的荷兰木鞋也早已超出了木头的范围,仅从材料上分就有黄金、白银、青铜、铝合金、钻石、水晶、玉石、翡翠、玛瑙、塑料、橡胶、玻璃、石头等几十种之多。从用途上分又有旅游鞋、钉子鞋、冰鞋、旱冰鞋、高跷鞋、登山鞋等。那些由各种材料制成,由世界各国元首、总统、王室成员在近百年来赠送给荷兰的"木鞋"更是精品中的精品。

2)饮食

荷兰的美食文化实在是多彩多姿。荷兰人的菜口味都较淡。通常荷兰料理都标榜有"妈妈的味道"。用青豆熬成的爱尔登汤,犹如一篇冬天的抒情诗。一般人都可在餐厅中以合理的价位,享用简单的荷兰式烤饼甚至高品质的法式佳肴,如各式啤酒及酿毡酒、荷式炖牛肉、洋葱鲱鱼生吃、肉酱三文治、浓豆蓉汤、烟鳗鱼、椰菜茨蓉香肠等,荷兰凭"艾登"和"高达"两大奶酪品牌成为世界最大的奶酪出口国。

荷兰的小吃也很特别,如沾蛋黄沙拉酱或花生酱吃的法式薯条、熏鳗鱼,以及配上碎洋葱整条吞食的生鲱鱼等,在观光景点或闹区等的摊贩都有贩售。除了自己的乡土料理外,荷兰人对于美食同样具有国际性的观点,到处都有中国餐厅、印尼餐厅、意大利餐厅、法国餐厅等。对于出国想吃中国菜的人,荷兰的中国餐馆绝对不会让您失望,不但味道地道,而且服务周到。

荷兰人吃鲱鱼的方式相当特殊,不是用煎或烘焙的,而是直接搭配洋葱生吃(见图5.42)。这些鲱鱼都是先用盐腌过一段时间,吃的时候,用手指拿着鱼尾,鱼头向着嘴巴,大口整条吞食。由于鲱鱼的骨头很软,不必担心鱼刺会刺伤您,反而含有丰富的钙质与维生素D。

煎饼是荷兰最普遍也最受欢迎的餐点。荷兰的煎饼有点类似中国台湾的葱油饼,尺寸稍微小一点,可是它的口味众多,有咸的、甜的,还有巧克力口味等。荷兰人吃煎饼会先在

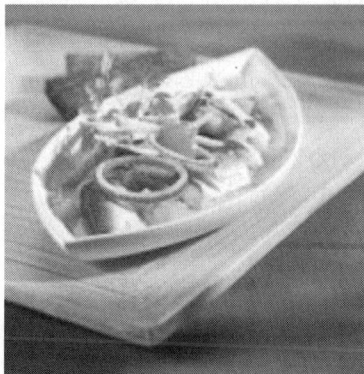

图5.42 鲱鱼

煎饼上加枫糖浆、蜂蜜、糖浆、巧克力酱或细糖粉,然后以刀叉或者直接用手指撕来吃。

3)礼貌、礼节

荷兰商人喜爱相互招待宴请,往往早餐丰富,上午10时休息吃茶点,中午大吃一顿,下午4时又休息吃茶点,晚上7时正式吃晚餐,睡前还有一次消夜。如果荷兰人邀请你到他家坐坐,大多只请你喝几杯酒,然后出去上饭馆吃饭,记得带花送给他太太,但务必是单数,5朵或7朵最好。荷兰人在饮食上习惯吃西餐,但对中餐也颇兴趣。荷兰人倒咖啡有特别的讲究,只能倒到杯子的三分之二处。倒满是失礼的行为,被视为缺乏教养。

上楼梯时,男士在前。一般而言,男女爬楼梯的时候,女性在前,男性在后,而荷兰却与此相反。

与荷兰人交谈时避免谈论美国政治、钱和物价,也不要提起纳粹。荷兰人的家具、室内装饰闻名于世,所以荷兰人喜欢别人恭维他们的家具、艺术品、地毯和

家中摆设。他们忌讳交叉式握手和交叉式谈话,认为这些都是不礼貌的举止。荷兰知识分子中很多人对中国传统文化知之颇深,因此中国人与之交往不妨谈谈中国孔孟哲学。

荷兰人忌讳"13"和"星期五"。他们认为"13"象征着厄运,"星期五"象征着灾难。

4)节日

荷兰节日众多,主要有:新年(1月1日)、耶稣受难日(4月14日)、复活节(4月17日)、女王日(4月30日)、耶稣升天节(5月25日)、民族解放日(5月5日)、圣神降临节(6月5日)。

荷兰女王节:每年的4月30日荷兰人将以嘉年华会的方式欢庆女王日。这是荷兰人相当重要的节庆之一。届时大大小小的街道上将充满着红白蓝相间的荷兰国旗,代表着皇室的橙色旗帜,游行的队伍与热闹的音乐会,欢欣鼓舞地庆祝这个重要的日子。在当天,居民观光客也会应景地穿一身橙色,融入这一盛大的节日(见图5.43)。

图5.43　荷兰女王节

在女王节这天,每一个荷兰人都可以在自家门口、热闹的市区等任何地方,不受任何税务限制地摆起地摊,出售各式各样的私人物品和收藏。一般跳蚤市场从上午9点开始,所有的交易品价格由买卖双方讨价还价决定,相当有乐趣。这天也成了当地人聚会喝酒的好日子。三五好友聚在一起喝酒唱歌狂欢一番。

5.4.6 旅游业

1)旅游资源与著名景点

荷兰是一个著名的旅游国度。它被称为风车王国、花卉之国,由风车、木屐、郁金香所串起的如织美景,带给人们无数的梦幻与想象。

荷兰还是一个大博物馆,它是世界博物馆密度最大的国家,全国有600多座博物馆可供对历史或文化感兴趣的旅游者参观。这些博物馆内汇集了古代的绘画、玩具、铜、钱盒、陶器、冰鞋等文物。

(1)宽容随性的阿姆斯特丹

随性、自由、宽容,个性开放、毒品合法、善于容忍异己。几世纪来,阿姆斯特丹一直都像个磁铁,不断吸引欧洲各国的受压迫者前来寻求庇护,特别是从法国或其他天主教国家而来的犹太人或异教徒(见图5.44)。今日外来移民人口仍占总人口的四分之一。

图5.44 阿姆斯特丹

放眼望去,阿姆斯特丹由于没有高楼大厦的阻挡,其天际显得格外清澈辽阔,而就在这片蓝色天空下,一个个当地居民骑着自行车,从石板路上穿越而过。在这个到处是沿河小路和狭窄巷道的城市,关注环境的阿姆斯特丹人把骑自行车当作降低污染、健身的好办法。阿姆斯特丹素有"北方威尼斯"的美称。全市有90个小岛、160条运河和令人惊叹的1 281座桥梁。市区道路多而不乱,层次井然,船只可以自由航行到市区任何地方。市中心达姆广场是该市的心脏。

(2)梵高美术馆博物馆

梵高博物馆建于1973年,其原设计是由建筑师里尔维德(1888—1964)规划(见图5.45),收藏包括梵高和知交土鲁斯、高更、马奈的多幅作品。"戴草帽的自画像""朱尔夫"和"一双靴子"都在二楼展出。其中,最知名的应属"群鸽"与"向日葵"。

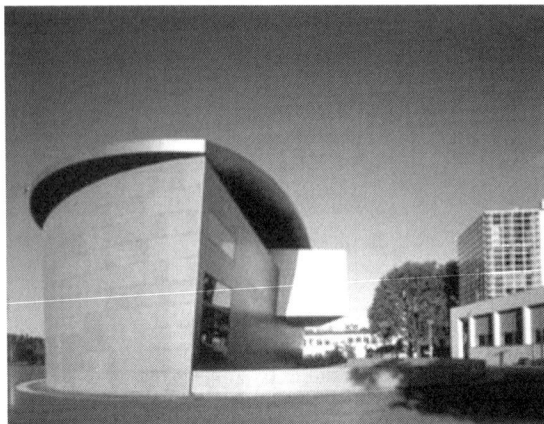

图 5.45　梵高美术馆博物馆

亲身站在他的画作前,才能感受他每一个按捺的笔触所透露出的力道与美感,看着看着,一种由心底生出的感动会让你久久难以忘怀。

(3)荷兰皇家昔日避暑山庄

位于荷兰心脏地带的阿培尔顿,拥有一片广大的森林,而皇室昔日的避暑山庄"罗宫"就在这片森林之中(见图 5.46)。阿培尔顿建城已经有 1 200 多年历史,想要寻找它过去的面貌,就得往拉德休斯广场周围去。

图 5.46　荷兰皇家昔日避暑山庄

罗宫坐落于阿培尔顿附近,从 1686—1975 年,它一直是荷兰统治者和皇家最爱的夏宫。走入罗宫,可以看到富丽堂皇的内部装饰,而室外庭园有绿草如茵的雕塑环绕。罗宫曾是荷兰皇家最爱的别墅,现在则成了博物馆。

在经过荷兰政府的重整之后,无论是皇宫本身,或是周围的庭园几乎都恢复了 17 世纪时的旧观。在进入罗宫之后,记得一定要仔细欣赏每个房间,因为它真实生动地展现出从威廉和玛丽到威廉明娜女王在位时,皇室 300 年来的家居生活。在这些房间内,有展出的皇家物品,包括文件、绘画、瓷器、银器,以及皇家和宫廷服饰,都呈现出以橙色的拿骚家族与荷兰的渊源。而马厩内所展出的,则是皇家御用马车、猎车、雪橇和老爷车等收藏品。

被森林、湖泊所包裹的避暑山庄"罗宫",褪去它属于皇家的神秘之后,让它原本的美丽和浪漫,也有机会让平民参观,享受属于皇家级的美景。

(4)海牙

海牙位于荷兰西南部北海岸边,人口 50 多万,是全国第三大城市,有"欧洲最大最美丽的村庄"之称。13 世纪以来海牙一直是荷兰的政治中心,19 世纪初首都迁往阿姆斯特丹,但是,议会、首相府和中央政府各部仍设在这里。海牙的著名建筑和平宫坐落在市郊,它建于 1907—1913 年,由各国政府出资捐资建造,象征协力缔造和平之意,现在为联合国国际法院所在地(见图 5.47)。

图 5.47 海牙国际法院

2）旅游产品和管理

荷兰有良好的旅游环境和条件。在荷兰各地普遍建有供游人娱乐和旅游的设施,有设备齐全为国际会议提供的会议场馆和食宿设施,还有各种档次的旅馆、青年旅社、休养所等。不同档次的旅馆遍及全国各地,可满足不同层次的需要。荷兰除拥有大量的旅馆、客栈外,不少家庭还将多余的住宅、公寓和房间出租给游客居住,收费较低。如果在荷兰一个地方停留时间较长,不妨考虑租住带有厨房的公寓及住宅,或住进荷兰人家中,不失为一种新的生活体验。

在苏黎世、马德里等地设有旅游办事处分支机构,负责宣传和介绍荷兰的旅游胜地。在荷兰的所有城市都设有导游问讯处,向旅客提供咨询服务。荷兰旅游主管部门为国家旅游局,属经济部管理。

3）旅游线路

(1)*荷兰风情之旅:阿姆斯特丹—鹿特丹*

游览荷兰最负盛名的城市阿姆斯特丹和最闻名于世的海港鹿特丹,呼吸荷兰带有郁金香香味的空气。

(2)*荷兰细节感受之旅:海牙—乌得勒支—马斯垂克*

3个城市各具风情,如要比名气比不上阿姆斯特丹和鹿特丹,但讲到旅游价值可是不相上下,在这里可以更细致地品味荷兰。

5.5　俄罗斯

俄罗斯幅员辽阔,国土面积是世界之最。文化教育历史悠久,文学艺术在世界上享有盛名,科学技术也是世界一流水平。这里资源丰富、风光优美,是一片著名的旅游胜地。

5.5.1　地理概况

1）地理概况

俄罗斯全称俄罗斯联邦(the Russian Federation),位于欧亚大陆北部,地跨东欧北亚的大部分土地。北临北冰洋的巴伦支海、白海、喀拉海、拉普捷夫海、东西伯利亚海和楚科奇海,东濒太平洋的白令海、鄂霍次克海和日本海,西滨大西洋的波罗的海、黑海和亚速海。与挪威、芬兰、爱沙尼亚、拉脱维亚、立陶宛、波兰、白俄罗斯、乌克兰、格鲁吉亚、阿塞拜疆、哈萨克斯坦、中国、蒙古国、朝鲜等国家相邻,隔海与日本和美国阿拉斯加相望。面积1 707.54万平方千米,是世界上地域最辽阔、面积最广大的国家,约占世界陆地总面积11.4%。海岸线长3.4万千米。

2)人文地理

(1)人口与民族

俄罗斯总人口1.43亿,是欧洲人口最多的国家。但结合其广阔的领土来看,俄罗斯又是地广人稀的国家,平均人口密度不到9人/平方千米,仅相当于世界平均人口密度(44人/平方千米)的1/5。

在世界2 000多个民族中,俄罗斯人数仅次于汉人、印度斯坦、美利坚人、孟加拉人和巴西人而居第六位。俄罗斯人主要聚居在俄罗斯联邦,占该国总人口的79.8%,西起欧洲的波罗的海之滨,东至太平洋中的萨哈林岛和千岛群岛,北起北冰洋,南抵高加索山脉。

除俄罗斯联邦外,在苏联其他各加盟共和国共有2 600多万俄罗斯人,此外俄罗斯人还有100多万在美洲各国(主要在美国),20万人在西欧各国、澳大利亚等地,他们大多是19世纪末20世纪初从俄国去的移民后裔。中国也有俄罗斯人1.5万多,分布在新疆、内蒙古和黑龙江。

俄罗斯联邦是多民族国家,这里生活着135个民族,其中主体民族是俄罗斯族,占全国人口的4/5。较大的少数民族有鞑靼人(550万)、乌克兰人(440万)、楚瓦什人(180万)、白俄罗斯人(120万)、车臣人(90万)和德意志人(80万)等。

(2)语言与宗教

官方语言为俄语。

俄罗斯是一个多宗教的国家。天主教是基督教世界中规模最大和流传最广的一种宗教。然而,在俄罗斯,它的教徒数量并不可观。近年来,俄罗斯主教组织的数量呈上升趋势。伊斯兰教是俄罗斯的第二大宗教。佛教是俄罗斯的第三大宗教。犹太教也是俄罗斯一个古老的宗教派别,它是俄罗斯犹太人的民族宗教。1993年,俄罗斯犹太教会获得了从事宗教活动的自由。

除了上述宗教,俄罗斯还存在着历史上从东正教会中分离出去的旧礼仪派以及从国外传来的新兴宗教等。仅旧礼仪派就包括27个分支派别,拥有教徒200万人,较大的派别有教堂派、反教堂派、北方沿海派、费多希耶夫派和云游派等。

3)国旗、国徽和国歌

国旗:呈横长方形,长与宽之比约为3∶2。旗面由3个平行且相等的横长方形相连而成,自上而下分别为白、蓝、红三色(见图5.48)。

知识卡片

国旗

俄罗斯幅员辽阔,国土跨寒带、亚寒带和温带三个气候带,用三色横长方形平行相连,表示了俄罗斯地理位置上的这一特点。白色代表寒带一年四季白雪茫茫的自然景观;蓝色既代表亚寒带气候区,又象征俄罗斯丰富的地下矿藏和森林、水力等自然资源;红色是温带的标志,也象征俄罗斯历史的悠久和对人类文明的贡献。

图5.48 国旗

国徽:为盾徽。1993年11月30日,俄决定采用十月革命前伊凡雷帝时代的、以双头鹰为图案的国徽(见图5.49):红色盾面上有一只金色的双头鹰,鹰头上是彼得大帝的三顶皇冠,鹰爪抓着象征皇权的权杖和金球。鹰胸前是一个小盾形,上面是一名骑士和一匹白马。双头鹰由来可追溯到公元15世纪。双头鹰原是拜占庭帝国君士坦丁一世的徽记。拜占庭帝国曾横跨欧亚两个大陆,它一头望着西方,另一头望着东方,象征着两块大陆间的统一以及各民族的联合。1497年,双头鹰作为国家徽记首次出现在俄罗斯的国玺上,直至1918年。1993年11月30日,这只象征俄罗斯国家团结和统一的双头鹰又

图5.49 国徽

"飞"回到俄罗斯的国徽上。20世纪末,国家杜马从法律上确定了双头鹰是俄罗斯的国家象征。

国花:向日葵。

5.5.2 简史

俄罗斯历史上第一个建立起来的国家组织是基辅公国,其建国地区在今日俄罗斯的西部地区。基辅公国是靠一支外来的北方民族建立,称为"瓦伦吉安人"或"瓦伦吉安罗斯人"。瓦伦吉安人在9世纪中叶由北方的斯堪的纳维亚半岛南下之后,随即攻占了诺夫哥罗德、斯摩棱斯克和基辅等地,并以基辅为中心,建立基辅公国,这就是俄罗斯历史上第一个王朝:罗瑞克王朝的开始。

公元1240年蒙古人攻陷基辅,到公元1480年为蒙古对俄罗斯的统治时期,

为期240年。1547年,莫斯科公国17岁的伊凡四世(伊凡大帝)改大公称号为沙皇。莫斯科公国自此之后便改称为"俄罗斯沙皇国"。

1721年,彼得一世(彼得大帝)改国号为俄罗斯帝国。1861年废除农奴制。19世纪末至20世纪初成为军事封建帝国主义国家。1917年2月,资产阶级革命推翻了专制制度。

1917年11月7日(俄历10月25日)十月革命,建立世界上第一个社会主义国家政权——俄罗斯苏维埃联邦社会主义共和国。1990年6月12日,俄罗斯苏维埃联邦社会主义共和国最高苏维埃发表《国家主权宣言》,宣布俄罗斯联邦在其境内拥有"绝对主权"。

1991年8月,苏联发生"8.19"事件。12月8日,俄罗斯联邦、白俄罗斯、乌克兰3个加盟共和国的领导人在别洛韦日签署《独立国家联合体协议》,宣布组成"独立国家联合体"。12月26日,苏联最高苏维埃共和国院举行最后一次会议,宣布苏联停止存在。至此,苏联解体,俄罗斯联邦成为完全独立的国家,并成为苏联的唯一继承国。1993年12月12日,经过全民投票通过了俄罗斯独立后的第一部宪法,规定国家名称为"俄罗斯联邦",和"俄罗斯"意义相同。

知识卡片

彼得大帝

彼得大帝(1672—1725年):俄罗斯帝国的皇帝(见图5.50)。1682年被立为沙皇,但实权掌握在他姐姐索菲亚手里。1689年平定索菲亚发动的宫廷政变,亲自执政,称彼得一世。1697年随"高级使团"出国到西欧考察,回国后进行全面改革,力图改变俄国落后状况。同时,为了打通波罗的海出海口,同瑞典进行长达21年的

图5.50　彼得大帝

"北方战争",于1721年击败瑞典。同年为俄罗斯帝国皇帝,是俄国历史上很有作为的帝王。

5.5.3　经济

俄罗斯是世界经济大国。苏联时期它是世界第二经济强国。苏联解体后其经济一度严重衰退。2000年之后俄罗斯的经济在大量出售资源的情况下得以迅速发展。2006年俄罗斯的经济总量超过1990年解体前。2007年俄罗斯的国内生产总值达到11 356亿美元,位居世界第十位。重新回到世界十大经济体。2011年,俄罗斯GDP总量已经达到1.85万亿美元,人均GDP已经达到13 235

美元。2012年8月22日,俄罗斯正式成为世界贸易组织(WTO)第156个成员。

1)工业

已经形成以九大工业部门(能源、黑色冶金、化学和石油工业、机械制造和金属加工、木材加工和造纸、建筑和材料、轻工食品和微生物)为中心的完整的工业体系。俄罗斯工业发达,核工业和航空航天业占世界重要地位。2004年工业产值为112 090亿卢布,同比增长6.1%。工业从业人口2 055.4万人,占总就业人口(6 732.2万)的30.5%。工业基础雄厚,部门全,以机械、钢铁、冶金、石油、天然气、煤炭、森林工业及化工等为主,木材和木材加工业也较发达。俄工业结构不合理,重工业发达,轻工业发展缓慢,民用工业落后状况尚未根本改变。俄罗斯IT业近年来发展迅速,尤其是在软件开发方面已经走在世界前列,涌现出了Yandex,卡巴斯基等世界著名的软件制造商。

2)农业

从20世纪60年代以来开始实行集约化经营,逐步改变以前的粗放型经营方式,使农业生产水平有所提高。农业占国内生产总值的6.4%。

知识卡片

卢布

卢布最早为沙皇俄国的货币单位。1991年12月25日苏联解体,卢布成为俄罗斯的本位货币单位。苏联的其他加盟共和国独立后,有的发行了本国货币,有的仍采用卢布。1993年7月,俄罗斯政府宣布,1961—1992年发行

图5.51　卢布

的卢布纸币停止流通,同时发行新版卢布。1998年元旦开始使用升值1 000倍的新版卢布。卢布是俄罗斯的本位货币单位。辅币是戈比。1卢布＝100戈比。纸币面额有5,10,50,100,500卢布5种纸币,另有1,5,10,50戈比和1,2,5卢布7种硬币。图5.51为卢布票样。

5.5.4　文化

1)教育

俄罗斯国民受教育程度居世界前列。10岁以上的文盲从1989年的1.9%

下降到 2005 年的 0.5%。教育体制是前苏联时期形成的，包括学前教育、普通教育、职业技术教育、中等专业教育和高等教育。各类学校均实行日校、夜校和函授并举的方针。

2）文学

从 17 世纪中叶开始，由于全俄市场的形成和国际文化交流的开展，俄罗斯文学渐渐丰富起来。司祭长阿瓦库姆的《行传》和宫廷诗人西密翁·波洛茨基的创作，显示了宗教文学的新发展。还出现了《戈列·兹洛恰斯基传奇》《萨瓦·格鲁岑传奇》和《弗罗尔·斯科别耶夫传奇》，及《谢米亚克法庭的故事》和《棘鲈的故事》等反映社会生活、具有民主倾向的世俗传奇故事作品。

18 世纪的俄罗斯文学，以沙皇彼得一世的社会改革为契机，反对守旧和愚昧、宣传开明君主和启蒙思想的古典主义占了主导地位。其主要代表人物，有科学家兼诗人罗蒙诺索夫、悲剧作家苏马罗科夫、讽刺杂志的编辑出版家诺维科夫、在颂诗中包含讽喻的宫廷诗人杰尔查文，以及著名讽刺剧《纨磎少年》的作者冯维辛等。

1917 年十月革命后直到 20 世纪 80 年代末，俄国实行社会主义的苏维埃制度，苏维埃俄国初期，文学界存在许多作家团体。除高尔基和绥拉菲莫维奇等老作家及富尔曼诺夫、法捷耶夫和肖洛霍夫等文坛新秀外，马雅可夫斯基、阿·托尔斯泰、爱伦堡、费定和列昂诺夫等原起步于各现代主义流派的作家，都很快转向社会主义现实主义，其诗歌、小说、戏剧曾盛极一时。

第二次世界大战后活跃于文坛的诗人特瓦尔多夫斯，诗人兼戏剧、小说作家西蒙诺夫以及小说家柯切托夫、邦达列夫和拉斯普京等的创作，增强了对苏维埃现实中缺点错误的暴露批判，使社会主义现实主义文学具有新的特色。

知识卡片

高尔基（1868—1936 年）伟大的无产阶级作家，苏联文学的创始人（见图5.52）。原名阿列克赛·马克西莫维奇·彼什科夫，1868年出生于俄国伏尔加河畔。早年丧父，11 岁开始独立谋生，其童年和少年时代是在旧社会的底层度过的。1892年，以马克西姆·高尔基（意为最大的痛苦）这个笔名，发表了处女作《马卡尔·楚德拉》。1901 年，高尔基因参加彼得堡的示威游行而被捕。著名散文诗《海燕》就是他参加这次示威游行后写的，他以这篇豪情洋溢的革命檄文，迎接了 20 世纪无产阶级的革命风暴。1906 年，高尔基最优秀的代表作《母亲》发表了。在世界文学史上，它是一

图 5.52 高尔基

部划时代的巨著,开辟了无产阶级文学的新的历史时期。1913 年高尔基创作了自传体三部曲的第一部《童年》;1916 年,发表自传体三部曲的第二部《在人间》;1922 年发表第三部《我的大学》。十月革命胜利后,1925 年发表长篇小说《阿尔达莫诺夫家的事业》。1925—1936 年写的长篇史诗《克里姆·萨姆金的一生》是高尔基的最后一部巨著,这部史诗是高尔基最杰出的艺术成就之一。1934 年,在高尔基主持下召开了第一次全苏作家代表大会,高尔基当选为苏联作家协会主席。1936 年 6 月 18 日卒于莫斯科。

3)戏剧

18 世纪时,俄国最大的古典主义戏剧家苏玛罗科夫按古典主义规则写过 9 部悲剧和 12 部喜剧,他当时代表官方领导俄国戏剧革新。冯维辛在他的支持下,结合俄国实际,把丹麦作家霍尔堡的喜剧《法兰西的约翰》改编成讽刺喜剧《旅长》,之后他又创作出模仿痕迹很少的讽刺喜剧《纨绔子弟》,成为俄国民族讽刺喜剧的创始人。

1756 年叶卡捷琳娜二世命令在彼得堡建立了俄罗斯悲剧喜剧院,这是俄国第一个职业性的公共剧院,也就是后来的列宁格勒普希金模范话剧院,200 多年来在俄国戏剧发展中起了重大作用,沃尔科夫在俄国被称为"俄国第一位导演兼演员""俄罗斯戏剧表演之父",彼得堡成为俄国戏剧的中心。

18 世纪后半期,在民间歌曲作品的基础上形成了生活滑稽剧,并为俄罗斯古典芭蕾舞奠定了基础。

19 世纪上半叶,俄罗斯的民族戏剧趋于成熟。格里鲍耶陀夫的《智慧的痛苦》部分地摆脱了古典主义的羁绊,比以前的作品更具民族色彩。普希金在 19 世纪 20 年代深入研究莎士比亚的作品,创作了俄国第一部现实主义的历史悲剧《鲍里斯·戈都诺夫》。

19 世纪 50 年代以后,被誉为"俄罗斯戏剧之父"的奥斯特洛夫斯基在俄国文坛为数众多的作家中占有最重要的位置。奥斯特洛夫斯基一生写了 50 多个剧本,是俄国最多产的剧作家。

知识卡片

奥斯特洛夫斯基(1904—1936 年)是苏联俄罗斯作家(见图 5.53),出生在乌克兰一个贫困的工人家庭,11 岁便开始当童工。1919 年加入共青团,随即参加国内战争。1923 年到 1924 年担任乌克兰边境地区共青团的领导工作,1924 年加入共产党。由于他长期参加艰苦斗争,健康受到严重损害,到 1927 年,健康状况急剧恶化,但他毫不屈服,以惊人的毅力同病魔作斗争。同年底,他着手创作一篇关于科托夫斯基师团的"历史抒情英雄故事"(即《暴风雨所诞生的》)。

不幸的是，唯一一份手稿在寄给朋友们审读时被邮局弄丢了。这一残酷的打击并没有挫败他的坚强意志，反而使他更加顽强地同疾病作斗争。

1929年，他全身瘫痪，双目失明。1930年，他用自己的战斗经历作素材，以顽强的意志开始创作长篇小说《钢铁是怎样炼成的》。小说获得了巨大成功，受到同时代人的真诚而热烈的称赞。1934年，奥斯特洛夫斯基被吸收为苏联作家协会会员。1935年底，苏联政府授予他列宁勋章，以表彰他在文学方面的创造性劳动和卓越的贡献。1936年12月22日，由于重病复发，奥斯特洛夫斯基在莫斯科逝世。

图5.53 奥斯特洛夫斯基

4）舞蹈

俄罗斯的芭蕾舞历史悠久、技术水平高超。芭蕾舞团在20世纪初居世界领先地位。目前，俄罗斯居领导地位的舞团是莫斯科大剧院芭蕾舞团，但其舞蹈形式缺乏灵活性和创造性。

俄国芭蕾舞自成一个学派，形成于18世纪。20世纪早期俄国名芭蕾舞演员是安·帕·巴甫洛娃。她主演过《天鹅之死》《埃及之夜》《阿尔米达宫》等传统剧目，1913年离开俄国旅居欧美各地演出，使俄罗斯芭蕾舞在欧洲得到传播。20世纪中期以来驰名世界的苏联芭蕾舞演员是加·谢·乌兰诺娃，稍后是玛·米·普莉谢茨卡娅。年轻一代的苏联著名芭蕾舞女演员是乌兰诺娃的学生叶·谢·马克西莫娃，她们为俄罗斯的舞蹈作出了一生的贡献。

知识卡片

"芭蕾女皇"——巴甫洛娃

安娜·巴甫洛娃1881年1月31日生于圣彼得堡一个贫民家庭。父亲是农民出身的士兵，母亲给别人洗衣服，生活十分贫苦。巴甫洛娃10岁时考进圣彼得堡舞蹈学校，经过9年的艰苦训练进入马林斯基剧院芭蕾舞团并迅速升为该团首席女演员（见图5.54）。巴甫洛娃表演过众多剧目：《天鹅湖》《睡美人》《吉赛尔》《仙女》《埃及之夜》等。她的表演惟妙惟肖、栩栩如生；她的艺术作风严谨认真，一丝不苟。1909年巴甫洛娃首次在巴黎的"俄罗斯演

图5.54 安娜·巴甫洛娃

出季"中亮相便轰动了巴黎,轰动了世界。1910 年她组织了自己的小型芭蕾舞团开始在世界各地巡回演出。在长达 20 年之久的旅行演出中,她到过中国、埃及、加拿大、澳大利亚、瑞典等 44 个国家,行程 80.45 万千米,演出数千场,观众不计其数。

巴甫洛娃把自己毕生的精力都献给了芭蕾舞艺术,最后因辛劳过度于 1931 年 1 月在荷兰海牙准备演出时溘然逝去。巴甫洛娃是 20 世纪初芭蕾舞坛的一颗巨星,她为芭蕾作出了无法估价的贡献。

5.5.5　民俗

1)服饰

俄罗斯是一个有着悠久历史文化传统的国家,而它服饰的历史同样绚烂多彩、源远流长。从 18 世纪起,俄罗斯贵族服饰受法国文化的影响较大,男人穿衬衣裤、燕尾服,女人则穿袒胸露背、束腰、下摆敞开的大圆裙(见图 5.55)。俄罗斯人穿衣服较有品位,始终遵循着整洁、端庄、高雅、和谐的准则。在较正式的场合,男人通常穿西装,而女人则以裙装为主。俄罗斯人一直认为,裙子是最能体现出女人味的服饰。冬季,个头高挑的俄罗斯姑娘脚蹬着高筒皮靴,腿穿着单丝薄袜,身着迷你短裙,外套一件裘皮大衣,成为城市一道亮丽的风景线。春秋季

图 5.55　妇女服饰

节,薄呢子大衣和风衣是服装的主旋律,而妇女所戴的帽子和围巾,款式各样、色彩缤纷,尤为别致。到了夏天,人们的服饰以轻松、简洁为主,男人大多穿 T 恤和衬衣,而连衣裙则是俄罗斯女人的最爱。

2) 饮食

俄罗斯民族饮食有几大特点:

酸:面包、牛奶是酸的,菜汤也是酸的。

冷:午餐时多数是冷盘,红黑鱼子、各种香肠、火腿、红鱼、咸鱼、酸蘑菇、酸黄瓜、凉拌菜等,都凉吃,冷饮吃得很多。

汤:午餐、晚餐必喝汤。有各种肉汤、鱼汤、酸菜汤、白菜汤等。

酒:烈性酒,而且一般酒量都大,如伏特加酒。

茶:喝红茶,加柠檬片和糖。

主食:以黑麦、小麦面粉制成的面包。黑面包是俄罗斯人爱吃之物,并常以此为待客的食品(见图5.56)。粥是各种麦子煮的,或者用荞麦煮。荞麦粥里往往放有鸡蛋、洋葱、蘑菇、原汁汤、鸡肉或别的肉类。副食主要爱吃鱼、虾、羊肉、青菜和水果,如羊肉串、羊肉汤、烤羊肉、炸羊肉、炸羊肠等,蔬菜是黄瓜、西红柿、土豆、萝卜、生菜和洋葱。但俄罗斯人不吃某些海物(乌贼、海蜇、海参)和木耳。

图 5.56　黑面包

俄罗斯最有特色的是黑面包,黑面包既顶饱又有营养,还易于消化,对肠胃极有益,尤其适于配鱼肉等荤菜。这是因为,黑面包发酵用的酒母含有多种维生素和生物酶。数百年前的俄罗斯人是凭经验悟得这一道理的。

伏特加酒是俄罗斯民族性格的又一写照。伏特加的直接词义是"可爱的水",俄罗斯人对它情有独钟。儿童妇女也统计在内,这里人均每天消费100克。伏特加一般是40度,与白兰地和威士忌一起,同为世界三大烈酒。俄罗斯人喝伏特加要豪放得多,哪怕是满满一大杯也"一口闷"。伏特加在冰镇后口味更佳,就着咸鲱鱼或黑鱼子酱喝当然好,但贪杯者无需任何下酒菜,喝一杯酒闻一下黑面包足矣。

3) 礼貌、礼节

俄罗斯人以讲究文明、礼貌而闻名世界。熟悉的人见面时要问好,分别时要告别。言谈中"对不起""请""谢谢"时常挂在嘴边。在待客时,常以"您"表示尊敬和客气;见面时除问好外,有的行鞠躬礼或握手礼,有的拥抱、亲吻。遇到上级、长辈或妇女时,不宜先伸手。初次见面的妇女不握手,而行鞠躬礼。妇女之间的好友相见时常拥抱,有时亲吻。

俄罗斯人多喜欢在自己家里设宴款待客人,从而增进友谊和感情。当你接到邀请去拜访俄罗斯人时,不要到得太早或过迟,进门时要先敲门,在得到允许后才能进屋。宴席上,入座时要先请女客,然后自己再入座,抽烟要征得女主人的同意后再点火。客人不要贪杯,要适量而饮。家宴结束后,告辞时千万别忘了感谢主人,特别要感谢女主人的盛情款待。

与俄罗斯人初次谈话时不要过问生活细节,如工资、年龄等。尤其是对女子,在任何情况下都不可当面问其年龄。

俄罗斯人对马怀有特殊的感情,认为马能驱邪,会给人带来好的运气。他们普遍喜爱红色,人们都把红色视为美丽和吉祥的象征。他们一般都偏爱"7",认为"7"预兆办事能成功,"7"还会给人们带来美满和幸福。

俄罗斯人忌讳"13",请客从不请 13 个人,结婚避开 13 日。俄罗斯人称"13"为"鬼数",或叫"鬼的一打"。如果一个月中 13 日碰巧又是星期五,则被看成是最不吉利之日。

4)节日

当今俄罗斯,人们乐于庆祝所有的节日,无论是旧的还是新的,世俗的还是宗教的。

新年:"新年"是一年中第一个也是最隆重的节日。俄罗斯每年过两次新年:12 月 31 日至 1 月 1 日的夜晚和 1 月 13 日至 14 日的夜晚。从 2005 年起,1月 1 日至 9 日放假,这也是独具特色的圣诞假期。

胜利日:每年 5 月 9 日这一天举国欢庆俄国历史上最大的军事胜利之一:1945 年击溃了法西斯德国。对俄罗斯人来说,5 月 9 日是一个"流泪的"节日,在这一天全国都要祭奠在战争中牺牲的几千万同胞,给烈士墓敬献鲜花和花圈。

谢肉节:又名"狂欢节",是一年中最热闹的节日之一。时间在复活节的第 8周,过 7 天,每一天都有不同名称,第 1 天为迎节日,第 2 天为始欢日,第 3 天为大宴狂欢日,第 4 天为拳赛日,第 5 天为岳母晚会日,第 6 天为小姑子聚会日,第 7 天为送别日。节后第 7 周内是斋期,不杀生,不吃荤。人们在谢肉节期间举行各种欢宴娱乐,跳假面舞,做群众游戏等。

5.5.6 旅游业

1）旅游资源与著名景点

（1）莫斯科古都风情

俄罗斯首都莫斯科,齐集了除圣彼得堡以外整个俄罗斯的所有精华。人们说:认识了莫斯科,便了解了俄罗斯(见图5.57)。

图5.57　莫斯科红场

莫斯科位于俄罗斯平原中部、莫斯科河畔,跨莫斯科河及其支流亚乌扎河两岸。面积900平方千米,包括外围绿化带共为1 725平方千米。地势平坦,仅西南部有捷普洛斯坦斯卡亚高地(最高点253米)。大陆性气候,年降水量582毫米,降雪量大,平均年积雪期长达146天(11月初至4月中),冬季长而天气阴暗。1月平均气温 − 10 ℃(最低 − 42 ℃),7月平均气温18.1 ℃(最高37 ℃)。全市绿化面积约占总面积的1/3,是世界上绿化最好的城市之一。

知识卡片

莫斯科地铁

莫斯科地铁是世界上规模最大的地铁之一,它一直被公认为世界上最漂亮的地铁,享有"地下的艺术殿堂"之美称(见图5.58)。1935 年,苏联政府出于军事方面的考虑,正式开通莫斯科地铁。如今,莫斯科地铁全长300多千米,其布局与地面的布局一致,呈辐射及环行线路。地铁总共有9 条线,包括8 条辐射线和1 条环行线,有150 个站台,4 000 列地铁列车在地铁线上运行,有5 000 多节车厢。地铁每天平均开 8 500 多次列车,担负全市客运量的 45%,每天运送的乘客达 900 多万人次。地铁运行速度很快,时速最高达 90 千米。地铁站的建筑造型各异、华丽典雅。每个车站都由国内著名建筑师设计,铺设的大理石就有几十种,并广泛采用大理石、马赛克、花岗岩、陶瓷和五彩玻璃,装饰出具有不同艺术风格的大型壁画及各种浮雕、雕刻,再配以各种别致的灯饰,像富丽堂皇的宫殿,让人完全没有置身地下的感觉,其中一些作品美妙绝伦,令人流连忘返。地铁车厢除顶灯外,

图 5.58　莫斯科地铁

还设计了便于读书看报的局部光源,在车厢门口安装了报站名用的电子显示屏。

(2)莫斯科大彼得罗夫大剧院

莫斯科大彼得罗夫大剧院,始建于 1776 年,是俄罗斯历史最悠久的剧院,坐落在莫斯科斯维尔德洛夫广场上(见图 5.59)。1780 年剧院改址到彼得罗夫大街上一所新建的石造剧院里,称彼得罗夫剧院,1805 年剧院被焚毁。1824 年,天才建筑师博韦在石造剧院的原址修建了新剧院,称大彼得罗夫大剧院,简称大剧院,翌年 1 月 28 日举行落成典礼。1853 年,大剧院又遭受火灾,1855—1856 年重新修复,略加改建,成为 19 世纪中叶俄罗斯建筑艺术的典范,也是欧洲最大的剧院之一,并于 1919 年起成为国立示范大剧院。它的建筑既雄伟壮丽,又朴素典雅,内部设备完善,具有极佳的音响效果。剧场呈椭圆形,正面是大舞台,高达

图 5.59　大彼得罗夫大剧院

18 米,台前是深深的乐池,中间是一排排的观众席。其他三面是贴墙的包厢,总

共五层,高 21 米。总统包厢在二层正中央,还有两个贵宾包厢设在舞台的左右两侧。包厢里放着几把鎏金包缎椅子,平时只供观赏。剧场可容纳 2 200 名观众,整个内部装饰完全是宫廷式的,仅房顶的那个大吊灯就把 1.3 万块水晶和无数小烛台照得闪闪发光。

（3）普希金广场

普希金广场位于莫斯科市中心,旧称苦行广场,因旧时广场上建有苦行修道院而得此名。1937 年,为纪念俄国伟大诗人普希金逝世 100 周年,当时的苏联政府把苦行广场改名为普希金广场。广场上耸立着 4 米多高的普希金青铜纪念像（见图 5.60）。纪念像采用了后来获"超等艺术家"称号的雕刻师奥佩库申的设计。1880 年 7 月 18 日,纪念像举行揭幕仪式。纪念像基座上刻有普希金的一首诗,诗曰:"在这残酷的世纪,我歌颂过自由,并且还为那些塞滞的人们,祈求过怜悯和同情。"广场上有个小花园,园中有花岗石台阶、红色大理

图 5.60　普希金广场

石喷泉、饰灯等,景色优美。

（4）冬宫

冬宫坐落在圣彼得堡宫殿广场上,原为俄国沙皇的皇宫,十月革命后辟为圣彼得堡国立艾尔米塔奇博物馆的一部分（见图 5.61）。它是 18 世纪中叶俄国巴洛克式建筑的杰出典范,与美国的大都会、法国的卢浮宫并称为世界三大博物馆。冬宫初建于 1755 年,1762 年完工,1837 年一场大火将其焚毁,1838—1839 年重建。第二次世界大战期间,冬宫再次遭到严重破坏,战后修复,由著名建筑师拉斯特列里设计。

冬宫是一座蔚蓝色与白色相间的建筑,高三层,长约 230 米,宽 140 米,高 22 米,呈封闭式长方形。整座建筑占地 9 万平方米,建筑面积逾 4.6 万平方米。宫内有厅室 1 057 间,门 1 886 座,窗 1 945 个。

冬宫内珍玩收藏极其丰富且价值连城。18 世纪俄国女皇叶卡捷琳娜二世在位时,创建了"奇珍楼",并专门从德国购进 225 幅名画,藏于楼内,并将奇珍楼称之为"艾尔米塔奇"。如今,在冬宫宽敞明亮的展厅里,共有各类文物 170 万件,其中绘画约 1.5 万幅,雕塑约 1.2 万件,版画和素描约 62 万幅,出土文物约 60 万件,实用艺术品 26 万件,钱币和纪念章约 100 万枚。

图 5.61　冬宫

藏品分为原始文化史、古希腊罗马文化与艺术、东方民族文化与艺术、俄罗斯文化、西欧艺术史、钱币、工艺 7 个部分,并按地域、年代顺序陈列在 350 多间展厅里,展览线路加起来有 30 千米长,因而有世界最长艺廊之称。曾有人统计,游人如果对冬宫里的每件藏品都看上一分钟,则需要 8 年的时间才能欣赏完整个冬宫。

(5)伏尔加河

伏尔加河是欧洲最大的河流,同时也是世界上最大的内陆河(见图 5.62),俄罗斯内河航运干道。它发源于东欧平原西部的瓦尔代丘陵中的湖沼间,流经森林带、森林草原带和草原带,注入里海。全长 3 690 千米,流域面积达 138 万平方千米,占俄罗斯平原的 1/3 强。结冰期 11 月末至次年 4 月。通航期 7—9 个月。重要河港还有特维尔、雅罗斯拉夫尔、喀山、萨马拉和阿斯特拉罕等。伏尔加河河源处海拔仅有 228 米,而河口处低于海平面 28 米,总落差仅有 256 米,因此河水流速缓慢,沙洲、浅滩、牛轭湖、废河道广为分布,是一条典型的平原河流。

伏尔加河汇集了约 200 条支流,在俄罗斯辽阔的欧洲平原上流过,流域面积达 1.38 亿公顷,约占俄罗斯欧洲地区面积的 1/3,相当于是法国、意大利和西班牙 3 个国家面积的总和。伏尔加河上建有 4 座大型水库:雷宾斯克、高尔基、古比雪夫和伏尔加格勒水库。伏尔加河岸水力发电站的发电总量约占全国各类动力发电问题的 10% 左右,虽然在俄罗斯所占比例不大,但对于其他国家来说,那

图 5.62 伏尔加河

可是个不小的电量。伏尔加河流域居住着 6 000 万居民,占俄罗斯人口的 2/5,农业、工业、渔业产值约占全国总产值的 1/4,航运货物量是全国水运的 70%。伏尔加河在俄罗斯的国民经济中,在俄罗斯人民的生活中起着非常重要的作用。因而,人们亲切地将它称为"母亲河"。

2)旅游线路

①黑河—布拉戈维申斯克—哈巴罗夫斯克—符拉迪沃斯托克之旅。

②黑河—布拉戈维申斯克—莫斯科—圣彼得堡之旅。

③伏尔加河沿途自然风光之旅。

5.6 西班牙

西班牙是一个集浪漫与激情于一身的国度。英勇的斗牛士,热情奔放的舞蹈,浪漫的堂吉诃德,都令人赞叹不已。西班牙是世界上著名的"旅游王国",与法国、美国并称世界三大旅游国家,世界旅游组织总部就设在西班牙首都马德里。

5.6.1 地理概况

1)自然地理

西班牙(Spain,Espana)位于欧洲西南部伊比利亚半岛,北濒比斯开湾,西邻葡萄牙,南隔直布罗陀海峡与非洲的摩洛哥相望,东北与法国、安道尔接壤,东和东南临地中海。面积约为50.6万平方千米,欧洲排名第4位(仅次于俄罗斯、乌克兰、法国)。海岸线长约7 800千米。境内多山,是欧洲高山国家之一。全国35%的地区海拔1 000米以上,平原仅占11%。主要山脉有坎塔布连、比利牛斯等。南部的穆拉森峰海拔3 478米,为全国最高峰。中部高原属大陆性气候,北部和西北部沿海属温带海洋性气候,南部和东南部属地中海式气候。

2)人文地理

(1)人口与民族

人口4 719万人(2011年12月),主要是卡斯蒂利亚人(即西班牙人),少数民族有加泰罗尼亚人(681万)、加利西亚人(275万)和巴斯克人(212万),此外还有为数不多的拉美梅斯蒂索人后裔、非洲黑人后裔等。

(2)语言与宗教

西班牙语(或称卡斯蒂利亚语)是所有西班牙人共通的语言,同时也是正式的官方语言。此外在加泰罗尼亚自治大区和巴利阿里群岛使用的加泰罗尼亚语、在加利西亚大区使用的加利西亚语以及在巴斯克和纳瓦拉地区使用的巴斯克语是当地通用语言,同时被列为当地官方语言。

西班牙自从罗马人统治时期开始就确立了天主教国家的地位。目前仍有94%的西班牙人信奉天主教,其余也有新教徒、犹太教徒和伊斯兰教徒。

3)国旗、国徽和国歌

国旗:呈长方形,长与宽之比为3:2。旗面由三个平行的横长方形组成,上下均为红色,各占旗面的四分之一;中间为黄色(见图5.63)。黄色部分偏左侧绘有西班牙国徽。红、黄两色是西班牙人民喜爱的传统颜色,并分别代表组成西班牙的4个古老王国。

图5.63 国旗

国徽:中心图案为盾徽。盾面上有六组图案:左上角是红地上黄色城堡;右上角为白地上头戴王冠的红狮,城堡和狮子是古老西班牙的标志,分别象征卡斯蒂利亚和莱昂;左下角为黄、红相间的竖条,象征东北部的阿拉贡;右下角为红地上金色链网,象征位于北部的纳瓦拉;底部是白地上绿叶红石榴,象征南部的格拉纳达;盾面中心的蓝色椭圆形中有三朵百合花,象征国家富强、人民幸福、民族团结。盾徽上端有一顶大王冠,这是国家权力

图5.64　国徽

的象征。盾徽两旁各有一根海格立斯柱子,亦称大力神银柱,左、右柱顶端分别是王冠和帝国冠冕,缠绕着立柱的饰带上写着"海外还有大陆"(见图5.64)。

国歌:《皇家进行曲》。西班牙国歌最早源于18世纪卡洛斯三世时期的格拉纳达军队进行曲,皇家名称为《西班牙荣誉进行曲》,民间则称为《步兵进行曲》。

国花:石榴花。象征富贵吉祥,繁荣昌盛。

国石:绿宝石。

5.6.2　简史

公元前9世纪凯尔特人从中欧迁入。公元前8世纪起,伊比利亚半岛先后遭外族入侵,长期受罗马人、西哥特人和摩尔人的统治。西班牙人为反对外族侵略进行了长期斗争,1492年取得"光复运动"的胜利,建立了欧洲最早的统一中央王权国家。

1492年10月,哥伦布发现西印度群岛。此后,西班牙逐渐成为海上强国,在欧、美、非、亚均有殖民地。1588年西班牙"无敌舰队"被英国击溃,开始衰落。

1873年,西班牙爆发资产阶级革命,建立第一共和国。1874年12月王朝复辟。在1898年的西美战争中,失去在美洲和亚太的最后几块殖民地——古巴、波多黎各、关岛和菲律宾。1931年4月王朝被推翻,第二共和国建立。1936年2月成立由社会党和共产党参加的联合政府。同年7月佛朗哥发动叛乱,经3年内战,于1939年4月夺取政权,实行独裁统治达36年之久。

1943年2月西班牙与德国缔结军事同盟,参加侵苏战争。1947年7月佛朗哥宣布西班牙为君主国,自任终身国家元首。1966年7月立末代国王阿方索十三世之孙胡安·卡洛斯为继承人。1975年11月佛朗哥病死,胡安·卡洛斯一世登基,恢复君主制。1976年7月,国王任命原国民运动秘书长阿·苏亚雷斯为首相,开始向西方议会民主政治过渡。

5.6.3　经济

西班牙是中等发达的资本主义工业国,国内生产总值居世界第8位。

1）农业概况

农业产值占国内生产总值的 4%，农业就业人员占总就业人口的 10%。在 20 世纪 60 年代飞跃性的工业发展过程中，由于农村人口急剧流出，濒于危机的农业面临着进行彻底改善的需要，对灌溉、耕地进行了整顿，实现了机械化。主要农产品是葡萄、橘子、西红柿、橄榄、橄榄油和葡萄酒等，占农产品出口的 80%。西班牙森林几乎都是国家或地方政府所有，国家的植树造林计划的目的在于增加木材产量和阻止土壤侵蚀。西班牙的水产业约占 GDP 的 0.5%，拥有的渔船数量为 1.7 万只，居西欧第一，其中远洋渔船 2 000 只。

2）工业概况

工业产值约占国内生产总值的 35%，从业人员占总就业人口的 30%。西班牙的主要产业是汽车、造船、化工、钢铁、食品、纺织、服装、皮革制品等，这些行业同欧盟其他成员国相比较也具有相当的规模和竞争力，造船、钢铁、纺织等部门进入 20 世纪 80 年代后进行了合理化改革。西班牙经济发展顺利，办公自动化设备、计算机、电子、电气机械、金属制品等部门增长迅速。

汽车部门是西班牙的重要出口产业，但进行生产的主要汽车制造厂家都是外资企业，在促进工业化过程中，20 世纪 60 年代以后，西班牙政府一方面通过高关税限制汽车进口，同时对汽车产业进行积极的投资奖励。

3）服务业概况

近年来西班牙的服务业取得了显著的发展，在国民经济中占的比重约达 60%，其中发展最快的是实现金融自由化后的金融、保险部门。此外运输、通信部门也取得了持续发展，但是商业部门因国内产业结构变化而进展不大。

5.6.4　文化

1）教育

西班牙学制与中国学制有很大的不同，各级学校采取学年分段制，其高中毕业即获有学士学位。中小学实行义务教育（6—16 岁），小学为 6 年，中学为 4 年，大学 4~5 年。1998 年教育费用占国内生产总值的 5.8%，其中大部为公共部门的投资。高等学府主要有：马德里康普鲁腾塞大学、萨拉曼卡大学、巴塞罗那中央大学等。

2）文学

西班牙最早的文学作品，是 10 世纪时出现的史诗。其中流传至今比较完整的是《熙德之歌》。13世纪,寺院在文化方面所起的作用加强,内容多为歌颂圣母显圣和圣徒事迹。其代表作品有《亚历山大之歌》和《阿波罗尼奥斯之歌》,其代表作家为贡萨洛·德·贝尔塞奥。14世纪初,出现了一部教士诗的杰作,即伊塔大主教胡安·鲁伊斯的著名的《真爱诗集》,它包括抒情诗、寓言诗、讽刺诗、叙事诗,别具风格。

16世纪中叶到17世纪初的西班牙文学,人才辈出,文学史上称之为"黄金世纪"。西班牙伟大作家米格尔·德·塞万提斯·萨维德拉的创作,达到"黄金世纪"的高峰。他以著名长篇小说《堂吉诃德》为世界文学宝库增添了一块瑰宝。

17世纪以后的西班牙文学,反映了西班牙王国的衰败和没落,作品中表现出浓重的悲观失望情绪,艺术上追求感性的享受。代表作家是路易斯·德·贡戈拉·伊·阿尔戈特,他创造出一种辞藻华丽而冷僻的风格,被称为"贡戈拉主义"或"夸饰主义"。

18世纪西班牙作家的另一个特点是追求理性,热衷于说教,所以哲理著作和文学评论很多。散文作家费伊霍·蒙特内格罗神父著有论文集《总评之场地》《学术与猎奇书简》,鼓吹革新,维护理性,对宗教迷信、教育腐败等社会问题提出批评。

19世纪后半叶西班牙现实主义小说的杰出代表作家是贝尼托·佩雷斯·加尔多斯,他的46卷的巨著《民族轶事》,生动地再现了19世纪开始以来70年的西班牙历史。作品充满鲜明的爱国主义色彩,突出了人民群众在历史进程中的重大作用。他的其他小说《悲翡达夫人》和《格罗利娅》,反映出作者的反封建、反教会的民主思想。

20世纪30年代,西班牙文学正欣欣向荣,但是由于内战爆发,许多作家流亡国外,文学事业受到摧残。从50年代开始,卡米洛·何塞·塞拉和卡门·拉福雷特以其小说使西班牙文学复苏,并与其他小说作家米格尔·德利维斯、安娜·马里亚·马图特和胡安·戈伊蒂索洛等人的创作,形成西班牙"战后小说"的新潮流。

何塞·奥尔特加·伊·加塞特是20世纪以来在散文、哲学与评论方面最有代表性的作家,他的著作丰富了西班牙人民的思想。同时代的格雷戈里奥·马拉尼翁、欧亨尼奥·多尔斯和萨尔瓦多·马达里亚加,是重要的文学评论家。

知识卡片

塞万提斯

塞万提斯是西班牙作家、戏剧家、诗人(见图 5.65),生于马德里附近的一个小镇。父亲是外科医生,浪游各地。由于家贫,塞万提斯只读过几年中学。1569 年塞万提斯作为红衣主教的随从去意大利,接触意大利的文学和艺术,受到人文主义思想的影响。1570 年从军,次年参加抗击土耳其的勒邦德海战,作战英勇,身负重伤,左臂残废。此后数年,转战各地,颇有战功。1575 年,携统帅的举荐信从意大利乘船回国,行至马赛海面,为土耳其战舰袭击,被俘至阿尔及尔服苦役。在此期间,塞万提斯几次组织逃

图 5.65　塞万提斯

跑,都未成功。直到 1580 年,才被父母赎出回国。塞万提斯回国后生活贫困,依靠卖文维持生计。1587—1603 年先后担任军需员、收税员差事。在执行公务中,由于他秉性正直,不善圆滑,常常被人诬陷而几次入狱。1605 年因抢救一让别人打伤的贵族青年而被怀疑为杀人犯,再次入狱。塞万提斯在极其艰苦的条件下进行创作,写了大量的小说、戏剧和诗歌,以长篇小说《堂吉诃德》最为重要。这部作品真实全面地反映了 16 世纪末至 17 世纪初西班牙封建社会的状况,塑造了堂吉诃德、桑丘·潘沙两个世界文学中著名的人物形象,被翻译成各种文字广泛流传,成为读者普遍喜爱的世界文学名著之一。评论家们称他的小说《堂吉诃德》是文学史上的第一部现代小说,同时也是世界文学的瑰宝之一。

3)绘画

西班牙现代艺术中成就最大的还属绘画。在世界先锋派绘画中,多位西班牙画家占有举足轻重的地位。毕加索(见图 5.66)最初受印象派影响,极强的感受和抽象能力,使他能从客观中提炼出最简练的线条,从而创造出抽象派绘画。1909 年他创立了立体派,对现代绘画进行了一次革命,"翻开了 20 世纪现代绘画的第一页"。他最珍贵的作品"古埃尔尼加"是他经受战争恐怖后的一幅力作,现收藏于马德里的索菲亚王后现代艺术博物馆。毕加索以其对现代绘画的贡献,无疑是 20 世纪世界上最伟大的画家之一。

图 5.66　毕加索

　　达利早期受到最严格的学院派绘画的训练,对此达利从未完全抛弃。但他的兴趣在先锋派绘画。在巴黎,他为超现实主义所吸引而投入该派的行列。但由于他经常"离经叛道",不久为超现实主义的创始人勃列东所开除。从此,达利开始创立自己的"妄想—批判"画派,在绘画技巧上不断追求精细和完美。

　　在这批画家中应该提到的还有格里斯和若安·米罗。格里斯与毕加索等一起为立体派绘画的主要代表。若安·米罗的作品以幻觉为特征,用各种色彩明快的符号、线条、斑块构成画面,对世界现代艺术的发展有重要贡献。

4)音乐

　　文艺复兴时期西班牙音乐的成就在当时欧洲来说也是比较高的。此时的西班牙音乐既吸收了文艺复兴时期精湛的复调技法,又保留了西班牙独特的风格;既借鉴了许多音乐体裁,又创作了大量的西班牙特有的音乐形式,这一时期是西班牙音乐的第一个高峰。

　　19世纪初,西班牙被法国占领,国内民族革命运动兴起,同时,西班牙音乐也获得了发展。1856年在马德里建立了"萨苏埃拉"剧院,专门演出西班牙民族歌剧。19世纪中叶,先后在马德里和巴塞罗那创办了音乐学院。

　　19世纪末20世纪初的作曲家、音乐学家佩德雷尔被视为西班牙民族音乐之父,他领导了西班牙民族音乐的复兴运动,还编辑了《西班牙民间音乐歌曲集》,并编配了一定数量的民歌。

　　佩德雷尔对近代西班牙音乐的另一重要贡献是培养了三位著名的学生,阿尔贝尼兹、格拉纳多斯、法雅。这三位作曲家是西班牙民族音乐的新开拓者。阿尔贝尼兹最重要的作品是钢琴曲集《伊比利亚》;格拉纳多斯创作的钢琴曲《戈雅之画》是其最重要的作品之一,格拉纳多斯的作品内涵丰富、优美典雅;法雅在佩德雷尔、阿尔贝尼兹和格拉纳多斯的基础上,将20世纪西班牙民族音乐推到了西班牙音乐史上的第二个高峰。

　　在法雅之后,盲人作曲家罗德里戈继承了西班牙民族乐派的传统,创作了大量具有西班牙民族特色的音乐,尤其是吉他协奏曲《阿兰胡埃斯》最为著名。同时,西班牙音乐界还涌现出一批具有国际水准的演奏家。19世纪末最出色的小提琴演奏家之一萨拉萨特(作有《西班牙舞曲》《吉卜赛之歌》等作品),20世纪著名大提琴演奏家卡萨尔斯,以及有古典吉他之父之称的吉他演奏家塞哥维亚在当时都极负盛名。

5.6.5　民俗

1)服饰

披风是西班牙女性的传统服饰,至今仍流行,西班牙妇女外出有戴耳环的习俗,否则会被视为没有穿衣服一般被人嘲笑。斗牛裤子是西班牙男士的传统服饰。他们大多穿靴子戴帽子(见图 5.67)。

2)饮食

西班牙人的饮食结构和时间与我们差异较大,口味偏重酸、辣,忌食油腻过重、味道过咸的食品。西班牙人习惯于夜生活,故早餐时间较晚,一般在 8 点左右,以简单快捷为主,大致有牛奶、面包、黄油、奶酪、果汁、咖啡等,午餐约在下午两点,不大讲究,常常是份饭,外加一杯饮料或啤酒。晚餐通常在晚上 10 点,比较丰盛,也比较讲究,有开胃汤、主菜和主食,还必备酒类。

图 5.67　服饰

主菜主要有牛排、猪排、烤牛肉、烤羊肉、炸鸡腿、烤鱼、焖火鸡、焖兔肉、火腿及炸虾、炸土豆等。爱喝葡萄酒、雪梨酒、苹果酒和啤酒。西班牙最有特色的餐馆第一是海鲜馆,西班牙海鲜很多,特别是巴斯克风味的"盐包烤鱼",让人回味无穷。第二是牛肉馆,西班牙是斗牛之乡,是盛产牛肉的国家,尤其是烤牛肉四海闻名,其特点是嫩、鲜。第三是"塔巴"小吃店,西班牙有三大特色小吃,这就是"哈蒙"(生火腿)、"托尔大"(鸡蛋土豆煎饼)、"巧里索"(肉肠),其中"哈蒙"最为出名。

西班牙人喜爱中国的川菜、粤菜,尤喜中国的糖醋浇汁菜肴。欣赏中国菜中的烤乳猪、炸雏鸡、干煎大虾、松鼠鱼、香酥鸭等风味菜肴。喝中国绿茶、菊花茶常要求加糖。

3)礼貌礼节

西班牙人通常在正式社交场合与客人相见时,行握手礼。与熟人相见时,男朋友之间常紧紧地拥抱。

西班牙人很重视信誉,总是尽可能地履行签订的合同,即便后来发现合同中有对他们不利的地方,他们也不愿公开承认自己的过失。如在这种情况下,对方能够善意地帮助他们,则会赢得西班牙人的尊重与友谊。西班牙人只有在参加斗牛比赛活动时才严守时间,但客人应当守时,即便对方晚到,也不要加以责怪。

去别人家做客应带些小礼物,如送花最好是石榴花。这里的人们从不排队,轮到你时上前说明即可。参加不太正式的聚会应晚到 10~15 分钟。

4)节日

西班牙每年有 200 多个节日。著名的有元旦、狂欢节、圣诞节、奔牛节等。

元旦:1 月 1 日。西班牙人在元旦前夕,所有家庭成员都团聚在一起,以音乐和游戏相庆贺。午夜来临,12 点的钟声刚开始敲第一响,大家便争着吃葡萄。如果能按钟声吃下 12 颗,便象征着新年的每个月都一切如意。元旦这天,最忌孩子们骂人、打架和哭啼,认为这些现象是不祥之兆。所以,元旦之日大人总是尽量满足孩子们的一切要求。同时,这天人们身上必携一枚金币或铜币以示吉祥。

狂欢节:西班牙每年的第一个节日是每年 2 月举行的狂欢节,戴面具的男女老少、小丑、巨人和鬼怪成了这一节日的主角。

圣诞节:圣诞节是一年之中举行的最后一个全国性节日,各地的圣诞节都有其独特的个性,值得一提的是传统的展示耶稣降生模型和显圣节游行均具有浓郁的西班牙特色。

奔牛节:7 月 7 日开始,为期一周,在潘普洛纳市举行(见图 5.68)。节日期间每天早晨将一群围在栅栏中的公牛释放出来,数百名身着白衣、脖系红领巾的男子开始在牛群前奔跑,引逗公牛狂奔。奔牛要穿过几条规定的街道,直至斗牛场。每年均有奔牛踩踏事件发生。

图 5.68 奔牛节

知识卡片

西班牙斗牛

"西班牙斗牛"(见图5.69),起源于西班牙古代宗教活动(杀牛供神祭品)。

13世纪西班牙国王阿方索十世开始将这种祭神活动演变为赛牛表演。现在西班牙有300多座斗牛场(最大的是马德里的文塔斯斗牛场,可容纳2.5万人),每年举行800多场斗牛表演。

图5.69　斗牛

斗牛的主要流程:一场斗牛由3个斗牛士出场,角斗6条公牛,每人两个回合。在西班牙,所有的斗牛表演都安排在下午举行。斗牛时必须阳光普照,鉴于西班牙多数地方的温带大陆性气候,部分地区的地中海式气候条件,所以只能在每年的3月至11月之间进行。这3位斗牛士各有一套助手班子,包括3个花镖手和两个骑马的长矛手。

整个表演以斗牛士入场拉开序幕,两位前导一律16世纪装束,骑着马首先上场。他们径直向主席就座看台跑去,请求他赐给牛栏的钥匙。然后,乐队奏起了嘹亮的斗牛士进行曲,乐曲声中3位斗牛士各自率自己的一班人马分3列同时上场。主席反手一挥,号角吹响,告示牛栏大门敞开,牛飞奔而出,即斗牛开始。

整个斗牛过程包括引逗、长矛穿刺、上花镖及正式斗杀4个部分。引逗是整个表演的开锣戏。由于此时牛野性始发,所以由3个斗牛士助手负责引逗其全场飞奔,消耗其最初的锐气。几个回合过去,骑马带甲的长矛手出场,他们用长矛头刺扎牛背颈部,使其血管刺破,进行放血,同时为主斗牛士开一个下剑的通道。所骑之马都用护甲裹住,双眼蒙上以防胆怯。

长矛手完成任务后,由花镖手徒步上场,手执一对木杆制、饰以花色羽毛或纸、前端带有金属利钩的花镖,孤身一人站立场中,并引逗公牛向自己发起冲击。待公牛冲上来,便迅捷将花镖刺入背颈部,如果刺中,利钩会扎在牛颈背上,也起放血作用。由于作出瞄准、前冲、刺入的时间很短,且需判断牛的冲势,因此需要其动作干净利落。

最后手持利剑和红布的主斗牛士上场,开始表演一些显示功力的引逗及闪躲动作,如胸部闪躲,即让牛直线冲向自身时,腿一侧滑,牛贴身冲过,另外还有如"贝罗尼卡",即是以红布甩向牛的面部,以激怒引逗公牛。

在最后阶段,也即最后刺杀阶段,是斗牛的高潮。斗牛士以一把带弯头利剑瞄准牛的颈部,然后既引逗牛向其冲来,自己也迎牛而上,冲上前把剑刺向牛的心脏。牛会在很短的时间内应声倒地。这时装束花饰的骡子车即会出场将牛拖走,斗牛士会接受观众的欢呼致意,也可将帽子抛向观众,也接受观众的欢呼、掌声和投来的鲜花,斗牛士按刺杀水平的由低至高分别享有保留牛耳,保留牛尾,被从正门抬出的荣誉。如果一旦失手,则会名誉扫地,终生被逐出斗牛场。

5.6.6　旅游业

1)旅游资源与著名景点

(1)马德里

西班牙首都,第一大城市,全国经济、交通中心,位于伊比利亚半岛中心,地处梅塞塔高原,海拔 670 米,为欧洲地势最高的首都。人们在这里可欣赏到从古代到当代的各种风格的艺术。这里有众多博物馆、美术馆和展览馆,有极尽奢华的皇宫,300 多个纪念广场,广场中央大都有雕塑或喷泉,因此又名喷泉之都,还有著名的艺术金三角区,和闻名于世的西班牙斗牛。

马德里市内现代化的高楼大厦与风格迥异的古建筑摩肩并立、相映生辉。树林、草坪和各种造型别致的喷泉引人入胜。宏伟的阿尔卡拉门坐落在独立广场上,共有 5 道拱门,是马德里著名的古建筑之一。巍峨的塞万提斯纪念碑矗立在西班牙广场上,有"马德里塔"之称的西班牙摩天大厦位于广场一侧。著名的马约尔广场位于市区西南,西班牙国王菲利普三世骑马的塑像耸立在广场中央。不远处是太阳门广场,这里有历史上著名的太阳门遗址。市内还有建于 18 世纪中叶的皇宫和西班牙国王接见外国贵宾和使节的东方宫等宫殿建筑。

西班牙皇宫建在曼萨莱斯河左岸的山冈上,它是世界上保存最完整而且最精美的宫殿之一,也是仅次于凡尔赛宫及维也纳皇宫的欧洲第三大皇宫。建于 1738 年,26 年后才完工,是波尔梦王朝代表性的文化遗迹。它呈正方形结构,每边长 180 米,外观具有卢浮宫的建筑美,内部装潢是意大利式的,整个宫殿豪华绝伦,在欧洲各国皇宫中堪称数一数二。其内藏有无数的金银器皿和珍宝级的绘画、瓷器、皮货、壁毯、乐器及其他皇室用品。现在西班牙皇宫已被辟为博物院,专供游人参观(见图 5.70)。

(2)巴塞罗那

巴塞罗那市区人口约 170 万,仅次于首都马德里,是西班牙第二大城市。它

图 5.70　西班牙皇宫

位于东北部地中海沿岸,依山傍海,地势雄伟,是伊比利亚半岛的门户。加泰罗尼亚的港口城市,是享誉世界的地中海风光旅游目的地和世界著名的历史文化名城,也是西班牙最重要的贸易、工业和金融基地。

巴塞罗那是一座美丽的城市,市内罗马城墙遗址、中世纪的古老宫殿和房屋与现代化建筑交相辉映,不少街道仍保留着石块铺砌的古老路面。建于 14 世纪的哥特式天主教大教堂位于老城中央,神圣家族教堂是西班牙最大教堂(见图5.71),连接和平门广场和市中心加泰罗尼亚广场的兰布拉斯大街是著名的"花市大街"。西班牙广场上的光明泉巧夺天工、色彩斑斓,西乌达德拉公园的喷泉、动物园、植物园及蒙特惠奇公园的层层瀑布闻名遐迩。巴塞罗那市内有现代艺术博物馆、弗雷德里克·马塞斯陈列馆、毕加索博物馆、海洋博物馆等 20 多所博物馆。每年 10 月举行的国际音乐节是世界乐坛盛会,当地的萨尔达那园舞、吉他歌曲是世界著名的民间歌舞。

巴塞罗那是典型的地中海型气候,温和宜人,全年阳光明媚,鲜花盛开。冬季和初春几个月雨量大,但很少下雪,气温很少降至零度以下。宜人的气候、著名的金色海岸和充满浪漫色彩的人文环境,每年吸引数千万国外游客到此旅游休假。

巴塞罗那市曾经承办过 1888 年和 1929 年两届世博会,为城市的腾飞奠定了基础。1992 年,巴塞罗那市又成功主办了第 25 届奥运会,更使巴塞罗那市名扬四海,使全世界更多的人了解了巴塞罗那。

(3)马略卡岛

马略卡岛上(见图5.72),到处是砂质的海滩、陡峭的悬崖、种植橄榄或是杏

图 5.71　神圣家族教堂

树的田野等富于变化的自然风光。这里每年有 300 天以上是日照充足的晴朗天气,受到这种气候和美丽的自然风景的恩惠,很久以来,这里一直被称为"地中海的乐园"。总是有许多游客为要享受这里的阳光和海水,从欧洲各国蜂拥而至。

在马略卡岛的中心,位于帕尔马湾后面的是帕尔马—德马略卡。而再走远点会看到很多美丽的小山村散落在岛屿各处。肖邦和焦尔洁·桑德所生活过的巴尔德莫萨,以及像风景一般美丽的迪亚等都是其中的代表。

2)旅游产业和企业

西班牙素有"旅游王国"之称,其旅游业久居世界前列,入境人数和旅游收入位居法国之后,世界第二。最大的旅行社有:英国宫廷旅行社、巴塞罗那饭店集团、哈尔孔旅行社、卡尔松·瓦逢·利兹旅行社、海外捷运旅行社。最大的饭店集团有:饭店不动产投资公司、里乌饭店集团、SERHS 集团、西班牙旅游驿站公司、独立饭店协会。

图 5.72　马略卡岛

3）旅游线路

（1）西班牙皇城之旅：马德里

马德里是西班牙传统的国家中心，文化气息浓郁，让你在游玩时感受颇深。

（2）西班牙自治区之旅：巴塞罗那

巴塞罗那位于西班牙的加泰罗尼亚自治区，这里的人们充满反叛、激情，与西班牙其他地区的文化相比比较另类。

（3）西班牙阳光海滩之旅：马略卡

马略卡拥有世界级的阳光和海滩，是世界顶级富豪的享乐胜地。

5.7　意大利

意大利山清水秀、风光宜人，有"欧洲的天堂和花园"之称。北部阿尔卑斯山是登山者、滑雪和度假者的乐园。亚平宁山脉东侧平缓，海边多沙滩，是理想的海滨度假地，西侧多港湾，沿海风光秀丽。意大利的宜人气候和美丽的风光为发展旅游业创造了极为有利的条件，但最令人向往的还有人文旅游资源，尤其是众多的历史文化名城，吸引了千百万国内外旅游者。

5.7.1 地理概况

1)自然地理

意大利全称意大利共和国(the Republic of Italy),是个半岛国家,国土面积为 30.13 万平方千米,约等于欧洲的 1/34;从北到南长达 1 100 多千米,从东到西最宽处 560 千米,国境线长 9 054 千米,其中海岸线长 7 200 多千米,占其疆界线的 80%。意大利位于地中海沿岸,东、西、南三面被地中海包围,由北部的阿尔卑斯山把它与欧洲大陆分开。由于地形狭窄,宛如一只长靴子插入地中海,故又被称为 "靴国"。意大利位于欧、亚、非三大洲交汇处,其领土最南端几乎接近非洲大陆海岸,北部与法国、瑞士、奥地利、斯洛文尼亚接壤。高大的阿尔卑斯山脉像一个弧形的屏障,横亘在整个意大利的北部,与上述国家隔开。意大利的东、西、南三面临海,东面隔亚得里亚海与克罗地亚相望,东南长靴形角处外面是伊奥尼亚海,西面从北至南是利古里亚海和第勒尼安海,这些内海都是地中海的组成部分,亚平宁半岛和西西里岛一起,几乎把浩瀚的地中海分成两个相等的部分,这两个相等部分把大约 150 千米宽的突尼斯海峡连接起来。西西里岛南面是马耳他海峡,濒临地中海中的岛国马耳他。意大利地理位置十分重要,它不仅是欧洲的南大门、欧亚非三大洲的桥头堡和跳板,还是意大利境内两个主权袖珍国——圣马力诺共和国和梵蒂冈教皇国的栖歇地,这两个国家的面积为 61 平方千米和 0.44 平方千米。

2)人文地理

(1)人口与民族

意大利全国人口为 6 087 万(2012 年)。94% 的居民为意大利人,少数民族有法兰西人、撒丁人、罗马人等。希腊人、日耳曼人和后来的凯尔特人、诺曼人都对意大利人产生过重要影响,这些影响如今早已融入意大利民族性之中。在意大利的外来移民已经接近至 240 万,占人口的 4% 强。

(2)语言和与宗教

意大利语属于印欧语系的罗曼语族。现在约有 7 000 万人使用意大利语,大多数是意大利居民。另有 5 个国家以它为官方语言,他们是:圣马力诺、瑞士、斯洛文尼亚、梵蒂冈、克罗地亚。

意大利人 90% 以上信仰天主教,其余信仰新教、东正教、犹太教、伊斯兰教和佛教,各种宗教组织达 440 多个,成员 60 多万。天主教在意大利的势力和影响巨大,全国有 281 个教区,大小城市村镇均有教堂,各地还有不少修道院。

3)国旗、国徽和国歌

国旗:呈长方形,长与宽之比为 3∶2。旗面由 3 个平行相等的竖长方形相连

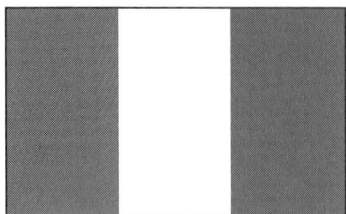

图 5.73 国旗

构成,从左至右依次为绿、白、红三色(见图 5.73)。意大利原来国旗的颜色与法国国旗相同,1796 年才把蓝色改为绿色。据记载,1796 年拿破仑的意大利军团在征战中曾使用由拿破仑本人设计的绿、白、红三色旗。1946 年意大利共和国建立,正式规定绿、白、红三色旗为共和国国旗。

国徽:呈圆形,中心图案是一个带红边的五角星,象征意大利共和国;五角星背后是一个大齿轮,象征劳动者;齿轮周围由橄榄枝叶和橡树叶环绕,象征和平与强盛。底部的红色绶带上用意大利文写着“意大利共和国”(见图 5.74)。

国歌:意大利国歌《马梅利之歌》,是 1847 年爱国诗人马梅利(1827—1849)所作的一首战歌。两年以后,他在保卫罗马共和国、抵抗路易·波拿巴的法国军队的战斗中英勇牺牲。这首歌把胜利的希望寄托在“罗马的奴隶们”身上,也就是寄托在受奴役的意大利人民大众,而不是寄托在个别英雄的身上,这种进步的民主主义思想,在当时是难能可贵的。

国花:雏菊。

图 5.74 国徽

图 5.75 雏菊

知识卡片

雏菊

　　雏菊又名延命菊(见图5.75),是菊科多年生草本植物,原产欧洲。它的叶为匙形丛生呈莲座状,密集矮生,颜色碧翠。从叶间抽出花葶,错落排列,外观古朴,花朵娇小玲珑,色彩和谐。早春开花,生机盎然,具有君子的风度和天真烂漫的风采,深得意大利人的喜爱,因而推举为国花。

5.7.2　简史

　　公元前2000至前公元1000年,不断有印欧民族迁入。公元前27年至476年为罗马帝国时期。11世纪诺曼人入侵意南部并建立王国。12—13世纪分裂成许多王国、公国、自治城市和小封建领地。

　　从16世纪起,意大利先后被法国、西班牙、奥地利占领。1861年3月建立意大利王国。1870年9月王国军队攻克罗马,最终完成统一。1914年第一次世界大战爆发,意大利先中立,后站在英、法、俄协约国一边对德奥宣战,并取得胜利。1922年10月31日,墨索里尼组成新政府,开始推行法西斯统治。

　　1939年第二次世界大战爆发时,意大利起初中立,及至德国在法国取胜,乃于1940年6月加入德国一方向英、法宣战。1743年7月墨索里尼被推翻。同年9月3日,由国王任命的巴多利奥内阁同协约国签订停战协定,意大利无条件投降,10月对德宣战。1946年6月举行公民投票,正式宣告废除君主制,成立意大利共和国。

5.7.3　经济

　　意大利与德国、法国和英国属于西欧四大强国和世界资本主义七大强国之一,但与其他西方发达国家相比,资源贫乏,工业起步较晚。

1)农业

　　由于多山和缺乏肥沃土壤,意大利农业可耕地面积仅占全国总面积的10%,年农业产值占国内生产总值2.5%。意大利农业出口产品主要由葡萄酒,橄榄油,硬小麦加工的面和面粉以及蔬菜肉类加工制成品四大部分组成。2008年意大利首次超过法国成为世界首席葡萄酒生产国,2011年意大利葡萄酒出口接近50亿欧元,其中对中国出口为5 000万欧元,涨幅最高达到108%。意大利橄榄油出口目前位居世界第一。

2）工业

意大利工业主要以加工工业为主，所需能源和原料依赖外国进口，工业产品的 1/3 以上供出口。国家参与制企业比较发达，意大利的原油年加工能力为 1 亿吨左右，有"欧洲炼油厂"之称；钢产量居欧洲第三；塑料工业、拖拉机制造业、电力工业等也位居世界前列。中小企业在经济中占有重要地位，近 70% 的国内生产总值由这些企业创造，因此被世人称为"中小企业王国"。在制革、制鞋、纺织、首饰、酿酒、机械、大理石开采及电子工业等部门均占优势，具有专业化程度高、适应能力强的特点。以家庭式微型企业为主的"地下经济"十分繁荣，产值约占国内生产总值的 15%。

5.7.4　文化

1）教育

意大利全国文盲率不到 3%。国家用于公共教育经费占政府公共开支的 10% 左右。全国实行八年义务教育。教育体制主要分为幼儿教育、小学教育、初中教育、高中教育和大学教育五个阶段。

全国有综合大学和高等专业学院 64 所（其中私立大学 7 所），设专业近 300 个，在校大学生约 140 万人。国立大学的教学质量不如私立大学，前者学生毕业率只有 40%，后者则高达 90%。

著名大学有比萨师范学校、博洛尼亚大学、罗马大学、帕维亚大学、帕多瓦大学、比萨大学、米兰国立大学等。

2）文学

欧洲文艺复兴运动的曙光最先在意大利出现。第一个代表人物但丁，以其代表作《神曲》成为意大利和欧洲文学史上继往开来的伟大诗人。另外两位文艺复兴运动的先驱彼特拉克和薄伽丘分别以《歌集》和《十日谈》，掀开欧洲近代抒情诗和短篇小说的先河。

8 世纪下半叶，意大利获得了相对稳定的局面，自然科学、唯物主义哲学和启蒙思想广泛传播，出现了启蒙主义文学。最有成就的启蒙主义作家哥尔多尼革新长期流行的"假面喜剧"创建了"风俗喜剧"，体现出鲜明的民主思想，为意大利现实主义戏剧的发展奠定了基础。

争取民族独立、统一和自由的民族复兴运动在 19 世纪蓬勃兴起，浪漫主义文学便是这一运动在文化领域的反映，推出了白尔谢、波尔塔、曼佐尼、莱奥帕尔迪等一批优秀作家、诗人,他们运用抒情诗、历史小说、历史剧的体裁,抒发意大利人民维护民族尊严、复兴祖国的热切愿望。

19世纪末,儿童文学也获得丰硕成果。科洛迪(1826—1890)的《木偶奇遇记》、德·亚米契斯的《爱的教育》,产生广泛的影响。

第二次世界大战后,一批杰出的作家都有独树一帜的艺术风格。维多里尼把写实同抽象的观念结合起来,从道德的角度去揭示现实的本质。卡尔维诺一生致力于艺术形式的创新,对现代人的被异化进行沉思。莫拉维亚以敏锐的目光,娴熟的技巧,刻画了当代资产者无可解脱的精神危机。

知识卡片

但丁:《神曲》

但丁·亚利基利(1265—1321),意大利诗人,现代意大利语的奠基者,欧洲文艺复兴时代的开拓人物,以长诗《神曲》留名后世。但丁出生在意大利的佛罗伦萨一个没落的贵族家庭,5岁时生母去世,父亲续弦,后母为他生了两个弟弟、一个妹妹。

《神曲》(1307—1321)是但丁于流放期间历时14年完成的长篇诗作,原名为"喜剧"。中世纪时,人们对"喜剧"的解释为结局令人喜悦的故事。1555年后,人们在原书名前加上修饰语"神圣的",既表示对诗人的崇敬,亦暗指此诗主题之庄严深奥,意境之巍峨崇高。在我国,则将书名译为"神曲"。《神曲》全诗长14 233行,由《地狱》《炼狱》和《天堂》三部分构成。诗歌通过对但丁幻游三界的神奇描述,借以表达作者的政治、道德和宗教观念,鞭挞专横的教会统治和腐败的僧侣阶级,深刻反映了中世纪后期意大利的社会生活,对后世影响极大,曾被译成多种文字。

3)绘画

早在罗马时代,意大利已承袭了希腊文化的精华,并有着相当卓越的绘画水准。可惜后来受到民族大迁移所带来的战乱以及基督教的偶像破坏运动的影响,艺术上呈现出长期的空白。公元800年,意大利绘画成就仍旧十分有限,包括罗马化教堂里的彩绘玻璃,王侯贵族宅院、教堂里的壁画。这些作品或是因受限而显得粗糙,或因当时的画家都是由农人或工人所兼职的画匠,故作品中的人物脸部既无表情,体姿又十分僵硬且不合比例。

由于社会所产生的新活力,民众厌倦了中世纪以来抹杀人性的僵硬文化,以及民众对古希腊、罗马艺术的重新肯定,终于促成了文艺复兴运动。绘画上的革新是逐步演进而成的。先以乔托和契马布埃为开端,他们作品里的人物已打破了僵直的姿态,脸部也出现了表情,乔托设计的钟楼目前仍矗立在佛罗伦萨的市中心,是观光客必游的景点之一。

在文艺复兴盛期,贴近自然的写实主义发展成了一个理想的现象世界。通过匀称、温暖的色彩,通过有一个对称轴的角锥形构图,通过景色与人物的紧密结合,拉斐尔首创了那种充分和谐的图画结构,使主题和形式的要素从属于一个美的永恒法则。达·芬奇也在他画的《圣安娜与圣母子》里采用了三角形构图,一种从脸上也从四肢产生的神秘运动把他的人物形象结合在一起。

从16世纪中叶起,意大利的样式主义以一种令人激动的、有时是吓人的戏剧性来对待这种理想主义,以适应宗教改革后变化了的思想政治形势。这一时期具有代表性的是丁托列托画的《劫持圣马可尸体》。

到丢勒生活的时代,欧洲北部的造型艺术才摆脱了哥特式传统的束缚,他的《自画像》里那种批判的目光,是在对自身进行分析。

知识卡片

达·芬奇与《蒙娜丽莎》

列奥纳多·达·芬奇(1452—1519年),意大利文艺复兴时期最负盛名的美

图5.76 蒙娜丽莎

术家、雕塑家、建筑家、工程师、科学家、文艺理论家、大哲学家、诗人、音乐家和发明家。他生于佛罗伦萨郊区的芬奇镇,卒于法国。父亲是当地有名的公证人,家庭富有。达·芬奇是非婚生子,他的童年是在祖父的田庄里度过的。孩提时代的达·芬奇聪明伶俐,勤奋好学,兴趣广泛。他歌唱得很好,很早就学会弹琵琶,他的即兴演唱,不论歌词还是曲调,都让人惊叹。他尤其喜爱绘画,常为邻里们作画,有"绘画神童"的美称。成年后绘画成就更是斐然,给世人留下了《蒙娜丽莎》(见图5.76)《最后的晚餐》《岩间圣母》等惊世之作。

《蒙娜丽莎》是达·芬奇在1503年创作的一幅肖像画。这幅画的奇妙之处就在于,无论你从何方向欣赏她,总会觉得画中人在向你微笑。500年来,人们一直对《蒙娜丽莎》神秘的微笑莫衷一是。不同的观者或在不同的时间去看,感受似乎都不同。有时觉得她笑得舒畅温柔,有时又显得严肃,有时像是略含哀伤,有时甚至显出讥嘲和揶揄。在一幅画中,光线的变化不能像在雕塑中产生那样大的差别,但在蒙娜丽莎的脸上,微暗的阴影时隐时现,为她的双眼与唇部披上了一层面

纱。而人的笑容主要表现在眼角和嘴角上,达·芬奇却偏把这些部位画得若隐若现,没有明确的界线,因此才会有这令人捉摸不定的"神秘的微笑"。

4)音乐

18世纪的意大利音乐进入古典主义转变的时期。作曲家在器乐创作中废除了数字低音,探索新的体裁。斯卡拉蒂受法国风格的影响,写了许多富于个性的奏鸣曲。1709年克里斯托弗里发明了用小槌击弦的近代钢琴。克莱门蒂奠定了近代钢琴演奏技术的基础。以萨马蒂尼为代表的米兰音乐家们写作交响乐和弦乐四重奏曲,开古典主义音乐之先河。

19世纪的意大利四分五裂,这时思想进步的歌剧作曲家都倾向于民族解放运动。罗西尼的许多歌剧,尤其是1829年在巴黎上演的他的最重要的英雄历史歌剧《威廉·退尔》发出了解放祖国的热情号召。威尔迪的爱国历史剧《纳布科》《第一次十字军远征中的伦巴第人》《阿蒂拉》中的咏叹调与合唱,鼓舞了意大利人民争取民族解放的斗争。这时意大利的著名歌唱家辈出,形成了意大利美声学派的传统。意大利歌剧中的现实主义精神,在罗西尼的《塞维利亚的理发师》中得到了充分体现。音乐正剧在威尔迪的《弄臣》《茶花女》中得到发展和深化。威尔迪在他的最后三部歌剧《阿依达》《奥赛罗》《福斯塔夫》中把情节、台词和音乐熔于一炉,将歌剧的现实主义推向更高阶段。

5.7.5 民俗

1)服饰

传统的意大利人不分男女贵贱,都穿宽大的围裹式长衣长袍,衣长至踝骨上或直拖至地,他们的围裹式长衣,就成了意大利文明的象征。

在古罗马,贵族的服色多为深红、鲜红或乳白,平民的服色多为深灰、浅灰或褐色。特别是贵族妇女的围裹式长衣,多用丝绸制成,色彩绚丽,图纹精美,当时玫瑰花饰已广泛应用于妇女服装上,更在俏丽之余又多了几分优美、雅致。尤其是当一只圆润的玉臂袒露在外时,其服装立体的皱褶仿佛愈加活跃,使围裹式长衣的整体服饰形象显现出雕塑感。

现代意大利人服饰比较多样化,喜欢皮革制品。今日意大利以服装设计制造、皮鞋生产和首饰加工等闻名于世。意大利服装在世界上久负盛名(见图5.77)。米兰是与巴黎、纽约、东京等齐名的世界七大服装中心之一,其服装特色是注重实用性和商业性。意大利服装大致可以分为民族服装、普通服装、正式服

图 5.77 妇女服饰

装和流行服装四类。民族服装代表着各民族的传统习惯一直保留至今,但只是重大节日、喜庆活动或表演传统节目时,才穿上五彩缤纷的民族服装,以增添欢乐的情趣。意大利人平时都穿普通服装,男士穿各种衬衫、T恤衫、便装夹克、牛仔裤及各种长裤,妇女穿绣花衬衣、棉麻丝绸上衣、连衣裙、短裙等。在参加重要会议、宴会或观看演出以及在政府机关或重要公共场所工作,男士才穿西服、系领带,女士穿西服套裙。

2)饮食

意大利式菜肴的特点是:原汁原味,以味浓著称;调料擅长使用番茄酱、酒类、柠檬等。意大利菜对火候的要求很考究,该熟透的一定要熟透,该煮烂的一定要煮烂,很多的菜肴要求烹制成六七成熟,牛排要鲜嫩带血,做米饭和面条、通心粉也都要硬心。烹调的方法以炒、煎、炸、红烩、焖等著称。

意式西餐是世界上最流行的西餐烹饪术之一,意式菜汤、烩小牛骨、火腿小牛肉和冰淇淋及甜品风行世界五大洲,肉类菜很丰富,如小牛肉配银鱼汁、炸火腿卷等。比萨饼与意式面食更是不可缺少的主食。

意大利人喜爱面食,做法吃法甚多。其制作面条有独到之处,各种形状、颜色、味道的面条至少有几十种,如字母形、贝壳形、实心面条、通心面条等。

3)礼貌礼节

意大利人性格豪放,感情丰富,待人热情,彬彬有礼。意大利人见到外来客人,总是热情打招呼,握手致意,寒暄问候,有时也行举手礼。亲朋好友相见,除握手外,还要拥抱并相互贴对方的面颊。异性之间可以握手问好,也可以男性吻女性的手背。意大利人喜欢以头衔相称,并同名字或先生、女士、小姐连称。

在意大利,如果要送朋友一件礼物,千万不能送手帕,因为那象征着情人的离别,在传统习惯中,手帕是亲友离别时擦眼泪的不祥之物。如果将小小的手帕改为丝制头巾,便会收到意想不到的好效果,你如果想送件衣料给对方,也不能送带菊花图案的料子,因为意大利人习惯于把菊花送给死人。

4）节日

狂欢节：亦称谢肉节，在大斋前一天举行（见图5.78）。因基督教有规定，复活节前40天为大斋期，而复活节定为春分月圆后第一个星期日，故复活节无固定日子，一般在3月21日至4月25日之间。确定了复活节再往前推41天即为狂欢节。

图5.78　狂欢节

大斋期间基督教徒不应食肉，亦不应该举行婚配和其他娱乐活动，所以在大斋开始前举行一次狂欢活动，称狂欢节或谢肉节。现在人们不大注意大斋的规定，但狂欢节却成为一种习俗，狂欢活动也不止一天。意大利许多地方都举行规模宏大的娱乐活动，尤以威尼斯和维亚雷焦的狂欢节为最。

圣诞节：圣诞节是意大利最隆重的节日。

5.7.6　旅游业

1）旅游资源和著名景点

意大利是著名的旅游国家。它有独特的城市风貌，有优美的自然风光，也有可资炫耀的历史和文化，一直以来就是全世界最热的旅游地之一。

（1）罗马

意大利的首都和最大城市，是全国政治、经济、文化和交通中心，它位于亚平宁半岛的中南部西侧，台伯河下游的丘陵平原上，西距第勒尼安海25千米，城市面积200余平方千米。古城居北，新城在南。新城在20世纪20—50年代建成，是拥有摩天大楼的现代花园式城市。罗马教廷所在地梵蒂冈位于古城区西北角。罗马虽然没能进入世界十大城市之列，然而，千百年来，人们对罗马倍感熟悉和亲切,不少人总是对它怀有神秘之感和景仰之情,因为它曾是"世界帝国首都",是一座创造过辉煌文明的古城(见图5.79)。

图 5.79　罗马

罗马还是一座艺术宝库、文化名城,"古城酷似一座巨型的露天历史博物馆"。在罗马古都遗址上,矗立着帝国元老院、凯旋门、纪功柱、万神殿和大竞技场等世界闻名的古迹;这里还有文艺复兴时期的许多精美建筑和艺术精品。此外,市政厅前台阶旁自古以来就安放在那里的兽笼,罗马城徽上的母狼形象,以及这座城市名称的由来等,都是一些神奇的谜。

知识卡片

关于罗马的来历,有着一段美丽的传说,这就是著名的"母狼乳婴"的故事。很久以前亚平宁半岛的阿尔巴隆加国王努米托尔的公主西尔维娅,与希腊战神马尔斯相爱,婚后生下一对孪生兄弟。其叔阿穆里乌斯得知这一情况后,怒不可遏,处死了西尔维娅,并下令将孪生兄弟放入篮筐扔进台伯河里淹死。谁知篮筐不但没有沉没,而且漂到河边,一只母狼将两个孩子衔走,并用狼奶喂养他们,后来被一位猎人拾去抚养。两兄弟长大成人后,智勇双全,力大无穷,终于杀死了阿穆里乌斯,为母报仇雪恨。

兄弟俩在众人帮助下,在母狼喂养他们的台伯河畔大兴土木,建起一座城市,并以他们的名字"罗慕洛"命名,后来慢慢演化成"罗马"这个名称。今天罗马的城徽图案就是一只母狼伴着两个男孩(见图5.80)。在罗马博物馆里,陈列着一只母狼陪伴着两个男孩的铜雕。

图5.80 母狼乳婴

图5.81 斗兽场

(2)科洛塞竞技场

科洛塞竞技场(又译罗马斗兽场)是罗马时代最伟大的建筑之一,也是保存最好的一座圆形竞技场(见图5.81),位于威尼斯广场的东南面。斗兽场是世界八大名胜之一,也是罗马帝国的象征。这座巨大的露天剧场叫作弗拉维奥剧场,因为它是由弗拉维奥家族的几位皇帝建造的。通常,人们称之为科洛塞。

斗兽场的外观像一座庞大的碉堡,占地20 000平方米,围墙周长527米,直径188米,墙高57米,相当于一座19层现代楼房的高度,场内可容纳10.7万观众。像所有罗马的建筑一样,其基本结构是拱券结构,一系列的拱、券和恰当安排的椭圆形建筑构件使整座建筑极为坚固。这是当年用来斗兽、赛马、戏剧和歌舞表演的场地。这座雄伟的建筑堪称建筑的楷模。

(3)威尼斯

意大利东北部城市,亚得里亚海威尼斯湾西北岸重要港口。人口34.3万。主建于离岸4千米的海边浅水滩上,只有一条长堤与大陆相通,其余都被海洋所环绕。全市由118个小岛组成,并以180条水道、400多座桥梁联成一体,开门见水,出门乘舟,是世界上唯一没有汽车的"水城"。

威尼斯又因桥多而有"桥城"之称。全城有400多座造型各异的桥梁。最著名的当推里阿尔托桥和叹息桥。里阿尔托桥是座横跨大运河的乳白色单孔拱桥,桥上中央有亭,两侧是24家商店。叹息桥架在大公宫与监狱之间,是死刑犯一去不复返之桥。拳头桥是古时两族人殴斗之地。稻草桥则为古代拴马处。典故极多,妙趣横生。

船多也是威尼斯的特色。除轮船、汽艇之外,最富趣味的是"贡多拉"——一种黑色平底、两头上翘的单桨狭长木船(见图5.82)。一只只造型优美的贡多拉穿梭于"大街小巷",给这座城市增添无限诗意。

图 5.82　威尼斯

威尼斯还是一座古迹遍布的历史名城。全城有 120 座各种风格的教堂,120 座形状各异的钟楼,64 座修道院,40 多座宫殿。拿破仑称之为"举世罕见的奇城"。位于市中心的圣马可广场及圣马可教堂,分别以"世界最美的广场"和"世界最美的教堂"而闻名。

威尼斯是一个美丽的水上城市,威尼斯的风情总离不开"水",蜿蜒的水巷,流动的清波,她就好像一个漂浮在碧波上浪漫的梦,诗情画意久久挥之不去。

(4)佛罗伦萨

佛罗伦萨是意大利中部城市,托斯卡纳区首府,位于亚平宁山脉中段西麓盆地中。阿尔诺河横贯市内,两岸跨有 7 座桥梁。人口 45 万。15—16 世纪时是欧洲最著名的艺术中心,以美术工艺品和纺织品驰名全欧。1865—1871 年曾为意大利统一后的临时首都。

佛罗伦萨是世界闻名的文化名城,它既是意大利文艺复兴运动的发祥地,被称为"文艺复兴摇篮",也是欧洲文化的发源地,人们称它是意大利的文化首都。它养育了大批的雕刻家、画家、建筑师、文学家和诗人,如达·芬奇、拉斐尔、提香、米开朗琪罗、布鲁内莱斯基、乔托等。它还是文艺复兴伟大先驱、诗人但丁的故乡。它古色古香,其街巷、桥梁、教堂、广场、花园都保留着文艺复兴时的风貌(见图 5.83),整个城市弥漫着文艺复兴的气氛,它堪称是那个伟大时代留给今天独一无二的标本。全市共有 40 所博物馆和美术馆,60 多所宫殿及许许多多的大小教堂,收藏着大量的优秀艺术品和珍贵文物,因而又有"西方雅典"之称。

它是世界上最丰富的文艺复兴时期艺术品保存地之一。主要景点有:乌菲奇博物馆、主教堂广场、花之圣母教堂、大教堂、乔托钟楼、老桥、老宫、米开朗琪罗广场。其中乌菲奇博物馆堪与法国卢浮宫相媲美,所陈列的都是13—16世纪意大利艺术家的传世之作。老宫广场上曾立有米开朗琪罗的杰作《大卫》雕像。老桥是但丁邂逅终生热恋的女子贝雅特丽切的地方,在她的引导下,但丁神游了"地狱"和"炼狱"。

图5.83 佛罗伦萨

(5)米兰

米兰是意大利的第二大城市,伦巴第大区的首府,米兰省的省会,全国最重要的经济中心,有"经济首都"之称,也是艺术的摇篮和许多天才人物的故乡,更是一种意大利特有的工作方式和生活方式的故乡,因此被认为是意大利最重要的城市。

市区面积180多平方千米,人口约200万,海拔122米。米兰位于北伦巴第平原西北部,阿尔卑斯山脉的南麓,东邻威尼斯,西靠都灵,南部是热那亚,战略地位十分重要。

米兰是意大利最重要的交通枢纽,是通往欧洲各国的交通中心。米兰的铁路四通八达,乘坐国际列车可到达法国、瑞士、德国和其他欧洲国家,从北到南纵贯意大利全境的交通大动脉,"太阳高速公路",以米兰为起点。从米兰向外延伸有许多条公路,贯通意大利半岛米兰的国际机场,可通往世界一些主要城市。

这里也是全国的重要文化中心,有圣心天主教大学、国立米兰大学、博科尼商业大学、米兰工学院、音乐学院等,有很多博物馆、图书馆、档案馆、影剧院、体育馆和体育赛场的文化体育设施,很多大公司的总部也设在米兰。米兰的名胜古迹众多,最有名的是三大古迹——杜奥莫大教堂(见图5.84)。斯福尔扎古城堡和达·芬奇的壁画《最后的晚餐》。此外,米兰的斯卡拉歌剧院是世界六大歌剧院之一,也是世界上层次最多、音响效果最好的剧院。它是世界名演员心驰神往之地,能站上斯卡拉的舞台,是许多演员一生的梦想,故有"歌剧的麦加"之称。

图5.84 米兰杜奥莫大教堂

(6)庞贝古城

庞贝古城位于那不勒斯市东南、维苏威火山南麓。原建于公元前8世纪,是一座既有农耕又有海上贸易的繁荣小城,人口约2万。公元1979年8月,维苏威火山爆发的一瞬间被6米多厚的火山灰埋在了地下,却因此保留了大量古罗马帝国的建筑遗迹和艺术文物,成为世界上最为著名的古城遗址(见图5.85)。古城挖掘始于1748年,至1960年接近完成。古城筑在面积约63公顷的五边形台地上,由长3千米的城墙所围绕,城内的街道、古罗马的各种建筑物、工艺

图5.85 庞贝古城

品及其他生活遗迹保存完好,不仅向人们提供了那次火山爆发灾难的真相,也为研究古罗马社会和历史提供了第一手资料。

(7)比萨斜塔

比萨斜塔位于意大利中部古城比萨市,是比萨教堂的一座钟楼,为8层圆柱形建筑,南高54.5米,北高55.22米,全部用大理石砌成,建于1174年,1350年完工。斜塔为罗马式建筑的范本,由下而上,底层15根圆柱,中间6层各31根圆柱,顶层12根圆柱,共建成213个拱形券门。

当塔建到第三层时,因地基不慎,塔身倾斜,工程被迫停工一个世纪之久,直到1350年才竣工。建成后,塔顶中心线偏离垂直中心线2.1米,此后继续倾斜,现塔顶中心点已偏离垂直中心线4.4米。虽摇摇欲坠,但斜而不倒,由此成为世界的奇迹(见图5.86)。

图5.86　比萨斜塔

比萨是意大利物理学家伽利略的故乡,传说1590年他在塔上做了著名的自由落体实验,推翻了古希腊学者亚里士多德的不同重量的物体落地速度不同的理论,比萨斜塔因此更加扬名,为中古世界七大奇迹之一。

2)旅游产业和企业

意大利旅游业发达,旅游收入是弥补国家收支逆差的重要来源。2004年入境旅游人数约 3 700 万人次,旅游收入达 357 亿美元。

旅游业发展迅速,2011 年意大利旅游收入达到 2 700 亿美元左右,位居世界第四,接待外国游客达 4 400 万。其中意大利外国游客中中国入境旅游人数环比暴涨一倍以上。旅游接待设施数量在意大利前几位的地区为特伦托(14.7%)、托斯卡纳(13.5%)和艾米利亚(10.6%)。

3)旅游线路

(1)意大利时尚动感之旅:罗马—米兰

罗马与米兰都是意大利的大城市,这两个城市都在欧洲享有盛名,全欧洲最时尚、最动感的事物都在这里可以找到。

(2)意大利古典气息之旅:威尼斯—佛罗伦萨—那不勒斯—比萨—维罗纳

意大利的文化城市充满着世界上所有艺术家的梦想,这里就是艺术的天堂。

教学实践

1.如果你是一个导游人员,在接待英国客人时应注意哪些事项?

2.在与法国客人交往时应注意些什么?

本章自测

1.试列举英国、法国、意大利、德国、西班牙、俄罗斯各有哪些著名的文学艺术家? 并熟悉各自的代表作。

2.试比较法国、西班牙两国的旅游资源各有何特色?

3.英国有哪些著名的旅游景点?

4.法国人的一般风俗有哪些?

5.英国的全称是什么?

第 6 章
美洲地区

【本章导读】

美国和加拿大是我国在美洲地区的主要客源国,均位于西半球北部,东濒大西洋,西临太平洋,北濒北冰洋,拥有漫长的大陆海岸线。两国虽建国历史不长,但经济发达,文化繁荣。既保留了部分欧洲传统民俗,又有自身独特创新的民俗。两国旅游资源丰富,旅游经济繁荣。

【关键词】

美国　加拿大　地理概况　简史　经济　文化　民俗　旅游业

【问题导入】

美国是世界上经济最发达的国家,加拿大也是世界上经济最发达的国家之一,而两国的旅游业也都十分发达,无论是输出游客人数还是接待游客人数均位居世界前列,那么请同学们讨论:经济发达与旅游业发达是否存在必然的联系?

6.1　美　国

以经济而论,美国是公认的超级大国。其工业以技术先进,门类齐全,资源丰富,生产力雄厚,劳动生产率高而著称。同时,美国有丰富的旅游资源,也是一个旅游业非常发达的国家,科罗拉多大峡谷的雄伟,尼亚加拉大瀑布的气势,好莱坞的浪漫,迪士尼乐园的轻松,赌城拉斯维加斯的辉煌等都令人神往不已。此外还有五大湖区、夏威夷、佛罗里达大沼泽地、胡佛水坝等。

6.1.1　地理概况

1)自然地理

美国全称为美利坚合众国(the United States of America),总面积937.26万平方千米。

美国位于北美洲中部,领土还包括北美洲西北部的阿拉斯加和太平洋中部的夏威夷群岛。东临大西洋,西濒太平洋,北接加拿大,南靠墨西哥及墨西哥湾。全境由东向西可分为5个地理区:东南部沿岸平原分大西洋沿岸平原和墨西哥沿岸平原两部分。这一地带海拔在200米以下,多数由河川冲积而成,特别是密西西比河三角洲,是北美洲最大的三角洲,土质黝黑,土壤肥沃。河口附近有一些沼泽地,位于这一地理区的佛罗里达半岛是美国最大的半岛。

美国大部分地区属于大陆性气候,南部属亚热带气候。中北部平原温差很大,芝加哥1月平均气温 -3 ℃,7月24 ℃;墨西哥湾沿岸1月平均气温11 ℃,7月28 ℃。

知识卡片

国名释义:美利坚合众国(the United States of America)简称美国(U. S. A.)。美国因洲名而得名。在英语中,亚美利加和美利坚为同一词"America",只是汉译不同,前者指全美洲,后者指美国。

2)人文地理

(1)人口与民族

美国现有人口3.07亿(2012年)。其中白人占75%,拉美裔占12.5%,黑人占12.3%,亚裔占3.6%,华人约243万,占0.9%,多已入美国籍。

(2)语言与宗教

美国参议院将英语定为国语,全美通用英语。56%的居民信奉基督教新教,28%信奉天主教,2%信奉犹太教,信奉其他宗教的占4%,不属于任何教派的占10%。

3)国旗、国徽、国歌、国花、国石和国鸟

国旗(见图6.1):星条旗,呈横长方形,长与宽之比为19∶10。主体由13道红、白相间的宽条组成,7道红条,6道白条;旗面左上角为蓝色长方形,其中分9排横列着50颗白色五角星。红色象征强大和勇气,白色代表纯洁和清白,蓝色象征警惕、坚韧不拔和正义。13道宽条代表最早发动独立战争并取得胜利的13个州,50颗五角星代表美利坚合众国的州数。1818年美国国会通过法案,国旗

上的红白宽条固定为13道,五角星数目应与合众国州数一致。每增加一个州,国旗上就增加一颗星,一般在新州加入后的第二年7月4日执行。至今国旗上已增至50颗星,代表美国的50个州。每年6月14日为"美国国旗制定纪念日"。在这一天,美国各地举行纪念活动,以示对国旗的敬重和对合众国的热爱。

图 6.1　美国国旗　　　　　　　　　　图 6.2　美国国徽

　　国徽:主体为一只胸前带有盾形图案的白头海雕(秃鹰)(见图6.2)。白头海雕是美国的国鸟,它是力量、勇气、自由和不朽的象征。盾面上半部为蓝色横长方形,下半部为红、白相间的竖条,其寓意同国旗。鹰之上的顶冠象征在世界的主权国家中又诞生一个新的独立国家——美利坚合众国;顶冠内有13颗白色五角星,代表美国最初的13个州。鹰的两爪分别抓着橄榄枝和箭,象征和平和武力。鹰嘴叼着的黄色绶带上用拉丁文写着"合众为一",意为美利坚合众国由很多州组成,是一个完整的国家。

　　国歌:《星条旗永不落》("the star—spangled banner"曾译《星条旗》歌),歌词是一位名叫弗朗西斯·斯科特·基的美国律师在英美战争时,透过战场上的硝烟看到星条旗经过英军炮轰后仍在要塞上空高高飘扬时感慨万分而即景写下的。曲谱是"进行曲之王"苏萨的著名代表作。《星条旗永不落》于1931年被美国国会正式定为国歌。

　　国花:玫瑰花,象征着美丽、芬芳、热忱和爱情。1985年经参议院通过定为国花。

　　国石:蓝宝石。

　　国鸟(见图6.3):白头海雕(秃鹰)。美国是世界上最先确定国鸟的国家。白头雕最早出现于美国的旗帜上是在独立战争期间。1776年7月4日第二次大陆会议发表了《独立宣言》并决定新生的美国必须有一个特殊的国徽。1782

年 6 月 20 日,美国国会通过决议,把北美洲特有的白头海雕作为美国的国鸟,并把这种鸟作为国徽图案的主体。白头雕外观美丽、性情凶猛,头上有丰满的羽毛,它的最大特点是两头白,即白头白尾。它代表着勇猛、力量和胜利。

图 6.3　美国国鸟

课堂讨论

请同学们说说中国的升国旗惯例和悬挂国旗的方法,对比一下中美升国旗惯例和悬挂国旗的差别。

6.1.2　简史

17 世纪以前,美洲广大原野仅有印第安人和爱斯基摩人居住,但经过百余年的移民,这里已成为欧洲国家人民的新家园,而其中最主要为英国人所建立的 13 州殖民地,这 13 州殖民地宣布脱离英国而独立。几经协商与改革,联邦体制的美国,于法国大革命前夕,正式登上世界舞台。早期的美国很欢迎外来的移民,这些移民使它迅速地成长。美国人口,在 1776 年只有 300 万人,而现在则超过 3 亿。在人口迅速增加的过程中,新的生存空间,也跟着不断开拓,而方向则由东向西,拓疆的先驱们不但从事农耕畜牧,也寻找矿产及其他资源。到了 20 世纪,美国已成为世界强国,科学、技术、医药及军事力量等各方面均处于世界领先地位。

1)殖民时期以前(1607 以前)

在两万多年前,有一批来自亚洲的流浪者,经由北美到中南美洲,这些人就是印第安人的祖先。当哥伦布发现新大陆时,居住在美洲的印第安人,约有 2 000万,其中有大约 100 万人住在现在的加拿大和美国中北部,其余绝大部分住在现在的墨西哥和美国南部。大约 1 万年前,又有另一批亚洲人,移居到北美北部,这是后来的爱斯基摩人。而最早到美洲的白种人大概是维京人,他们是一群喜好冒险的捕鱼人,有人认为他们在1 000年前曾到过北美东海岸。

2)殖民时期(1607—1753)

1607年,一个约一百人的殖民团体,在乞沙比克海滩建立了詹姆士镇,这是英国在北美所建的第一个永久性殖民地。在以后150年中,陆续涌来了许多的殖民者,定居于沿岸地区,其中大部分来自英国,也有一部分来自法国、德国、荷兰、爱尔兰和其他国家。18世纪中叶,13个英国殖民地逐渐形成,他们在英国的最高主权下有各自的政府和议会。这13个殖民区因气候和地理环境的差异,造成了各地经济形态、政治制度与观念上的差别。

3)独立运动(1754—1783)

18世纪中叶,英国在美洲的殖民地与英国之间已有了裂痕。殖民地的扩张,使他们产生某种自觉,自觉到英国的迫害,而萌生独立的念头。1774年,来自12个殖民区的代表,聚集在费城,召开所谓第一次大陆会议,希望能寻出一条合理的途径,与英国和平解决问题,然而英王却坚持殖民地必须无条件臣服于英王,并接受处分。1775年,美国人在马萨诸塞点燃战火,5月,召开第二次大陆会议,坚定了战争与独立的决心,并于1776年7月4日发表著名的《独立宣言》,提出充分的理由来打这场仗,这也是最后制胜的要素。1781年,美军赢得了决定性的胜利,1783年,美英签订巴黎条约,结束了独立战争,组成新政府(1784—1819)。革命的成功,使美国人民有了以立法形式表达他们政治观念的机会。1787年,在费城举行联邦会议,会中华盛顿被推为主席,他们采取一项原则,即中央的权力是一般性的,但必须有审慎的规定和说明,同时,他们也接受一项事实,那就是全国性政府必须有税收、铸造货币、调整商业、宣战及缔结条约的权力。此外,为了防止中央权力过大,而采取孟德斯鸠的均权政治学说,即政府中设置三个平等合作与制衡的部门,即立法、行政、司法三种权力相互调和,制衡而不使任何一种权利占控制地位。

阅读材料

自由女神像

自由女神像(见图6.4)的钢铁骨架由设计巴黎铁塔的埃菲尔设计,雕像由法国雕刻家巴特尔迪设计,并在巴黎完成。法国政府将这一标志自由的纪念像,作为庆祝美国独立100周年的礼物赠给美国。自从1876年落成以来,它耸立在纽约港的入口。自由女神像,作为美国象征,位于美国纽约市曼哈顿以西的一个小岛——自由岛上,她手持火炬,矗立在纽约港入口处,日夜守望着这座大都会,迎来了自 19 世纪末以来到美国定居的千百万移民。1984 年,它被列入世界遗产名录。自由女神像是法国人民赠给美国人民的礼物,是自由的象征,女神像高 46 米,连同底座总高约 100 米,是那时世界上最高的纪念性建筑,其全称为"自由女神铜像国家纪念碑",正式名称是"照耀世界的自由女神"。

图 6.4　自由女神像

4)南北冲突(1861—1865)

引起内战的原因,不单是经济上、政治上、军事上的问题,还包括了思想上的冲突。内战暴露了美国的弱点。对这个国家的存在,作了一番考验。经过了这次考验,美国才步向一个中央集权化之现代国家的坦途。南北之间,为奴隶问题而起争执,南方在全国政治上的主要方针,就在保护和扩大"棉花与奴隶"制度所代表的利益;而北部各州,主要是制造业、商业和金融的中心,这些生产无须依赖奴隶,这种经济上和政治上的冲突都是由来已久的。1860 年初,11 个南方的州脱离联邦,另组政府,北方则表示,为了统一将不惜付出任何代价。1861 年,内战爆发了,这场美国人面对面的流血战,打了 4 年,南方遭到严重的破坏,而且留下深深的伤痕。1865 年,北方战胜了,这项胜利不但显示美国恢复统一,而且,从此全国各地不再施行奴隶制度。

阅读材料

玛格丽特·米契尔的《飘》

玛格丽特·米契尔的长篇小说《飘》,把一个浪漫的爱情故事与现实中美国南北战争的描写贯穿在一起,双线交织,错落有致。既写出了斯佳丽与阿希礼、巴特勒之间的爱情纠葛,读来曲折动人,又展现出一幅幅惊心动魄、纵横交错的南北战争和战后重建的历史画卷,似一首雄浑瑰丽的史诗,特别是斯佳丽的敢于面对现实、不向命运低头、顽强不屈的拼搏奋斗,给人以极大的心灵震撼和精神鼓舞。其可谓是描写美国南北战争时期最为经典的佳作。图片(见图6.5)所展示的是由《飘》改编的电影《乱世佳人》的海报。

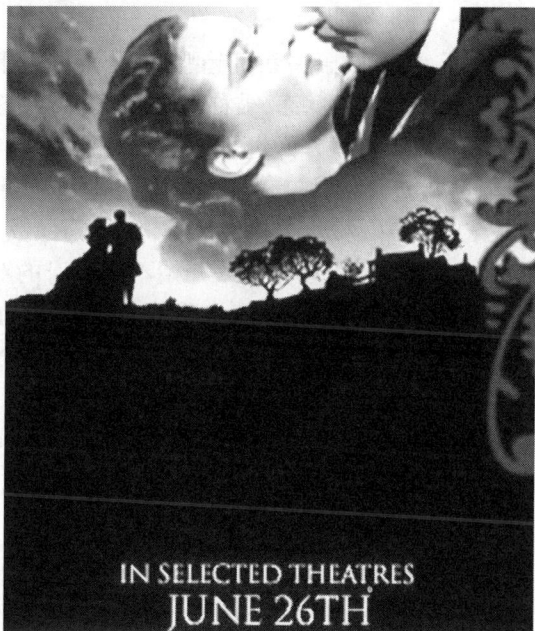

图6.5　《乱世佳人》电影海报

5)世界的新地位(1917—1929)

19世纪初期,美国开始工业化,而内战之后,则步入成熟阶段。在从内战至第一次世界大战的不到50年时间内,它从一个农村化的共和国变成了城市化的国家。机器代替了手工,产品大量增加。全国性的铁道网,增进了货品流通。应大众的需要,许多新发明应市了。银行业提供贷款,促成工商业经营的扩大。故从1890年到1917年的近30年间被称为所谓"进步时期",1914年,第一次世界大战爆发,1917年,美国终于被卷入大战漩涡中,并且在世界上尝试扮演新的角色。

在第一次世界大战后的 10 年间,美国的社会与文化可说是个无生气、无感情,属于商人阶级的 10 年。据 1929 年统计,居城与居乡的比率是 14:11,这时举凡现代生活的特色,诸如汽车、电话、收音机、洗衣机,已成为生活的必需品。战后经济呈现极度的繁荣,原因有二,一是政府不再干涉私营企业且有立法保护,二是新技术的带动。虽然经济增长很快,但是基础不稳。不景气时代和第二次世界大战(1930—1959)经济大恐慌,影响的不只是美国,世界各国都受到它的打击,经济大恐慌,使上百万的工人失业,大批的农民被迫放弃耕地,工厂商店关门,银行倒闭⋯⋯一片萧条。1932 年,罗斯福当选总统,他主张政府应拿出行动来结束经济大恐慌,新政府虽然解决了许多的困难,但美国的经济还是到第二次世界大战后,才苏醒起来。

第二次世界大战之后,美苏两国关系日趋恶化,分别在军事、政治、经济、宣传各方面加紧准备,一如战时,这种状态,被称为"冷战"。

美国历史自 1960 年以来,许多方面仍是战后发展的延续。经济方面,除了周期性的不景气,则仍不断膨胀;从城市移居到郊区的人口继续增加,1970 年,居郊人口超过了居城人口。20 世纪 60 年代初期,黑人问题成为美国内部最主要的问题。20 世纪 60 年代中期,许多美国人开始不满政府的对外政策。此外,由于工业的发展,人口的集中,20 世纪 60 年代后期,生态环境的污染,广受注意。20 世纪 70 年代初期,由于能源危机而导致的经济萧条,是大恐慌以来,最严重的一次。20 世纪 70 年代中期,经济一度复苏,但到 20 世纪 70 年代末期,又出现通货膨胀。1976 年,美国建国 200 周年,全国举行各项庆祝活动。1981 年 4 月 12 日,美国成功地发射"哥伦比亚号"航天飞机,将人类又带入另一个太空新纪元。

阅读材料

山姆大叔

图 6.6　山姆大叔

美国的绰号叫"山姆大叔"(见图 6.6)。传说 1812 年英美战争期间,美国纽约特罗伊城商人山姆·威尔逊(1766.9.13—1854.7.31)在供应军队牛肉的桶上写有"u.s.",表示这是美国的财产。这恰与他的昵称"山姆大叔"("Uncle Sam")的缩写("u.s.")相同,于是人们便戏称这些带有"u.s."标记的物资都是"山姆大叔"的。后来,"山姆大叔"就逐渐成了美国的绰号。19 世纪 30 年代,美国的漫画家又将"山姆大叔"画成一个头戴星条高帽、蓄着山羊胡须的白发瘦高老人。1961 年美国国会通过决议,正式承认"山姆大叔"为美国的象征。

6.1.3　经济

美国经济是世界上最强大,最丰富多样的,具有高度发达的现代市场经济,其国内生产总值和对外贸易额均居世界首位,有较为完善的宏观经济调控体制。经济发达的根本原因在于地域辽阔和19世纪的迅速发展,而且也得益于外来移民的融合,科技与市场的革新,自然资源的开采,国际贸易的扩展,历史的垂青(多次破坏性的战争给世界其他强国巨大的打击,而美国毫发未伤),和很好地利用这些条件的政治经济制度。以美国为主的跨国公司在世界经济的强大影响使美元在全球流通。

1)工业概况

美国工业在国民经济中占有举足轻重的地位,工业产值占国内生产总值的1/3以上。美国工业高度发达,部类齐全,集中和垄断程度都很高。汽车、钢铁和建筑业被称为美国经济三大支柱。20世纪60年代后原子能、电子计算机、高分子合成和宇航工业崛起。20世纪80年代以来,以微电子技术为核心的信息技术、生物工程和新材料等新兴工业逐渐成为主导产业,科研机构与工业部门更加密切的合作,使产品更新换代日益迅速,利用高科技改造传统产业也取得巨大成效。

近几年,由于人力成本高涨,劳动密集型产业被淘汰或转移到国外。与此同时,计算机、航空设备在国际上继续保持较大优势,在美国的对外出口中所起的作用越来越大。主要工业产品有汽车、航空设备、计算机、钢铁、石油产品、化肥、水泥、塑料及新闻纸、机械等。

知识卡片

2006年世界500强企业前十名

1	埃克森美孚	美国	炼油
2	沃尔玛	美国	一般商品零售
3	皇家壳牌石油	英国/荷兰	炼油
4	英国石油	英国	炼油
5	通用汽车	美国	汽车
6	雪佛龙	美国	炼油
7	戴姆勒——克莱斯勒	美国	汽车
8	丰田汽车	日本	汽车
9	福特汽车	美国	汽车
10	康菲	美国	炼油

阅读材料

美国微软公司

美国微软公司(见图6.7)成立于1975年,公司总裁比尔·盖茨,总部设于美国的雷德蒙德。微软公司在全球拥有5万多名员工,在60个国家和地区设有分公司。作为全球最大的软件公司,微软公司一直是新技术变革的领导者,为各种计算机安装设备驱动程序,提供一系列的软件产品的开发、制造、授权和支持。

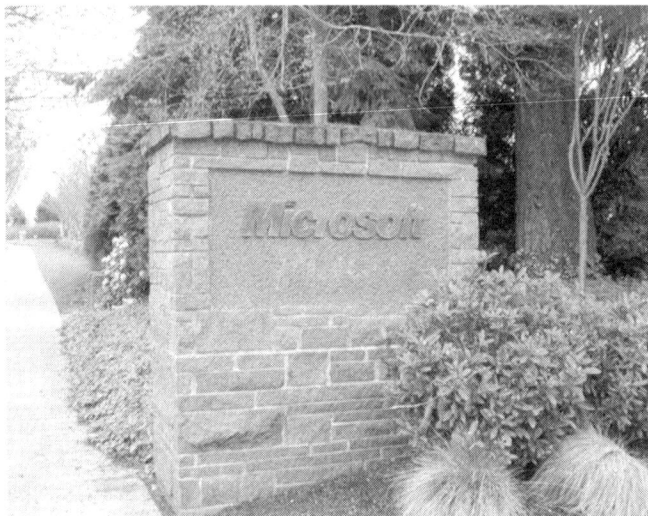

图6.7　美国微软公司总部

2)农业概况

美国不仅是世界上最大的工业化国家,而且也是世界上最大的农业发达国家。美国土地肥沃,气候温和,现有可耕地约1.52亿公顷,牧场5.6亿公顷。美国农业人口虽然逐年下降,现只有600余万人以农为业,但美国的农作物产量却在增加。农产品是美国主要的出口货物。美国现在有渔民25万左右,年渔业收入价值几十亿美元。

美国农业是典型的现代化农业。从20世纪40年代开始,美国农业已实现机械化,普遍使用拖拉机、联合收割机等农业机械。二战后朝着现代化方向发展,目前农业机械已经饱和,正在进行技术改造和更新换代,生物学、遗传学、化学的科技成果被广泛地应用到农业生产中去。生产组织形成了地区专业化、经营专业化和农工商联合体。现代化的农业创建了极高的劳动生产率,使美国各类农畜产品的产量都大大超出了国内市场的最大需求量。美国每年都要向海外市场输出大量农产品,以解决国内农产品过剩和弥补外贸逆差。因此,美国农产品的生产和销售情况对世界农产品影响很大,世界市场的变化也对美国农业生产有着巨大影响。

美国的畜牧业主要包括饲养牛、羊、猪、火鸡等,其中以养牛为主。牛的存栏数为1亿头以上,居世界前列。除牛之外,每年猪的存栏数达5 000万至6 000万头。此外,鸡与火鸡的饲养发展也很迅速。美国畜牧业的机械化程度在世界上居于领先地位,从20世纪60年代开始,主要畜牧品种的饲养由传统的放牧形式转变为向大型工厂化发展。美国农作物以玉米、小麦、大豆、棉花为主,其次为烟草、马铃薯、燕麦、稻米、柑橘、甜菜。美国的农场每年生产价值900亿美元的农产品。美国的农业生产了占世界50%的玉米,20%的燕麦,以及15%的鸡肉、猪肉、棉花、菸草和小麦。

3)服务业概况

近25年来服务业发展迅速,服务业产值占国内生产总值的50%多,从事服务业的人数超过劳动力的50%。美国人在服务业方面的花费已超过其年收入的40%。美国是世界上最大的金融中心,金融业成为服务业中快速增长的部门,其他服务行业包括批发业、零售业、能源、通信和交通。

6.1.4　文化

早期的移民把欧洲文化带到美国。很快地,这些文化遍及美国各地。时至今日,美国已经成为世界文化的主流之一。许多的美国艺术家们对于发展新的风格,新的自我表现方式,甚至新的文化形式都作出了巨大的贡献。

1)教育

美国是世界上教育事业最发达的国家之一。目前,绝大多数州都已实行了10年义务教育,少数州实行了11年或12年义务教育。美国的中、小学教育只要由各州教育委员会和地方政府管理,学校分公立和私立两类。

美国的高等院校依学制分两类:一类是二年制技术专科学校,全国共有1 211所;另一类是四年制专业学院和综合大学,主要培养高级专业人才。美国著名的大学有哈佛大学、麻省理工学院、斯坦福大学、哥伦比亚大学、耶鲁大学、乔治·华盛顿大学等。

阅读材料

世界第一学府——哈佛大学(Harvard University)

哈佛大学是美国最早的私立大学之一(见图6.8),以培养研究生和从事科学研究为主的综合性大学。前身为哈佛学院。1636 年 10 月 28 日马萨诸塞海湾殖民地议会通过决议,决定筹建一所像英国剑桥大学那样的高等学府。1638 年在马萨诸塞的剑桥正式开学,第一届学生共 4 名。1638 年 9 月 14 日,牧师兼伊曼纽尔学院院长的 J.哈佛病逝,他把一部分遗产和 400 余册图书捐赠给这所学校。1639 年 3 月 13 日,马萨诸塞海湾殖民地议会通过决议,把这所学校命名为哈佛学院。在建校的最初一个半世纪中,学校体制主要仿照欧洲大学。1721 年

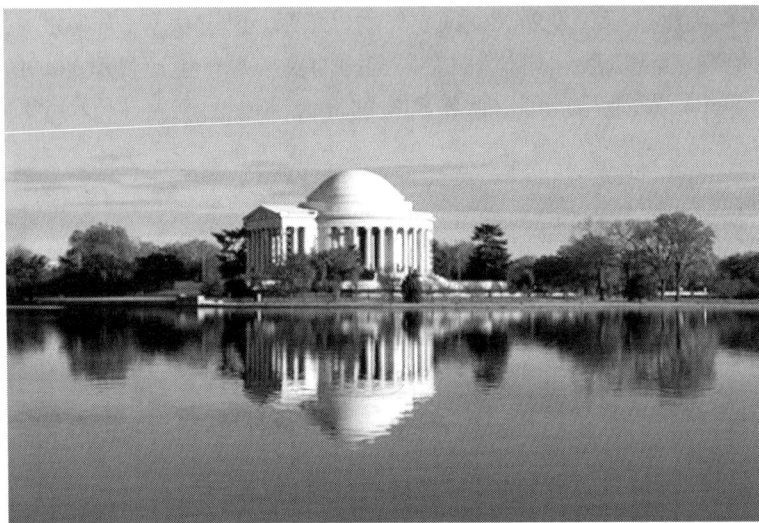

图 6.8　哈佛大学校园

正式设立神学教授职位,1727 年设立数学和自然科学教授职位,1780 年设立医学教授职位。同年扩建成哈佛大学;1816 年成立神学院,1817 年成立法学院,以后各学院相继在 19 世纪成立。教育学院成立于 1990 年;1936 年又成立了政治学院(1966 年命名为 J.F,肯尼迪政治学院)。1966 年以来,哈佛大学共设 10 个研究生院,即文理、商业管理、设计、牙科医学、神学、教育、法学、医学、公共卫生和肯尼迪政治学院;2 个招收大学本科生的学院,即哈佛学院和拉德克利夫学院;并设继续教育办公室,专门负责暑期学校、附设课程和终身学习中心。牙科医学、医学、公共卫生等 3 个研究生院设立在波士顿,其余各学院均集中于剑桥。各学院具有相对的独立性。历史上,哈佛大学的毕业生中共有 6 位曾当选为美国总统。他们是约翰·亚当斯(美国第二任总统)、约翰·昆西·亚当斯、拉瑟福德·海斯、西奥多·罗斯福、富兰克林·罗斯福(连任四届)和约翰·肯尼迪。哈佛大学的教授团中总共产生了 34 名诺贝尔奖得主。

2）科学技术

美国是科学技术高度发达的国家,在核能利用、集成电路、激光、超导材料、电子计算机、合成材料、电子通信和宇航技术等领域的科技和开发处于世界领先水平。据统计,二战后资本主义国家最重要的科学技术项目中有 60% 是美国首先研究成功的,有 75% 是美国首先应用的。

从 1901 年到现在,美国获得自然科学的诺贝尔奖,占世界得奖总人数的 1/3 以上,居世界首位。美国科学家每年在全世界重要刊物上发表的科学技术论文占总量的 35% 以上,美国科研人员每年获得的技术专利权相当于世界其他国家的总和。

3）文学艺术

美国刚刚独立时,在文学上还没有形成自己的体系,所以这一时期流行的基本上是英国的作品。19 世纪中期开始,美国文学形成了自己的独立体系并且进入了繁荣发展时期。19 世纪末 20 世纪初,美国涌现出一大批在国际上享有盛名的文学巨匠和文学名著。其主要作家和代表作有:纳撒尼尔·霍桑的《红字》、哈里特·比彻·斯托夫人的《汤姆叔叔的小屋》、马克·吐温的《哈克贝利·费恩历险记》和杰克·伦敦的《铁蹄》。

到 20 世纪,美国现实主义文学进入全盛时期。德莱塞的《嘉丽妹妹》《珍妮姑娘》《欲望三部曲》,辛克莱·刘易斯的《大街》《巴比特》以及欧内斯特·海明威的《永别了,武器》《战地钟声》《老人与海》等,这些都是这一时期很有影响力的作品。

4）美国电影

美国是电影事业的摇篮,也是世界上最著名的电影王国。自 19 世纪末爱迪生发明摄影机和放映机后,美国就成了电影事业的发祥地之一。好莱坞是美国电影业的中心。20 世纪 50 年代是美国电影的鼎盛时期,平均每年生产电影 300 部左右。20 世纪 60 年代以后开始下降,现保持每年生产 220 部左右的水平,数量仍居世界第二。

专题活动

你看过哪些好莱坞影片?为什么印象深刻?请用各种方法搜集好莱坞影片资料,并讨论为什么好莱坞影片能在美国国内和海外拥有高发行量?

6.1.5　民俗

1)服饰

美国人穿衣打扮无拘无束,十分随便,无论是城市还是乡村,无论在大街还是在小巷,人们的服装形形色色,无奇不有。甚至有人故意标新立异,竞尚新奇,许多老年人的衣服比年轻人更艳丽。美国人虽着装随便,但也讲究社交礼仪。一般说来,美国人不穿背心出入公共场所,更不能穿睡衣出门,晚上有客来,也必须在睡衣外面套上外衣才能开门见客。在正式社交场合穿着非常正规。

2)饮食

美国人的饮食习惯更是五花八门。美国人用餐一般不在精美细致上下功夫,而更讲求效率和方便。除典型的一日三餐外,美国拥有各具特色的民族风味菜肴,如东北部的蛤肉杂烩,宾夕法尼亚州的飞禽肉馅饼,西南部的烤肉排骨,南部的烤玉米粒等。在夏威夷,"波伊"是最著名的食品之一,这是一种用塔罗树根蒸熟捣碎后制成的浆状食品,外表不佳,但吃起来却美味可口。还有一种"鸟肉卢奥"也别有风味,这是一种将鸟肉、可可、牛奶和塔罗树叶放在一起煮成的食物。在印第安人居住区,各色的玉米食品也相当著名。此外,遍布美国城乡的大小餐馆,有法国风味、意大利风味、希腊和瑞士风味,各式食品如意大利通心粉和馅饼、德国的羊肉片、中国的炒面、印度的咖喱饭菜、墨西哥的豆肉、匈牙利的蒸肉等美味佳肴,都已成为美国人喜爱的食品。此外,遍布城乡的酒吧和咖啡馆也是人们常去的饮食和娱乐之处。在这种酒吧中,通常只出售三明治和便餐,并配有演奏乐队或卡拉OK,人们可以助兴娱乐或跳舞。

3)礼貌、礼节

美国人比较随便,性格开朗,不太拘泥礼节。见面时,常常直呼对方名字,一般握手,有时也不握手,只是用"嘿"或"哈罗"打声招呼。分手时也只挥挥手或说声"再见"。在美国人看来,这种不拘礼节的打招呼与其他国家握手意义相同。美国人一般不送名片给别人,除非希望保持联系才送。在美国人面前抽烟,需事先征得对方的同意。

但在正式场合下,人们就要讲究礼节了。握手是最普通的见面礼。在美国,握手时,男女之间由女方先伸手。男子握女子的手不可太紧,如果对方无握手之意,男子就只能点头鞠躬致意。长幼之间,年长的先伸手;上下级之间,上级先伸手;宾主之间,则由主人先伸手。握手时应注视对方,并摘下手套。如果因故来不及脱掉手套,须向对方说明原因并表示歉意。还应注意人多时不可交叉握手,女性彼此见面时可不握手。同握手的先后顺序一样,介绍两人认识时,要先把男子介绍给女子,先把年轻的介绍给年长的,先把职位低的介绍给职位高的。与美国人交谈,最好保持50厘米以上的距离。

在美国社会中,人们的一切行为都以个人为中心,个人利益是神圣不可侵犯的。这种准则渗透在社会生活的各方面。人们日常交谈,不喜欢涉及个人私事,有些问题甚至是他们所忌谈的,如询问年龄、婚姻状况、收入多少、宗教信仰、竞选中投谁的票等都是非常冒昧和失礼的。

4)禁忌

忌"13""3""星期五"和"老"字,因为美国是一个竞争激烈的社会,年老往往有"落伍"之意,所以怕老、讳老、不服老是其独特的人生观。因此对上年纪的人不要恭维其年龄;忌用蝙蝠做图案的商品、包装品,认为这是凶神的象征;忌对妇女送香水、化妆品或衣物,但可送头巾;忌黑猫及黑猫图案,认为这是不吉利的动物;忌在街上行走,踏得啪啪作响,不仅被认为是在咒骂自己的母亲,还因制造噪声在美国的某些地方会被处以罚款。

课堂讨论

有一次,中国留学生在美国中西部的一个城市举行盛大聚会,宾客如云。当地一位名牌大学的校长与其母亲也光临盛会。留学生在欢迎辞中说:"××老夫人的光临使我们全体同学感到荣幸。""老"字在中国是尊称,不料却触痛了这位老夫人,当时她脸色遽变,尴尬不堪,并从此再也不在中国留学生的聚会上露面了。请同学们以此案例讨论中美对待年龄的不同在哪里?

5)节日

(1)感恩节

每年11月的最后一个星期四为感恩节,这是美国最古老的节日之一,其来源于早期移民为感谢上帝赐予的丰收和印第安人的友谊而举行的家庭宴会,以后这一习俗便一年又一年地沿袭下来,直至美国独立之后,感恩节才成为全国性节日。在节日里,家人团聚,吃着传统风味的火鸡(见图6.9),畅谈往事,街上到处举行化装游行、戏剧表演和体育比赛。

(2)万圣节

这是美国式的狂欢节,每年10月31日夜晚,孩子们便戴上假面具,打扮成各种妖魔鬼怪的模样,提着把南瓜掏空后做成的"杰克灯"(见图6.10)挨家挨户乞食。大多数人家都非常乐于接待这些小客人,小客人常常口念着"给我糖果,

图 6.9　感恩节火鸡

否则我要捣蛋了",而兜里则塞满了各式各样的糖果。

图 6.10　南瓜做成的"杰克灯"

6.1.6　旅游业

1)著名旅游景点

(1)美国科罗拉多大峡谷

美国科罗拉多大峡谷(见图 6.11)是一个举世闻名的自然奇观,位于西部亚利桑那州西北部的凯巴布高原上,总面积 2 724.7 平方千米。由于科罗拉多河穿流其中,故又名科罗拉多大峡谷,它是联合国教科文组织选为受保护的天然遗产之一。大峡谷是科罗拉多河的杰作,科罗拉多河的长期冲刷,不舍昼夜地向前奔流,有时开山辟道,有时让路回流,在主流与支流的上游就已刻凿出黑峡谷、峡谷地、格伦峡谷、布鲁斯峡谷等19个峡谷,而最后流经亚利桑那州多岩的凯巴布高原时,更出现惊人之笔,形成了这个大峡谷奇观,而成为这条水系所有峡谷中的"峡谷之王"。

图6.11　科罗拉多大峡谷

　　科罗拉多大峡谷的形状极不规则,大致呈东西走向,总长349千米,蜿蜒曲折,像一条桀骜不驯的巨蟒,匍匐于凯巴布高原之上。它的宽度在6~25千米,峡谷两岸北高南低,平均谷深1 600米,谷底宽度762米。科罗拉多河在谷底汹涌向前,形成两山壁立,一水中流的壮观,其雄伟的地貌,浩瀚的气魄,慑人的神态,奇突的景色,世无其匹。峡谷的颜色,又因两壁岩石的种类、风化的程度、时间的演变,以及所含矿物质的各异,而各有不同,铁矿石在阳光照射下,呈现五彩,其他氧化物则产生各种暗淡的色调,石英岩又会显出白色,因之,形成一块块鲜红,一方方深赭,一团团黝黑,一片片铁灰,大地像一块巨大的五色斑斓的调色板,美不胜收。而有的因为夹有泥土长出了草木而带一些诗意,有的又因谷底弥漫着水雾,而微显淡紫;再加上天气变化,或骄阳直射,或风雨晦暝,或晨曦初上,或夕阳满山,可使峡谷风光变幻莫测,气象万千。

　　(2)尼亚加拉瀑布

　　举世闻名的尼亚加拉瀑布(见图6.12)位于加拿大和美国交界的尼亚加拉河上。它号称世界七大奇景之一,以其宏伟的气势、丰沛而浩瀚的水汽,震撼了所有前来观赏的游人。尼亚加拉河是连接伊利湖和安大略湖的一条水道,仅长56千米,却从海拔174米直降至海拔75米,河道上横亘着一道石灰岩构成的断崖,水量丰富的尼亚加拉河经此,骤然陡落,水势澎湃,声震如雷。湖水经过河床绝壁上的山羊岛(Coat Island),分隔成两部分,分别流入美国和加拿大,形成大

图 6.12 尼亚加拉瀑布

小两个瀑布,小瀑布称为亚美利加瀑布(American Falls),在美国境内,高达 55
米,瀑布的岸长度 328 米。大瀑布称为加拿大瀑布或马蹄瀑布(Horseshoe
Falls),形状有如马蹄,在加拿大境内,高达 56 米,岸长约 675 米。不过这两个瀑
布的高度和幅宽是随水量的变动而变动的。两个瀑布的水源来自同一处,可是
只有 6% 的水从美国瀑布流下,其他 94% 的水是从马蹄瀑布流下。马蹄瀑布的
水量大,水冲到河里呈青色,而美国瀑布的水则呈蓝色。

(3)黄石公园

黄石公园(见图 6.13)位于美国西北部怀俄明、蒙大拿、爱达荷三州交界处,
1872 年 3 月 1 日被正式命名为保护野生动物和自然资源的国家公园,这是世界
上第一个最大的国家公园,也是美国和世界第一个国家公园。1972 年设立公园
时占地 8 956 平方千米,比美国特拉华州和罗得岛州加起来还大,相当于我国台
湾地区的四分之一,是美国最大的国家公园。公园大部分在怀俄明州内,平均海
拔 2 400 米。展开阔火成岩高原,公园自然风光绮丽,有湖光山色、峡谷瀑布、森
林草地、喷泉和野生动物等自然奇观,其中最独特的风貌是称为世界奇观的间歇
喷泉,公园有 200 多处间歇喷泉和上千个温泉,这在世界上是极少见的。

黄石公园地处素有号称"美洲脊梁"的落基山脉,北、中部园区海拔 2 400 多
米,公园东北角的鹰峰海拔 3 462 米,是整个公园的最高点。黄石公园分 5 个
区:西北的马默斯温泉区以石灰石台阶为主,故也称热台阶区;东北为罗斯福区,
仍保留着老西部景观;中间为峡谷区,可观赏黄石大峡谷和瀑布;东南为黄石湖
区,主要是湖光山色;西及西南为间歇喷泉区,遍布间歇喷泉、温泉、蒸汽、热水

图6.13　黄石公园

潭、泥地和喷气孔。

（4）迪士尼乐园

迪士尼乐园（见图6.14）是美国人创造的文化，它不仅创造了一个童话、一个神话，而且创造了一个奇迹，那就是它提出的口号："迪士尼给人类提供最好的娱乐方式"。

图6.14　迪士尼乐园

在进入坐落美国洛杉矶的迪士尼乐园前，你可以清楚地看到液晶显出牌出示的数字，迪士尼乐园已经接待了多少位参观和娱乐者。迪士尼集团在法国、日本、中国香港都建立了迪士尼乐园。

在美国,即使走在时代广场上,你也看不到更多的美国人。而当你来到迪士尼乐园时,你发现美国人似乎在受到一种感召,纷纷带着孩子到迪士尼乐园来游玩。只有在迪士尼动画片中见到的米老鼠、唐老鸭、加菲猫、白雪公主、海盗,这时,都纷纷跳下银幕,在游乐园中与观众见面。海盗先生,令人恐怖地微笑着,也许这最符合海盗的性格;加菲猫时而与你照相,时而耍起脾气;最温柔、最漂亮、最善解人意的还是白雪公主,无论是签名还是一起照相,她都笑容满面,有求必应。

迪士尼乐园建于 1955 年,经过几十年的建设,已经发展到 60 多个项目。如果要全部玩下来,至少需要 3 天的时间,这也是美国儿童反复要求来玩的原因之一吧。

2)旅游业现状

美国是当今世界唯一超级大国,也是世界旅游强国,旅游经济总量和国际竞争力均列首位,同时是世界第一入境旅游大国。美国旅游经济发展速度大大超过经济增长,旅行和旅游产业已成为第二大服务出口产业、第三大零售产业和第二大雇主,在 29 个州为第一、第二或第三大雇主,全美平均每 8 个从业人员就有一人直接或间接从事旅游业。对许多州、区域和城市来说,旅游业已成为一种强大的经济力量,备受政府和各界重视。

3)旅游企业

美国旅游代理商有 4.2 万家,其中 2.3 万家是美国旅行商协会成员。最大的 25 家占全国 72% 的市场。旅行团经销商 2 350 家,年销售额达 100 亿美元。美国 95% 的旅行社有预订系统(床位、游船票和机票预订)。美国最大的旅游公司是运通和福斯特旅游公司。

4)常见美国旅游线路

(1)美国东西海岸、夏威夷主要景点

主要景点:夏威夷、洛杉矶、拉斯维加斯、华盛顿、费城、纽约、旧金山。

(2)美国、加拿大主要景点

主要景点:夏威夷、洛杉矶、拉斯维加斯、华盛顿、费城、纽约、布法罗、多伦多。

知识卡片

美元(United States Dollar)俗称美金,是美国的货币,货币符号为 USD。目前流通的美元纸币是自 1929 年以来发行的各版钞票,主要是联邦储备券。其纸币面额有 1,2,5,10,20,50 和 100 元,铸币面额有 1,5,10,25,50 分和 1 元。它的出现是由于 1792 年美国铸币法案的通过。它同时也作为储备货币在美国以外的国家广泛使用。当前美元的发行是由美国联邦储备系统控制。最常用的表示美元的符号是"＄",而用来表示美分的标志是"￠"。国际标准化组织为美元取的 ISO 4217 标准代号为 USD。

　　样式:

　　1 美元上印的是美国的国父——第 1,2 届美国总统乔治·华盛顿(见图 6.15);

　　2 美元上是第 3 届美国总统杰斐逊;

　　5 美元是废除美国奴隶制的第 16 届总统亚伯拉罕·林肯;

　　10 美元上是美国第一任财政部长哈密尔顿;

　　20 美元上是第 7 届美国总统安德鲁·杰克逊;

　　50 美元上是第 18 届总统尤里西斯·格兰特·葛仑。

　　百元大钞上的头像不是总统,而是著名科学家、金融家、政治家富兰克林,因为他曾在美国独立战争时期起草著名的《独立宣言》。

图 6.15　1 美元正反图

6.2 加拿大

加拿大是一个年轻而生机勃勃的国家,从1867年7月1日建国至今只有140年的历史,但它却在各国移民的不懈努力下,工农业发展都已达到很高的水平,科学技术水平也位于世界前列。今天,加拿大正以其优美的湖光山色、独特的风土人情以及发达的经济文化吸引着越来越多的世界各国的人们前来旅游、经商、留学和定居。它正在揭开神秘的面纱,风姿绰约地向我们走来。

6.2.1 地理概况

1)自然地理

加拿大面积为9 984 670平方千米,居世界第二位,人口3 300多万,位于北美洲北部,除阿拉斯加半岛和格陵兰岛外,整个北半部均为加拿大领土。东临大西洋,西濒太平洋,南界美国本土,北靠北冰洋。西北与美国的阿拉斯加州接壤,东北隔巴芬湾与格陵兰岛相望。海岸线约长24万多千米。东部为丘陵地带;南部与美国接壤的大湖和圣劳伦斯地区,地势平坦,多盆地;西部为科迪勒拉山区,是加拿大最高的地区,许多山峰在海拔4 000米以上;北部为北极群岛,多系丘陵低山;中部为平原区。最高山落根峰,位于西部的落基山脉,海拔为5 951米。加拿大是世界上湖泊最多的国家之一。因受西风影响,大部分地区属大陆性温带针叶林气候。东部气温稍低,南部气候适中,西部气候温和湿润,北部为寒带苔原气候,北极群岛,终年严寒。

2)人文地理

(1)人口与民族

加拿大人口3 348.7万(2012年)。其中,英裔居民占42%,法裔居民约占26.7%,其他欧洲人后裔占13%,土著居民(印第安人、米提人和因纽特人)约占3%,其余为亚洲、拉美、非洲裔等。其中华裔人口已占加拿大总人口的3.5%,成为加拿大最大的少数族裔,即白种人和原住民以外的最大族裔。华裔人口中25%的人是在加拿大本土出生的,其余大部分来自中国内地、香港和台湾。

(2)语言与宗教

英语和法语同为官方语言。居民中信奉天主教的占47.3%,信基督教新教的占41.2%。

3)国旗、国徽、国歌和国树

国旗(见图6.16):呈横长方形,长与宽之比为2:1。旗面中间为白色正方形,内有一片11个角的红色枫树叶;两侧为两个相等的红色竖长方形。白色正方形代表加拿大辽阔的国土,加拿大很大面积的国土全年积雪期在100天以上,故用白色表示;两个红色竖长方形分别代表太平洋和大西洋,因加拿大西濒太平洋、东临大西洋;红枫叶代表全体加拿大人民,加拿大素有"枫叶之国"的美誉,枫树是该国的国树。

图6.16　加拿大国旗

图6.17　加拿大国徽

国徽(见图6.17):1921年制定,图案中间为盾形,盾面下部为一枝三片枫叶;上部的四组图案分别为:三头金色的狮子, 头直立的红狮,一把竖琴和三朵百合花,分别象征加拿大在历史上与英格兰、苏格兰、爱尔兰和法国之间的联系。盾徽之上有一头狮子举着一片红枫叶,既是加拿大民族的象征,也表示对第一次世界大战期间加拿大的牺牲者的悼念。狮子之上为一顶金色的王冠,象征英女王是加拿大的国家元首。盾形左侧的狮子举着一面联合王国的国旗,右侧的独角兽举着一面原法国的百合花旗。底端的绶带上用拉丁文写着"从海洋到海洋",表示加拿大的地理位置——西濒太平洋,东临大西洋。

国歌:《啊!加拿大》。1980年7月1日,加拿大政府宣布为正式国歌,由阿多尔夫·巴西勒·鲁蒂叶作词,卡利克萨·拉瓦雷作曲。

国树:枫树。加拿大盛产红枫,素有"枫叶国"的美誉。枫叶是加拿大民族的象征。

课堂讨论

为什么加拿大国徽上盾形左侧的狮子举着一面大不列颠及北爱尔兰联合王国的国旗?

6.2.2 简史

1)殖民时期

自哥伦布发现新大陆后,欧洲人纷纷来到美洲,或建立殖民地,或探索通向亚洲的新航道。1535年,法国探险家加蒂埃把他发现的地方称为加拿大,为法国在北美的扩张奠定了基础。当法国人在加拿大经营"新法兰西"时,英国人在今美国的东北部建立了新英格兰,并扩大为13个州。新法兰西的兴起与英属北美的发展产生了矛盾,于是,英法在加拿大进行了多次争夺战。7年战争结束后,1763年《巴黎和约》规定,法国把它在加拿大的殖民地全部转让给英国。新法兰西从此成为历史,加拿大则成为英属北美的一部分。

英国人从法国人手中把新法兰西接管过来后,原想按英属北美13个殖民地的模式来改造加拿大,但魁北克的法裔人民强烈反对这种"英国化"的政策,英国政府调整对加拿大的政策,1774年英国议会通过"魁北克法案",承认法语与英语同为官方语言,并保留法国统治时期的民法和其他制度。这些措施在一定程度上稳定了魁北克,使它在美国独立革命中没有参与反英斗争。美国独立战争胜利后,大批在战争中支持英国的效忠派逃往加拿大,几乎使当时加拿大的人口增加了一半。不久,他们对沿用法国旧制度不满,要求取消"魁北克法案"。英国政府从美国的独立斗争中吸取教训,为了防止加拿大也发生类似的革命,它决定对殖民地采取"分而治之"的方针。1791年英国议会通过取代"魁北克法案"的宪法法案,对英、法裔等各种居民的要求作出了某种让步,意在加强英国对北美殖民地的直接控制,进而巩固其在加拿大的地位。

2)独立建国

美国独立后,英国一直耿耿于怀,双方在美国西部边界及公海上不断发生矛盾和冲突。美国的扩张势力想乘机合并加拿大,在国内掀起一阵反英狂热,并在1812年对英宣战,兵分两路,攻入加拿大。战争结束后,加拿大与宗主国英国的关系却反而密切了,加拿大人民的民族自信心也增强了。到19世纪五六十年代,各省联合起来,为发展经济和建立一个加拿大民族国家开始努力。

在这种情况下,为了防止美国插手,1867年2月,英国议会通过《英属北美法案》,并于同年 7 月 1 日生效。法案规定:魁北克省、安大略省、新不伦瑞克省和新斯科舍省共同建立加拿大自治领,定都渥太华,约翰·麦克唐纳为第一任联邦总理。麦克唐纳执政最初 6 年的最大成就是:把北美大陆北半部纳入加拿大版图,完成了自治领从大西洋岸到太平洋岸的领土扩展。1873 年不列颠哥伦比亚省加入自治领,成为加拿大的第七个省。1885 年年底,横贯自治领全境的太平洋铁路终于修通,加拿大人不仅实现了从海洋到海洋的愿望,而且迎来了经济繁荣和移民高潮。在不到半个世纪的时间里人口翻了一番。加拿大西部大草原成了发达的农业区。西部的大发展必然导致行政区域的再划分。1905 年,艾伯塔和萨斯喀彻温在西北地区建省,成为加拿大自治领的第八个和第九个省。

知识卡片

1867 年 2 月,英国议会通过《英属北美法案》,并于同年 7 月 1 日生效。这样,7 月 1 日就成为加拿大的国庆日,《英属北美法案》便成了加拿大的宪法。

3)世界新地位

1914 年 8 月,英国对德宣战,加拿大跟着卷入了第一次世界大战。加拿大将士在欧洲前线取得了辉煌战果,自治领人民则在后方作出了巨大贡献。国内出现战时繁荣,工业部门的发展尤为显著。大战结束后,军工企业和技术人员均顺利地转向广泛的民用工业,为加拿大以后的经济发展打下了坚实的基础。1920 年加拿大加入新成立的国际联盟。1931 年英国政府正式承认自治领的独立地位,不久英国议会通过"威斯敏斯特法案",加拿大正式成为英联邦的成员国。

1939 年英法对德宣战后,加拿大也于 9 月 10 日正式对德宣战,参加了第二次世界大战。1940 年 6 月法国溃败后,加拿大成为西方反法西斯战争中仅次于美英的第三大国。在战争期间,加拿大实际是同盟国的一个主要军火库和英国的海外生产基地。二战是加拿大历史上的一个重要阶段,它在许多方面对加拿大后来的发展具有深刻影响,主要表现在:加拿大的国力更加充实了,基本上没有遭到战争的破坏,而且成为战时的主要生产基地,新的军工体系使它成为强大的工业国。战时和战后对英国大量贷款,使它由原来的债务国变成了债权国。加拿大登上了世界舞台,开始在国际事务中发挥越来越大的作用。1945 年联合国成立,加拿大成为创始会员国之一。1949 年加拿大与美、英、法等一道签署《北大西洋条约》,成为北大西洋条约组织成员之一。根据条约义务,加拿大向欧洲派出了海外驻军。

加拿大与美国的关系越加密切。加、美 1940 年签订《北美共同防御条约》,修建长达 2 400 多千米的阿拉斯加战略公路,从而沟通了北美大陆从北到南的全天候陆上交通。1941 年加、美《海德公园》协定的签订,使两国的经济关系得到了加强,美国对加拿大的投资也随之迅速增加。国内政局更趋稳定,科技发展,文艺繁荣。20 世纪 50 年代,加拿大出现了空前的战后繁荣。同时,人民生活不断提高,一些大的福利计划得到推广。因此,从 1951 年到 1970 年,在加拿大历史上被称为"黄金时期"。1967 年加拿大人以自豪的心情庆祝联邦建立 100 周年。随着经济繁荣全盛时期的过去,一系列社会问题开始出现,左翼运动也随之而起。其中最严重的问题是魁北克问题。1982 年 4 月 17 日,加拿大首都举行隆重的收回宪法仪式,英国女王伊丽莎白二世也亲临加拿大议会,通过了《1982年宪法法案》。该法案的通过虽然标志着加拿大彻底消除了殖民地的痕迹,但是,魁北克省却拒绝在新宪法上签字,理由是新宪法没有承认魁北克的"特殊"地位。时至今日,魁北克人要求独立的呼声从未停息,魁北克问题一直是影响加拿大政局稳定的主要因素。

6.2.3　经济

加拿大的经济在第二次世界大战期间和战后开始迅速发展,从 1940—1980 年的 40 年间加拿大的人口仅增加了一倍,而国民生产总值(GNP)增长了 20 倍。现在加拿大是全世界最富有的国家之一。

1)工业概况

制造业是全国最大的产业部门,以炼油、汽车、造纸、肉类加工、钢铁、锯材和板材、机构设备制造、乳品、金属冶炼等为主。加拿大的现代森林工业,除生产各种木材制品以外,还生产占世界用量一半以上的新闻纸。加拿大制造的客运车辆在世界上居于领先地位,由加拿大生产的地铁列车正在纽约、巴黎、芝加哥、墨西哥城的街道下飞驰。同时,加拿大以服务和技术支持在许多国家都起着关键作用。此外,加拿大的电力工业以丰富的水力和燃料资源为基础,人均发电量居世界前列。

2)农业概况

农业和农业食品业是加拿大经济重要的组成部分。加拿大拥有耕地面积6 800万公顷,占国土总面积的6.8%,其中,西部草原三省(艾伯塔省、萨斯喀彻温省和马尼托巴省)占81%,其余省份占19%。现有农场24.7万个,平均面积676 英亩(约合273.5 公顷),平均收入64 160加元。目前农业人口35 万人,占加拿大就业总人数的2%。农作物及其食品主要有:小麦、大麦、燕麦、大豆、油菜籽、红肉类(牛肉、猪肉和羊肉)、水果、蔬菜、烟草、饮料、酒类等。各省生产的农产品不尽相同,不列颠哥伦比亚省主产水果、蔬菜和花卉;西部草原三省主产红肉类和谷物;安大略省和魁北克省主产红肉类和乳制品;大西洋沿岸四省(新不伦瑞克、新斯科舍、纽芬兰和爱德华王子岛)主产马铃薯和乳制品。加拿大国内仅消费该国农产品的二分之一,其余全部用于出口。

3)金融业

同其他经济发达国家一样,金融业在加拿大的国民经济中也占据着重要位置。加拿大拥有世界上最稳定的金融业,在世界上最大的 30 家银行中加拿大占据其中 5 家。货币交易所是金融业最为紧张繁忙的地方。加拿大的银行家们在这里同世界各国的同行们进行着紧张的较量。此外,加拿大的股票业也十分发达,多伦多的股票市场在世界各大股市中排名第九。同时,股票市场亦是来自国内外投资的主要渠道。

加拿大是世界上外资最多的国家之一,是世界上外国资本渗透规模最大的国家之一。外国资本对其生产资料的大量占有、控制和影响成为经济生活的最大特性。加拿大经济深受世界经济,特别是美国经济的影响。外资投入最多的部门是采矿业和制造业,分别占 60% 和 70%,其中美国资本比例最大,在两者之中均占 40%。在本国资本中,私人资本主要集中在商业和服务行业,国家资本集中在电力与交通运输业。

6.2.4 文化

1)教育

加拿大的教育事业已进入世界前列,全国已普及了中小学教育,高中教育的普及率达 90% 以上。加拿大教育经费占国民生产总值的 7% 左右。加拿大教育由各省政府负责,全国没有统一的教育制度。

加拿大大学的教学和科研质量在世界上久负盛名。多数大学主要依靠公家提供经费,但无论设在何处,所有大学在各个学科上都保持着高质量。加拿大大约有 100 所大学,著名大学有:多伦多大学、蒙特利尔大学、渥太华大学。

2)科学技术

加拿大的科学技术与发展有政府、企业、大学 3 个系统。早在第二次世界大战期间,加拿大在科学技术方面就取得了不少成就,其中最主要的是原子能与放射科学以及胰岛素的发明。第二次世界大战后,加拿大的科学研究以更快的速度发展,政府每年的科研经费投入占政府总开支的 4% 左右。现在,加拿大在电话、微波、卫星、光纤通信、航天技术方面均达到世界先进水平。此外,加拿大的遥感技术、微电子工业和生物技术都很先进。

3)文学艺术

加拿大的文学是其双重语言的一面镜子。英裔加拿大人和法裔加拿大人的文学本身被细分成各个地区的声音,而这些地区声音反过来又反映他们各自不同社区所关注的事情。尽管缺乏传统,但加拿大文学的读者越来越多,被翻译成世界各种语言,声誉日隆。

法语文学中著名的作家和作品有:19 世纪末 20 世纪初期的弗朗索瓦·格扎维埃·加尔诺的《加拿大史》,20 世纪 40 年代加布里埃尔·鲁瓦的《转手的幸福》、20 世纪 70 年代诗人加斯东·米伦的《验明身份》、女作家安东尼·马耶的《拉小车的贝拉洁》。英语文学中著名的作家和作品有:弗朗西斯·布鲁克夫人所写的第一部英语小说《蒙格塔小传》、19 世纪 80 年代查尔斯·罗伯茨的《平日之歌》。

6.2.5　民俗

加拿大是北美洲北部国家,面积居世界第二位,人口 3 300 多万,是世界上人口密度较小的国家。加拿大为移民国家,英裔居民占 42%,法裔居民占 27%,还有其他欧洲国家后裔;土著居民为印地安人和因纽特人;华人约 130 万。英语和法语同为官方语言。信奉天主教的居民占 47.3%,信奉基督教的居民占 41.2%。枫树是加拿大国树,枫叶是加拿大国花,遍布全国的枫树中以糖枫和黑枫最为著名,三月枫糖节是加拿大的重要节日。

1)服饰

加拿大人的衣着与美国人相近,但不像美国人那么随便。在非正式场合,他们穿着随意,常着夹衫、圆领衫、便装裤等;在正式场合,如上班、上教堂、观看表演、赴宴等,他们着装整洁、讲究。男子穿西装,女子穿裙服。女子服装不太讲究面料,但讲究款式新颖、颜色协调、舒适方便。

2)饮食

加拿大人的饮食以肉类、蔬菜为主,面食、米饭为辅。喜欢吃牛肉、鸡肉等肉食,特别喜欢吃沙丁鱼和野味。喜欢生吃蔬菜,主要有西红柿、芹菜、菜花、洋葱、土豆、黄瓜等。加拿大人口味清淡,偏甜酸,不喜欢太咸。讲究营养、新鲜。烹调方式有煎、烤、炸等,喜欢酥脆食物。喜欢吃煎牛排、煎羊排、炸鱼虾、糖醋鱼、咕噜肉等,忌食动物内脏和脚爪,不食辣食品。喜欢饮酒,喜爱白兰地、香槟、啤酒、金酒、威士忌苏打、葡萄酒、蜜酒等。常饮用水果汁、可口可乐等饮料。一日三餐中,早餐比较简单,午餐带饭或用快餐,也比较简单,晚餐为正餐,比较丰盛。上午10时和下午3时用点心,吃苹果馅饼、香桃馅饼等。加拿大的快餐业发展很快,种类很多。加拿大人也喜欢吃我国的江苏菜、上海菜和山东菜。

3）礼貌、礼节

加拿大人朴实、随和、友善、热情好客。见面一般握手致意,不像美国人那么随便。熟人之间用拥抱礼节。分手时也行握手礼。介绍礼节,是将男士介绍给女士,将年轻人介绍给年长者,将职位低者介绍给职位高者。熟人相见,直呼其名。握手时,女士、年长者、职位高者先伸出手。交谈要选择众人共同关心的话题,喜欢谈加拿大经济文化发展、天气、体育、旅游、风俗等话题。不能询问年龄、收入、家庭状况、婚姻状况、女士体重等私人生活问题。不喜欢将加拿大与美国相比,不谈政治、种族、宗教、语言、魁北克法语区等社会敏感问题。在公众场合,他们注重文明礼貌,观看表演要提前入座,中途不走动。在公共场所不可大声喧哗、乱扔废弃物。在公共交通工具上,要主动给老人、儿童让座,上车要排队。

加拿大人时间观念强,约会要事先约定,准时赴约。公务约会一般在餐馆,执行会一般在饭店、俱乐部举办。送礼应有目的,不随便送礼。生日、结婚、分别等都要送礼。讲究礼品包装,一般用彩色礼品纸包裹,扎彩带,装饰彩花,礼品上附有签名贺卡。接受礼品者应当面打开并致谢。加拿大人常以家宴款待客人。上门做客不能提早到达;做客时应随带一瓶酒、一盒糖、一束鲜花等礼物,或送给女主人和孩子一些小礼物。作为礼物的酒,要在宴请时即用。家宴一般是冷餐会,饮食放在桌上,个人自取,座位自选,或站着进餐,边吃边谈。第二天,客人应写信给女主人,表示感谢。晚上做客不宜久留,一般在10时前告辞,周末在11时30分前告辞。

4）禁忌

加拿大人忌讳数字"13"和"星期五"。遵循《圣经》中的摩西十诫,对圣人圣事不直呼其名。从楼梯下走过,忌打破玻璃制品,忌打翻盐罐。忌说"老"字,养老院称"保育院",老人称"高龄公民"。白色百合花用于丧礼,不能用作一般礼品。在家不吹口哨,不讲不吉利的事情,吃饭时不谈悲伤的事。忌食动物内脏和肥肉。

5）节日

图 6.18　加拿大冬季狂欢节

（1）狂欢节

冬季狂欢节（见图 6.18）是加拿大魁北克省居民最盛大的节日。每年 2 月上、中旬举行，为期 10 天。狂欢节规模盛大，活动内容丰富多彩，具有浓郁的法兰西色彩，吸引着近百万国内外游人。节前，城市装饰一新，人们用雪筑成五层楼高的"雪的城堡"，引人入胜。节日期间，市民每年都要推选一位"狂欢节之王"，作为魁北克市的临时"统治者"。他身穿白衣，头戴白帽，犹如一个活的"雪人"，被人们簇拥着在全城游行。在破冰后的圣劳伦斯河上要举行传统的"冰河竞舟"。在城郊的滑雪场举行轮胎滑雪比赛，另有冰雕比赛、大型滑车、狗拉雪橇赛、越野滑雪赛、冰上赛马等各种文娱体育活动。

（2）枫糖节

加拿大盛产枫叶，其中以东南部的魁北克省和安大略省的枫叶为最多最美。人们采集糖枫叶，熬制枫糖浆。枫糖节是加拿大传统的民间节日，每年三月春意盎然时，生产枫糖的农场被粉饰一新，披上节日的盛装，大家在一起品尝大自然送给他们的甜蜜礼品。传统的枫糖节都向来自国内外的游人开放，尤其欢迎儿童。一些农场还专门保留着旧时印第安人采集枫树液和制作枫糖的器具，在节日里沿用古老的制作方法，为观光客表演制枫糖的工艺过程，有的还在周末向旅游者免费供应枫糖糕和"太妃糖"，任人品尝。节日里当地居民还热情地为游客们表演各种民间歌舞，带领观光客去欣赏繁茂美丽的枫林红叶。

（3）国庆日

7 月 1 日为加拿大国庆纪念日。

（4）郁金香节

郁金香节在 5 月的最后两周举行。加拿大郁金香节是世界上最为壮观的郁金香盛会。它的特点之一是邀请世界各国的首都以自己的郁金香参展。郁金香节一般持续两个周末，届时加拿大总理和渥太华市长通常会发表欢迎辞。

6.2.6　旅游业

1）著名旅游景点

（1）芬迪国家公园

芬迪国家公园很好地汇集了新不伦瑞克省南部的仅存的最后一片未被开垦和污染的土地。该公园有成片的针叶林，它和雾气弥漫的芬迪湾绝好地搭配在一起。在颇负盛名的芬迪湾，游客们可以观赏到世界上落差最大的潮汐。据悉，海潮最高可达 14 米，每日平均会有两次潮起潮落。每次退潮之后海滩上都会留下海螺、海贝等各种贝壳类动物。在此，您还可以观赏到世上罕见的逆流瀑布，这是当圣约翰河注入芬迪海湾时，潮汐达到最高时形成的。涨潮时，海湾将提升至河平面以上，水流逆流而河水急速上流。退潮时，海湾退至河平面以下，河水流注其中。

芬迪国家公园占地 206 平方千米，它为游客们提供了许多别有意义的陈列品、带有路标的步道、野餐的聚点以及秀美如画的景色。在公园内长达 100 千米的步道上，许多喜爱体育运动的游人在此远足、骑车和滑雪。

（2）哈利法克斯城堡

哈利法克斯城堡位于新斯科舍省哈利法克斯的城堡山上。这里历来是兵家必争之地，历史上曾三次被建为要塞。现存的城堡建于 1825 年，是北美最大的石头要塞之一。城堡内有新斯科舍博物馆和兵器军械博物馆。城堡山东麓的古钟楼建筑奇特、雄伟。

（3）多伦多电视塔

多伦多电视塔（见图 6.19）建于 1976 年，塔高 553 米，是世界上最高的建筑物。站在塔顶"空间瞭望台"，可饱瞰安大略湖和多伦多城的湖光美景。

（4）卡博特之路

卡博特之路是加拿大著名旅游路线，位于新斯科舍省，该路长 294 千米。途中可参观风格各异的法裔居民村、苏格兰人村和渔村，了解当地民俗风情。卡博特之路的中心点是布雷顿角高地国家公园。这里海岸岩石高峻陡峭，森林密布，苔原、沼泽盖地，溪流纵横，生机盎然。林中飞禽走兽，使人犹如身居原始森林之中。

2）旅游业现状

加拿大的旅游业十分发达，每年 5 月至 9 月是加拿大的旅游旺季，观光旅游的人络绎不绝。

图 6.19　多伦多电视塔

　　近年来,加拿大出境旅游市场呈现以下特点:赴海外旅游人数及花费增长迅猛。亚洲是加拿大海外出境旅游中增长最快的市场,中国内地已成为加拿大人出行到亚洲的第一大旅游目的地。

3)旅游企业

　　加拿大现有6万家旅游企业。全国有5 000多家旅行社,有旅游零售点3.5万个,50%以上的旅行社加入旅游协会。加拿大饭店协会注册的饭店成员6 658家,客房30万间。饭店连锁集团占全国饭店总数的10%,房间总数的40%。全国有餐馆7.2万家。

4)加拿大主要景点

　　主要景点:温哥华、维多利亚岛、多伦多、尼亚加拉瀑布、渥太华、蒙特利尔、魁北克城。

知识卡片

　　加拿大纸币早期是由加拿大皇家银行(Royal Bank of Canada)以及地方银行等同时发行。从1935年3月11日起,统一由加拿大银行(Bank of Canada—Banque Du Canada)发行钞票。现在流通中的加元,主要是自1970年8月以来陆续发行的新钞。至于1937年版和1954年版的旧钞已很少见到。1970年8月以来发行的加元纸币计有:1969年版的20元券;1971年版的10元券;1972年版的5元券;1973年版的1元券;1974年版的2元券;1975年版的50元和100元券7种。各种钞票的正面右方均印有一人物像,在人物像相对称的左侧,各有一个彩色的狮马联邦标志。6 位数字的联号一对,分别用红色和蓝色印在上边左右两端,在联号前还冠有两个字母。1975 年版的 5 元券和 20 元券略有改动,部分底纹图案有修改,联号一对改印在钞票的背面下边,是用黑色 11 位数字

图 6.20 加拿大货币

组成。1986 年 5 月加拿大银行又发行了 1986 年 5 元券新钞,联号一对是印在钞票背面下边,联号前面冠有 3 个字母。加拿大元(Canadian Dollar)分为铸币和纸币两种。现行流通的铸币:有 1,5,10,25,50 分及 1,2 元 7 种,铸币的正面均铸有英国女王"伊丽莎白二世"头像,背面铸有 CANADA 字样。现行流通的纸币有面值 10,20,50,100,1 000 元(见图 6.20)。

教学实践

试比较西欧、北美旅游资源的不同特色。

本章自测

1. 说说美国与加拿大禁忌的相同之处与不同之处。
2. 尼亚加拉大瀑布可谓是美国和加拿大共有的景观,请简单描绘它。
3. 简述美国文化。

第**7**章 南亚及中东旅游区

【本章导读】

南亚及中东旅游区是一个相对独立,政治上也相对敏感的旅游地区。它包括南亚的印度、巴基斯坦、孟加拉国等 7 国和中东的埃及、伊朗、伊拉克等 17 个国家和地区。本章主要论述了印度、巴基斯坦和埃及的旅游环境、历史文化和主要的景区景点等。

【关键词】

泰姬陵 瓦拉纳西 印度佛教 伊斯兰堡 金字塔 圣纪节 宰牲节 开斋节 阿斯旺大坝 狮身人面像

【问题导入】

南亚及中东旅游区一直是一个政治上比较敏感的地区,在这个旅游区旅游,该注意一些什么问题呢?

7.1 印 度

印度共和国,为英联邦的成员国,具有 4 000 多年的历史,是人类文明的发祥地之一。它不仅创造了历史上著名的"恒河文明",而且还是世界著名宗教佛教和印度教的发源地。面积 298 万平方千米,是南亚地区面积最大的国家。

7.1.1 地理概况

1)自然地理

印度位于亚洲南部的印度半岛上,北枕高大的喜马拉雅山脉,南临印度洋,东南是孟加拉湾,西南朝向阿拉伯海。陆地上分别与巴基斯坦、中国、尼泊尔、不丹、缅甸和孟加拉国接壤。海岸线长 5 560 千米。地形大致可以分为 3 个部分：北部为高山区,有喜马拉雅山脉,由于该地区地势险峻,交通极为不便,因此人烟稀少;中部为平原区,印度河—恒河平原是其主体,由于开发历史悠久,因此历史文物古迹极为丰富;南部为高原区,德干高原就位于此。

　　主要河流有恒河、布拉马普特拉河(上游为我国的雅鲁藏布江)、亚穆纳河、讷尔默达河、哥达瓦里河、克里希纳河、默哈讷迪河等。其中恒河(Ganges River)全长 2 700 千米,是印度最长的河流,流域面积为 106 万平方千米。

　　北回归线横贯印度大陆的中部,气候炎热干燥,因而印度是世界上最热的国家之一。它属于热带季风气候,一年分凉(10 月至次年的 3 月)、热(4—5 月)、雨(6—9 月)三季,凉季是印度最好的季节。

2)人文地理

(1)人种、民族与语言

　　据中央统计局数字显示,2011 年印度人口达到了 12.102 亿。作为一个人口大国,它的人种、民族和语言状况都非常地复杂,有"人种、民族、语言博物馆"之称。主要是因为它在历史上曾多次遭受外族入侵,所以血统混杂,人种繁多,语言纷乱。大体来说,印度有七大人种,他们是:达罗毗荼人、印度雅利安人、雅利安—达罗毗荼人、蒙古人、蒙古—达罗毗荼人、土耳其—伊朗人、色底安—达罗毗荼人等。

　　印度的民族状况更为复杂,除了 10 个大民族外,其他少数民族至少有几十个。几个比较大的民族有:

　　印度斯坦族,占全国人口的 46.3%,主要分布在印度北方邦、中央邦、哈里亚纳邦、比哈尔邦和拉贾斯坦邦等地;多数人信奉印度教,部分人信奉伊斯兰教、佛教、基督教和耆那教等;大部分说印地语,少部分人说乌尔都语。主要以务农为业。

　　泰卢固族,占 8.6%,主要分布在安得拉邦;大多信仰印度教,其次是伊斯兰教和基督教;安得拉人嗜吃辣椒,喜欢喝茶。

　　孟加拉族,占 7.7%,主要分布在西孟加拉邦、比哈尔邦和奥里萨邦等;说孟加拉语,大多数人信印度教;主要从事农业。

　　马拉地族,占 7.6%,主要分布在马哈拉施特拉邦;主要信奉印度教和佛教;马拉地人喜欢摔跤,还善于打板球、曲棍球和羽毛球。

　　古吉拉特族,占 4.6%,主要分布在古吉拉特邦;说古吉拉特语,多数人信仰印度教,少数人信伊斯兰教和耆那教;主要从事农业,手工业也较发达。

　　印度的语言极不统一,全印度各民族和部族的语言超过 150 种,细分可达

1 600种。所以有人说,印度各邦唯一统一的语言就是国歌。现在印度官方用语是英语和印地语,印度的小学生在学校要学三种语言:英语、印地语和一种母语。

(2)宗教和信仰

印度是一个宗教大国,世界上的各大宗教在印度都有信徒,主要有印度教、佛教、伊斯兰教、基督教、锡克教、耆那教等。

印度教:它的前身是婆罗门教,信徒占全国人口的82%。它综合了多种信仰,所以非常复杂。以至于查里斯·埃利里特在他所著的《印度教与佛教史纲》中说:"想把印度教作为一个整体来加以描述的任何企图,都会导致惊人的对比。"

尽管印度教没有单一的信条,但几乎所有虔诚的印度教徒都信奉多神教的主神论。他们主张因果报应和灵魂转世;宣扬非暴力和不杀生,认为任何形式的暴力都是罪恶;推崇种姓制度,认为人应该被分为等级,有高低贵贱之分,而且是生来决定,世代相传的。

因为印度教把牛作为神物,所以印度教徒不吃牛肉,也不能用任何与牛有关的物品。同时,印度教把恒河作为"圣河",印度教徒把能到恒河沐浴作为他们最大的幸福。

佛教:公元前6世纪至公元前5世纪,佛教在印度产生,它的创始人是乔答摩·悉达多,释迦牟尼是佛教徒对他的尊称,意思是"释迦族的圣人"。

由于印度教的兴盛,佛教内部纷争以及频繁的外族入侵等原因,公元8—9世纪以后佛教开始在印度衰退,到13世纪几乎消亡。目前信仰佛教的印度居民只占0.8%,但是由于佛教首先在印度起源,因此它对印度的影响仍然很深远。

伊斯兰教:占居民的12%。公元8世纪,传入印度。15—18世纪的莫卧儿帝国统治期间,伊斯兰教被定为印度国教,并得到迅速发展,统治印度长达几个世纪。印度穆斯林以逊尼派为主,主要分布在印控克什米尔、阿萨姆、西孟加拉、喀拉拉和比哈尔等邦。

基督教:占2.3%。公元1世纪就已经传入印度。现在,喀拉拉邦的基督教徒最多。

锡克教:占1.9%。"锡克"在梵文里的意思是"学生""弟子""信徒"。锡克教徒主要分布在旁遮普邦、德里和哈里亚纳邦。锡克教原属印度教,后发展为独立的宗教。该教祖师称为"古鲁",共有10位师尊。锡克教提倡平等、友爱,强调实干。

耆那教:占0.4%。产生于公元前6世纪至公元前5世纪。它是一种禁欲宗教,教徒主要集中在西印度。该教的信仰是理性高于宗教,认为正确的信仰、知识、操行会导致解脱之路,进而达到灵魂的理想境界。

3)国旗、国徽和国歌

国旗:整体呈长方形,长与宽之比为3:2。自上而下由橙、白、绿3个相等的横长方形组成(见图7.1)。白色长方形中心绘有24根轴条的蓝色法轮。橙色象征勇敢和自我牺牲精神,也是教士法衣的颜色,舍身为国的英雄们的颜色;白色象征纯洁的真理;绿色表示信心,代表人类生命所依存的生产力。法轮是印度孔雀王朝阿育王时代佛教圣地石柱柱头的狮首图案之一,对于印度人而言,它是神圣之轮、真理之轮、向着进步转动之轮、永远轮回苍穹之轮。

图7.1　印度国旗

国徽:图案来源于孔雀王朝阿育王石柱顶端的石刻(见图7.2)。圆形台基上站立着四只金色的狮子,象征信心、勇气和力量。台基四周有4个守卫四方的守兽:东方是象,南方是马,西方是牛,北方是狮。守兽之间雕有法轮。图案下面有句用梵文书写的、出自古代印度圣书的格言"唯有真理得胜"。

国歌:《人民的意志》。1950年1月24日由制宪会议通过,正式把该曲定为国歌。国歌歌词是印度著名作家泰戈尔用孟加拉文写的一首诗,于1911年创作,1912年正式发表,后由作者谱曲,它是一篇向印度命运的主宰者祈求赐福的祷文。

图7.2　印度国徽

知识卡片

"印度"一词来源于印度河。印度人以"信度"一词表示河流,所以后来根据其音称为印度。在我国史书上,最初称印度为"身毒",后又有"天竺""忻都"等称呼。我国用"印度"这个词始于唐朝玄奘的《大唐西域记》。

7.1.2　简史

　　印度是世界四大文明古国之一,公元前2000年前后创造了灿烂的印度河文明。公元前1500年至公元前1000年,雅利安人在恒河谷地建立城市,印度进入吠陀时代,从此开始了有文字记载的历史。在吠陀时代后期,内部出现4个社会地位不同的瓦尔那,即婆罗门、刹帝利、吠舍和首陀罗四大种姓。公元前6世纪至公元前5世纪,印度东北部出现了16个国家,史称"列国时代"。在列国争霸中,摩揭陀国逐渐统一了恒河流域。公元前4世纪,崛起的孔雀王朝开始统一印度次大陆。公元前3世纪阿育王统治时期,印度疆域广阔,政权强大,佛教兴盛并开始向外传播。自11世纪起,来自西北方向的穆斯林民族不断入侵并长期统治印度。1526年建立的莫卧儿帝国,是当时世界上最强的国家之一。15世纪末16世纪初,西方国家开始了对印度的殖民活动。1600年英国建立东印度公司,开始了对印度的殖民统治。接着荷兰(1602年)、法国(1664年)也先后入侵。1757年爆发了印度和英国的普拉西大战,印度战败,开始逐步沦为英国殖民地。1947年8月14日和15日,巴基斯坦和印度两个自治领分别诞生。1950年1月26日,印度宣布成立共和国,但仍为英联邦的成员国之一。

阅读资料

圣雄甘地

汉达斯·甘地(1869—1948)(见图7.3),印度民族独立运动著名领袖,印度国民大会党的主要领导人。他将毕生精力都奉献给了印度的民族解放事业,受到印度人民的崇敬和爱戴,尊称他为"圣雄""圣父""国父"。他不仅是出色的政治领袖,也是杰出的思想家,他的思想和主张,对整个印度半岛产生了巨大而深远的影响。

　　甘地的思想是很特别的。他厌恶、排斥所有的人类近现代文明。他极力宣扬的"真理法则",即非暴力、友爱、独身、不窃取、不拥有私产和节食等,带有极浓厚的蒙昧主义倾向。马克思主义者认为他的社会观是反动的,一般的资产阶级政治家、知识分子也很难接受他排斥一切现代文明的主张。然而,他一登上政治舞台,人们立刻就被他

图7.3　圣雄甘地

迷住了,诚心诚意接受他的意见和指导。这种现象看似奇怪,实际上并不奇怪。因为他的思想、观念是建立在印度传统宗教思想基础之上的,公开亮出的旗帜又是反对英国殖民统治,争取民族自治,顺理成章地为人民所接受。他的非暴力斗争策略,又符合那些既要争取民族独立而又不愿同英国彻底决裂的新兴资产阶级的要求。甘地同当时其他一些政治家还有一个明显区别,即他能联系广大民众。1948 年 1 月 30 日,甘地在去晚祷的途中,被一个狂热的印度教徒枪杀,终年79 岁。

7.1.3　经济

印度是传统的农业国,但经过近年来经济的迅速发展,现代工业已经具有相当的规模,特别是高新技术产业发展速度很快,是新崛起的软件大国。

农业方面,印度是一个农业大国,农村人口占总人口的 72%。印度是世界上最大的粮食生产国之一,拥有世界十分之一的可耕地,面积约 1.6 亿公顷,人均 0.144 公顷。印度是世界第一大产奶国,牛的头数居世界第一。同时印度也是世界重要的产棉国和产茶国。印度的矿产资源如云母、煤、铁、铝、铬、锰、锌、铜、铅、磷酸盐、黄金、石油等也很丰富,其中云母的产量和储量为世界之首,铝土产量和煤产量均居世界第五位。

工业方面,已经建成了完整的工业体系。印度有六大核心产业:炼油、电力、原油、煤、水泥和钢。目前,印度在天体物理、空间技术、分子生物、电子技术等高科技领域也都已达到较高水平。印度的主要出口商品有珠宝制品、棉纱及棉织品、化工制品、机械及五金制品、石油制品、皮革、海产品、铁矿砂及矿产品等。2006 年,印度的钢产量为 0.495 亿吨,居全球第五位。

软件业方面,印度是世界上五大计算机软件供应国之一,是仅次于美国的第二大计算机软件出口大国,软件出口占全国市场份额的 20%,美国客户购买的软件产品有 60% 是印度制造的。

此外,印度在天体物理、空间技术、分子生物、电子技术等高科技领域都已达到较高水平。2009 年 8 月,东盟与印度在曼谷签署《货物贸易协议》。协议规定,从 2013 年到 2016 年,东盟成员国和印度之间将实现对 80% 以上的交易产品取消进口关税。

7.1.4 文化

1)教育

印度高等教育起步较晚,18 世纪末 19 世纪初才开始接受欧洲教育。全国现有 350 所综合性大学,著名的有德里大学、印度理工学院、加尔各答大学、马德拉斯大学、巴拉蒂尔大学等。

印度实行 12 年一贯制中小学教育。高等教育共 8 年,包括 3 年学士课程、2 年硕士课程和 3 年博士课程。此外还有各类职业技术教育、成人教育等非正规教育。据 2007 年相关数据显示,印度人口识字率达到 75%,但成人文盲仍高达 3 亿,居世界之首。印度正在全国 600 个行政区中的 589 个推广扫盲计划,力争在"十一五"结束时识字率达到 85%。2008—2009 年,印度 6 岁至 14 岁儿童入学率接近 100%,但全国平均小学辍学率高达 31%。

2)文学艺术

印度的文学有着十分悠久的历史。公元前 2500 年至公元前 800 年,就出现了四部诗歌总集,即《梨俱吠陀》《阿达婆吠陀》《罗摩衍那》和《摩诃婆罗多》等。尤其是《罗摩衍那》和《摩诃婆罗多》,对印度后来的文学产生了深远的影响,堪称为世界文学宝库中的两颗明珠。

印度近代文学产生于 17 世纪下半叶,在 19 世纪下半叶得到进一步的发展。泰戈尔、罗摩·莫罕·罗易、普列姆昌德等是这一时期的杰出代表。

印度的舞台艺术和古典舞蹈举世闻名。印度舞别具一格,他们全是用身体的每个动作和脸部表情来表现主题,通常是一个人单独表演。

印度电影业也非常发达,是世界第一电影生产大国,每年生产近 900 部影片。近年来拍摄的《第 6 感》《地税》《阿育王》等的卖座率都很高,每年电影出口的收入都在 2.5 亿美元左右。

3)节日

印度节日众多,它们有的与宗教有关,有的与政治有关,有的是全国性的,有的是地区性的。比较典型的节日有:

国庆节,在公历的 1 月 26 日。1929 年,印度国大党在年会上决定,1930 年 1 月 26 日为独立节。此后,每年的这一天都过独立节。1947 年 8 月 15 日,印度正式宣布独立后,1 月 26 日被正式定为国庆节。每年公历的 1 月 26 日,印度政府都要在总统府前的广场上举行声势浩大的游行。

　　洒红节,又叫胡里节,是庆祝春天的节日。在每年公历的 2—3 月间,是印度教的节日,也是全国性的大节日。每年节日这天,人们都在脸上和头发上涂上自己喜欢的颜色,穿上自己最艳丽的衣服,走上街头,欢迎春天的到来(见图 7.4)。

图 7.4　欢度洒红节

　　灯节,在公历的 11—12 月间,是印度教节日,也是印度最隆重的节日,相当于中国的春节。

　　十胜节,公历 9—10 月间,是印度教节日,也是全国性大节日。该节源于史诗《罗摩衍那》,是为了纪念罗摩大战魔王罗波那最后取得胜利。

　　开斋节,公历 2 月前后,是穆斯林的节日。印度的开斋节和世界上其他国家的开斋节没什么区别。开斋节前,穆斯林要封斋一月,白天不得进食。到了开斋节,穆斯林们到清真寺礼拜,尔后宰牲摆宴庆祝。

　　宰牲节,公历 4 月左右,也是伊斯兰教节日。这一天,穆斯林要沐浴盛装,到清真寺做礼拜,互相拜会,宰杀牛羊。

　　总之,印度节日繁多,在此不一一列举。

7.1.5　民俗

1)饮食生活习俗

　　狮子和老虎是印度的国兽,受到尊敬。印度人常用狮子来形容帝王,当作王权的象征。印度有些地方只准用一些尊敬的外号来称呼老虎。象、牛、猴在印度教中占有较高的地位。印度教把牛视为"圣牛",认为牛是大神湿显婆的象征,因此印度教禁食牛肉,甚至不用牛皮箱、不穿牛皮鞋。

印度人一般以大米为主食,烹饪时喜欢用大量的香料和调味品,如咖喱、丁香、胡椒、辣椒酱、粗糖以及椰子、芒果、香蕉等各种果肉。印度菜必须用水牛的乳制成的酥油来烹饪才算正宗。印度人吃饭前有先洗澡的习惯,进餐中忌讳两人同时夹一盘菜。

2)礼仪习俗

印度人见面时很讲究礼节,一般双手合掌,表示致敬。合掌时,对长辈宜高,表示尊敬;对平辈宜平,表示对等;对晚辈则低,以示关怀。迎候嘉宾则敬献花环,表示由衷的欢迎。值得注意的是,印度人在赞同或同意对方意见时,往往是摇头而不是点头。

印度人殡葬有几种常用方式:火葬,通常选择在圣河河畔举行;水葬,把尸体推入水中,任其随波逐流漂走;天葬或野葬,把尸体丢在野外或林中,让秃鹰啄食或野兽饱餐。穆斯林则实行土葬。

印度人递东西、拿东西或者敬茶时都用右手,忌用左手,也不用双手。他们重男轻女,穆斯林女子一般很少抛头露面,更不与陌生人随便交往,也不可同异性握手。印度妇女喜欢在额头上点有象征喜庆、吉祥的吉祥痣,喜欢佩戴项链、胸饰、耳环、鼻圈、戒指、脚镯等饰物。

3)婚嫁习俗

按照印度教习俗,提倡早婚,实行种姓内通婚,主张寡妇殉夫("萨提"制度)和禁止寡妇再嫁。大多数婚姻都是父母做主。通常,婚姻不仅是男女双方的结合,也是家族、集团和财富的结合。昂贵的嫁妆是印度人婚姻中的一种传统习俗,也是一种沉重的经济负担,甚至负担累累,以至导致社会悲剧。1961年颁布了《禁止嫁妆法》,但传统和习惯势力使法律无法执行。

4)禁忌

印度禁忌很多,宗教不同,地区不同,禁忌也各有差异。比较普遍的禁忌有:

头是印度人身体上最神圣的部分,所以千万不可直接触摸印度人的头部,也不要随意拍印度孩子的头部,印度人认为这样会伤害孩子。

在印度忌吹口哨,特别是妇女。在饭店、商店等服务性行业中,客人若用吹口哨的方式来呼唤侍者,则被视为冒犯他人人格的无礼行为。

进入印度的庙宇或清真寺,要脱去鞋子,要跨过门槛而不能踩着门槛而过。

光脚进寺庙,事先要在入口处洗好脚以表示礼貌。

在市场上陈列的花环,禁止人们用鼻子嗅或用手摸,有上述行为将受到人们的厌恶。

睡觉时,不能头朝北,脚朝南,据说阎罗王住在南方;晚上忌说蛇;喜庆的日子里忌烙饼;婴儿忌照镜子,否则会变成哑巴;父亲在世时,儿子忌缠白头巾、剃头等。

7.1.6　旅游业

印度不仅有悠久的历史,灿烂的文化,还有广袤的土地,所以其自然和人文旅游资源都很丰富。印度名胜古迹众多,但最有特色的是古堡陵园、石窟、神庙、国家公园等。如泰姬陵、胡马雍陵、红堡、阿格拉古堡、比尔拉庙等在世界上都很有名。另外,还有一些具有热带风情的海滨旅游城市,如加尔各答、孟买等。

1)印度旅游业的现状

印度不仅有悠久的历史,灿烂的文化,还有广袤的土地,所以其自然和人文旅游资源都很丰富。旅游业是印度第二大的创汇行业。政府给旅游行业各部门和组织充分的向外发展权。旅游业正在充分挖掘国内旅游潜力,2001年国内旅游47亿人次,2001年旅游消费额为220亿美元。与此同时,印度旅游部也在全世界发起声势浩大的宣传攻势,2002年以"不可思议的印度"为口号向全球,特别是西方国家,推广印度旅游资源。2007年,在全球首选旅游胜地排名表中,印度超越意大利、泰国、澳大利亚和新西兰,位列第一。而"不可思议的印度"这一宣传口号也极大地推动了印度旅游业的发展,到2007年,印度境外游客人数首次突破500万,印度旅游创造的外汇收入达120亿美元。印度移民局的数据显示,印度2012年的入境旅游人数达657万人。

印度政府在旅游业中参与量非常大。印度每个邦都设有旅游公司,开办连锁宾馆或汽车旅馆,组织全程旅游。中央政府设有印度旅游开发总公司。这些政府旅游公司有些已经收回了投资,有些正在收回投资。

2)主要景区景点

(1)新德里

新德里是印度首都,是全国的政治、经济、文化中心,它与斋浦尔、阿格拉构成了印度著名的旅游金三角。据印度史诗《摩诃婆罗多》记载,公元前1400年左右,古印度人就在此建都。此后,这里曾先后出现过7个德里城。公元1世纪,印度王公拉贾·德里重建此城,德里因而得名。

新德里是一座花园城市,城区以姆斯拉仁广场为中心,街道呈放射形向四方延伸,一座座办公楼和别墅掩映在绿树鲜花丛中。城内著名的建筑有国会大厦、总统府、印度门等。另外还有驰名世界的古建筑如红堡、胡马雍陵、阿育王柱(见图7.5)、库塔布高塔、贾马清真寺等。

图 7.5　阿育王柱

(2)红堡

红堡是印度最大的古代王宫,位于德里旧城东北部的亚穆纳河畔。它建于1638—1648年的莫卧儿王朝时代。因为全部用红色砂石建成,外形似城堡,所以称它为红堡。它呈不规则八角形,建筑雄伟壮观,气势恢宏。南北长915米,东西宽548米,四周城墙长2 900米,高33.5米,有5座城门。

红堡分内宫和外宫两个部分。外宫主要建筑为觐见宫,中置宝座,是莫卧儿帝王召见土邦王公与大臣,接受奏章和接见外国使节的地方;内宫的主要建筑有娱乐宫,是帝王与后妃、公主避暑观光、娱乐休息的地方。

(3)胡马雍陵

它是莫卧儿帝国第二代帝王胡马雍及其王妃的陵墓(见图7.6)。1565年开始建造,1572年阿克巴大帝执政时才落成。这座陵园的设计与建造巧妙地融合了印度和波斯的建筑风格,开创了伊斯兰建筑史上的一代新风。建筑群规模宏大,布局完整。整个陵园坐北朝南,平面呈长方形,四周环绕着长约2千米的红砂石围墙。陵园内景色优美,棕榈、丝柏纵横成行,芳草如茵,喷泉四溅,实际上是一个布局讲究的大花园。

图7.6 胡马雍陵

陵园正中是其主体建筑——高约24米的正方形陵墓,它耸立在47.5米见方的高大石台上。陵体四周有4座大门,门楣上方呈圆弧形,线条柔和,四壁是分上下两层排列整齐的小拱门,陵墓顶部中央有优雅的半球形白色大理石圆顶。这种圆顶是由两个单独的拱顶组成的,一个在上,一个在下,上下之间留有间隙,外层拱顶支撑着白色大理石外壳,内层则形成覆盖下面墓室的穹庐。外层拱顶中央竖立着一座黄色的金属小尖塔,光芒四射。寝宫内部呈放射状,通向两侧高22米的八角形宫室,宫室上面各有两个圆顶八角形的凉亭,为中央的大圆顶作陪衬,宫室两面是翼房和游廊。

胡马雍和皇后的石棺安放在寝宫正中,两侧宫室放着莫卧儿王朝5个帝王的石棺。

(4) 贾马清真寺

贾马清真寺建于1644—1658年,是印度最大的清真寺(见图7.7)。它位于与红堡一墙之隔的小山上,寺长76米,宽24米,面积1 170平方米,全部用红砂石建造,并用白色大理石装饰,建筑风格独特,雕工细致。寺顶是3个白色大理石穹形圆顶,中间的最高,距地面约有60米。每个圆顶上都点缀着镀金的圆钉和黑色的大理石条带,中央都竖一铜尖塔。寺两侧各有一座3层拜塔对称而立,塔高40米,里面有130级台阶,登上塔顶可俯瞰全城风光。

图 7.7　贾马清真寺

（5）泰姬陵

泰姬陵是世界七大建筑奇迹之一（见图 7.8）。它是莫卧儿王朝第五代皇帝沙·贾汗为其宠妃泰姬·玛哈尔所造的陵墓。它始建于 1632 年，每天动用2 万名工匠，花了 22 年才完成，一共耗资 500 万卢比，被称为"人间建筑的奇迹"。

它位于阿格拉，在新德里以南约 200 千米。陵墓长 576 米，宽 293 米，整座陵园占地约 17 万平方米。泰姬陵建筑风格上继承了伊斯兰建筑左右对称、整体协调的传统。主体建筑呈八角形，中央是半球形的圆顶。整座主体都以沙·贾汗最喜欢的白色大理石所建，而在白色的大理石上则镶满了各种颜色的宝石，拼缀成一些美丽的花纹与图案。

（6）瓦拉纳西

在印度，瓦拉纳西犹如耶路撒冷一样，是印度教徒心中的圣地。印度教徒一生有四大愿望——住瓦拉纳西、结交圣人、饮恒河水、敬湿婆神，它们中的 3 个都要在瓦拉纳西实现。

瓦拉纳西有数千年的历史，相传由 6 000 年前的印度教三大神之一的湿婆所建。信奉印度教的人们相信湿婆常在这里的恒河边上巡视，凡在这里死亡并火化的，均可免受轮回之苦，直接升入天堂，所以每天都有成千上万的教徒从四面八方赶到瓦拉纳西。公元前 5 世纪，佛祖释迦牟尼曾在距离该城 10 千米的鹿野苑传教。公元 7 世纪唐朝高僧玄奘也曾到过此地。

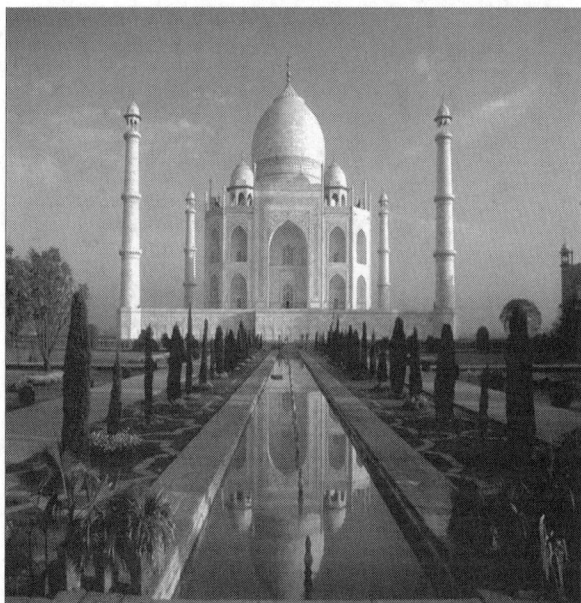

图 7.8　泰姬陵

　　瓦拉纳西自古就是印度的文化中心,分新城和旧城两个部分,有 2 000 多座寺庙,虽然历尽沧桑,但仍然保持着浓厚的传统。在每年的 400 多个节日中,以敬奉湿婆和洗圣水澡最享盛名。瓦拉纳西是恒河沿岸最大的圣城,河岸之景蔚为壮观。瓦拉纳西恒河之岸长达 6.7 千米,共有 64 个码头,尽管也停靠船只,但却不是真正的船坞,而是历代的王侯巨贾们修建的宫殿以及与之相应的高大而宽敞的台阶,当地人称为"卡德"。这是供他们来朝圣时居住的"行宫"及下河沐浴祈祷的专用通道。各个卡德大都是人山人海,但有两个卡德则是青烟袅袅,这是印度教徒的焚尸场。

　　(7)埃洛拉石窟

　　埃洛拉石窟是世界上寺庙石雕建筑的典范(见图 7.9)。它既显示出了精美的寺庙外观又表现出精巧的寺庙内部结构,1983 年被列入《世界遗产名录》。它开凿于公元 4—11 世纪,是古印度佛教、印度教和耆那教艺术的杰作。由于三教同堂,因此一直是个香火不断的圣地。

　　整个石窟共 34 窟。南部的 12 个石窟表现出的是佛教文化,中间的 17 个石窟反映出的是印度教文化,剩余的北部 5 个石窟反映的则是耆那教文化。佛教石窟,主要雕刻的是如来佛,其中的 10 号窟最大,窟内的舍利塔高达 8 米。印度教石窟以 16 号最为壮观,而且它也可称得上是一个建筑奇迹,因为这个石窟是

图7.9　埃洛拉石窟

以屋顶为基准从上往下开始雕刻和建造的。耆那教石窟多为裸体像,象征着耆那教的崇尚自然、返璞归真。

(8)加尔各答

加尔各答(Calcutta)是印度东部最大的城市,现为西孟加拉邦首府。地处恒河三角洲,濒临孟加拉湾,是印度东海岸最大的港口。人口1 430万。加尔各答距今只有300多年的历史。在英国的殖民统治时期,它一直是英国的殖民统治中心。加尔各答以达尔豪谢广场为中心,广场中央有一个四方形的水池,历代英国国王、总督的铜像竖立在广场附近。市中心还有一个乔林基广场,广场的一边竖立着萨希德柱,高50米,汇集了埃及、叙利亚和土耳其的建筑风格。维多利亚纪念馆也坐落在附近。

加尔各答是印度的文化城,城中有全国最大的图书馆国家图书馆,藏书一千万多册。世界闻名的大文豪泰戈尔的故居坐落在城的北部。

主要景点有:麦丹广场、维多利亚纪念馆、威廉堡、圣彼得教堂、比尔拉天文馆、伊登花园、邦府大楼、议会大厦以及高165英尺(约50.29米)的萨希德柱、乔灵奇大街、尼达吉·苏巴斯大道、伽利女神庙等。

(9)孟买

孟买是印度西部最大的城市,也是马哈拉施特拉邦首府,人口目前约有1 830万。濒临阿拉伯海,是天然良港,被称为印度“西部门户”,也是印度海军的重要基地。孟买原为一个小渔村,由7个岛屿组成,英国人通过填海把7个岛屿连接成了一个半岛,并修建了城堡和商港。

孟买还是印度的工商、金融中心,有印度"商业首都"和"金融首都"的称谓。孟买是印度储备银行(央行)、进出口银行总部所在地,集中了全国 50% 的现金流量,而且全国股票交易的 70% 都在孟买股票交易中心进行。印度 60% 的集装箱进出口要通过孟买港。印度百强企业中的 52 家以及全国最有影响的商会都聚集于此。孟买也是印度西部的铁路、航空枢纽,国家邮政总局设在孟买。孟买的电影事业亦十分发达,在城郊有著名的宝莱坞(Bollywood)电影城。每年该城生产的故事片多达 150 部以上,被誉为"印度的好莱坞"。

3)印度经典旅游线路

(1)印度黄金三角双飞 6 日超值之旅

经过的旅游城市有:新德里—阿格拉—杰普尔—新德里。

沿线主要景点有:泰姬陵、阿格拉红堡、杰普尔城市宫殿、皇宫博物馆、Amber 琥珀城堡、印度门、总统府、国会大厦、甘地陵墓等。

(2)印度金三角古文明 5 日之旅

经过的旅游城市有:新德里—斋浦尔—阿格拉—新德里。

沿线主要景点有:琥珀堡、城市宫殿博物馆、JOHARI BAZAR 市场、泰姬陵、阿格拉城堡、甘地陵园、贾玛清真寺、印度战士纪念碑、红堡等。

知识卡片

印度货币

印度货币是卢比(Rupee)。1 卢比 = 100 派士。纸币面额有:1,2,5,10,20,50,100,500 及 1 000 卢比等。硬币面额有:5,10,20,25 及 50 派士;1 卢比及 2 卢比等。图 7.10 为 1 000 卢比票样。

图 7.10 印度样币

7.2 巴基斯坦

巴基斯坦一词源自波斯语,意为"清真之国"。巴基斯坦历史悠久,早在5 000年前,这里就孕育着灿烂的印度河文明,它是一个充满神秘与传奇色彩的国度。

7.2.1 地理概况

1)自然地理

巴基斯坦位于南亚次大陆的西北部,南临阿拉伯海,面积79.6万平方千米(不包括巴控克什米尔)。海岸线长980千米,西接伊朗,西北与阿富汗交界,东邻印度,东北与中国毗邻。除南部属于热带气候外,其余都属于亚热带气候。北部地区干燥寒冷,有的地方终年积雪;南部湿热,受季风气候影响,雨季较长,全国年平均气温27 ℃。

地形西北高,东南低,山区和丘陵占巴基斯坦全国的3/5,世界第二高峰乔戈里峰在其境内,海拔8 611米,是喀喇昆仑山脉的主峰。东南部是印度河平原,地势低平。

主要矿产资源有:天然气4 920亿立方米、石油1.84亿桶、煤1 850亿吨、铁4.3亿吨、铝土7 400万吨。另外,巴基斯坦还是世界上最大的铬矿产地之一,主要铬矿产地在西部的欣杜巴格地区。

2)人文地理

(1)人口

巴基斯坦是世界上11个人口过亿的国家之一,约有1.97亿人(2013年),居世界第六位。旁遮普省的人口密度最高,其次为西北边境省,俾路支省密度最低。

(2)民族

巴基斯坦是个多民族国家。最早的土著居民是达罗毗荼人,后来雅利安人、希腊人、土耳其人、波斯人、阿富汗人、阿拉伯人等逐渐迁入,通过融合与繁衍,形成了现在的4个主要民族。

旁遮普族,占全国人口的63%,属于雅利安人种。他们主要居住在最富裕的旁遮普省,控制着军政要职,在上层社会中占有统治地位。务农和从军为旁遮普族的主要职业。

信德族,占18%,也属于雅利安人种。主要居住在信德省。因为信德省被誉为巴基斯坦伊斯兰教的门户,所以信德族人的生活和工作方式都受伊斯兰教的影响较深。他们崇尚农业,祖辈务农,不过,近年来,从事经商的越来越多。

巴丹族,亦称普什图族,占11%,主要居住在西北边境省。他们是伊朗人和土耳其人的混血种,主要从事游牧业。

俾路支族,占4%,多居住在俾路支省,也有一些居住在信德省。他们也是伊朗人和土耳其人的混血种,主要从事畜牧业。

乌尔都语为国语,英语为官方语言,主要民族语言有旁遮普语、信德语、普什图语和俾路支语等。

(3)宗教

巴基斯坦是一个伊斯兰国家,伊斯兰教为本国国教。人口大多数为穆斯林,伊斯兰教徒占全国总人口的96%,非穆斯林教徒仅占4%。除了信仰伊斯兰教之外,还有很多人信仰基督教、佛教、印度教、锡克教、拜火教等。巴基斯坦伊斯兰教内部派系林立,大小派系有七八十个,逊尼派和什叶派是其中两个主要派别。逊尼派占全国穆斯林的80%,什叶派占20%。

3)国旗和国徽

国旗:整体呈长方形,长与宽之比为3:2。左侧是白色竖长方形,宽度占整个旗面的1/4;右侧为深绿色长方形,中央有一颗白色五角星和一弯白色新月(见图7.11)。白色象征和平,代表国内信奉印度教、佛教、基督教、袄教的居民和其他少数民族;绿色象征繁荣,还代表伊斯兰教。新月象征进步,五角星象征光明,新月和五角星还象征对伊斯兰教的信仰。

国徽:主体色调是深绿色和白色。顶端是五角星和新月图案;中间是盾徽,盾面分为四部分,分别绘有棉花、小麦、茶、黄麻4种农作物。盾徽两侧饰以鲜花、绿叶。下端的绿色饰带上用乌尔都文(巴国语)写着"虔诚、统一、戒律"(见图7.12)。

7.2.2 简史

巴基斯坦原为英属印度的一部分。1858年随印度沦为英国殖民地。1940年3月,"全印穆斯林联盟"通过了关于建立巴基斯坦的决议。1947年6月,英国公布"蒙巴顿方案",实行印巴分治。同年8月14日,巴基斯坦宣告独立,成为

图 7.11　巴基斯坦国旗

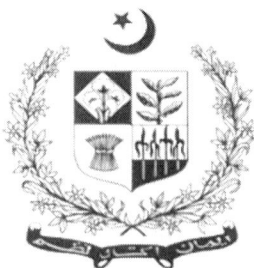

图 7.12　巴基斯坦国徽

英联邦的一个自治领,包括巴基斯坦东、西两部分。1956 年 3 月 23 日,巴基斯坦伊斯兰共和国成立,仍为英联邦成员国。1971 年 3 月,巴基斯坦东部宣布成立孟加拉人民共和国,同年 12 月正式独立。

阅读材料

克什米尔问题——印巴冲突的由来

半个多世纪以来,印巴关系时紧时缓,双方在克什米尔地区的武装冲突几乎从未中断。两国不断交恶的原因,归根结底是克什米尔问题。

克什米尔,位于印度、巴基斯坦、中国、阿富汗之间。根据"蒙巴顿方案"的规定,印度教徒占多数的地区划归印度,穆斯林占多数的地区归属巴基斯坦。但对克什米尔的归属问题却规定由各王公土邦自己决定加入印度或巴基斯坦,或保持独立。克什米尔地区 77% 的人口为穆斯林,他们倾向加入巴基斯坦。而克什米尔王公土邦主要是印度教徒,他们先是既不想加入印度,也不愿加入巴基斯坦,但最后又倾向加入印度。因此,印巴分治时,克什米尔的归属问题未能得到解决。

印、巴分治后不久,双方为争夺克什米尔主权就发生了战争,此后战火一直不断。

7.2.3　经济

巴基斯坦是一个发展中国家,经济以农业为主,农业在国民生产总值中占 26%。棉花、小麦、水稻、甘蔗等是巴基斯坦最重要的农作物。粮食基本上能够自给自足,棉花还可以出口。巴基斯坦由于地处亚热带,因此水果资源非常丰富,有东方"水果篮"之称。香蕉、橘子、芒果、番石榴、桃子、葡萄、柿子等是其比较常见的水果。

工业比较落后,最主要的工业是棉纺织业。此外,还有烟草、制革、机器制造、化肥、水泥、电力、天然气、石油、毛纺织、制糖、造纸等。巴基斯坦对外贸易规模不大,近年来年进出口额在 200 亿美元左右。出口的商品主要是棉花、大米、纺织品、皮革制品和地毯等。进口以石油及石油制品、机械和交通设备、钢铁产品、化肥和电器产品等为主。

2010 年,巴基斯坦的国内生产总值为 1 748. 66 亿美元 ,人均 GDP 1 050 美元。

7.2.4 文化

1)教育

巴基斯坦实行中小学免费教育。近年来政府比较重视职业教育和大中专教育。同时,教育经费大大增加,2003—2004 年度的教育经费投入为 10. 7 亿美元,占国民生产总值的 1.7%。识字率近年也有所提高,大约为54%。全国共有小学 169 087 所,初中 19 180 所,高中 13 790 所,大学 68 所。著名高等学府有旁遮普大学、卡拉奇大学、伊斯兰堡真纳大学和白沙瓦大学等。

2)节日

巴基斯坦是个典型的伊斯兰国家,所以它的很多节日都与伊斯兰教有关。伊斯兰教的三大节日,穆罕默德诞辰纪念日、宰牲节和开斋节等在巴基斯坦每年都要举行隆重的庆祝活动。如伊斯兰历 9 月(即公历 5 月)是巴基斯坦穆斯林的斋月。这期间是祷告和忏悔的日子,每天要到黄昏后才能进餐。伊斯兰历 10 月第一天叫作开斋节,是巴基斯坦穆斯林较大的节日。这一天,穆斯林在沐浴更衣后要到清真寺去做礼拜,进行祷告。亲朋好友之间要进行拜访。各家各户还要准备好各式各样的甜点心招待客人。

除了与伊斯兰教共有的节日外,巴基斯坦还有很多自己的节日,如每年的 3 月 23 日,是他们的国庆日,也称巴基斯坦日;8 月 14 日是独立日;9 月 6 日保卫巴基斯坦日等。此外,他们还庆祝一些世界性的节日,如耶稣受难日(4 月 13 日左右)、劳动节(5 月 1 日)、圣诞节(12 月 25 日)、节礼日(12 月 26 日)等。

7.2.5 民俗

1)饮食习俗

因为巴基斯坦人绝大多数都是伊斯兰教徒,所以严格禁酒就成了他们的一大习俗。无论民间的红白喜事,还是官方的国宴,一律都不准喝酒。在外交场合,巴基斯坦外交官并不对别人喝酒提出异议,但轮到他们回礼时,他们通常以果汁、汽水或者清水代替。所以在巴基斯坦很少能看到酒鬼。

巴基斯坦人爱吃香辣食物。他们用胡椒、姜黄等做的咖喱食品闻名世界。他们的主食是一种被称为"查巴蹄"的小麦煎饼。平常有嚼槟榔的习惯。他们吃食物一般用右手抓着吃,通常认为左手是不干净的。

2)礼仪婚俗

巴基斯坦人很注重礼节,见面时必须先要说:"阿斯兰姆阿莱佑姆",意即"真主保佑"。见面时多以握手为礼,但男子见了女子不能握手,除非女子主动伸手。久别重逢时,还常以拥抱为礼。他们的拥抱礼很独特,双方通常要头靠左边拥抱一次,再靠右边拥抱一次,再靠左边一次,如此三遍,毫不马虎。对巴基斯坦人要称呼姓,并加上对方的头衔。

婚姻由父母做主,讲究门当户对。婚前,男女双方一般不能见面。巴基斯坦妇女结婚,很注重置办嫁妆,因为嫁妆的多少可以显示身份的高低,嫁妆少会被人瞧不起。

3)服饰

巴基斯坦男人除穿白色长裤和各式长上衣外,冬天喜欢带一种称为"真纳帽"的皮帽。妇女外出,一般都头蒙着面纱、身裹黑纱,只露双眼。因为按伊斯兰的教规,妇女是不准同除了自己的丈夫和家人之外的男性接触的。

7.2.6   旅游业

悠久的历史、古老的文明孕育了众多的名胜古迹。在这里,旅游者可以"游览都市风光,参观文化古迹,考察民风民俗,欣赏民间工艺和歌舞"等。

1)巴基斯坦旅游业现状

巴基斯坦旅游业开始于20世纪50年代。1970年3月,巴基斯坦旅游发展公司的成立,标志着巴基斯坦旅游业翻开了新的篇章。经过几十年的发展,巴基斯坦的旅游胜地、观光景点、历史古迹陆续开发出来,相继对游人开放。不少的度假村、休闲屋、公共游乐场得到扩建和增建,雪山狩猎、沙漠旅游、印度河游、登山冒险旅游等旅游项目先后增设,满足了游人的不同兴趣需要。

近年来,为了刺激旅游业的发展,巴基斯坦旅游部门采取了多种措施,吸引国内外的旅游者。如将攀登超过6 500米山峰的特许费用下调了50%;与巴基斯坦驻外机构通力合作,大大简化了签证申请的手续,缩短了游客签证的办理时间;通过国际性的新闻媒体,向外界重塑了巴基斯坦的良好形象等。所以,随着巴基斯坦旅游业的逐渐复苏和社会安全局势的稳定,到巴基斯坦观光或者进行特色旅游的外国人日渐增多。据有关部门统计,巴基斯坦旅游收入 2005 年突破了 2 亿美元。

尽管巴基斯坦的旅游业已经取得了长足的发展,但它在国际市场上的地位并不十分突出。目前,国内旅行人次虽以每年 3% 的比例在增长,但观光旅游仍然没有形成气候,特别是在消费水准较高的娱乐场所,还十分冷清。追究其原因,主要有以下几个方面。

(1)国内经济落后

巴基斯坦独立后经过 60 年的发展,贫富悬殊越来越大。经济发展是旅游业发展的坚强后盾。旅游消费对于贫困阶层来说,完全是可望而不可即的奢侈品。对于贫困阶层来说,节假日能坐上敞篷卡车或者平板卡车到大城市兜一圈就算开了洋荤,根本没有能力到游乐场所或者旅游胜地消费。而富有阶层在游遍了国内的山山水水之后,早就把游览目标转向了国外。所以,巴基斯坦经济发展的滞后,严重阻碍了旅游业的进一步发展。

(2)在国际市场上的形象欠佳

由于政治、经济、宗教等多方面的原因,整个南亚在国际市场上的形象就是一个是非之地。巴基斯坦处在这样一个大环境中,不可避免地也要遭受影响。巴基斯坦与印度的关系、克什米尔地区冲突以及国内经常发生的抢劫、枪杀、爆炸等事件,导致巴基斯坦入境旅游人数极其不稳定。如 1992 年外国游客总人数因政治不稳定而减少 19.6%;1995 年,因印巴关系紧张而导致许多外国游客取消访巴计划或者提前离巴,致使个别大宾馆的入住率大幅度下降。

(3)促销力度不够

由于巴基斯坦经济不够发达,投资在旅游宣传上的费用也较少,因此巴基斯坦的许多旅游资源和产品在国际上缺乏知名度。近年来,尽管政府开始注意到旅游促销的作用,但促销力度仍然不够。

(4)旅游配套设施简单、服务项目单一

巴基斯坦很多景点的配套设施或者服务项目,只适合一日游或者半日游客人,很少有景点能吸引过夜游客。如卡拉奇 50 千米以外的鹰群湾海滩,其环境极其宁静,非常适合度假,但仅有一家有 25 个床位的旅店,在这里客人休闲活动的项目也很少。而离卡拉奇市仅一两千米的海滩,除了两家高档咖啡厅和餐馆,没有任何中下层百姓消费得起的饭店,也没有游泳或者其他娱乐设施。

2）主要旅游景区

（1）伊斯兰堡

伊斯兰堡是巴基斯坦的首都，始建于1961年，是世界上最年轻的城市之一，也是一座具有传统伊斯兰色彩的大都市。

它地处内陆，坐落在海拔600米的波特瓦尔高原上，背依高耸的喜马拉雅山，面向辽阔的印度河大平原。整座城市布局合理，错落有致。全城分为行政区、公共事业区、住宅区、工业区和大专院校区等。市内比较重要的建筑有总统府、议会大厦、费萨尔大清真寺、最高法院、真纳大学等。伊斯兰堡风景优美，气候适宜，四季如春，绿化面积已经占了城市总面积的一半，是世界著名的花园城市。

伊斯兰堡没有工矿企业，只有食品、家具、建筑等与居民日常生活密切相关的企业。它的农业开发比较有特色，周围有农业区18 730公顷，为满足人民需要，政府把它用来发展禽蛋、蔬菜生产，集市贸易的发展也较快。同时，商业、交通、通信和城市市政建设等也都很发达。

图片欣赏

费萨尔清真寺

它坐落在伊斯兰堡市区西北，由已故沙特国王出资兴建，土耳其著名设计师达罗凯设计。占地19万平方米，四座尖塔高88米，主祈祷厅高40米，可容纳万人。于1988年落成，是目前巴基斯坦境内最大的清真寺。该清真寺设计新颖，在全世界清真寺中独树一帜（见图7.13）。

（2）卡拉奇

卡拉奇曾经是巴基斯坦的首都，现在为信德省的省会，全国第一大城市，人口约1 200万，位于印度河三角洲的西面，南面濒临阿拉伯海。它是全国的工商业和文化中心，工业产值占全国的40%。主要工业有造船、钢铁、机床、水泥、黄麻加工、纺织和玻璃等。

它是一座古代文明和现代文化完美结合的城市，既有狭窄的小巷、破旧的古城、碎石子小路，也有高雅的现代建筑。国父墓和巴图大清真寺是市区内的著名景点。因为它还是一个天然的海港，所以游艇、深海垂钓、沐浴海滩等也是其旅游特色。

（3）拉合尔

拉合尔是巴基斯坦的第二大城市，旁遮普省省会，是一座历史文化古城。它位于巴基斯坦的东北部，在拉维河畔。市内寺庙和古迹众多，但最为优美的是莫卧儿王朝留下的那些至今仍然保留着昔日富丽堂皇风采的建筑物。

图 7.13 费萨尔清真寺

拉合尔古堡(见图 7.14),是莫卧儿王朝时期的建筑瑰宝,始建于公元 1021 年。它是莫卧儿王朝的阿克巴大帝为了抵抗外敌入侵,在拆除旧城后修建的高墙环绕的砖结构王宫。此后又不断增修扩建。古堡中最负盛名的景点是东北角上的"镜子宫"。这是沙·贾汗国王为王后所建造的。内墙用白色软玉打造,拱形穹顶上镶着无数宝石和玻璃珠,宫殿外墙则镶嵌着约 90 万块各种颜色的玻璃镜片,在阳光的照射下,放射出璀璨的光华。

巴德夏希清真寺,又称作皇家清真寺,位列世界遗产名录之二,是巴基斯坦最大的清真寺之一,能容纳六万人。

拉合尔工业发达,巴基斯坦大型钢铁机械企业——巴基斯坦工程公司就在该城。

(4) 白沙瓦

白沙瓦名字来自梵语,意思是鲜花盛开的城市。它是巴基斯坦最具民族特色的城市,位于西北边境省,人口约有 57 万。由于地处中亚多个贸易要道上,几个世纪以来它一直都是南亚次大陆与中亚之间的贸易重镇。巨大的锡克城堡面对兴都库什山的开伯尔山口,一直延伸到白沙瓦城,无论过去还是现在,都被认为是一座重要的军事设施。

图 7.14　拉合尔古堡

白沙瓦轻工业发达,纺织、造鞋和陶器生产等是其主要经济支柱。同时,它还是一个学术研究机构比较集中的城市,白沙瓦大学、白沙瓦农业大学和白沙瓦工程及技术大学等都聚集在白沙瓦的大学城里。

3)巴基斯坦经典旅游线路——巴基斯坦北部地区5日游

第1天:从中国新疆喀什出发,游览沙山、卡拉库里湖、"冰山之父"慕士塔格峰、公格尔雪峰、公格尔九别峰、石头城。

第2天:抵达红扎,沿途参观中巴边界碑、红其拉甫口岸。

第3天:参观红扎王宫、民俗风情一条街、红扎自然风景区。

第4天:参观吉尔吉特市内景区、佛像。

第5天:返回喀什。

知识卡片

巴基斯坦货币

现在巴基斯坦流通的硬币有:1卢比、2卢比、5卢比;纸币有:10卢比、20卢比、50卢比、100卢比、500卢比、1 000卢比及5 000卢比共7种。5卢比的纸币已经退出流通,被5卢比硬币所取代。1巴基斯坦卢比＝100派沙。1人民币＝

14.941 7 巴基斯坦卢比。1 美元 = 94.95 卢比（2012 年 8 月 24 日）。图 7.15 为 500 卢比票样。

图 7.15　巴基斯坦样币

7.3　埃　及

埃及,阿拉伯语意为"黑色的土地",是四大文明古国之一,有着悠久的历史和灿烂的文化。古埃及人在公元前 2600 年时,就发明了象形文字,制定了历法,而且在数学、天文学、建筑学、医学等方面,也具有丰富的知识。他们建造的金字塔、狮身人面像和大量的古代神庙等至今都令人惊叹不已。

7.3.1　地理概况

1）自然地理

埃及的地理位置非常的独特,它位于亚、非、欧三洲的交界处,地跨非、亚两洲。它的大部分位于非洲东北部,只有一小部分领土(西奈半岛)位于亚洲西南角。东临红海并与巴勒斯坦接壤,西与利比亚为邻,南与苏丹交界,北临地中海,与欧洲遥望。面积 100.145 万平方千米,海岸线长约 2 900 千米。

全境地势平坦,沙漠占全国的 96% ,可耕地面积占国土总面积的 3.57% 。尼罗河纵贯南北,在埃及境内长 1 530 千米。按自然地理,埃及可分为 4 个区:尼罗河谷和三角洲、西部利比亚沙漠、东部阿拉伯沙漠和西奈半岛。尼罗河谷和三角洲地区地表平坦。西部的利比亚沙漠是撒哈拉沙漠的东北部分,为自南向北倾斜的高原。西奈半岛面积约 6 万平方千米,大部分为沙漠,南部山地有埃及最高峰凯瑟琳山,海拔 2 637 米,地中海沿岸多沙丘。开罗以南通称上埃及,以北为下埃及。

2）人文地理——埃及的民族、宗教信仰

（1）民族

当今的埃及人，按照人种分属于高加索人种，也称欧罗巴人种。他们一般肤色较浅，有的呈淡黄色，有的呈浅褐色；脸型窄长，线条清晰；双眼皮，大眼睛；鼻狭长且高，有的鼻子较大；头发为黑色且有波纹，有的似羊羔毛。大体来说，埃及有以下一些民族：

阿拉伯人：阿拉伯穆斯林是埃及人的主体，约占全国人口的87%。阿拉伯人征服埃及后，部分军队驻扎下来，大量的阿拉伯人自阿拉伯半岛向尼罗河流域移民、定居，并与当地人通婚。经过3个世纪的融合，大多数埃及居民逐渐皈依伊斯兰教，放弃了原有的基督教和多神教信仰，被同化为阿拉伯穆斯林。

科普特人：约占全国人口的10%。"科普特"一词是希腊亚历山大大帝攻占埃及后，希腊人对埃及居民的称呼，意为"埃及人"，以区别移民于埃及的希腊人。

贝都因人：约有10万人，主要指居住在西奈半岛和广袤的沙漠地区的古老游牧民族。

努比亚人：约15万人，全部信仰伊斯兰教，主要指居住在阿斯旺以南至埃苏边界地区的当地人。

除以上民族外，埃及还居住着少量的希腊人、意大利人、犹太人、苏丹人和北非的柏伯尔人等。绝大部分埃及人说阿拉伯语言，科普特人在日常生活中也讲阿拉伯语，努比亚人没有文字，只有口语。

（2）宗教

埃及的宗教发展，大致经历了3个阶段：

第一阶段是古埃及原始多神教时期，从古埃及人在尼罗河流域诞生至公元4世纪都是属于这一时期。这个时期，主要以各种各样的动物神、人身兽首神、人形神以及大大小小的主神和地方神为崇拜对象。

第二阶段是基督教时期，从公元4世纪到7世纪。公元4世纪时，在埃及的罗马统治者看到基督教的影响越来越大，于是把基督教确立为国教。从此，基督教在埃及迅速发展，逐渐取代了古埃及的多神教。亚历山大、罗马和君士坦丁堡成为基督教三大中心。在埃及，基督教主要指科普特教，它实际是基督教东派中的一个派别。

第三阶段是伊斯兰教时期，从7世纪至今。目前，政府规定伊斯兰教为国教。伊斯兰教徒占全国人口的91%，基督教徒占全国人口的7.5%（其中大多数是科普特教徒），另有少量的犹太教徒。

3）国旗、国徽和国花

国旗:整体呈长方形,长与宽之比为 3:2。自上而下由红、白、黑 3 个平行相等的横长方形组成,白色部分中间有国徽图案(见图 7.16)。红色象征革命,白色象征纯洁和光明前途,黑色象征埃及过去的黑暗岁月。

图 7.16 埃及国旗

图 7.17 埃及国徽

国徽:图案为一只金色的鹰,称萨拉丁雄鹰(见图 7.17)。金鹰昂首挺立、舒展双翼,象征胜利、勇敢和忠诚。它是埃及人民不畏烈日风暴、在高空自由飞翔的化身。鹰胸前为盾形的红、白、黑三色国旗图案,底部座基饰带上写着"阿拉伯埃及共和国"。

国花:莲花。埃及人自古爱莲花。公元前 5 世纪,希腊著名历史学家希罗多德把最著名的莲花称为"埃及的'露突丝'",从此莲花被称为"埃及之花"。莲花与埃及文明是息息相关的,在一些古埃及的神庙建筑和壁画上往往绘有莲花图案。埃及古传说:托特(鹭头人身,埃及智慧与魔术之神)的妻子埃赫·阿慕纳,奉献给丈夫一束莲花,以表示她对丈夫的忠贞和爱情。后来忠贞与爱情形成莲花花语,故人民对莲花特别喜爱。

7.3.2 简史

埃及是一个有着古老文明和悠久历史的国家,它同中国、巴比伦(今伊拉克)和印度一起,被称为世界四大文明古国。

一般认为,古埃及文明起源于上埃及。距今约两万年前,古埃及人用简单的石器,以采集和狩猎为生。后来,由于气候持续干旱,土地沙漠化,树木枯死,野兽消失,古埃及人不得不走下尼罗河河谷。从此,埃及人的命运和尼罗河连在了一起。

公元前 3200 年,埃及历史上第一个统一的奴隶制国家建立,建都于孟菲斯(今开罗南郊)。从此,埃及开始了有文字记载的历史。从第一王朝建立,到公元前 332 年,埃及一共经历了 31 个王朝,史称法老时期。

在几千年的历史长河中,由于埃及的重要战略地位、丰富的尼罗河水资源和肥沃的土地,因此一直受到其他国家的觊觎。公元前 525 年埃及被波斯人征服,成为波斯帝国的一个行省。公元前 332 年左右,希腊马其顿国王亚历山大打败波斯人,建立了希腊—马其顿人的统治。公元前 30 年罗马执政官屋大维出兵侵入埃及,从此罗马统治埃及达 600 年之久。

公元 640 年,阿拉伯人侵入埃及,从此埃及开始了阿拉伯化和伊斯兰化的进程。1517—1914 年,奥斯曼土耳其帝国统治埃及,长达 400 年。1798—1801 年埃及被法军占领。1882 年英国军队占领埃及。1914 年,英国取消奥斯曼帝国对埃及的宗主权,正式宣布埃及为其"保护国"。1922 年 2 月 28 日,在埃及人民强烈的反抗下,英国被迫宣布承认埃及独立,但保留对埃及国防、外交等方面的处置权。

1952 年,在自由军官组织穆罕默德·纳吉布少将和加麦尔·阿卜杜勒·纳赛尔上校的领导下发动革命,推翻了埃及末代国王法鲁克一世的统治。1953 年 6 月 18 日,埃及正式宣布废除王室制度,结束了几千年的封建统治,宣布成立埃及共和国,纳吉布被推选为埃及共和国的首任总统。1954 年 11 月 14 日,纳吉布被软禁,终止总统职务。1956 年 6 月 23 日,纳赛尔当选为总统。1958 年 2 月,埃及同叙利亚联合成立阿拉伯联合共和国。1961 年 9 月,叙利亚政变后脱离阿拉伯联合共和国。1970 年,纳赛尔病逝,安瓦尔·萨达特继任总统。1971 年 9 月 1 日,埃及改名为阿拉伯埃及共和国。1981 年 10 月 6 日萨达特总统遇刺逝世后,穆巴拉克当选总统。

7.3.3 经济

自 1952 年革命以来,埃及经济先后经历了纳赛尔的"社会主义"国有化时期、萨达特的"开放经济"时期和穆巴拉克的政策调整时期。

纳赛尔时期,主要依靠苏联搞"社会主义"和"计划经济",实行土地改革,并对工业、商业、银行、保险业、运输业以及进出口贸易实行了国有化。在这个时期,工农业都有了一定程度的发展。

萨达特执政后,实行开放政策,强调以国营企业为支柱的同时发展私营企业,大量吸收外资。但由于私人资金主要集中于商业和其他容易获利的行业,致使埃及国民经济结构比例严重失调,财政入不敷出,靠借债度日。外债由 1970年的 40 亿美元猛增至 1980 年的 300 亿美元。

1981 年穆巴拉克继任总统后,开始考虑经济改革的问题。首先,实行"生产性开放政策"。努力改变国民经济比例严重失调的状况,注重引导外援和外资流向生产性项目,限制进口,努力实现商品"埃及化"。同时鼓励出口,树立为出口而生产的意识,鼓励出口导向型产业的发展。其次,制订长远的国家经济发展计划。针对埃及不同时期的经济发展状况,制订了 4 个五年计划,并提出了各个时期首先要解决的问题和主要发展目标。再次,实行慎重、循序渐进的经济改革。努力实现财政、金融平衡,降低失业率和通货膨胀率,增加外汇储备,保持经济稳定,通过私有化进程扩大结构改革,提高私营企业占国民经济比重,放开贸易并进行金融改革。最后,加强外汇管理,努力增加外汇收入。1991 年 10 月统一了美元同埃镑的兑换率(1 美元 = 3.40 埃镑左右)。同时,大搞经济外交,多方争取外援。

1991 年,埃及开始全面施行经济改革、金融改革和宏观经济稳定计划,并于当年 10 月统一了市场汇率,取消外汇管制,实行货币自由兑换和外汇自由汇出。经济改革的主要目标是:大搞基础设施建设,扩大国内生产力,提高经济增长率;实行国有企业私有化,鼓励私营部门发展,完全向市场经济转轨;实行贸易自由化,扩大出口;改善投资环境,鼓励国内外投资;增加就业,减少低收入阶层负担,提高人民生活水平。

1996 年 10 月,埃及同国际货币基金组织(IMF)签订了一项新的为期两年的埃及一揽子经济改革方案协议,埃方承诺深入进行各项经济改革,西方债权国的巴黎俱乐部为此免除了埃政府 42 亿美元的债务。

经济改革以来,埃及经济情况逐年好转,财政状况不断改善,人民生活水平有所提高。

7.3.4　文化

1)教育

埃及的教育事业在阿拉伯国家和非洲国家中比较发达,实行普及小学义务教育制度。目前,全国有基础教育(含学龄前、小学、初中、高中和中等技术教育)学校 2.3 万余所,学生 1 157 余万名。综合性大学 19 所,教师 3 万名,大学生 160 万名。著名的大学有开罗大学、亚历山大大学、艾因·夏姆斯大学、爱资哈尔大学等。2005 年,埃及大学录取人数达 27.14 万人。

2）重要节日

（1）圣纪节

圣纪节是伊斯兰教创始人穆罕默德的诞生纪念日,也是穆罕默德逝世的纪念日,又称"圣忌"和"圣祭"。穆斯林一般都将"圣纪"和"圣忌"合并纪念,俗称"圣会"。

每年的圣纪节庆祝活动往往从伊斯兰教历的3月初开始,一直延续到3月12日的"圣纪大游行"时达到高潮。

（2）宰牲节

宰牲节是伊斯兰教的主要节日之一,亦称"古尔邦节",意为"献祭""献牲",为朝觐功课的主要仪式之一。时间是伊斯兰教历的12月10日,即朝觐的最后一天。节前,伊斯兰民族打扫庭院,制作节日食品,如油香、馓子等各种油炸果子。节日拂晓人们起床沐浴,燃香,然后衣冠严整地到清真寺去参加会礼,去时还在沿途诵经赞主。穆斯林们齐集清真寺后,由阿訇或教长率领步入礼拜大殿,会礼时面向圣地麦加方向鞠躬、叩拜,阿訇宣讲"瓦尔兹"（教义）,最后,大家相互拜会道萨拉姆。会礼毕,凡家境好一点的都要宰一只羊,有的还宰牛或骆驼。所宰牲畜必须头角端正、体窍完整、健壮,没有任何缺陷。经挑选的宰牲若是幼畜,羊羔一般须满两岁,牛犊、骆驼羔一般须满三岁。宰牲时其主人必须在场,并由阿訇念"清真言"。所宰之肉分三份,一份自己食用;一份送亲友邻居,招待客人;一份济贫施舍。

宰牲典礼结束后,开始访亲问友,馈赠油香,主人按照传统礼节,摆出宴席,同食牛羊肉、糕点和瓜果等。

（3）开斋节

开斋节是伊斯兰教的三大节日之一。开斋节前的一个月是斋月,为伊斯兰历的9月。据《古兰经》记载,真主在斋月里降示《古兰经》以指导世人,因此,穆斯林在这个月应斋戒。在斋月期间,凡身体健康、理智正常的成年穆斯林,除生病、旅行和妇女来月经、怀孕、哺乳外,应自黎明到日落不吃不喝,禁止夫妻房事,而且不能有任何违教的行为。

开斋时,先喝矿泉水或者自来水,然后吃上两三颗椰枣开开胃,使干瘪的肠胃逐渐适应,接着是祈祷几分钟,然后是大吃大喝,最后是喝加糖的红茶或者咖啡。白天饿晚上补,所以斋月里的食物比平时要好很多,大块的鸡肉、牛肉,甜得发腻的各式点心是必不可少的。

斋月的最后一晚,人们观察天上的新月,一旦出现,次日便是开斋节。由于地域差异,中国的开斋节往往比埃及早一天。

开斋节埃及放三天假,其热闹情景犹如中国的春节。

（4）闻风节

闻风节是埃及的传统节日,距今已有 5 000 多年的历史。古埃及法老第三王朝后期,闻风节正式形成。古埃及人认为,每年春分那天是万物复苏的日子,由于它是人们用来感受春天来临的日子,因此又叫"春节"。其时间约在阳历的 3 月 21 日或者稍后。

闻风节在埃及十分隆重,全国放假一天。这天人们披红挂绿,小孩要穿新衣,很多人还在脸上涂彩（见图 7.18）。家家到户外踏青,连平日难得出门的老人,也被搀扶着走出家门,感受春天的气息。

图 7.18　欢度闻风节

闻风节不但要和大自然亲近,还要吃五种专门的食品:咸鱼、鸡蛋、生菜、洋葱和埃及豆。咸鱼,是人们平时舍不得吃,到了闻风节这天才享用的美味佳肴。鸡蛋是被染成红、绿、黄等各种颜色的熟鸡蛋。鸡蛋是生命的象征,给鸡蛋上色意味着春意盎然,万象更新。生菜和埃及豆是春天的时令蔬菜,能防治春季儿科病。埃及人认为,洋葱能驱邪避灾,是神圣的食品。

7.3.5 民俗

1)服饰与礼仪

埃及是阿拉伯国家,在公共场合一般不拥抱、接吻。任何人都不能穿裸露肩膀的衣服,女性的裙子必须过膝盖,但在饭店内可以穿短裤和泳装。埃及男人上身穿上衣加坎肩,下着灯笼裤,他们的另一种服装是阿拉伯长袍。农村妇女未出嫁时穿花裙,结婚后多穿黑色长裙。还有很多人戴面纱。

喝热汤和饮料时禁止发出声响。食物入口后不可复出。而且忌讳用左手触摸食具和食品。

2)婚俗

埃及的婚礼传统而别致。婚前男女双方不得见面,举行婚礼时才能相见。结婚那天,新郎的母亲要随队去迎接新娘,走在马车的前头,新娘母亲走在马车的后头。当马车到达新郎家时,新娘要在新郎的再三要求下才能走出马车,走进婆家。接下来就是载歌载舞的庆祝活动。夜幕降临时,新郎要在亲友的陪同下去清真寺礼拜,祈求真主赐福,保佑婚姻美满。回家后,新郎要做的第一件事情就是揭开新娘的盖头,并肩而坐,等待送上合欢饮料。此时,婚礼结束。但整个婚礼的庆祝活动一直要持续4天。埃及有些地方的婚礼非常地奢侈和豪华。

3)禁忌

埃及人认为左手是不干净的,因为他们"方便"和做脏活都用左手,所以用左手与他人握手或递东西被认为是极不礼貌的,甚至被视为侮辱性的。埃及人认为"右比左好",因此他们做事要从右手和右脚开始,握手、用餐、递送东西必须用右手,穿衣先穿右袖,穿鞋先穿右脚,进入家门和清真寺也要先迈右脚。

在埃及,妇女的身体是不能让丈夫以外的男人看见的。因此,妇女禁止穿短、薄、透、露的服装。穿背心、短裤和超短裙是严禁到清真寺去的,男人也不例外。

尽量不要在埃及人面前打哈欠或打喷嚏,如果实在控制不住,应转脸捂嘴,并说声"对不起"。埃及人讨厌打哈欠,因为他们认为哈欠是魔鬼在作祟。认为打喷嚏不一定是坏事,一个人如果在众人前打喷嚏,则说:"我作证:一切非主,唯有真主。"而旁边的人说:"真主怜爱你。"他接着说:"真主宽恕我和大家。"

知识卡片

埃及旅游须知

（1）时差——比格林尼治时间早2小时，分夏令时和冬令时。夏令时从4月初到10月底，比北京时间晚5小时；冬令时比北京时间晚6小时。

（2）电源——各大城市的交流电压为220伏特，一般的电源插座是圆孔插头。

（3）货币——埃及镑，土耳其、埃及可以使用旅游支票和国际通用信用卡，美元当现金使用也十分方便。

（4）兑换——可在银行、机场、酒店自由兑换当地货币，汇率是：1美元=5.3埃镑。请注意妥善保存兑换收据以便在兑回外币时使用。

（5）小费——埃及是个处处要小费的国家，身上最好多准备一些50比索的小钞，计程车司机应酌量给一些，若有特别服务则应给。埃及境内的公用厕所付费才可使用，但是如有小朋友拿毛巾则不必付小费，一般餐厅都加上服务费，所以也不必再付小费，若觉服务不好，小费亦可省下来。

7.3.6 旅游业

旅游是埃及经济发展的支柱，也是国民收入的主要来源。5 000多年的悠久历史，不仅孕育了古代法老文明、古代希腊罗马文明、基督教文明和伊斯兰教文明，而且也留下了众多的名胜古迹，至今都令人叹为观止。

1）埃及旅游业的现状

埃及的旅游发展条件得天独厚，旅游资源十分丰富。文化、古迹和历史旅游是埃及最重要和最古老的旅游资源。近年来，随着政府对旅游业发展的重视，埃及在发展旅游以及环境和生态保护方面取得了可喜的成就。目前，旅游成为埃及经济发展的重要支柱，旅游收入占了国民收入外汇总额的25%。

2000年，埃及的旅游产业成绩辉煌，国外游客人数达到530万，3 400多万人次。埃及各旅游省饭店年平均利用率超过70%，特别是红海地区、大开罗和沙姆沙伊赫等地的饭店利用率超过100%。2000年旅游收入为43亿美元，旅游收入净增长率为11%。2001年埃及大量投资用于宣传旅游和修建基础设施，其中53亿埃镑用于旅游宣传，52亿埃镑用于改善基础设施。埃及2007年旅游人数达到940万人，收入达到98亿美元。2010年埃及吸引了1 450万国外游客，旅游收入达到125亿美元。

近年来，由于埃及局势动荡导致安全条件恶化，2011年国外游客比上一年减少了30%,旅游收入也急剧降至90亿美元左右,这成为埃及目前经济困难的最重要的原因之一。

埃及凭借着丰厚的旅游资源,同时借助于政府的大力支持,开发出了丰富多彩的旅游产品,主要有:

法老名胜古迹旅游,主要古迹如开罗的金字塔、卡法拉水坝,亚历山大的罗马剧场、萨瓦里柱、罗马澡堂、黑头神庙,位于上埃及的卢克索市的卡尔奈克神庙、木乃伊博物馆以及阿斯旺市的菲拉岛、西奈半岛的摩西山以及各种古老的绿洲。

伊斯兰古迹旅游,包括多种多样的伊斯兰清真寺和伊斯兰城堡。

科普特古迹旅游,主要包括教堂和修道院。教堂有悬空教堂、圣母玛利亚教堂、圣徒米那教堂、亚历山大的圣马克大教堂等,此外,还有圣安东尼斯修道院等。

医疗旅游,埃及的矿泉、硫黄泉世界闻名。硫黄泉中的沙土和黏泥所含的化学成分适合治疗骨骼、消化系统、呼吸系统和皮肤等多种疾病,因此埃及在拥有这些资源的地区开发了医疗旅游。另外,埃及还有很多景点不仅具有医疗旅游的特点,而且还是著名的历史文化旅游景点,如法尤姆、阿斯旺、西奈半岛和位于红海边上的塞法杰市等。

沙漠探险游,埃及拥有大面积的沙漠和山区,给沙漠旅游爱好者提供了欢乐与冒险的好去处。这类景点主要有:凯瑟琳山、摩西山、达赫莱与哈里杰绿洲和艾因·苏纳赫温泉。在这些地区旅游者可以观赏沙漠动物和候鸟。另外,沙姆沙伊赫周围的山区里,旅游公司为旅游者提供帐篷和贝都因人生活所必需的其他用品。旅游者能在沙漠山地环境中享受到简朴而又充满大自然活力的生活。

2)主要景区景点

(1)开罗

埃及首都,全国的政治、经济、文化、交通和旅游中心,位于尼罗河三角洲顶点以南约14千米处。它是埃及和阿拉伯世界最大的城市,也是世界上最古老的城市之一,还是中东政治活动中心,有人口789.9万(2006年1月)。

公元969年,阿拉伯帝国法蒂玛王朝征服埃及,在今天的开罗北面建城定都,命名该城为"开罗",在阿拉伯语中"开罗"的意思是"胜利"。1801年以后,开罗逐渐发展为全国的政治、经济和文化中心。

开罗是一座现代文明与古老传统相交融,东方文化与西方风情相辉映的城市。城西有大量建于20世纪初的欧洲风格的建筑,城东则以古老的阿拉伯建筑为主。庄严肃穆的神秘金字塔使人能感受到三四千年前的古代法老文明,而琳琅满目的超级市场、多姿多彩的广告张贴画又使人能够呼吸到现代的新鲜空气。
主要景点有：

①埃及博物馆。位于开罗市中心的解放广场,它最早建于1863年,1902年
才由开罗布拉区迁入到此,是世界上最著名、规模最大的古埃及文物博物馆。该
馆收藏了5 000年前古埃及法老时代至公元6世纪的历史文物25多万件,其中
大多数展品年代超过3 000年。博物馆分为二层,展品按年代顺序分别陈列在
几十间展室中。该馆中的许多文物,如巨大的法老王石像、纯金制作的宫廷御用
珍品等。其中尤为珍贵的是历代法老和王妃们的木乃伊和第18王朝的重约
242磅的图坦卡蒙纯金面具和棺材,其做工之精细令人赞叹。

②金字塔。埃及的金字塔(Pyramids)建于4 600年前,是古埃及法老(即国
王)和王后的陵墓(见图7.19)。他们是用巨大石块修砌成的方锥形建筑,因形
似汉字的"金"字,故译作"金字塔"。埃及共发现金字塔96座,在这些金字塔
中,最大最有名的是位于开罗西南面的吉萨高地上的祖孙三代金字塔。它们是
大金字塔(也称胡夫金字塔)、哈夫拉金字塔和门卡乌拉金字塔。

图7.19　金字塔

大金字塔是埃及现存规模最大的金字塔,被誉为"世界古代七大奇观之
一"。它建于埃及第四王朝第二位法老胡夫统治时期(约公元前2670年),原高
146.59米,因顶端剥落,现高136.5米,塔基呈正方形,每边长约230多米,三角
面斜度为51°,塔底面积5.29万平方米;塔身由230万块石头砌成,每块石头平
均重2.5吨。据说,10万人用了20年的时间才得以建成。

第二大金字塔是胡夫的儿子哈夫拉法老的陵墓,建于公元前2650年,比前
者低3米,但建筑形式更加完美壮观,塔前建有庙宇等附属建筑和著名的狮身人
面像(见图7.20)。狮身人面像的面部参照哈夫拉,身体为狮子,高22米,长57

图 7.20　狮身人面像

米,雕像的一个耳朵就有 2 米高。长期以来,由于该金字塔内的湿度过大、通风较差,墓室内部的墙壁出现裂缝。

第三大金字塔属胡夫的孙子门卡乌拉法老,建于公元前 2600 年左右。当时正是第四王朝衰落时期,金字塔的建筑也开始衰落。门卡乌拉金字塔的高度突然降低到 66 米,内部结构纷乱。

埃及建筑金字塔的历史是从第三王朝到第十三王朝时期,跨越了 10 个朝代。金字塔闪耀着古埃及人民智慧和力量的光芒。直到今天,规模宏大、建筑神奇、气势雄伟的金字塔依然给人留下许多未解之谜。

③穆罕默德·阿里清真寺。在开罗旅行,到处都可以看到清真寺,穆罕默德·阿里清真寺便为其中之一。它建于 1830 年。巍峨的阿里清真寺建在开罗以北的山顶上,礼拜殿呈正方形,上有高耸的圆顶为殿中心,四面环有 4 个半圆殿与正殿相应,还有四根高柱居其中。清真寺西侧正中有一盥洗室,是供穆斯林礼拜时做小净用的。盥洗室四面有四根铁链环绕。清真寺正中盥洗室内,外墙壁是用雪花石瓷砖镶嵌的,所以又被称为雪花石清真寺。

穆罕默德·阿里被认为是埃及现代化之父,他死于 1848 年,死后就埋葬在清真寺西南方的黄铜围栏下。

(2)亚历山大

亚历山大是埃及的第二大城市。它位于尼罗河三角洲的西部,面临地中海,建于公元前 332 年。古代的亚历山大城是欧洲与东方交流的纽带,现代则是埃及的重要商港、工业中心和旅游胜地。亚历山大风景优美,气候宜人,是埃及的

"夏都"和避暑胜地,被誉为"地中海新娘"。主要景点有:

①法罗斯灯塔。在亚历山大北部的法罗斯岛上,曾经矗立着古代七大奇迹之一的法罗斯灯塔。它建于公元前280年左右,是唯一一座不带宗教色彩,纯粹为人民生活而建的古代建筑。灯塔在黑夜中放射出耀眼的光芒,照耀着整个亚历山大城,保护着海上的船只,是当时世界上最高的建筑物。

法罗斯灯塔由白色大理石建造,共分三层:第一层为正方形的四角柱,高56米,四角准确地朝着东南西北4个方向;第二层为八角形,高18米;第三层是圆柱形,高7米。最上面为圆锥形屋顶,矗立着海神波塞冬的雕像。灯塔依靠燃烧柴油,把光线集中于后方的青铜制的反射镜,以旋转360°反射出去照耀大海。灯塔由于日久失修,再加上1375年的大地震,使它成为一个消失于世界上的奇观。现在人们只知道有法罗斯灯塔之名,而不知道它坐落何地。

②夏宫。又称蒙塔扎宫,它位于亚历山大港的东端,是埃及末代国王法鲁克修的行宫。宫的外形颇似教堂建筑,宫内陈设非常豪华。宫外密林环绕,是一个独具特色的花园。1952年前一直是皇室家族的消夏避暑地,现海滨向游人和垂钓者开放。

③冬宫。也叫蒂恩角宫,建于1836年。其建筑和宫内装饰十分华丽,里面铺有铁轨,滨海的花园设有码头,可直接从宫内乘包车和游艇外出游览。1952年,埃及末代国王法鲁克在此签署了退位书,然后从宫内的滨海码头乘快艇去了罗马。

(3)卢克索

卢克索位于尼罗河的中部。因为这里有大量的雄伟壮观的神殿和王家陵墓,所以被认为是古埃及遗迹的宝库。

①卡尔纳克神庙。卡尔纳克神庙是古埃及帝国遗留下来的最为壮观的神庙(见图7.21)。现保存完好的部分占地就达30多公顷。整个建筑群中,包括大小神殿20余座。

阿蒙神庙是卡尔纳克神庙的主体,这里供奉的是底比斯主神——太阳神阿蒙。始建于3 000多年前,此后的1 300多年不断增修和扩建,共有10座巍峨的门楼,3座雄伟的大殿。阿蒙神庙的石柱大厅最为著名,面积约5 000平方米,内有134根要6个人才能抱得住的巨柱,每根21米,顶上据说能站百来个人。这些石柱历经三千多年无一倾倒,令人赞叹。庙内的柱壁和墙垣上都刻有精美的浮雕和鲜艳的彩绘,它们记载着古埃及的神话传说和当时人们的日常生活。此外,庙内还有闻名遐迩的方尖碑和法老及后妃们的塑像。

②卢克索神庙。卢克索神庙是底比斯主神阿蒙的妻子穆特的神庙,规模仅次于卡尔纳克神庙。这里的大部分工程都是由第十八朝法老阿蒙诺菲斯三世完

成的,后来的拉美西斯二世又增建了大门和庭院,并在门口竖立了6尊他的塑像,现存3尊。庙内原来有两座尖方碑,其中一座被穆罕默德·阿里送给了法国,现在在巴黎的协和广场。

图7.21　卡尔纳克神庙

图7.22　菲莱神庙

（4）阿斯旺

阿斯旺是埃及最南端的重要城市,也是埃及街道最干净、最漂亮的城市。它是埃及与非洲其他国家进行贸易的重镇,也是通往苏丹的门户。阿斯旺市区不大,但保留有大量寺庙和陵墓,如著名的菲莱神庙、阿布辛拜勒神庙等,而且它的气候冬季干燥温暖,是疗养和游览的胜地,所以它的旅游业较为兴盛。

①菲莱神庙。被称为“古埃及国王宝座上的明珠”,是埃及的古神庙群,在阿斯旺以南15千米。它以辉煌而奇特的建筑、宏伟而生动的石雕及石壁浮雕上的神话故事而闻名(见图7.22)。

在建造阿斯旺大坝时,神庙几乎全部被淹没。为了保护这些珍贵文物不受毁损,将这组庙宇拆成45 000多块石块和100多根石雕柱,然后迁到菲莱岛北侧150米的艾格里卡岛上重建。1980年重新开放。

菲莱神庙建于公元前4世纪至公元前3世纪,其建筑风格融合了古代法老的建筑风格和希腊罗马的建筑风格,是祭祀古埃及神话中富庶之神哈索尔和生育之神艾西斯的地方。

②阿斯旺大坝。阿斯旺水库,又称纳赛尔水库,是非洲最大的水利工程。

阿斯旺大坝始建于1960年1月,35 000名埃及工人奋战10年后,于1970年7月竣工,耗资10亿美元,使用的建材量是吉萨大金字塔的17倍。萨达特总统称它为“堪与法老时代金字塔并列的埃及世纪性工程”。

阿斯旺大坝,高110米,长3 600米,宽40米,就像铺在湖上的一条宽广的公路,将尼罗河拦腰截断,使河水向上回流500多千米,形成面积达5 120平方千米、蓄水量达1 620亿立方米的人工湖纳赛尔湖。

3)埃及经典旅游线路

(1)埃及入境旅游路线

线路一:埃及8日游

经过城市:开罗—卢克索—赫尔哥达—红海—亚历山大—开罗。

旅游景点有:埃及博物馆、埃及金字塔及狮身人面像、卢克索神庙、卡尔纳克神庙(埃及第一神庙)、梅农巨像、帝王谷、女王殿、红海、拉姆西斯二世雕像、撒拉卡阶梯金字塔、希腊博物馆、寝陵等。

线路二:埃及、土耳其9日游

经过城市:伊斯坦布尔—开罗—卢克索—尔格达—赫尔哥达—亚历山大—开罗—伊斯坦布尔。

旅游景点有:埃及博物馆、埃及金字塔及狮身人面像、卢克索、梅农巨像、女王庙、帝王谷、卡尔纳克神殿、卢克索神殿、赫尔格达度假区、汗·哈利集市等。

(2)埃及国内旅游路线

线路一:沙漠探险旅游

旅游景点:凯瑟琳山、摩西山、达赫莱和哈里杰绿洲、苏赫纳温泉、沙姆沙伊赫周围的山区。

线路二:休闲旅游和沙滩旅游

旅游景点:塞法杰市、亚喀巴湾海岸。

线路三:希腊、罗马时期古迹游

旅游景点:开罗和吉萨、亚历山大、上埃及、法尤姆市。

知识卡片

埃及货币

埃及的官方货币为埃及镑,简称埃镑。一个埃镑又可分为100皮阿斯特。英语为"pound"和"piaster"。阿拉伯语的发音为"guinah"和"girch"。纸币的种类有50,20,10,5和1埃镑,50和20皮阿斯特。硬币分为5和25皮阿斯特。1美元=6.092 5埃镑,1埃镑=1.043 8元人民币(2012年8月28日)。图7.23为埃及样币。

图 7.23　埃及样币

教学实践

埃及有闻名于世的古迹。假如你的朋友到埃及旅游,你应该提醒他要注意哪些问题?

本章自测

1.埃及有哪些类型的旅游资源?最具特色的旅游资源是什么?

2.试分析埃及发展旅游业的优势与劣势?

3.到印度去旅游该注意哪些问题?

4.印度、巴基斯坦和埃及三国在旅游资源方面有什么共同的特点呢?

[1] 吴国清. 世界旅游地理[M]. 上海:上海人民出版社,2003.

[2] 韩杰. 现代世界旅游地理[M]. 青岛:青岛出版社,2001.

[3] 李树藩. 最新各国概况——各洲分册[M]. 长春:长春出版社,2007.

[4] 陈福义,吴永江. 世界旅游地理[M]. 长沙:湖南大学出版社,2005.

[5] 环球国家地理精华编委会. 环球国家地理精华[M]. 吉林:吉林出版集团有限责任公司,2007.

[6] 吴德成,王湘英. 埃及[M]. 北京:世界知识出版社,1999.

[7] 王兴斌. 中国主要客源国概况[M]. 北京:旅游教育出版社,2003.

[8] 王成家. 各国概况[M]. 北京:世界知识出版社,2002.

[9] 常疆. 世界概览地图集[M]. 长沙:湖南地图出版社,2004.

[10] 韩中安. 世界地理[M]. 长春:东北师范大学出版社,1998.

[11] 于向东. 中国旅游海外客源市场概况[M]. 大连:东北财经大学出版社,1999.

[12] 李军. 世界文化与自然遗产[M]. 长春:北方妇女儿童出版社,2002.

[13] 段宝林. 世界民俗大观[M]. 北京:北京大学出版社,1989.

[14] 姚昆遗. 中国旅游客源国家和地区[M]. 福州:福建人民出版社,2002.

[15] 成都地图出版社. 世界知识地图集[M]. 成都:成都地图出版社,2001.

[16] 官忠明. 巴基斯坦旅游业现状[J]. 南亚研究季刊,2001,(1).

[17] 刘伟. 旅游概论[M]. 北京:高等教育出版社,2003:4-9.

[18] 张金霞. 客源地概况[M]. 武汉:武汉大学出版社,2003:1-18.

[19] 章尚正. 政府主导型旅游发展战略的反思[J]. 旅游学刊,1998,(6).

[20] 中国旅游出版社. 地球漫步——韩国[M]. 北京:中国旅游出版社,2004.

[21] 徐宝康. 没有粽子和龙舟:在韩国体验"端午祭"[N]. 环球时报,2006.

[22] 马聪玲. 2002—2004年中国旅游发展:分析与预测[M]. 北京:社会科学文

献出版社,2003.

[23] 陈家刚.中国旅游客源国概况[M].天津:南开大学出版社,2005.

[24] 刘晓波.旅游学概论[M].昆明:云南大学出版社,2006.

[25] 影视推动旅游,韩国游借韩剧大赚"真金白银"[N/OL].南京日报,2005-11-21.

[26] 金容男.中国经济体制改革对朝鲜经济体制改革的启示[D].2001年中国人民大学博士学位论文.